VERÖFFENTLICHUNGEN
DES INSTITUTS FÜR EUROPÄISCHE GESCHICHTE MAINZ
ABTEILUNG FÜR ABENDLÄNDISCHE RELIGIONSGESCHICHTE

HERAUSGEGEBEN VON GERHARD MAY

BEIHEFT 63

VERLAG PHILIPP VON ZABERN · MAINZ

2004

# EXPANSION UND GEFÄHRDUNG

Amerikanische Mission und Europäische Krise der
Jesuiten im 18. Jahrhundert

HERAUSGEGEBEN VON

ROLF DECOT

VERLAG PHILIPP VON ZABERN · MAINZ

2004

X, 252 Seiten mit 3 Rasterabbildungen

*Bibliografische Information der Deutschen Bibliothek*

Die Deutsche Bibliothek verzeichnet diese Publikation
in der Deutschen Nationalbibliografie; detaillierte bibliografische Daten
sind im Internet über *<http://dnb.ddb.de>* abrufbar.

© 2004 by Verlag Philipp von Zabern, Mainz am Rhein
ISBN 3-8053-3432-X
Printed in Germany by Philipp von Zabern
Printed on fade resistant and archival quality paper (PH 7 neutral) · tcf

# INHALTSVERZEICHNIS

# VORWORT

Unter dem Titel dieses Sammelbandes „Expansion und Gefährdung. Amerikanische Mission und europäische Krise der Jesuiten im 18. Jahrhundert" führte die Abteilung Abendländische Religionsgeschichte des Instituts für Europäische Geschichte Mainz in Zusammenarbeit mit dem Seminar für Kirchengeschichte des Fachbereichs Katholische Theologie der Johannes Gutenberg-Universität Mainz im Sommer 2003 ein gemeinsames Symposion durch. Die Zusammenarbeit mit anderen wissenschaftlichen Institutionen wird seitens des Instituts vielfältig angestrebt. In diesem Falle aber war sie besonders günstig, ja geradezu geboten, da am Lehrstuhl für Mittelalterliche und Neuere Kirchengeschichte von Prof. Dr. Johannes Meier das DFG-Projekt „Jesuiten zentraleuropäischer Provenienz in Portugiesisch- und Spanisch-Amerika (17./18. Jahrhundert)" angesiedelt war. Die räumliche, vor allem aber die thematische Nähe von Forschern an beiden Institutionen führte sehr schnell zu einer intensiven Zusammenarbeit. Die Stipendiaten des Institutes profitierten hierbei von der hervorragenden bibliographischen Vorarbeit innerhalb des DFG-Projekts. Ein intensiver Austausch über die Forschungsarbeiten und die hierbei verwendeten methodischen Ansätze ließ den Wunsch aufkommen, die bisher erarbeiteten Ergebnisse auf einem Symposion zur Diskussion zu stellen.

So gaben schließlich fünf Stipendiaten des Instituts, mehrere Mitarbeiter des DFG-Projektes sowie weitere eingeladene Fachgelehrte Einblicke in ihre laufenden Arbeiten zur Geschichte des Jesuitenordens im 18. Jahrhundert. Thematisch gruppierten sich die Beiträge einerseits um die jesuitische Mission in Lateinamerika, die vom DFG-Projekt bearbeitet wird, und andererseits um die seit der Jahrhundertmitte von den romanischen Ländern ausgehende Bekämpfung des Ordens, die um 1773 der päpstlichen Aufhebung durch das Breve „Dominus ac redemtor noster" ihren Höhepunkt fand. Die Referate vermittelten in ihrer Gesamtheit ein recht umfassendes Bild des aktuellen Forschungsstandes und zeigten darüber hinaus neue Forschungsgebiete auf. Befruchtend waren die Diskussionsrunden mit führenden Kennern der Materie, namentlich Prof. Dr. Klaus Schatz SJ von der Philosophisch-Theologischen Hochschule Frankfurt-St. Georgen. Die scheinbar auseinander liegenden Themenbereiche Südamerika-Mission und Aufhebung des Ordens, die sich im Titel „Expansion und Gefährdung" wiederfinden, bedingen insofern einander, als die umfassende Missionsarbeit der Jesuiten in den portugiesischen und spanischen Besitzungen Südamerikas den Widerstand der bourbonischen Höfe hervorrief, der schließlich Papst Clemens XIV. derart unter Druck setzte, daß er die Aufhebung verfügen mußte.

Eine erste Gruppe von Beiträgen widmete sich den Bedingungen und Zielen der jesuitischen Mission in verschiedenen südamerikanischen Provinzen. PETER DOWNES, inzwischen Kirchenhistoriker in Santiago de Chile, ging dem Phänomen der Wahrnehmung des jeweils anderen nach, wobei sowohl die europäischen Missionare wie auch die Indios von den ihnen vertrauten Kategorien ausgingen. Die Andersartigkeit der Indios wurde moralisch gewertet, wobei es neben der Missionierung Ziel der europäischen Missionare war, ihre Schützlinge zu zivilisieren und zu „Vollmenschen" heranzubilden. Den Indios andererseits erschienen die weißen Missionare als Handelspartner oder Medizinmänner. Bei den vorhandenen festgefügten Anschauungen waren Aufweichungen dieser Position erst nachfolgenden Generationen vorbehalten.

Den wissenschaftlichen Leistungen, die zentraleuropäische Jesuiten im kolonialen Brasilien erbrachten, widmete sich FERNANDO AMADO AYMORÉ (Rio der Janeiro). Er legt in seinem Beitrag dar, daß die von ihm untersuchten europäischen Missionare sich in Brasilien eher als Vertreter der staatlichen und königlichen Macht, denn als Anwälte der Indios aufführten. Ein Schutz indianischer Rechte durch Berufung auf naturrechtliche oder christlich-moralische Argumente bei gleichzeitiger Kritik staatlicher Repressionsmaßnahmen war nicht nachweisbar. Auf der anderen Seite zeichneten sich die untersuchten Persönlichkeiten durch hervorragende Leistungen auf wissenschaftlichen, literarischen und künstlerischen Gebieten aus, wodurch sie die Kenntnis Südamerikas in Europa vertieften.

Einen anderen methodischen Ansatz wählte MICHAEL MÜLLER, der die Gesamtheit der zentraleuropäischen Missionare in Chile während des 17. und 18. Jahrhunderts in den Blick nimmt. Erstmals gelang es ihm, prosoprographische Daten für 74 Missionare auf breiter Basis zusammenzustellen. Insbesondere konnte Material für 39 Laienbrüder gesammelt werden, die in den bisherigen Forschungen kaum berücksichtigt wurden. Dieser Beitrag gab einen kenntnisreichen Einblick in die Forschungsabsicht des DFG-Projektes.

In einer Miszelle stellte LUDGER MÜLLER zusammenfassend seine früheren Forschungen über drei ausgewählte Südamerikamissionare aus Schlesien vor.

Lebensbedingungen jesuitischer Missionare im 18. Jahrhundert untersuchte ADÉL MONOSTORI am Beispiel der französischen Karibikinsel Martinique. Besondere Bedingungen des französischen Patronats erzwangen Abweichungen von der Regel und den Konstitutionen der Jesuiten. Sie versuchten, die notwendigen Kosten für ihre Tätigkeit durch eigene Zuckerrohrplantagen zu finanzieren. Hierbei kam es zu einem Konflikt zwischen moralischen Prinzipien der Kirche und der üblichen Wirtschaftstätigkeit der Zivilbevölkerung.

Eine zweite Gruppe von Beiträgen befaßte sich mit der Wechselwirkung von missionarischen Erfahrungen in Übersee und der europäischen Rezeption. GALAXIS BORJA GONZALES widmete sich den Schriften und Berichten südamerikanischer Missionare und deren Aufnahme und Weiterverarbeitung im kulturellen Leben Europas. Aufklärerische Ablehnung wich allmählich dem Interesse an Informationen über eine sonst unbekannte Welt. Exemplarisch untersuchte UWE GLÜSENKAMP den Reisebericht des Jesuiten Johann Wolfgang Bayer über seine Reise nach Peru. So wie die europäischen Leser im Zuge des allgemeinen Interesses an Reiseberichterstattung im 18. Jahrhundert auch für die Erfahrungen und Erlebnisse der Missionare aufgeschlossen waren, so wirkte eine in Europa entwickelte Anschauung von der Konzeption solcher Berichte auf die Darstellung der Missionare zurück.

Der Austausch reichte aber weit über die literarischen Berichte hinaus und wirkte sich insgesamt auf die Kultur Südamerikas aus. JOSEF JOHANNES SCHMID wies dies einerseits an der Architektur, andererseits aber vor allem an der Musik nach. Europäische Kompositionen wurden nach Südamerika übertragen, hier aber so sehr eigenständig und eigenwillig weiterentwickelt, daß es zu einer Rückwirkung auf die musikalische Entwicklung in Europa kam.

Ein dritter Schwerpunkt des Symposions war die europäische Krise der Gesellschaft Jesu im 18. Jahrhundert, die unmittelbar mit den überseeischen Missionen zusammenhing. Die Regierungen Portugals und Spaniens und auch Frankreichs glaubten, die staatliche Autorität sei durch das Wirken der Missionare negativ beeinflußt. Das eigentliche Problem der Aufhebung des Jesuitenordens, das schon vielfältig bearbeitet wurde, war nicht Gegenstand der hier vorgestellten Untersuchungen. CHRISTINE VOGEL bearbeitete gerade den Zusammenhang zwischen südamerikanischer Jesuitenmission und der späteren Aufhebung, indem sie die europäische Publizistik über die Jesuitenmission im Vorfeld der Ordensaufhebungen beleuchtete. Neben einem allgemeinen Antijesuitismus befaßte sie sich ausgiebig mit dem portugiesischen Regierungsdiskurs hinsichtlich der überseeischen Jesuitenmission. In eine breitere europäische Öffentlichkeit geriet diese Auseinandersetzung dadurch, daß die portugiesische Regierung ihre gegen die Jesuiten gerichteten Maßnahmen mit den damals stark kontrovers diskutierten Problemen der Gnadenlehre (Jansenismus) verband. Hierbei stellte sie eine breite Publizistik vor, deren Spitzen Voltaire, aber auch etliche gegen die Jesuiten gerichtete bildliche Darstellungen waren.

Die in Deutschland geführte Debatte zur Aufhebung des Jesuitenordens untersuchte JAROSLAV ŠOTOLA. Er konnte nachweisen, daß die aufgeklärten Jesuitengegner nach der Aufhebung des Ordens im wesentlichen bei alten Argumenten verblieben, die aus der jansenistischen Polemik stammten. Wenige innerkatholische Verteidiger des Ordens sehen sich zu papstkritischen Äußerungen veranlaßt.

Die Nachwirkungen jesuitischer Spiritualität und Geistlichkeit nach Aufhebung des Ordens wurden von ROLF DECOT am Beispiel des ehemaligen Jesuiten Albert von Diesbach untersucht, der die bildnerischen und erzieherischen Ansätze des Ordens durch die Schaffung kleiner engagierter Gruppen durchzusetzen versucht. Diese dienen vor allem der Verbreitung katholischen

Gedankengutes in Form von Schrift und Wort. Einflußreich wurde Diesbach durch seine Begegnung mit Klemens Maria Hofbauer und Pio Brunone Lanteri, die in Wien bzw. in Piemont durch eigene Ordensgemeinschaften die Zielsetzungen Diesbachs weiterzuführen versuchten. Diesbach selbst gilt mit anderen Mitarbeitern und Schülern als ein wichtiges Bindeglied bis zur Wiedererrichtung des Jesuitenordens am Anfang des 19. Jahrhunderts.

Das Symposion deckte ein breites Spektrum von Forschungsansätzen, Methoden und bereits erreichten Ergebnissen ab. Es wurde deutlich, in welcher Intensität auch außerhalb des Jesuitenordens dessen Probleme vor dem Hintergrund der allgemeinen geistigen und historischen Entwicklung des 18. Jahrhunderts heute untersucht werden. Um der weiteren Forschung eine Hilfe zu bieten, wurde die von den Referenten verwendete Literatur in einem Gesamtliteraturverzeichnis zusammengezogen.

Besonderer Dank gebührt Herrn Prof. Dr. Johannes Meier vom Fachbereich Katholische Theologie, dem Leiter des DFG-Projektes zur Erforschung der südamerikanischen Jesuitenmission. Bereitwillig und uneigennützig hat er seine Arbeitsmittel und die in seinem Projekt erarbeiteten Ergebnisse für die Diskussion bereitgestellt. Prof. Dr. Gerhard May vom Institut für Europäische Geschichte, Abteilung Abendländische Religionsgeschichte, hat das Symposion in all seinen Phasen stets mit großem Wohlwollen unterstützt. Für die Druckvorbereitung ist Herrn Martin Zwickl zu danken, der auch die Mühe der Erstellung eines Gesamtliteraturverzeichnisses auf sich genommen hat. Die Publikation der hier vorgestellten Beiträge hätte ihren Sinn erfüllt, wenn sie als Hilfe und Anregung für weitere Forschungen zur Geschichte der Jesuiten zwischen „Expansion und Gefährdung" und Wiederbegründung angesehen werden könnten.

Mainz, im August 2004                                        Rolf Decot

Johannes Meier, Mainz

# EINFÜHRUNG

„Viele Male bewegt mich der Gedanke, an die Universitäten Europas zu gehen, besonders an die Sorbonne von Paris, und dort wie von Sinnen laut schreiend denen zu sagen, deren Bildung größer ist als der Wunsch, davon guten Gebrauch zu machen: Wie viele Seelen vom Weg des Heils abkommen und durch ihre Nachlässigkeit verloren gehen! Wenn sie mit dem gleichen Eifer, mit dem sie ihre Studien betreiben, auch Rechenschaft darüber gäben, was Gott von ihnen fordern wird, und über das Talent, das er ihnen gegeben hat, würden sich viele von ihnen bewegen lassen, die nötigen Mittel ergreifen, Geistliche Übungen (Exerzitien) machen, um den göttlichen Willen in ihrer Seele zu erkennen und zu erspüren und sich ihm gleichförmiger machen als ihren eigenen Neigungen, indem sie sagen: ‚Herr, hier bin ich. Was willst du, dass ich tun soll? Schicke mich, wohin du willst, und wenn es förderlich ist, selbst bis nach Indien.'"

Das schrieb der erste Jesuitenmissionar in Asien, Francisco de Javier, am 15. Januar 1544 aus Cochin in Südindien an seine Mitbrüder in Europa.[1] Entschiedenheit und Begeisterung für die Mission sind in diesen Worten zu spüren.

Tausende junger Männer aus den katholischen Ländern Europas sind während der folgenden zweieinviertel Jahrhunderte durch solche Briefe, durch persönliche Kontakte, durch Erzählungen und Theaterstücke auf den Gedanken gebracht worden, nach Übersee zu gehen. Zunächst waren es vor allem Spanier und Portugiesen. Aber die Missionen haben sich schnell internationalisiert. Als nach Mitte des 17. Jahrhunderts die Bevölkerungsentwicklung Spaniens stagnierte und die spanischen Provinzen der Gesellschaft Jesu einen Mitgliederrückgang verzeichneten, öffnete man den Weg nach „Las Indias", nach Ost- und Westindien auch für nichtspanische Untertanen der Habsburger, vor allem für Italiener und Deutsche. Dadurch erhielten die überseeischen Provinzen der Jesuiten einen erheblichen Zulauf von Patres und Brüdern aus anderen europäischen Nationen. Gleichzeitig stieg auch der Anteil der einheimischen Ordensangehörigen; in Peru erreichte er im 18. Jahrhundert sogar ca. 90 %.

---

[1] Franciscus Xaverius, Epistolae aliaque eius scripta, 2 Bde. = MHSJ 67, 68, ed. G. Schurhammer et J. Wicki, Rom 1944-45, hier Dokument 20,8.

Bei unseren Arbeiten an dem Projekt „Jesuiten zentraleuropäischer Provenienz in Portugiesisch- und Spanisch Amerika (17./18. Jahrhundert)" hat sich
eine sehr gute und enge Kooperation mit dem Institut für Europäische
Geschichte entwickelt. Unser Projekt verknüpft ja eine außereuropäische mit
einer europäischen Dimension. Ich bin Ihnen, Herr Professor May, und
Ihnen, Herr Professor Decot, sehr dankbar, dass wir die Gelegenheit dieses
„Workshops", dieser Werkstatt, dieses „taller" erhalten haben, miteinander
und mit Ihren Stipendiaten zu arbeiten, Ergebnisse vorzustellen und zu dis-
kutieren. Ich freue mich auf einen intensiven Austausch mit Ihnen und allen
Anwesenden.

Peter Downes, Santiago de Chile

# FREMD– UND EIGENWAHRNEHMUNG ZENTRALEUROPÄISCHER JESUITEN IN DER PROVINZ QUITO

## 1. EINLEITUNG

Wie verstanden sich die Jesuitenmissionare selbst, und wie wurden sie von den Indios wahrgenommen? Ersteres lässt sich relativ leicht aus den Briefen, Tagebüchern und Berichten der Missionare ablesen. Letzteres hingegen können wir nur aus den Reaktionen der Indios, wie sie in diesen Texten beschrieben werden, erschließen.[1]

Fremd– und Eigenwahrnehmung deckten sich dabei keineswegs. Von der Wahrnehmung des Anderen (des Gegenübers) aber hängt wesentlich die Art des Kontaktes ab[2], und diese ist für die Missionsgeschichte kein marginaler Aspekt, sondern trifft den Kern einer gelingenden oder misslingenden Mission, deren Expansion oder Gefährdung. Nur dort, wo sich Interessen von Missionaren und Indios deckten, selbst wenn sie von falschen Zielvorstellungen und Absichten der am Missionsunternehmen beteiligten Gruppen ausgingen, konnte zumindest ein Teilerfolg erzielt werden.

Hier lassen sich nur einige wenige Aspekte dieser unterschiedlichen Wahrnehmungen bzw. Selbstdarstellungen behandeln. Dies erfolgt anhand von Briefen und Berichten zentraleuropäischer Missionare in der Provinz Quito im 18. Jahrhundert.

---

[1] Tzvetan TODOROV hat in seinem Werk „Die Eroberung Amerikas: das Problem des Anderen" (Frankfurt am Main 1985) diesen induktiven Forschungsweg vorgezeichnet, indem er Aktionen und Reaktionen der an der Conquista beteiligten Gruppen interpretiert. Dieser Ansatz soll hier aufgegriffen werden, um die Hermeneutik der an der Missionierung beteiligten Gruppen zu erschließen und ihre Aktionen und Reaktionen dementsprechend zu deuten.

[2] Urs BITTERLI liefert einige Beispiele unterschiedlicher Formen des Kulturkontaktes im Zuge der europäisch–überseeischen Expansion. Die Arten der Begegnungen variierten zwischen einer ersten Kulturberührung bis hin zu einem Kulturzusammenstoß mit verheerenden Folgen vor allem für die unterworfenen Völker. Der missionarische Kulturkontakt wiederum hatte seine eigenen Regeln. Hierbei erwiesen sich vor allem die Jesuiten als besonders anpassungsfähig. Zumindest bemühten sie sich, die anderen Kulturen zu verstehen und ihre Missionsmethoden dementsprechend anzugleichen. Siehe hierzu Urs BITTERLI, Die „Wilden" und die „Zivilisierten": Grundzüge einer Geistes– und Kulturgeschichte der europäisch–überseeischen Begegnung. München ²1991, S. 81–173, bes. 106–130.

## 2. DIE JESUITENPATRES ALS „ZIVILISATOREN"

Mit tradierten topoiartigen Vorstellungen kamen die Missionare in die Neue
Welt. Für sie waren die Indios in den Wäldern „Wilde", „Barbaren", „Kannibalen". Diese in der Wildnis lebenden Wesen – Franz Niclutsch (1723–1800)
nennt sie „Halbmenschen"[3] – galt es zu „Vollmenschen", zu zivilisierten
Menschen, umzuformen. Ihre „viehische" Lebensweise, wie sie in zahlreichen
Jesuitenbriefen betont wird, wirkte auf die europäischen Missionare abschrek-
kend, die dennoch fest daran glaubten, diese Völkerschaften zu einer „humanen" Lebensweise hinführen zu können. So berichtet Franz Xaver Zephyris
(1693–1769) 1742 seiner Schwester im königlichen Stift zu Hall in Tirol von
den Sitten der „Jamæer Heyden", die zerstreut in der „Wildnuß", „ohne
Obrigkeit, ohne Satzungen, für sich selbst, nach denen Antrieben ihrer
viehischen Natur, nicht viel anderst, als das unvernünftige Vieh leben."[4] Für
Zephyris ist das Jamæer–Volk wild und „animalisch" in seiner Lebensweise,
dennoch schätzt er dessen Angehörige moralisch höher als ihr Nachbarvolk,
die Annalas, die „die Leiber deren ermordeten Feinden [...] aufffressen" und
„aus der Hirnschal des Erschlagenen ein Trinkgeschirr: aus denen Gebeinen
aber Pfeiffen" machen.[5] Trotz aller Kritik, die Pater Zephyris gegenüber den
„barbarischen" Sitten der Indios am oberen Marañón äußert, zweifelt er nicht
daran, dass sie Menschen sind. Ihr Menschsein ad se wurde ihnen von den
Missionaren nicht abgesprochen, da sonst eine Zivilisierung und Missionierung von vornherein sinnlos erscheinen müsste. Damit lagen die Missionare
ganz auf der Linie der päpstlichen Erklärung Pauls III. vom 9. Juni 1537 in
der Bulle Sublimis Deus: „Wir wissen wohl, daß die Indios als wirkliche
Menschen nicht allein die Fähigkeit zum christlichen Glauben besitzen,
sondern zu ihm in allergrößter Bereitschaft herbeieilen, wie man Uns wissen
ließ".[6] Dass ihnen die Zivilisierung der Indios große Mühen abverlangte und
manchmal ein Zweifel am Lohn ihrer Arbeit aufkam, auch davon kann
Zephyris berichten. 1717 schreibt er in einem Brief an seinen Philosophieleh-
rer P. Franz Göttner:

> „Es wird Zweiffels–ohne vorhin bekant seyn, daß die Spanier bey Erobe-
> rung diser West–Indischen Ländern ein lange Zeit gezweiffelt haben / ob

---

[3] Francisco NICLUTSCH, Americanische Nachrichten von Quito und den wilden Indianern in
Maragnon. O.O. 1781, S. 43.

[4] Joseph STÖCKLEIN (Hrsg.), Der Neue Welt–Bott. Allerhand So Lehr– als Geist–reiche
Brief, Schrifften und Reis–Beschreibungen, Welche von den Missionariis der Gesellschaft Jesu
Aus Beyden Indien, und andern Über Meer gelegenen Ländern, Seit An. 1692. biß auf das Jahr
1726. in Europa angelangt seynd. Jetzt zum erstenmal Theils aus handschrifftlichen Urkunden,
theils aus denen Französischen Lettres Edifiantes verteuscht und zusammen getragen, 5 Bde.
Augsburg / Wien 1726–1761 (zukünftig WB), V, Teil 38, Nr. 766, S. 74.

[5] Ebd.

[6] Mariano DELGADO, Gott in Lateinamerika: Texte aus 5 Jahrhunderten; ein Lesebuch zur
Geschichte. Düsseldorf 1991, S. 151f.

deroselben Inwohner wahrhaffte Menschen / oder vielmehr Verstandlose Thier seyen ... Solcher Zweiffel währte so lang / biß endlich der Apostolische Stul nach gründlich erwogener Sach geantwortet hat / sie wären / was die Weesenheit belangt / wahre Menschen / und stammeten / so wol als wir / von dem allgemeinen Vatter Adam her. So gewiß als nun diser Ausspruch ist / so wehemütig hab ich in der That erfahren / daß ein Papagey ehender etweliche Wörter nachsprechen / als ein Indischer Knab das Creutz machen lehrne."[7]

Einen ähnlichen Ton schlägt auch Nikolaus Schindler (1695–1740) in einem Brief 1738 an die Brüder in der österreichischen Heimatprovinz an:

„... es lasset sich die wilde Dum– Grob– und Grausamkeit dieser Heiden mit keiner Feder genugsam ausdrucken: der sie nicht, wie wir, mit Augen siehet, mit Händen greiffet, kan von ihnen, wie es sich geziemet, nicht urtheilen.
Nun aus diesen Halb–Menschen, Menschen, und gar Christen machen, was Mühe wird es einen aus Europa ankommenden Missionarium nicht kosten?"[8]

Franz Xaver Veigl (1723–1798) aus Graz spricht den Völkern von Mainas zwar grundsätzlich Menschsein zu, betont jedoch ihren Mangel an Menschlichkeit:

„Und ob es schon heut zu Tage, wie bey frisch entdecktem Brasilien geschehen, niemand mehr in Abrede stellt, daß die Natur selbst in uns, und in diesen Wildlingen ganz einerley ist, so ist es doch fast unbeschreiblich, wie viel in ihnen das beweinenswürdige Verderbnis, bey gänzlichem Mangel einer vernünftigen Anweisung vermocht habe, sie in vielen Stükken noch unter das vernunftlose Vieh herabzusetzen, so daß unter ihnen die Natur zwar allezeit Menschen erzeugt, die aber von einem Grade oder Stuffe zur andern in Fortsetzung der Zeugung immer weniger Menschlichkeit ausweisen."[9]

Erstes Ziel nach der Kontaktaufnahme mit den in der Wildnis lebenden Indios musste deren Zivilisierung sein. Ein Mindestmaß an Ordnung und Sittlichkeit war die Voraussetzung für die darauf aufbauende christliche Unterweisung. Der Missionar musste also zunächst ein „Zivilisator" sein, bevor er mit der Katechese beginnen konnte.

---

[7] WB, II, Teil 14, Nr. 332, S. 89.

[8] WB, IV, Teil 29, Nr. 565, S. 82–84, hier 84.

[9] Franz Xavier VEIGL, Gründliche Nachrichten über die Verfassung der Landschaft von Maynas in Süd–Amerika, bis zum Jahre 1768, in: Christoph Gottlieb von MURR, Reisen einiger Missionarien der Gesellschaft Jesu in Amerika. Nürnberg 1785, S. 290f.

Am Anfang der Begegnung mit den Indios standen Geschenke, mit denen die Indios angelockt werden sollten. Mit Eisengeräten (Äxten, Messern, Nadeln, Angelhaken etc.)[10] erweckten die Missionare deren Interesse, um sie dann dazu zu bewegen, sich im Gegenzug für die Geschenke in festen Missionsdörfern anzusiedeln. Leitete den Missionar der Gedanke, die zerstreut lebenden Indios zu einer organisierten und sesshaften Lebensweise umzuerziehen, so sahen die Indios zunächst ihre Vorteile in der Gewinnung von „modernen" Gerätschaften. Die Missionare wurden als „Händler des Eisens" gesehen, und zur Erlangung der begehrten Eisenwaren waren die Indios bereit, zeitweilig auf deren „Handelsbedingungen" bis hin zur Bereitschaft, sich anzusiedeln, einzugehen. Vor allem in Orten, in denen sich eine Schmiede (so etwa in der Missionssiedlung San Joaquín und in der Siedlung der Jéveros[11]) befand, schien die Versorgung mit funktionstüchtigen Äxten, Messern und Nadeln gesichert. Das „Zivilisierungsprojekt" der Jesuiten fand daher zunächst auch Anklang bei den Indígenas. Vor allem wenn sich ihnen eine technische Modernisierung und ein Handelsvorteil eröffnete, schien die Ansiedlung in Missionsdörfern ein beiderseits gewinnbringendes Unternehmen zu sein. Um aber die Indios in dem Zivilisierungsprozess bei Laune zu halten, mussten die Missionare ihnen möglichst immer wieder Geschenke liefern. Die Geschenke bildeten somit den Schlüssel zu einem gelingenden Kontakt und den Anreiz für die Indios, sich einem kulturell–religiös angelegten Transformationsprozess zu öffnen. Ohne Geschenke aber war an eine Missionierung nicht zu denken. Daher rät Jean Magnin (1701–1753), ein Schweizer Jesuitenmissionar, in seiner Beschreibung der Provinz Mainas (1740) seinen Mitbrüdern Folgendes:

„Zunächst muss man die Indios aus ihren Schlupfwinkeln herausholen, um aus ihnen Menschen und bald darauf Christen zu machen, sie zu taufen. Dieses sind die drei Punkte, auf die der Missionar seinen ganzen Scharfsinn richten muss. Wie bereits gesagt wurde, Diskussion, Argumente, Vernunftgründe, die zweckmäßigsten Predigten, um die Zuhörer zu bewegen, finden hier keinen Platz. Auch die Bußstrafen, öffentlichen Disziplinierungen oder die heiligen Eingaben, die den Missionaren in den Dörfern und unter zivilisierten Menschen zueigen sind; all dieses hat hier absolut keinen Wert.
Äxte, Messer, Nadeln, Gegenstände aus Eisen, ein Missionar mit dem Kreuz in der Hand, Ledersandalen an seinen Füßen, mit einer flicken-

---

[10] Zur Bedeutung der Eisengegenstände bei den Missionsunternehmen der Jesuiten am oberen Marañon und am Napo siehe die Arbeit von Maria Susana CIPOLETTI, Stimmen der Vergangenheit, Stimmen der Gegenwart: Die Westtukano Amazoniens 1637–1993 (Ethnologische Studien; 32). Münster 1997, S. 118–122.

[11] Aus dem Tagebuch der Reise des P. Samuel Fritz, in: Josef und Renée GICKLHORN, Im Kampf um den Amazonenstrom. Das Forscherschicksal des P. S. Fritz. Prag / Leipzig / Berlin 1943, S. 222.

übersäten Sutane, die bis zum Knie reicht, damit sie nicht in den Wurzeln und Stacheln hängen bleibt, ohne Strümpfe und Socken, bedeckt durch einen alten Strohhut, begleitet von einem viracocha [spanischer Begleiter], ein Gewehr auf dem Arm, das sind die nötigen Vorbereitungen. Authentische Seelenjäger! weil, wenn die Missionare diesen Namen teils verdient haben, dann traf es niemals treffender zu als in diesen Landstrichen."[12]

Die „schlechten Sitten" der Indios (Polygamie, Trunksucht, vor allem aber der stets wiederholte Vorwurf des Kannibalismus) wurden nicht nur als fremdartig betrachtet, sondern wurden sogleich mit einem Werturteil bedacht. Die Inferiorität der Indios wurde in den Augen der Missionare an ihren moralischen Defiziten sichtbar. Auch hierzu äußert sich Magnin, wenn er die Natur der Indios beschreibt:

> „Ihrer Natur nach sind sie kindisch, feige, faul, furchtsam, der Trunksucht ergeben, undankbar, verräterisch, vergesslich, weshalb es nötig ist täglich und zu jeder Gelegenheit dasselbe anzuordnen. Sie sind Verschwender ... vergeuden alles, ohne Rücksicht auf sich selbst noch auf die ihrigen ... Sie verstehen es nicht, eine Sache an ihren Platz zurückzustellen oder es denjenigen zurückzugeben, von dem sie es geliehen haben."
> Weiter beklagt er den niedrigen Bildungsstand: „... viele wissen nicht weiter als bis drei zu zählen. Sie sind von solcher Faulheit, dass sie nur um keinen Schritt tun zu müssen, erst tausende Leiden ertragen. Sie sind Freunde des Lachens und von Gelächter, unermüdlich in ihren Tänzen, ohne andere Übel zu spüren wie diejenigen, die über sie herabfallen. Unter sich wenig höflich, so dass keiner für den anderen ein Holzstück vom Boden aufhebt. Sie sind eifersüchtig, rachsüchtig, ohne andere Erziehung für ihre Kinder als ihrer althergebrachten Sitten. ... Sie sind ungehorsam, tun nur so als ob sie etwas tun, in Wirklichkeit tun sie nichts. Sie sagen zu allem ja, ohne irgendetwas zu erfüllen, das sie versprochen haben." Vom Himmel haben sie die Vorstellung, so fährt Magnin fort: „... dass es dort nicht an Äxten und chaquiras [Halsketten], Affen, chaburasa, Pfeifen und Handtrommeln mangele".[13]

Hier ging es nicht um eine wertneutrale Wahrnehmung der Andersartigkeit und Fremdheit der Indios, sondern deren Lebensweise und Sitten wurden im Lichte der europäischen Normen und Werte gesehen, wobei nicht nach einer Begründung für ihre andersartige Lebensweise gesucht wurde, es sei denn, die Indios wurden als Art Opfer des Teufels gesehen. Mit der Zivilisierung sollten

---

[12] Juan MAGNIN, Descripción de la provincia y misiones de Mainas en el reino de Quito, hrsg. von Julián G. BRAVO / Octavio LATORRE. Quito 1998, S. 194.

[13] Ebd., S. 186.

sie gleichsam aus dem Bann des Satans befreit, zu Menschen erzogen und dann mit dem Sakrament der Taufe unter das Banner Christi gestellt werden.[14]

Wollten die Missionare die Indios mit Geschenken (vor allem den begehrten Eisengeräten) für die Missionssiedlungen gewinnen, so waren die Indios meist nur so lange zu einer Ansiedlung bereit, wie die „Handelsbeziehungen" (die Entlohnung mit Eisengerät) bestehen blieb. Waren keine weiteren Faktoren (etwa Schutz vor Versklavung und spirituelle wie körperliche Versorgung) ausschlaggebend, hielt sie langfristig nichts am Verbleiben in den Dorfschaften bzw. Reduktionen der Jesuiten. Das Gelingen der Mission am oberen Marañón (Amazonas) hing nicht unwesentlich von der Versorgung der Indios mit Geschenken ab.

## 3. DIE JESUITEN ALS SEELEN– UND LEIBÄRZTE

Die Jesuitenmissionare verstanden sich in ihrer seelsorglichen Tätigkeit als „Seelenärzte". Als solche hatte schon der Franziskaner Bernardino de Sahagún in México die Missionare bezeichnet.[15] Auch in der Provinz Quito sahen sich die Missionare in der Rolle von Seelenärzten. Angesichts der vielen eingeschleppten europäischen Krankheiten übernahmen sie aber auch die Rolle von Leibärzten. Ignaz Lyro (1729 – nach 1773) aus Böhmen schreibt 1757 seinem Bruder: „Eine unglückselige Kenntnuß in der Arzney–Kunst ist die einzige Ursach, warum ich mich annoch in denen Städten hier aufhalten, und nicht denen Heyden meine geistliche, sondern denen Kranken, Unseren und Auswendigen, leibliche Hülffe leisten muß."[16] Lyro zog es demnach vor, als Seelenarzt unter den Heiden zu wirken, statt in Quito und Umgebung als Wund– und Leibarzt zu wirken. Franz Niclutsch aus der Oberdeutschen Provinz behandelt im 11 Kapitel seiner „Americanische Nachrichten von Quito und den wilden Indianern in Maragnon" (1781) die Krankheiten und die indianische Medizin. Denn in den Missionen mussten die Patres auch die Aufgabe der Leibärzte übernehmen. Die Ausweisung der Jesuiten 1767 aus Amerika, kommentiert Niclutsch auch aus medizinischer Perspektive als eine Katastrophe für die Indios.

---

[14] Zur jesuitischen Spiritualität siehe Ignatius von LOYOLA, Geistliche Übungen und erläuternde Texte. Graz / Wien / Köln 1983, Nr. 137, 141 und 145; siehe auch Georg STOLL, „Väter" und „Kinder". Zur Konzeptualisierung eigener und fremder Identität in Berichten deutschsprachiger Jesuiten–Missionare aus dem 18. Jahrhundert am Beispiel Südamerika, in: Monika PANKOKE-SCHENK / Georg EVERS (Hrsg.), Inkulturation und Kontextualität: Theologien im weltweiten Austausch. Festgabe für Ludwig Bertsch zum 65. Geburtstag. Frankfurt am Main 1994, S. 65–86, bes. 68 und 75–77.

[15] Siehe Bernardino de SAHAGÚN, Historia General de las cosas de Nueva España, hrsg. von Ángel María GARIBAY K. México ⁸1992, hier im Prolog des ersten Buches findet man „predicadores y confesores médicos son de las ánimas" („Seelenärzte"), S. 17.

[16] WB, V, Teil 38, Nr. 775, S. 108–109, hier 108.

„Wenn auch sonst niemand andrer unseren Abgang zu bedauern hätte, werden doch selben vielleicht die arme Indianer in den Americanischen Missionen noch lang bejammern, als Sprachenkündige nicht nur Seelensorger, sondern auch Leibärzte benommen, und anstatt ihrer, Unerfahrne, Sprachlose mehr aus Zwang, als freiwillig dahin geschickte aufgedrungen hat, ohne dass diese von uns eine vorläufige Information, oder Unterricht empfangen hätten, wie es doch Anfängern nothwendig gewesen wäre, und wir selbsten als noch Anhänger von unseren Vorfahren empfangen haben, diesen hatten wir es zu danken, dass sie uns verschiedene Unterrichte, und sichere Arzneymittel für Hauptzustände aufgezeichnet hinterlassen haben …".[17]

Niclutsch erlaubt uns Einblicke in die medizinische Praxis in den Missionen. Das medizinische Wissen wurde demnach von Missionar zu Missionar weitervermittelt. Im 11 Kapitel erläutert er verschiedene Krankheiten und Behandlungsmethoden. Dabei führt er viele der Behandlungen auf indianische Heilmethoden und Anwendungen zurück. Das heißt, es muss einen Wissensaustausch zwischen den indianischen Medizinmännern und den Patres gegeben haben. Denn medizinisches Wissen war den Schamanen oder Medizinmännern vorbehalten,[18] daher ist anzunehmen, dass die Missionare das Vertrauen dieser indianischen Heiler erlangt hatten und selbst deren Funktion übernahmen. Auch Franz Xaver Veigl widmet in seinen „Gründlichen Nachrichten" der Medizin mehrere Seiten. Er beschreibt sowohl Heilpflanzen (u.a. das Drachenblut und das Copauva Balsam) und Heilkräuter als auch einzelne Krankheiten.[19]

Die Missionare übernahmen zunehmend die Rolle der traditionellen Schamanen. Als spirituelle und körperliche Heiler, als Seelsorger (Seelenärzte) und Leibärzte wurde ihnen eine besondere Stellung innerhalb der Missionen zuerkannt. Solange die Missionare „nützlich" waren, Heilungen vollzogen, wurden sie mit Respekt behandelt. Gefahr allerdings bahnte sich dann an, wenn eine Epidemie ausbrach und dem Missionar am Ende nichts anderes übrig blieb, als die Sterbenden mit den Sakramenten (der Taufe in extremis) zu versehen. Dann wurde das eigentliche Heilszeichen der Taufe in den Augen der Indios zu einem Todessymbol. Für sie glich die Taufe einem Heilungsritual (vergleichbar mit den Therapien der traditionellen Schamanen). Paul

---

[17] NICLUTSCH, Americanische Nachrichten, S. 122f.

[18] Zur Rolle der Schamanen bei den Westtucano–Völkern Amazoniens, siehe CIPOLLETTI, Stimmen der Vergangenheit, S. 199–222.

[19] Im zweiten Buch behandeln die Kapitel II und III die Nutzpflanzen und Heilkräuter. Kapitel III trägt die Überschrift: „Welche Kräuter, oder Gewächse sind besonders nutzbar zur Arzney, oder zum Färben? welche von schädlicher Eigenschaft? Von bekannten Schutzmitteln wider Gift". Kapitel X führt u.a. verschiedene Krankheiten auf. Veigl, Gründliche Nachrichten, S. 178–180, 184–194, 285–289; zur Rolle der Jesuiten in der Übermittlung heilkundlichen Wissens, siehe Sabine ANAGNOSTOU, Jesuiten in Spanisch–Amerika als Übermittler von heilkundlichem Wissen (Quellen und Studien zur Geschichte der Pharmazie; 78). Stuttgart 2000.

Maroni (1695–1757?) stellte fest, dass die Indios für Taufe  dasselbe Wort gebrauchten wie für die Medizin.[20] Diese Wahrnehmung der Taufe als eines Heilsrituals bestätigt auch der Visitator Pater Zárate. Er bemerkte, dass die Indios die Taufe sehr schätzten – nicht aber, weil sie darin das Heil ihrer Seelen erblickten, sondern weil sie es als ein wirksames Mittel gegen ihre körperlichen Gebrechen ansahen. Es musste daher die Patres nicht verwundern, wenn bei Erkrankungen eine erneute Taufe erbeten wurde.[21] Verstarben jedoch die Erkrankten anschließend, so konnte dies Machtlosigkeit des Missionars ausdrücken, oder die Taufe konnte gar als Schadenszauber interpretiert werden. Letzteres war lebensgefährlich für den Missionar. Er sah sich selbst als Bannerträger Christi im Kampf gegen die Macht des Teufels – nicht nur wilde Tiere (die Gehilfen des Teufels), sondern auch „wilde" Menschen mussten entmachtet werden. Wundersam wird der Missionar aus Lebensgefahr gerettet – so wissen viele Missionare in Briefen an die Heimat immer wieder den Beistand Gottes zu loben.[22]

Vor allem Samuel Fritz (1654–1725) aus Böhmen wurde von den Indios offenbar Heilkraft zugesprochen. Nachdem er die Mission bei den Yurimaguas begonnen hatte, betrat ihr Schamane bzw. Waldgeist die Siedlung nicht mehr. Pater Fritz berichtet:

> „Etwas Bemerkenswertes stellte ich in dem Yurimaguasdorfe fest, als die Indianer nämlich ein Saufgelage veranstalteten, hörte ich von meiner Behausung aus den Ton einer großen Flöte, der mich so erschreckte, daß ich ihren Klang nicht ertragen konnte. Ich befahl ihnen aufzuhören und fragte, was das überhaupt sei. Darauf antworteten sie mir, daß sie auf diese Weise die Flöte bliesen, um den Guaricana, nämlich den Teufel herbeizurufen, der seit der Zeit ihrer Ahnen in sichtbarer Gestalt komme, um ihnen beizustehen. Sie errichteten ihm immer eine eigene Hütte im Urwald und brachten Getränke und ihre Kranken dorthin, damit er sie heile. Ich fragte, in welcher Gestalt er ihnen erschiene. Der Häuptling Mativa antwortete mir: ‚Pater, das kann ich nicht beschreiben, ich kann nur sagen, daß er schrecklich ist und daß, wenn er kommt, alle Weiber mit den Kindern die Flucht ergreifen, es bleiben nur die Erwachsenen. Dann nimmt der Teufel eine Peitsche, die wir zu diesem Zweck vorberei-

---

[20] So Pater Maroni in einem Brief vom 21.12.1731 an Manca, in: Pablo MARONI, Noticias autenticas del famoso río Marañón  y misión apostólico de la compañía de Jesús de la provincia de Quito en los dilatados bosques de dicho río, escribialas por los años de 1738 un misionero de la misma compañia, hrsg. von Jean Pierre CHAUMEIL. Iquitos 1988, S. 384.

[21] Andrés de ZÁRATE, Relación de la misión apostólica que tiene á su cargo la provincia de Quito, de la compañía de Jesús, en el  gran río Marañón, en que se refiere lo succedido desde el año de 1725 hasta el año de 1735, in: MARONI, Noticias autenticos, S. 412.

[22] Etwa Adam Schaeffgen (1698–1774) in einem Brief an seine Oberrheinische Provinz vom 12.03.1752, in: WB, V, Teil 38, Nr. 771, S. 91–95, bes. 94; Johannes Baptist Julian (1690–1740) an P. Sebastian Sutor aus der Oberdeutschen Provinz, in: WB, V, Teil 38, Nr. 769, S. 87–90, bes. 89; Johannes (Jean) Magnin in einem Brief vom 03.03.1744, in: WB, V, Teil 38, Nr.768, 78–86, bes. 81.

tet haben, mit Riemen aus Seekuhhaut, und schlägt uns auf die Brust, bis
wir stark bluten. In Abwesenheit des Teufels ist es ein Alter, der uns die
Schläge austeilt, von denen wir noch große Narben auf der Brust haben.
Wir tun das, um uns mutig zu machen. Manchmal nahm er die Gestalt
eines Tigers, Schweines oder die anderer Tiere an, bald war er riesengroß,
bald zwerghaft klein.' Ich fragte weiter, ob er etwas über mich gesagt hatte, entweder ob man mich aufnehmen oder ob man mich töten solle. Die
Antwort lautete. Daß man seine Worte nicht verstehen konnte ‚und seit
Ihr gekommen seid' – so sagte der Häuptling – und das Kreuz aufge-
pflanzt habt, will er nicht mehr ins Dorf kommen, er will auch die Kranken, die noch einige in sein Haus bringen, nicht mehr heilen; deshalb
bringen wir sie zu Euch, damit Ihr das Evangelium betet und damit sie
nicht sterben.'"[23]

Samuel Fritz nahm fortan die Stellung des Schamanen oder Medizinmannes
ein; die Kranken wurden nun zu ihm gebracht. Die Reaktion der Yurimaguas
lässt auf einen religiösen Wandlungsprozess schliessen. Die alten Geister
(bzw. der traditionelle Schamane) scheinen nicht mehr die Heilungskraft zu
besitzen wie in früheren Zeiten. Nun setzen die Indígenas ihre Hoffnung auf
den Missionar, bringen ihm ihre Kranken und versprechen sich von seinen
(Zauber-) Worten Heilung.

Der böhmische Pater erlangte auch als Beschützer gegen die Portugiesen
(die Sklavenfänger aus Pará) eine geachtete Stellung, die ihm nicht zuletzt den
Erfolg von 40 Missionsgründungen bescherte. Als er jedoch aufgrund einer
eigenen Erkrankung schließlich strömungsbedingt amazonasabwärts reisen
musste und von den Portugiesen in Pará 18 Monate festgehalten wurde,
zerfielen seine Missionen. Die Indios machten Erdbeben für seine ungerechte
Festsetzung in Pará verantwortlich.[24] Unter heidnischen Stämmen erregte er
großes Aufsehen, Erzählungen kursierten am Amazonasstrom. „Die einen
sahen mich als Heiligen oder Sohn Gottes, die anderen als Teufel an", notiert
Fritz in seinem Tagebuch.[25] P. Wenceslaus Breyer (1662–1729), Landsmann
und zeitweiliger Begleiter von Samuel Fritz, überliefert uns in einem Brief
vom 18.06.1699 an seinem Bruder in Prag folgende Wahrnehmung von Fritz:

„Jene gaben vor / der Sohn einer Jungfrauen (vielleicht weil er denjeni-
gen / so von einer Jungfrau ist gebohren worden / predige) wäre von
ihnen zu denen Portugesen übergegangen / dessen Abwesenheit sie alle
inzwischen eingefallene Drangsalen / absonderlich aber diese zumassen /
daß nemlich ein hoher Berg sich entzwey gespalten/und dessen Helffte
über das flache Land mit entsetzlichem Getöß niedergefallen ist."[26]

---

23 FRITZ, Tagebuch, S. 181f.
24 Ebd., S. 194.
25 Ebd., S. 185.
26 WB, I, Teil 2, Nr. 51, S.65–72, hier 68.

Fritz wurde von den Indios als machtvoller Schamane angesehen. Und er war sich dieser Wahrnehmung auch voll bewusst:

> „Ich glaube, die Indianer haben eine solche Hochachtung vor mir, weil sie mich für einen Menschen anderer Art als die übrigen halten und glauben, daß ich unsterblich bin, denn als ich mit ihnen von den Dingen des Jenseits sprach und davon erzählte, daß wir alle sterben müssen, unterbrach mich ein Aizuareshäuptling mit den Worten: ‚Absit hoc a te; Ihr dürft nicht sterben, denn wenn Ihr stürbet, wen hätten wir als Vater, der uns liebt und schützt?' Erdbeben und Sonnenfinsternisse in diesen Jahren schreiben sie mir zu, und sagen unter Tränen: ‚Was haben wir dem Pater getan, daß er uns die Sonne umgebracht hat?'".[27]

Fritz selbst hatte sich mit seinen Heilungen als Seelsorger gesehen. Gemeinsam ist beiden Wahrnehmungen die Wirkung des Heilens. Der von Fritz gebotene Schutz vor den Portugiesen und seine „ärztlichen" Tätigkeiten waren attraktive Anziehungspunkte für die Indios. Sie waren daher bereit, sich unter den körperlichen und spirituellen Schutz dieses Missionars zu stellen. Ohne den Missionar jedoch hatten die Missionen keine Zukunft, daher wurden sie in seiner Abwesenheit aufgegeben. Die Missionen bestanden nur, solange das „Image" des Missionars wirkte. Nach seiner Rückkehr konnte Fritz an diese Reputation anknüpfen, musste allerdings die Missionen neu errichten.

Die Missionare sahen sich selbst als Seelen- und Leibärzte, ganz konzentriert auf das Ziel, die Seelen der Indios für das Himmelreich zu retten. In seinen „Gründlichen Nachrichten" teilt Veigl seinem Leser mit, wie sich die Missionare selbst verstanden:

> „Nun kann ein bescheidener, unpartheyischer Leser (denn um einen andern bin ich nicht bekümmert) selbst erachten, wie wenig Ruhe Tag und Nacht ein Mißionär dabei pflegen könne, welcher nebst der vielen Obliegenheiten seines Hirtenamts, die Wartung der Kranken, sowohl den Leib als die Seele betreffend, auf seinen Schultern trägt."[28]

Die Indios jedenfalls sahen in ihnen nicht selten Schamanen. Die Eigendefinition und die Fremddefinition folgte schlicht den kulturell bedingten Wahrnehmungsmustern.


## 4. DIE PATRES „VÄTER DER INDIOS"

Als Väter der zu erziehenden Kinder sahen sich die Jesuiten. Dabei fühlten sie sich sowohl verantwortlich für die seelischen als auch materiellen Bedürfnisse

---

[27] FRITZ, Tagebuch, S. 220.
[28] VEIGL, Gründliche Nachrichten, S. 288.

ihrer Schützlinge. Stolz schreibt Fritz in seinem Tagebuch über die Manaves–Indios: „Sie nannten mich in ihrer Sprache Abbá, Abbá, was so wie im Hebräischen Vater bedeutet."[29] Zweifelsohne verstand sich Fritz als Vater seiner Indios. Für sie war er bereit, allen Schutz zu erkämpfen, wenn am Ende auch vergeblich, da die spanische Kolonialverwaltung in Lima sich wenig um die abgelegene Grenzregion sorgte.[30] Im Konflikt mit den am Amazonas vordringenden Portugiesen stellte sich Fritz schützend vor seine „Kinder" und dieses wussten die Indígenas auch sehr zu würdigen. Als im Februar 1695 Portugiesen sich den Siedlungen der Yurimaguas näherten, verstanden diese es, sich ihrer zumindest zeitweilig zu erwehren. In seinem „Leistungsbericht" an den Visitator Francisco de Altamirano über seine Tätigkeit in der Omaguas– und Yurimaguasmission in den Jahren 1693–1696 schildert Fritz ihre Haltung:

> „Als die Portugiesen die Kinder verlangt hatten, pflegten die Indianer zu antworten, daß sich der Pater (damit meinten sie mich) darüber erzürnen würde, und daß sie keinen anderen Gehorsam zu leisten hätten, als nur mir."[31] Weiter heißt es im „Leistungsbericht": „Die Hochachtung und das Vertrauen, das die Indianer dem Pater entgegenbringen, ist bemerkenswert; es ist solcher Art, daß sie überzeugt sind, daß der Pater allein allen Portugiesen die Stirne zu bieten vermag und jedesmal, wenn ihnen ein Unrecht geschieht, besteht ihre Verteidigung darin, daß sie sagen: ,Ich werde mich beim Pater beklagen, wir haben keinen anderen Herrn und Schützer als den Pater, der uns liebt. Legt uns nur in Ketten, jetzt ist unser Pater nicht hier, er wird aber alles erfahren.'"[32]

Die noch wild lebenden Aizuares suchten den Kontakt zu Fritz. Der Pater seinerseits ließ sie wissen, dass er nur ihretwegen,

> „damit sie nicht in die Hölle müßten, aus so fernen Landen zu ihnen gekommen sei und unter so viel Beschwerden unter ihnen wohne … und da sie so sehr von den Portugiesen verfolgt würden, riete ich ihnen, stromaufwärts in die Nähe von San Joachim de Omaguas umzusiedeln, wo ich sie mit viel Liebe betreuen und unterrichten würde. Sie sahen alles ein, was ich ihnen sagte, und ein Aizuareshäuptling sagte mir plötzlich aufseufzend: ,Pater, ich werde wahrscheinlich verloren sein, da ihr nicht hierher gekommen seid, mich das Gebot Gottes zu lehren, als ich ein

29 Ebd., S. 182.

30 Siehe hierzu die „Bemerkungen über die Grenzlinie zwischen den Eroberungen Spaniens und Portugals am Rio Marañón" in: GICKLHORN, Im Kampf um den Amazonenstrom, S. 203–209; und das „Memorandum von Samuel Fritz an den Vizekönig in Lima", in: Ebd., S. 209–212.

31 Brief und Leistungsbericht von S. Fritz an Francisco de Altamirano, in: GICKLHORN, Im Kampf um den Amazonenstrom, S. 213–222, hier 214.

32 Ebd., S. 215.

Knabe war.' Ich tröstete ihn und ermutigte ihn, sich meinen Unterricht zunutze zu machen und Gott würde ihm das Heil nicht versagen."[33]

Aus der Sicht der Missionare bedurften die Indios einer ständigen Begleitung, einer Anleitung zum zivilisierten und christlichen Leben. Dies haben wir schon aus den Äußerungen von Niclutsch hören können. Auch Samuel Fritz berichtet im Jahre 1697 von den Grenzen der Erziehungsarbeit:

> „Im Monat Feber lief der Großteil der Pevas wieder in ihre Schlupfwinkel davon. Sie scheinen von sehr schlechter Naturanlage zu sein; ich habe bei ihnen alle nur möglichen Mittel angewendet, um sie seßhaft zu machen, mit Güte, mit Geschenken und jetzt habe ich es mit der Strenge der Spanier versucht. Es hat nichts genützt, selbst wilde Tiere sind eher zu zähmen. In ihren Schlupfwinkeln bringen sie sich jetzt gegenseitig wegen der Eisengeräte um, die sie von mir erhielten oder den Omaguas gestohlen haben."[34]

Nicht immer konnte der Missionar mit Milde und Liebe die Indígenas erziehen, manchmal schien die strenge Hand angebracht. Am Ende galten die Indios den Missionaren stets als Kinder, die sie als ihre geistigen Väter und Erziehungsberechtigten (berechtigt aufgrund göttlicher Vorsehung) mit einer geduldigen und ausharrenden Erziehungsarbeit zu Christenmenschen umformen wollten. Mit der Kategorie des „Kindes" reflektieren die Missionare nicht nur die Wahrnehmung des Fremden, des Indios, sondern stellen sich selbst in eine Beziehung zu ihnen.[35] Die Missionare mussten ihre pädagogischen Fähigkeiten ausschöpfen, um ihre „Missionskinder" an das christliche Leben zu gewöhnen und um ihre Erziehungsarbeit zu bewahren. Zephyris liefert uns diesbezüglich ein Beispiel:

> „Es ist leicht zu erachten, was, eines Theils, anderen groben und viehischen Lastern dieses wilde Volk ergeben seye, und, was Mühe, anderen Theils, ein Missionarius anwenden müsse, daß er selbes, nachdem sie sich zum Christenthum bekennet haben, in denen Schranken der Christlichen Mäßig– und Ehrbarkeit erhalte. Unglaublich ist, wie hart es hergehe, daß sie sich bereden lassen, auch nur einige Kleidung an dem Leib zu tragen. Obschon die Luft in dieser Jamæer–Landschaft voll der bißigen Schnacken und Mucken ist, deren einige sie bey Tag, andere bey der Nacht also plagen, daß diese Pein wohl eine langsame Marter mag genennet werden, gehen sie doch immer, am ganzen Leib blos herum, und wollen lieber die Unbequemlichkeit von diesem überlästigen Ungeziefer erdulden, als ihre

---

33 Ebd., S. 215f.
34 FRITZ, Tagebuch, S. 223f.
35 Vgl. STOLL, „Väter" und „Kinder", S. 75.

Blösse mit Leinwat und Tuch, oder, wann der Missionarius dergleichen nicht bey Handen hat, mit Baum–Blätern und Rinden bedecken.“[36]

Der Missionar musste alle Überredungskraft aufwenden, um mit einer praktischen Logik – nicht mit christlicher Moral – die Indígenas zu einer zivilisierten Lebensweise zu bewegen. Zephyris argumentiert in seinem Brief nicht etwa mit der moralischen Anstößigkeit ihrer Blöße, sondern versucht die Plausibilität des Kleidertragens zum Schutze vor dem plagenden Ungeziefer zu vermitteln, anscheinend aber ohne nachhaltigen Erfolg. Die katechetische Unterweisung und Umformung der indigenen Gesellschaft wurde im Laufe der Zeit, aufgrund negativer Erfahrungen und Misserfolge in der Evangelisierung, als eine langfristig anzulegende Arbeit betrachtet. Hoffnung auf Erfolg versprach man sich nur bei der indigenen Jugend. Sie war der Modernisierung gegenüber aufgeschlossen und lern– und wandlungsbereit. Veigl träumte von einer indigenen Jugend, die schließlich selbst zivilisatorisch und missionarisch tätig werden könnte:

> „Viele wünschten inbrünstig, aber umsonst, als ein zur allgemeinen Aufnahme der Christenheit höchst zuträgliches Mittel, daß zu Quito selbst ein Seminarium, einzig für die Jugend von Maynas, möchte aufgestellt werden, um nach und nach verschiedene Knaben aus jeder Nation dahin schicken zu können, und erwann zwey Jahre lang in anständigen Handwerken, in der Musik, besonders aber im Religionseifer und auferbaulicher Sitten, mit besserm Grunde unterrichten zu lassen, damit solche nachmals in ihrem Vaterlande ihren übrigen Landsleuten zum Beyspiel und Unterricht dienen möchten. Jedoch dieses war nur ein Wunsch, welchen mit Nachdrucke zu erreichen, bey so beschaffenen Dingen kein günstiger Anschein sich zeigen wollte. Mithin fanden die Missionarien nichts anders in ihrer Willkühr, als ihr eigenes Haus gleichsam zur Pflanzschule zu machen, und liessen es ihnen die meisten angelegen seyn, darinn einige Knaben von mancherley Nationen, theils Waysen, theils Kinder der vornehmsten Indier, theils auch jüngst aus den Wäldern hergebrachte zu erziehen, und sie unter guter Obsorge in den Kirchengebräuchen, in den dazu bestimmten Gesängen, in der Instrumentalmusik, oder auch in einigen Handwerkskünsten nach Möglichkeit zu unterrichten.“[37]

Die Patres wurden so zu den Ziehvätern der indigenen Jugend. Ob diese „Söhne der Patres“ tatsächlich eine stabile christliche Indiogesellschaft am Marañón und Napo hätten miterrichten können, blieb den Jesuiten verschlossen. Zur Eigenständigkeit der christlichen Indiodörfer kam es nicht – oder nicht mehr –, da 1767 die Jesuiten aus Amerika ausgewiesen wurden. Damit verloren die Indios aber auch ihre „Väter“. Niclutsch klagt am Ende seiner „Nachrichten“:

---

[36] WB, V, Teil 38, Nr. 766, S. 71–75, hier 74f.
[37] VEIGL, Gründliche Nachrichten, S. 319f.

„Nun da man den Americanern ihre geistliche Väter, von denen sie von Jugend auf im wahren Christenthum sind unterrichtet, und auferzogen worden, mit Gewalt hinweg genommen, und die nächste beste ganz unbekannte zugesendet hat, wird auch bey ihnen die heilige Religion kein so großen Eindruck mehr machen, vielweniger wird unser Abgang so bald durch andere freywilligen Missionarien ersetzet werden können."[38]

Die nachfolgenden „Stiefväter" (Franziskaner und weltliche Priester) zeigten weniger Einfühlungsvermögen gegenüber den Indios und gewannen nicht dasselbe Vertrauen. Die Reduktionen litten an einen noch größeren Bevölkerungsschwund. Die Missionen erlebten dann im 19. Jahrhundert ihre größte Krise.

## 5. SCHLUSS

Die Wahrnehmung des Anderen geschah jeweils in den herkömmlichen Kategorien. Vorgefertigte und vorgeprägte Bilder bestimmten die Art der gegenseitigen Wahrnehmungen. Die Andersartigkeit der Indios wurde moralisch bewertet. Die Missionare betrachteten die Indios als Halbmenschen, die zwar menschliche Wesen waren, jedoch in einer heidnischen, „viehischen" Lebensweise lebten. Trotz aller Rückschläge in ihrer Missionsarbeit vertrauten die Jesuiten darauf, dass sie diese heidnischen Indios zu zivilisierten „hispanisierten" bzw. europäisierten Indios erziehen könnten. Diese zu „Vollmenschen" erzogenen Indios sollten dann zum rechten Glauben geführt, ihre Seelen aus den Fängen Satans befreit werden. Die Jesuiten sahen sich als Zivilisatoren, Väter und Seelenärzte.

Auch die Indios nahmen die weißen Missionare in ihren tradierten Kategorien wahr. Sie sahen in ihnen einerseits Handelspartner, andererseits mächtige Medizinmänner (Schamanen). Die Verlockungen der Eisenwaren, aber auch der zeitweise Schutz vor den Portugiesen oder ihren indigenen Feinden sowie der spirituelle Beistand gegen böse Geister oder Schadenszauber eröffnete ihre Bereitschaft, in die Missionen der Jesuiten zu ziehen. Diese Bereitschaft war jedoch meist von kurzer Dauer – eben nur solange es die begehrten Waren (Äxte, Messer, Nadeln etc.) gab bzw. die Vorteile des Kontaktes anhielten.

In den Reduktionen, wo sich eine Schmiede befand, war die Ansiedlung erfolgreicher. Dort konnten die Eisengegenstände repariert werden, und dies brachte den Indios einen wirtschaftlichen und jagdtechnischen Vorteil.

Auf Dauer aber ließ sich ein Erfolg der Missionen und ein andauernder Kulturwandel – ein Transformationsprozess – nur bei den Jugendlichen erhoffen. Waren die Erwachsenen nicht bereit, ihre alten Traditionen einfach mit christlichen Werten und Inhalten umformen zu lassen, so zeigte sich die

---

[38] NICLUTSCH, Americanische Nachrichten, S. 154.

Jugend diesem Wandlungsprozess zugänglicher.[39] Die Jesuiten setzten daher verstärkt auf die zukünftige Generation.

Mit der Ausweisung der Jesuiten 1767 war die Expansion der Mission beendet und traf gleichzeitig die stärkste Krise der Indiomission ein. Das Missionsunternehmen der Jesuiten fand einen jähes Ende. Eine Christianisierung der Völker am oberen Amazonas (in der Provinz Maynas und am Rio Napo) wurde nicht mehr strategisch verfolgt. Die Nachfolger der Jesuiten verfolgten eine andere Missionsmethode, sahen zudem die Indiomission eher als Strafarbeit an (einige der Weltpriester hielten sich nur wenige Jahre dort auf).

Hier konnte nur ein kleiner Eindruck zur wichtigen Frage der Eigen- und Fremdwahrnehmung der Jesuiten vermittelt werden, die die Art des Kontaktes bestimmte, aus der Gelingen oder Misslingen der Mission resultierte.[40] Die Expansion und Gefährdung der Jesuitenmissionen im 18. Jahrhundert waren im wesentlichen von politischen, aber auch methodischen Faktoren bestimmt.

---

[39] Siehe Manuel J. URIARTE, Diario de un misionero de Maynas, hrsg. von Constantino BAYLE. Iquitos 1986, S. 530.

[40] Ausführlicher wird dieses Thema in meiner Dissertation behandelt, die kurz vor dem Abschluss steht. Sie wird im DFG-Projekt: Jesuiten zentraleuropäischer Provenienz in Portugiesisch- und Spanisch-Amerika (17./18. Jahrhundert) als Faszikel 3: Quito erscheinen.

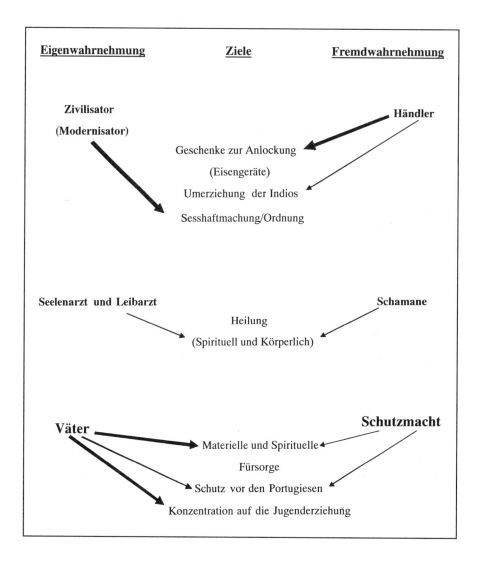

Diese Grafik soll nochmals die Ergebnisse der Wahrnehmungen widerspiegeln. Die linke Hälfte zeigt die Eigenwahrnehmung der Missionare, die rechte Hälfte ihre Fremdwahrnehmung durch die Indígenas. In der Mitte sind mit Pfeilen nach Wichtigkeit die gemeinsamen Interessen gekennzeichnet.

Fernando Amado Aymoré, Rio de Janeiro

# *CIÊNCIA AMAZÔNICA*

# ZU DEN WISSENSCHAFTLICHEN LEISTUNGEN ZENTRALEUROPÄISCHER JESUITEN IM KOLONIALEN BRASILIEN

## 1. JESUITEN AUS ZENTRALEUROPA IM KOLONIALEN BRASILIEN – EINE SIGNIFIKANTE MINDERHEIT

Die numerische Präsenz zentraleuropäischer Jesuitenmissionare in Brasilien im 17. und 18. Jahrhundert ist, gemessen an den allgemeinen Mitgliederzahlen und an den Entsendungen in alle Welt, als gering einzuschätzen. In den beinahe 150 Jahren zwischen Dezember 1618 und September 1760,[1] in denen diese Gruppe historisch nachweisbar ist, sind lediglich 28 Personen, nämlich 24 Priester und 4 Brüder (*coadjutores temporales*) aus den fünf Ordensprovinzen der Deutschen Assistenz der Gesellschaft Jesu dort anzutreffen. Die verbleibende Dunkelziffer von wenigen noch ungeklärten Biographien wird an diesem statistischen Befund kaum etwas ändern.[2] Glaubt man den Gesamtzahlen der Entsendungen von Jesuitenmissionaren aus Europa nach Amerika, so gewinnt man einen allgemeinen Eindruck für die entsprechenden Prozentsätze. So sollen im 16. Jahrhundert insgesamt 351 Jesuitenmissionare aller Ordensprovinzen in ganz Amerika gewesen sein. Im 17. Jahrhundert waren es

---

[1] Diese Eckdaten orientieren sich am Ankunftsjahr des ersten nachweisbaren zentraleuropäischen Jesuitenmissionars in Brasilien sowie an den spätesten Ausweisungsdaten für Jesuiten mit dieser Herkunft. Beginn im Dezember 1618: Ankunft des Bruders Johannes Hermes aus Hamburg. Ende im September 1760: Späteste Ausweisung aus Brasilien von P. Franz Wolff am 11.9.1760.

[2] Eine genaue Untersuchung über die Missionsprovinz Brasilien und alle 28 zentraleuropäische Jesuiten samt bio–bibliographischem Faszikel bereitet der Verfasser derzeit am Fachbereich für Katholische Theologie der Universität Mainz vor, im Rahmen eines von der Deutschen Forschungsgemeinschaft seit 2000 geförderten Forschungsprojektes unter der Leitung von Prof. Dr. Johannes Meier, mit dem Titel „Jesuiten zentraleuropäischer Provenienz in Portugiesisch– und Spanisch–Amerika (17. und 18. Jahrhundert)". Der Band 1 handelt von Brasilien und soll 2004 erscheinen. Für weiterführende Fragen wird an dieser Stelle auf diese Publikation verwiesen.

schon derer 1.148 und im 18. Jahrhundert 1.690 Jesuiten. So entsprachen die
zentraleuropäischen Jesuiten in Brasilien für den gesamten Zeitraum von 1618
bis 1760 höchstens 2% des gesamtamerikanischen Kontingents.[3] Besonders
auffällig im Vergleich zu anderen Missionsgebieten, insbesondere zur benachbarten Missionsprovinz Paraguay oder auch zu Chile, wo viele nicht–iberische
Handwerker tätig waren, ist die äußerst geringe Anzahl von lediglich vier
Brüdern (*coadjutores temporales*) aus Zentraleuropa im kolonialen Brasilien. Daraus läßt sich schließen, daß einheimische Handwerker in stets genügender
Anzahl zugegen waren.[4]

Die Statistik ist jedoch bekanntlich weder der einzige Maßstab noch das
entscheidende Kriterium, um die Bedeutung eines historischen Vorgangs in
seinem Kontext zu erfassen. Denn diese kleine Gruppe zentraleuropäischer
Jesuiten spielte ungeachtet ihrer geringen Anzahl in missionspolitischer Hinsicht und vor allem im wissenschaftlichen Bereich eine signifikante Rolle im
kolonialen Brasilien. Der Erkenntniswert liegt zudem darin, daß bisweilen eine
andere, nicht–iberische Perspektive auf Kolonial– und Missionsunternehmen
gewonnen wird. Ein Ungar, Kroate, Mähre oder Schlesier wird Brasilien in
mancherlei Situation anders gesehen haben als die Portugiesen und Luso–
Brasilianer. Für die Wissenschaft, wie noch zu zeigen sein wird, hatte dies
praktische Konsequenzen.

Die vorliegenden Ausführungen präsentieren die wichtigsten Leistungen
zentraleuropäischer Jesuitenmissionare. Vorgestellt werden eingangs die Lebensläufe und Werke eines Astronomen und dreier Kartographen, die zu den
hervorstechendsten Vertretern akademischer Wissenschaftlichkeit in Portugiesisch–Amerika gehörten. Sodann werden zwei „Ethnographen" präsentiert,
deren Schriften von den Urhebern selbst zwar nicht als wissenschaftlich *strictu
sensu* konzipiert worden sind, nach ihrer Veröffentlichung und Verbreitung
jedoch für akademische Debatten sorgten und das Brasilienbild der europäischen Aufklärung bis zur Französischen Revolution nachhaltig beeinflußten.
Danach wird ein Künstler–Handwerker auf dem Gebiet der Kirchenausstattung eingeführt, der verschiedenen Werkstätten vorstand und der sakralen
Kunst in Amazonien einen barocken Einschlag mit indigenen Zügen verlieh.

---

[3] Vgl. Tafel „Ausreise von Missionaren nach Amerika – Jesuiten", in: Eberhard SCHMITT
(Hrsg.), Dokumente zur Geschichte der europäischen Expansion. Der Aufbau der Kolonialreiche. Bd.3. München 1987, 447.

[4] Immer noch grundlegend zur Rolle der Jesuiten in Brasilien insgesamt: Serafim LEITE SJ,
História da Companhia de Jesus no Brasil. 10 Bde. Rio de Janeiro 1938–50. Zum luso–
brasilianischen Ordenshandwerk von demselben Autor: Artes e Oficios dos Jesuítas no Brasil.
Rio de Janeiro 1953.
Die zentraleuropäischen Handwerker Brasiliens bleiben in ihrer Wirkung blaß, mit einer
bedeutenden Ausnahme, die deshalb hier Beachtung verdient: Der Bildhauer, Maler und
Kirchenausstatter, Bruder Johann (Hans) Xaver Treyer aus der österreichischen SJ–Provinz,
dessen Leben und Wirken in der Region von Pará gut überliefert sind und weiter unten dargestellt werden sollen.

Behandelt werden sowohl theoretische und literarische als auch praktische Werke, z. B. Karten, Zeichnungen und Holzschnitzereien. Die Tätigkeiten der Jesuiten waren zudem häufig kumulativ. Ein Missionar konnte neben seiner eigentlichen Hauptbestimmung als Katechet noch Künstler, Linguist, Wissenschaftler und Theologe zugleich sein.

Die Lebensläufe und die besonderen Leistungen dieser Jesuiten werden anhand erstellter Personaldatensätze auf der Basis portugiesischer und römischer Archivdaten, nämlich der *Biblioteca Nacional de Lisboa* (Portugal), *Biblioteca Pública de Évora* (Alentejo/Portugal) und des *Archivum Romanum Societatis Iesu* (kurz ARSI) in dieser Reihenfolge präsentiert:

2. Astronomie und Navigationstechnik
3. Kartographie
4. Ethnographie und Linguistik
5. sakrale Kunst
6. Fazit

Anschließend wird eine kurze Bilanz über Profil, Leistung und Bedeutung der zentraleuropäischen *Ciência Amazônica* gezogen.

## 2. ASTRONOMIE UND NAVIGATIONSTECHNIK

### 2.1 P. Valentin Stansel (1621–1705), Böhmische Provinz SJ

Hauptvertreter der Astronomie und Navigationstechnik in Brasilien war der heute in Europa wenig bekannte, im 17. Jahrhundert aber als ein wissenschaftliches „Schwergewicht" einzuschätzende Pater Valentin Stansel aus Olmütz in Mähren. Nebenbei schrieb Stansel auch Werke zur Geographie, Landwirtschaft, Mathematik und zur spekulativen Theologie.

Valentin Stansel wurde im Jahre 1621 in Olmütz geboren. Das genaue Datum (Monat und Tag) ist jedoch nicht bekannt.[5] Ebensowenig liegen Daten zum familiären Hintergrund oder zur ersten Lebensphase (Schulbesuch) des mährischen Jesuiten vor. Sein Ordenseintritt ist für den 1.10.1637 in Brno (Brünn) belegt.[6] Valentin Stansel wurde 1655 Dozent der Mathematik im hei-

---

[5] Keine genauen Angaben zur Geburt im *Archivum Romanum Societatis Iesu* (fortan kurz ARSI).

[6] Die böhmischen Kataloge im ARSI geben kein genaues Eintrittsdatum für Stansel an, aber an einer Stelle für das Jahr 1639 heißt es, daß Stansel seit 2 Jahren in der Gesellschaft sei. Vgl. ARSI, Boh.12, fol.315r (Cat.Pers.1639): „Tempus soc.2". In den Brasilien-Katalogen gilt hingegen 1638 als Eintrittjahr durchgehend. Vgl. ARSI, Bras.6, Bd.1, fol.5r, n.1 (Cat.Primus 1701): „P. Valentinus Estancel, Patria: Ex Castro Julio. Ingressus: 1638." So auch in ebd., Bras.5, Bd.2, fol.39r (Cat.Prim.1679).

matlichen Olmützer Kolleg,[7] aber bereits 1656 nach Portugal geschickt. Von 1656 bis 1663 war Stansel Dozent der Mathematik im Kolleg von Santo Antão in Lissabon und wiederum für Astronomie an der Universität in Évora.[8]

Stansel hatte sich – wie die meisten zentraleuropäischen Jesuiten – zuerst für einen Einsatz in der begehrten China–Mission beworben. Stattdessen ging der Mähre jedoch 1663, vermutlich zusammen mit dem Aachener Mitbruder P. Theodor Hons, nach Salvador da Bahia, damals Hauptstadt der portugiesischen Kolonie an der Atlantikküste.[9]

Die Gründe zur anderweitigen Bestimmung seines Einsatzes liegen nicht vor. Die Ankunft Stansels in Bahia ist vor Oktober 1663 zu vermuten, da eine schriftliche Stellungnahme am 18.10.1663 und ein Brief Stansels aus Bahia vom 1.12.1663 überliefert sein sollen.[10]

Ab 1664 geht Stansel einer kurzweiligen Tätigkeit als Seelsorger im Landesinneren von Bahia nach. Dann wird er im Kolleg von Salvador da Bahia als Professor für moralische und spekulative Theologie sowie auch als astronomisch–mathematischer Forscher tätig.[11] Von dort aus führte Stansel eine ständige Korrespondenz mit namhaften jesuitischen Wissenschaftlern der damaligen Zeit, wie PP. Athanasius Kircher und Antonio Vieira. P. Valentin Stansel

---

[7] ARSI, Boh.90, Bd.1, fol.122v (Cat.Brev.1655).

[8] Die böhmischen ARSI–Kataloge wähnen ihn ab 1656 schon in Asien (China). Vgl. ARSI, Boh.90, Bd.1, fol.143v (Cat.Brev.1656): „Extra Provinciam P. Valentinus Stansel. In India Orientali." Tatsächlich wollte Stansel zwar ursprünglich nach China entsandt werden, aber im Jahre 1656 befand er sich bereits in Portugal. Vgl. dazu auch LEITE, História da Companhia de Jesus no Brasil, 208.

[9] Zur Zusammenfahrt Valentin Stansel–Theodor Hons im Jahre 1663 siehe auch Franz Otto BUSCH SJ, Brasilienfahrer aus der Gesellschaft Jesu 1549–1756, in: Portugiesische Forschungen der Görresgesellschaft 11 (1971), 215–295. Siehe hierzu 250.

[10] Das Jahr 1663 wird auch bei LEITE, História da Companhia de Jesus no Brasil für die Ankunft Stansels – allerdings ohne Theodor Hons – angegeben und durch eine schriftliche Stellungnahme vom 18.10.1663 sowie durch einen Brief desselben an den Ordensgeneral P. Thyrso González vom 1.12.1663 aus Bahia bekräftigt. Stellungnahme und Brief sind jedoch nur bei LEITE als zwei dem inzwischen aufgelösten Il Gesù–Bestand zugehörige Archivalien zu finden und konnten im Nachfolgebestand ARSI, Fondo Gesuitico, nicht lokalisiert werden. Siehe zur Frage des Ankunftsjahres auch den Brasilienkatalog in ARSI, Bras.5, Bd.2, fol.6r u. 17r (Cat.Pers.1663), der P. Stansel erstmals 1663 so vorstellt: „Valentin de Castro Juliomontanus ex Provincia Boemia annorum 42 in Societate 27 professus ab anno 1654. Absolvit Humaniora in saeculo, studuit rhetoricam per annorum, in Societate sexibus annis, studuit Philosophiam quinque annis, docuit Humaniora quattuor annis, studuit Theologiam, quibus accepit gradum Magisterii a P. Roderico Arriaga. Docuit Mathematicam in variis universitatibus. Concionator." Diese erläuternde Ausführlichkeit im brasilianischen Provinzkatalog spricht auch für eine Ankunft dort in diesem Jahr 1663. Spätestens im Juli 1664 ist P. Stansel nachweislich in Bahia.

[11] ARSI, Bras.5, Bd.2, fol.83r (Cat.Brev. 1692) und fol.91r (Cat.Pers.1694).

sollte nach 1664 Salvador da Bahia nicht mehr verlassen und starb dort am 19.12.1705.[12]

P. Valentin Stansel blieb von Oktober 1663 bis zu seinem Tod am 19. Dezember 1705, also insgesamt 42 Jahre, in Brasilien tätig. Stansel war der einzige zentraleuropäische Missionar, der seine gesamte Missionszeit in einem einzigen Ort, Salvador da Bahia, verblieb und nicht in der nördlichen Vizeprovinz Maranhão am Amazonas wirkte, wie alle anderen Mitbrüder. Auch deshalb bleibt er eine Ausnahmeerscheinung. Zudem war Stansel ausschließlich akademisch und wissenschaftlich tätig.

Stansels wissenschaftliche Leistung ist beachtlich. Er wirkte als Mathematiker, beobachtete als Astronom die Kometenerscheinungen der Jahre 1664 und 1665 in Bahia und sandte seine astronomischen Beobachtungen nach Europa, wo er trotz seiner (aus der eurozentrischen Perspektive) „peripheren" Lage an wissenschaftlichen Diskussionsforen teilzunehmen und eine persönliche Korrespondenz mit dem Universalgelehrten und Mitbruder Athanasius Kircher SJ zu führen versuchte.[13] Eine wissenschaftliche Auseinandersetzung mit dem berühmten P. Antonio Vieira um christliche Kosmologie und dessen Werk *Clavis Prophetarum* ist für Ende der 1690er Jahre ebenfalls überliefert.[14]

Insgesamt sind 15 Werke von P. Valentin Stansel aus der Zeit vor und nach der Entsendung nach Brasilien überliefert. Die Bandbreite dieser Werke reicht von der soeben genannten Astronomie und der Erfindung von Instrumenten zur Verbesserung der Navigationstechnik über Untersuchungen zur Landwirtschaft und zur Fruchtbarkeit des brasilianischen Bodens, Berechnungen zur Feststellung der Uhrzeit nach der Sonnen– und Mondlaufbahn bis hin zu den damaligen „Bibelwissenschaften" und zur spekulativen Theologie.

Stansels fünfzehn Werke, meist in lateinischer, aber teilweise auch in portugiesischer Sprache verfaßt, tragen folgende Überschriften:

*2.1.1 Dioptra geodaesica.* Beobachtungen zum Umfang der Erdkugel. In lateinischer Sprache. Gedruckt vermutlich an der Universität Prag 1652–53.[15]

---

[12] ARSI, Bras.7, fol.20r (Cat.Defunct. 1553–1760): „P. Valentinus Estancel. Locus mortis Bahia, 19. dec. 1705. »

[13] Vgl. zur Korrespondenz Stansel–Kircher, die sich heute im Archiv der Pontificia Università Gregoriana (kurz APUG) in Rom befindet, auch Josef WICKI SJ, Die Miscellanea Epistolarum des P. Athanasius Kircher S.J. in missionarischer Sicht, in: Euntes Docete 21 (1968), 220–254. Siehe auch Wilhelm GRAMATOWSKI SJ (Hrsg.), Epistolae Kircherianae. Index Alphabeticus. Index Geographicus. Subsidia ad Historiam SJ 11. Institutum Historicum Societatis Iesu. Rom 2001, 103.

[14] Vgl. den Brief Stansels an den Ordensgeneral P. Thyrso Gonzáles vom 21.8.1700 im ARSI, Bras. 4, fol.84r–v.

[15] Vgl. Carlos SOMMERVOGEL SJ (Hrsg.), Bibliothèque de la Compagnie de Jésus. Von Aloys und Augustin de Backer SJ. 12 Bde. Neu hg. v. Carlos Sommervogel SJ. Héverlé–Convain 1960. ND der Ausgabe Brüssel / Paris 1890–1900 / Toulouse 1909–32 in 9 Bde. Hierzu Bd.7, Sp.1482–3. Verbleib der Handschrift unklar.

*2.1.2 Orbe Affonsino ou Horoscopio Universal.* Zur praktischen Verwendung der Sonnenuhr und wie sich die Uhrzeit nach ihr überall messen läßt. In lateinischer Sprache, abgesehen vom portugiesischen Titelblatt. Der heutige Verbleib der Handschrift bleibt unklar. Das Werk wurde  an der Jesuitenuniversität von Évora (Portugal) 1658 gedruckt. Ein Druckexemplar befindet sich heute in der *Biblioteca Nacional* in Lissabon (kurz BNL).[16]

*2.1.3 Mercurius Brasilicus sive de Coeli et soli Brasiliensis oeconomia.* Zur brasilianischen Geologie, Geographie und Bodennutzung. In lateinischer Sprache. Dieses Werk, entstanden in Salvador da Bahia im Jahre 1664, sollte in Rom oder Löwen gedruckt werden.[17] Dies ist vermutlich jedoch nie geschehen. Der Verbleib der Handschrift ist heute unklar. Das Werk ist möglicherweise verschollen.[18]

*2.1.4 Propositiones selenographicae seu de luna.* Beobachtungen zur Mondlaufbahn. In lateinischer Sprache. Der Verbleib der Handschrift ist heute unklar. Gedruckt in Olmütz 1665.[19]

*2.1.5 Phaenomena coelestia sive dissertatio astronomica de 3 cometis, qui proximis anniis in coelo apparuerunt.* Kometenbeobachtungen in Bahia. In lateinischer Sprache. In Salvador da Bahia um 1665 verfaßt. Vermutlich nie gedruckt. Der Verbleib der Handschrift ist heute unklar.[20]

*2.1.6 Tiphus Lusitano. Regimento Nautico Novo.* Studien zur Navigationstechnik. In lateinischer Sprache, abgesehen vom portugiesischen Titelblatt. Gedruckt in Lissabon 1672. Ein Druckexemplar befindet sich heute in der *Biblioteca Nacional* in Lissabon.[21]

---

[16] BNL, Secção de Reservados: Res. 220–P.

[17] Vgl. APUG, Bd.560 (alter Bd.VI), fol..93r: Stansels Brief an P. Athanasius Kircher SJ aus Bahia vom 20.4.1676 über die Zusendung dieses Werkes nach Rom zur Genehmigung durch den Ordensgeneral und zu Druckzwecken.

[18] Vgl. LEITE, História da Companhia de Jesus no Brasil, 210. Nach LEITE wurde Stansels Werk einem gewissen P. Jean-Baptiste Visscher anvertraut, um in Leuwen gedruckt zu werden. Das Werk ist jedoch niemals erschienen.

[19] Laut SOMMERVOGEL, Bibliothèque, Bd.7, Sp.1483.

[20] Unveröffentlichtes Manuskript. Laut SOMMERVOGEL, Bibliothèque, Bd.7, Sp.1483, soll sich dieses Manuskript im Archiv von Il Gesù in Rom befinden. So auch LEITE SJ, História da Companhia de Jesus no Brasil, 210. Der Bestand dieses Archivs wurde jedoch aufgelöst und befindet sich heute im ARSI, Fondo Gesuitico. Dort konnte dieses Werk bei eigenen Recherchen im Mai 2002 jedoch nicht lokalisiert werden.

[21] BNL, Secção de Reservados, Film 2264. Zwei Kapitel daraus (Kap.6 u. Kap.8) wurden in port. Übersetzung ediert. Vgl. José de CARVALHO, Dois capítulos inéditos de „'Typhus Lusitano" de Valentim Estancel acerca da Variação da agulha e da arte de leste–oeste, in: DERS., Galilei e a Cultura Portuguesa sua contemporânea. Biblos (separata) Nr.19, Coimbra 1944, 49–79. Diese Kapitel lauten in der portugiesischen Übersetzung „Capítulo VI em que trato das variações da Agulha que os Pilotos modernos, Portugueses, Ingleses e Olandeses, e os PP. missionários da Compa. de JESU tem observado em varias alturas"; „Capítulo VIII: Discurso curioso e util sobre a Navegação de Leste a Oeste e dos varios modos que os curiosos inventarão nesta materia."

*2.1.7 Vulcanus Mathematicus.*[22] Mathematische Propositionen. In lateinischer Sprache. In Bahia um 1678 verfaßt. Das Werk ist heute handschriftlich im *Archivum Romanum Societatis Iesu* (Bestand: *Fondo Gesuitico*) vorhanden.[23]

*2.1.8 Novum Phaenomen Coeleste.*[24] Astronomische Beobachtungen. In lateinischer Sprache. In Bahia um 1680 verfaßt. Das kleine Notizwerk ist handschriftlich im *Archivum Romanum Societatis Iesu* vorhanden.[25]

*2.1.9 Legatus Uranicus ex Orbe Novo in Veterem hoc est Observationes Americanae Cometarum factae, conscriptae ac in Europam missae a R.P. Valentino Stansel e Societate Jesu, quondam Pragae ac Olomucij Mathematum Professore, nunc Apostolico in Indiis Missionario.* Über den Kometen vom 6.8.1664, dessen Erscheinung Stansel in Salvador da Bahia beobachten konnte. In lateinischer Sprache. Der heutige Fundort der Handschrift bleibt unklar. Gedruckt an der Universität Prag 1683. Ein Druckexemplar ist heute in der Universitätsbibliothek Wien vorhanden.[26]

*2.1.10 Zodiacus Divini Doloris siue Orationes XII, quibus coeli candidatus Christus Dei filius, Pontio Pilato Praeside, in aula crudelitatis in regem Dolorum inauguratur. Autore P. Valentino Estancel e Societate Jesu Provinciae Brasiliensis.*[27] Es handelt sich um ein Werk spekulativer Theologie und ein Gebetsbuch. In lateinischer Sprache. Der heutige Fundort der Handschrift bleibt unklar. Gedruckt an der Universität Évora 1685.

*2.1.11 Uranophilus coelestis peregrinus siue mentis Uranicae per mundum sidereum peregrinantis extases.*[28] Astronomische Beobachtungen. In lateinischer Sprache. Der heutige Verbleib der Handschrift ist unklar. Gedruckt in Gent 1685. Ein Druckexemplar befindet sich heute in der Universitätsbibliothek Wien.[29]

*2.1.12 Discurso astronômico sobre o Cometa aparecido em Pernambuco no dia 6 de Dezembro de 1689.* Ein Aufsatz zur Sonnen– und Mondfinsternis des Jahres 1685 und zur besagten Kometenerscheinung vom 6.12.1689. In portugiesischer Sprache. Anonymer Autograph.[30]

*2.1.13 Tiphus Spiritualis.* Aszetisches Büchlein. In lateinischer Sprache. Vermutlich in Bahia um 1690 entstanden und nie gedruckt. Der Verbleib der Handschrift ist unklar.[31]

---

[22] Gewidmet König Carlos II. von Portugal und der Infantin Catarina Joana IV.

[23] ARSI, FG 672. Erläuterung zu diesem Werk von Stansel selbst in: ebd., Bras.9, 292r–295v.

[24] Gewidmet dem portugiesischen König Pedro II.

[25] ARSI, Bras. 4, fol. 46r.

[26] UBW, Sonderabteilung, unter dem Namen Stansel.

[27] Den Jesuiten in Brasilien und einem Herrn Pedro Cordeyro de Espinosa gewidmet.

[28] Einem Herrn Bernardo Vieira Cavasco gewidmet.

[29] UBW, Sonderabteilung (siehe Anm.26).

[30] Gedruckt laut Serafim LEITE SJ, in: Revista do Instituto do Arquivo de Pernambuco Nr. 16, Recife 1914, 63–72. Stansels Autorenschaft ist von der thematischen Ausrichtung her sehr wahrscheinlich, aber nicht gesichert, da der Autograph anonym ist. Vgl. LEITE, História da Companhia de Jesus no Brasil, 209.

[31] Erwähnt im Brief an den P. General Thyrso González aus Bahia vom 18.7.1692 (s. o.). Vgl. diesen Brief im ARSI, Bras.3, Bd.2, fol.313r–317v.

*2.1.14 Clavis Regia Triplicis Paradisi nempe Terrestris, Allegorici et Coelestis.* Ein Werk spekulativer Theologie mit direkter Bezugnahme auf P. Antonio Vieiras damals berühmte Schrift *Clavis Prophetarum.* In lateinischer Sprache. In Bahia um 1695 entstanden. Dieses Werk wurde – wie alle anderen – nach Rom zur Erlangung der Druckerlaubnis verschickt. Die Druckerlaubnis wurde in Rom jedoch verweigert. Das Werk ist nie erschienen. Der Verbleib der Handschrift bleibt unklar.[32]

*2.1.15 Comentarium in Danielem.* Theologisches Werk zum biblischen Buch Daniel. In lateinischer Sprache. In Bahia um 1700 entstanden. Die Druckerlaubnis wurde in Rom abermals verweigert. Der Verbleib der Handschrift bleibt unklar.[33]

Stansels Bedeutung für die allgemeine Wissenschaftsgeschichte des 17. Jahrhunderts ist kaum zu überschätzen. Die Reichweite seines Werkes bringt diesen mährischen Brasilien–Missionar in die Nähe von Namen wie Adam Schall von Bell in China oder Athanasius Kircher am *Collegium Romanum.*[34] Mit dem letztgenannten Mitbruder versuchte Stansel hartnäckig, eine wissenschaftliche Korrespondenz zu führen, musste sich jedoch stets darüber beklagen, daß Kirchers Antworten lange auf sich warten ließen oder nicht kamen. Selbst Isaac Newton kannte und zitierte Valentin Stansels Kometenbeobachtungen, allerdings nur, um deren Ergebnisse zu widerlegen.[35]

---

[32] Stansel erwähnt die Übersendung nach Rom in seinem Brief vom 27.7.1697 in: ARSI, Bras. 4, fol. 40r. Laut LEITE, História da Companhia de Jesus no Brasil, 211, sollte dieses Werk in Löwen gedruckt werden, aber es wurde vom P. General SJ in Rom konfisziert, d.h. zum Druck nicht genehmigt. Dieser Sachverhalt wird in einem Aufsatz kurz besprochen. Vgl. Serafim LEITE SJ, A famosa Clavis Prophetarum e seus satélites, in: Verbum Nr. 1. Rio de Janeiro 1945, 257–279. Zu Stansels Polemik gegen Vieira siehe dort 260–263.

[33] Das Werk wurde für „unwürdig der Druckerlaubnis" befunden („non imprimatur"). Die römischen Revisoren Josephus de Alfaro, Franciscus Leytam und Adamus Ehrentreich untersagten somit den Druck am 24.10.1701. Vgl. dazu LEITE, História da Companhia de Jesus no Brasil, 211.

[34] Die heutige tschechische Lateinamerikanistik an der Prager Universität unter Leitung von Frau Prof. Dr. Simona Binková kümmert sich um die Rezeption der im lusitanischen Einflußbereich tätigen böhmischen Jesuiten. Vgl. Simona BINKOVÁ, Os Países Checos e a Zona Lusitana (Contactos e testemunhos dos séculos XV – XVIII), in: Ibero–Americana Pragensia XXI (1987), 137–159. Zur naturwissenschaftlichen Einordnung des Stanselschen Gesamtwerkes mit besonderer Berücksichtigung der Kometenbeobachtungen vgl. Juan CASANOVAS SJ / Philipp KEENAN SJ, The observations of comets by Valentine Stansel, a seventeenth century missionary in Brazil, in: AHSI 62 (1993), 319–330. Zur *Dioptra Geodetica* vgl. hier 320. Vgl. auch Karl Anton FISCHER, Die Astronomie und die Naturwissenschaften in Mähren, in: Bohemia 24/1 (Prag 1983), 38. Vgl. auch einen Abdruck von Stansels Zeichnungen in diesem frühen Werk in: Otto VAN DE VYVER SJ, Lunar Maps of the XVII Century, in: Specola Vaticana I (Rom 1971), 69.

[35] Die Beobachtung des seltenen und von Europa aus damals kaum sichtbaren Kometen am 5.3.1668 gereichte Stansel zu kurzem akademischen Ruhm dank der Berücksichtigung seiner Beschreibung in einem Werk von Isaac Newton. Der mährische Missionar schickte seine Beschreibung aus Bahia an eine wissenschaftliche Zeitschrift in Rom namens Il Giornale dei Letterati, die von F. Nazzari von 1668 bis 1679 herausgegeben wurde. Am „31. September" [sic!] 1673 wurde Stansels Artikel in Rom darin auf italienisch gedruckt. Der dänische Astronom

## 3. KARTOGRAPHIE

Im Zeitalter der Seefahrt spielten die Kartographie und die Navigationstechnik die Hauptrolle innerhalb der Schlüsselwissenschaften. Gerade für kartographische Gutachten und Stellungnahmen wurden vom portugiesischen Hof mit einer auffälligen Vorliebe zentraleuropäische Jesuiten nach Brasilien eingeladen. Die portugiesische Krone glaubte hier wohl, angesichts offener Grenzfragen und –konflikte mit den Konkurrenzmächten Spanien am Rio Marañón, Frankreich am oberen Amazonas und den Niederlanden im heutigen Surinam, mit der Einladung von *„jesuítas alemães"* auch der Spionage unverdächtige Beobachter engagieren zu können. Deshalb war die Kartographie mit Abstand das profilierteste Betätigungsfeld für nicht–iberische Jesuitenpatres in Brasilien, in dem sie systematisch eingesetzt wurden und als Gruppe insgesamt die größten Leistungen erbrachten. Leider sind die meisten Arbeiten und Kartenwerke inzwischen verloren gegangen.[36]

Vor allem zwei Gebiete waren in der Zeit, als zentraleuropäische Kartographen am Amazonas engagiert wurden, politisch sehr umstritten: das Gebiet des Rio Negro bis zum Zusammentreffen mit dem Rio Amazonas und das Gebiet zwischen der brasilianischen *Capitania do Cabo do Norte* (heute Bundesstaat Amapá) und Französisch–Guyana, wo es um den Zugang zum Atlantischen Ozean an der Amazonasmündung ging.

Als Kartographen in Nordbrasilien waren die folgenden Patres tätig: P. Alois Konrad Pfeil (1638–1701) aus Konstanz am Bodensee (oberdeutsche Ordensprovinz); P. Ignaz Szentmartonyi (1718–1793) aus Kotiri in Kroatien und Johann Nepomuk Szluha (1723–1803) aus Gyalu im habsburgischen Ungarn (österreichische Ordensprovinz).[37]

---

Christian Huyghens wurde darauf aufmerksam und übersetzte diesen Beitrag ins Englische für eine Zeitschrift der Royal Academy: Philosophical Transactions 9 (London 1674), 91. Diese englische Übersetzung des römischen Artikels wurde von Isaac Newton schließlich rezipiert, der Stansels Beobachtung von 1668 zur Unterstützung seiner eigenen Thesen über die Natur der Kometen im dritten Abschnitt seiner Schrift Philosophiae Naturalis Principiae Mathematica verwenden konnte – allerdings, um eine Position zu unterstützen, die Stansels konträr war. Zu diesem Sachverhalt vgl. CASANOVAS / KEENAN, The observations of comets by Valentine Stansel, 328. Insgesamt studierte Stansel vier Kometenerscheinungen in Bahia in den Jahren 1664, 1665, 1668 und 1689.

[36] Zur kartographischen Leistung der Jesuiten in Brasilien insgesamt vgl. auch Inês Aguiar de FREITAS, Em nome do Pai: a geografia dos jesuítas no Brasil nos séculos XVI, XVII e XVIII. Dissertação de Mestrado em Geografia. Universidade Federal do Rio de Janeiro. Rio de Janeiro 1992.

[37] Erwähnenswert bleibt noch die Leistung des Kölner P. Laurenz Kaulen, der eine Karte Zentralamazoniens über das Gebiet zwischen den Flüssen Xingu und Tapajós verfaßte, deren Fundort jedoch heute unklar ist. Da P. Kaulens Hauptleistungen aber in der Ordenshistoriographie nach der Aufhebung des Ordens liegen, wird er an dieser Stelle ausgelassen.

### 3.1 P. Alois Konrad Ludwig Pfeil (1638–1701), Oberdeutsche Provinz SJ

P. Alois Konrad Pfeil wurde am 4.1.1638[38] in Konstanz am Bodensee geboren.[39] Zum weiteren sozialen und familiären Umfeld ist nichts Genaues bekannt. Pfeil muß aber zu einem bedeutenden Erbe berechtigt gewesen sein,
denn eine *abdicatio* seines Vermögens zugunsten des Konstanzer Kollegs in der
Höhe von 200 Gulden ist für das Jahr 1659 überliefert.[40] In den Orden ist
Alois Konrad Ludwig Pfeil am 28.9.1654 in Landsberg eingetreten.[41]

Vor der Entsendung in die Missionen war P. Pfeil Dozent der Grammatik
für die oberen Klassen in Feldkirch 1667[42] und in Luzern 1668.[43] Ab 1673 war
er Seelsorger und Landmissionar in Luzern und blieb in diesen Funktionen bis
Oktober 1677, als P. Pfeil beschloß, nach Portugal zu übersiedeln und ein Jahr
später weiter nach Brasilien zu reisen.[44]

Diese Erfahrungen in den schweizerischen Landmissionen sind nicht zu
unterschätzen und waren eine entscheidende Vorbereitung für die Aktivitäten
in Übersee. Überhaupt verdient der enge Zusammenhang zwischen den Landmissionen in Europa und der sog. „Indio–Katechese" in Übersee eine größere
Aufmerksamkeit als bisher in der Forschung in vergleichender Hinsicht
geschehen.

Nach der Ankunft im Jahre 1679 war P. Pfeil zuerst Dozent am Kolleg von
Pará.[45] Ab dem 12.8.1679 dann Missionar in verschiedenen Indio–Dörfern von
Pará. Zwischen 1684 und 1700 widmete P. Pfeil sich einer intensiven und syste-
matischen, kartographischen Erschließung des Amazonasgebiets, aus der mehrere Werke hervorgegangen sind. P. Pfeil war in seiner missionarischen Laufbahn in Brasilien sowohl Dorfmissionar als auch Kartograph und zudem noch
eine Art „Baumeister" für die Gründung von Missionsdörfern und den Bau von
Festungsanlagen.

---

[38] Geburtsdatum umstritten. So im ARSI, Germ.Sup.47, fol.166r sowie ebd., Bras.27, fol.7r
(Cat.Brev.Maragn.1690). Hingegen ARSI, Bras.27, fol.11r (Cat.Brev.1697) Korrektur: 2.1.1638.
Wiederum ARSI, Germ.Sup.23, fol.299v (Cat.Prim.1655): 5.1.1638.

[39] ARSI, Germ.Sup.47, fol.166r. Weitere Daten zur Biographie finden sich in folgenden
Kurzeinträgen und Artikeln: Ignaz HESS OSB, Ein Missionsbrief des Jesuiten P. Alois Conrad
Pfeil, in: Zeitschrift für schweizerische Kirchengeschichte 18 (1924), 166–172. Vgl. auch von
demselben Autor: Ein Missionsbrief des Jesuiten P. Alois Conrad Pfeil, in: Mitteilungen aus den
deutschen Provinzen 11 (1927–1929), 325–329. Vgl. auch LEITE, História da Companhia de
Jesus no Brasil Bd.9, 48–53.

[40] Bayrisches Hauptstaatsarchiv, Jes.1027 (*abdicationes*). In der Höhe von 200 Gulden.

[41] ARSI, Germ.Sup.47, fol.166r und fol.182v sowie ebd., Bras.27, fol.7r (Cat.Brev.Maragn.
1690). Hingegen ARSI, Germ.Sup.24, fol.219r (Cat.Prim.1660): 28.8.1654. Wiederum im ebd.,
Bras.27, fol.11r (Cat.Brev.1697): 18.9.1654.

[42] Ebd., Germ.Sup.47, fol.437r (Cat.Brev.1667).

[43] Ebd., fol.451v (Cat.Brev.1668).

[44] Ebd., fol.471v, fol.492v, 516v u. 538r (Cat.Brev.1673–76). Tätigkeiten im Zeitraum
zwischen 1668–1673 nicht belegt.

[45] Ebd., fol.70r (Epist.Maragn.).

Zwischen 1684 und 1700 erstellte Pfeil mehrere Karten der Missionsgebiete in Maranhão. Diese Dokumente gelten als verschollen, da der Autor zusammen mit allen Dokumenten im August 1701 unterwegs nach Portugal nahe den Azoren Schiffbruch erlitt und ertrank. Nur die Inhaltsangaben sind wie folgt noch überliefert:

*3.1.1 Mapa do Grande Rio das Amazonas.* Pará 1684. Karte des Amazonasgebiets zur Grenzbestimmung mit Französisch–Guiana. In portugiesischer Sprache. Gezeichnet nach dem Auftrag des Königs Pedro II. und des P. Antonio Vieira. Vermutlich beim Schiffbruch 1701 verschollen.[46]

*3.1.2 Mapa da Missão do Maranhão.* Pará 1685. Karte der Jesuitenmissionen in Pará und Maranhão. In portugiesischer Sprache. Dem Ordensgeneral durch den Mitbruder P. Jodocus Perret, der damals in Coimbra weilte, von dort aus übersandt.

*3.1.3 Mapa do Rio Amazonas e da Capitania do Norte.* Pará am 1.4.1700. Karte des oberen Nordamazoniengebiets bis Französisch–Guiana. In portugiesischer Sprache. Vermutlich unvollendet, da P. Pfeil im nächsten Jahr auf der Reise nach Portugal ertrank. Wahrscheinlich beim Schiffbruch verschollen.[47]

Um 1700 beschäftigte sich P. A. Konrad Pfeil intensiv mit der Festlegung der Grenzen zwischen Brasilien und der Provinz Quito sowie zwischen Brasilien und Französisch–Guiana, aus der zwei in Lissabon viel beachtete kartographische Gutachten hervorgingen. Beide Gutachten heißen wie folgt:

*3.1.4 Anotaçam contra huns incoherentes pontos no Tractado da Justificaçam, formada pelos Plenipotenciarios na Corte Real de Lisboa & impressa no Anno de 1681 sobre os limites do Brasil com a Resoluçam da Linha do Polo a Polo lançada. Que divide as Terras Occidentaes de Portugal & Castella. E Resposta. Se além desta antiga Linha divisória El Rey de Portugal tem hoje legítimo Dominio de mais terras para Occidente e até onde se estendão. Composta por o P. Aloysio Conrado Pfeil da Companhia de Jesu, Germano e Missionário do Maranhão.* Pará 1681.

Kartographische Bemerkungen und Vermessungen zur genauen Ausdehnung der portugiesischen Besitzungen und zu den daraus resultierenden Besitzansprüchen. In portugiesischer Sprache mit ca. 211 Seiten. Original in der

---

[46] Zit. in BARÃO DO RIO BRANCO (Hrsg.), Frontières entre le Brésil et la Guyane Française. Paris–Bern 1899. Bd.2. 107–117 (doc.nr.19 in französischer Sprache) u. Bd.4, 21–29 (doc.nr.4 im port. Original). In diesem Werk werden Pfeils kartographische Notizen herangezogen. Die Karte gilt jedoch als verschollen. In keinem der besuchten Archive in Brasilien, Portugal oder Italien (siehe Quellenverzeichnis) im kartographischen Bestand vorhanden. Vgl. dazu LEITE, História da Companhia de Jesus no Brasil Bd.3, 255 sowie ebd., Bd.9, 51.

[47] Vgl. BARÃO DO RIO BRANCO, "Questões de Limites com a Guiana Francesa", in: DERS. Obras. Bd.4. Rio de Janeiro 1945. In diesem Werk werden alle vom Herausgeber eingesehenen Karten veröffentlicht. Pfeils Arbeit ist aber nicht darunter. Sie war dem Herausgeber dem Inhalt nach zwar bekannt, aber er hat sie nie einsehen können.

Biblioteca da Ajuda in Lissabon.[48] Facsimile im Werk des Barão do Rio Branco (Rio de Janeiro 1945).[49]

*3.1.5 Compendio das mais substanciaes Razões e argumentos, que evidentemente
provam que a Capitania chamada Norte situada na boca do Rio das Amazonas
legitimamente pertence à Coroa de Portugal. E que El Rey de França para ella como nem
ao Pará ou Maranhão tem ou teve jus algum.* Belém do Pará, 1.4.1700.[50]
Kartographisches Pamphlet mit Gründen, Beweisen und Argumenten, weshalb das Gebiet der sog. Capitania do Norte im Norden Amazoniens an der
Grenze zu Französisch–Guiana nur der Krone Portugals gehört und zu keiner
Zeit Frankreich rechtlich zustand. In portugiesischer Sprache mit ca. 34 Seiten. Original in der Biblioteca da Ajuda in Lissabon.[51]

Beide Gutachten sind als Facsimiledrucke im kartographischen Werk des
ersten brasilianischen Außenministers in republikanischer Zeit, Baron José de
Paranhos (oder auch Barão do Rio Branco genannt), 1899 vorhanden. Der Baron
von Rio Branco nahm 1899 Bezug auf Pfeils Vorarbeiten, um die nördlichen
Grenzen der brasilianischen Republik bis heute zu definieren.

Im Jahre 1701 erfolgt die Berufung Pfeils durch König Pedro II. nach Lissabon, um seine kartographischen Werke im Zusammenhang mit dem portugiesisch–französischen Streit um die Grenzfrage am nördlichen Amazonasgebiet
und Französisch–Guiana zu erläutern und zu veröffentlichen.[52] Zwischen
August und spätestens dem 6.10.1701 während dieser Überfahrt nach Portugal,
die am 9.7.1701 begann, ist P. Pfeil bei einem Schiffbruch nahe den Azoren
ertrunken.[53]

## 3.2 P. Ignaz Szentmartonyi (1718–1793), Österreichische Provinz SJ

P. Ignaz Szentmartonyi ist am 27.10.1718 in Kotiri im habsburgischen Kroatien geboren. Die Aufnahme in den Orden erfolgte in Zagreb.[54] Ab 1751 wird

---

[48] Biblioteca da Ajuda (Lissabon), cod. 51–IX–19.

[49] BARÃO DO RIO BRANCO, Questões de Limites com a Guiana Francesa, 96.

[50] Handschrift von P. Pfeil selbst so datiert und mit "Aloysio Conrado Pfeil" unterschrieben.

[51] Biblioteca da Ajuda, cod.51–V–17, fol.151r–167v.

[52] BNL, Seção de Reservados, doc.4517, fol.51r (Brief des Beichtvaters am Hofe, P.
Sebastião de Magalhães, an "P. Luis Conrado" vom 27.1.1701 aus Lissabon): "Sua Majestade se
dá por bem servido de V.R. que lhe escreve uma carta muito honrada e lhe manda que logo
venha a Portugal, trazendo consigo todos os papeis, com todos os papeis que tiver feito nessa
materia, com todos os documentos em forma autentica, que poder aver."

[53] Genaues Datum unbekannt. Laut ARSI, Lus.76, fol.28r, spätestens am 6.10.1707 gestorben.

[54] ARSI, Austr.86, p.141, Zeile 99: Diözese Zagreb. Der familiäre Hintergrund fehlt bisher
ganz. In ungarischer Sprache sind einige biographischen Artikel aus ungarischer heimat-
geschichtlicher Perspektive über P. Szentmartonyi zu nennen: A. TIVADAR, Délamerikai magyar

Szentmartonyi Mathematiklehrer im Grazer Kolleg.[55] Im Jahr 1752 reist er nach Portugal, um in Lissabon als Hofastronom des Königs João V. zu wirken. Im Laufe des Jahres 1753 (vermutlich am 2.6.1753) wird Szentmartonyi vom König weiter nach Brasilien entsandt, um durch geographische Messungen die exakte Grenzziehung zwischen den portugiesischen und spanischen Gebieten in Nordwestamazonien zu ermitteln.[56]

P. Szentmartonyi blieb in den Jahren 1753 bis 1760 als Geograph und Kartograph am Rio Negro in Nordwestamazonien tätig, worüber er einen sehr detaillierten Lagebericht um 1754 verfaßte. Seine Deportation erfolgte 1760 im Zuge der Ordensauflösung in Portugal.[57] Danach bleibt Szentmartonyi in Azeitão und São Julião da Barra (Lissabon) bis 1777 inhaftiert. Nach der Haftentlassung kehrt Szentmartonyi ins heimatliche Kroatien zurück, wo er bis zu seinem Tod in der Pfarrei und als Dozent für Kroatisch im Kolleg von Varazdin tätig bleibt. P. Szentmartonyi ist am 15.4.1793 in der Pfarrei von Csáktornya gestorben.[58]

P. Szentmartonyis Hauptwerk ist der erwähnte Lagebericht über die Region am Rio Negro in Nordwestamazonien. Die Überschrift lautet:

3.2.1 *Sequentes notiates de Rio Negro* („Nachrichten vom Rio Negro").[59] Es handelt sich um einen detaillierten Lagebericht über die Region um den Rio Negro und die in Nordwestamazonien lebenden Völker in lateinischer Sprache. Die Handschrift befindet sich heute in der Biblioteca Nacional do Brasil

---

utazók a XVII. és XVIII. században, A Földgömb IX. 2–4. Budapest 1938. DERS., „Szentmartonyi Ignác, a braziliai magyar csillagász", in: Magyar Kultúra (1939/1),.5–6; Neudruck in: Akik elvándoroltak. Budapest 1940, 184–192. DERS., Magyarok Latin–Amerikában. Budapest 1944, 20–21.

[55] ARSI, Austr.51, fol.151r.

[56] Genaues Datum der Überfahrt fehlt. Vgl. auch S. LEITE SJ, História da Companhia de Jesus no Brasil Bd.9, 148. Bei BUSCH, Brasilienfahrer, nicht erwähnt.

[57] Genaues Datum fehlt. Wohl innerhalb der letzten Deportationswelle ausgewiesen. Vgl. ARSI, Bras.28, fol.6r. Vgl. auch ebd., Bras.28, fol.41v (*Catálogo de todos os nossos* 1761).

[58] ARSI, Austr.86, p.61.

[59] Das Manuskript – „Sequentes notiates de Rio Negro" – ist einmalig im Original in der *Biblioteca Nacional* (*Seção de manuscritos*) in Rio de Janeiro vorhanden. Selbst Serafim Leite hat 1949 davon jedoch noch keine Kenntnis. Vgl. LEITE, História da Companhia de Jesus no Brasil Bd.9, 148–149. Dieses über die Region um den Rio Negro am oberen nordwestlichen Amazonien geschriebene und im Original noch nicht edierte Werk *Sequentes Notiates* ist von hoher ethnographischer Bedeutung. Vgl. zur Bedeutung dieses Werks R.M. Wrights ethnologische Dissertation von 1981, wofür Szentmartonyis Bericht die wichtigste Quelle bildet: Robert Martin WRIGHT, History and religion of the Baniwa peoples of the Upper Rio Negro valley. PhD thesis. Stanford University 1981. R. M. Wright bietet hier eine vollständige englische Übersetzung und einen Kommentar zu Szentmartonyis Lagebericht über das Tal des Rio Negro. Wright datiert das Werk jedoch fälschlicherweise auf 1749. Doch Szentmartonyi reiste nach Brasilien nachweislich erst 1753.

in Rio de Janeiro.[60] Das genaue Datum der Niederschrift bleibt unklar. Der Bericht ist aber sicher nicht vor 1753 verfaßt worden. Der Anthropologe Robin M. Wright gab die „Nachrichten" vollständig in englischer Übersetzung mit kritischem Kommentar im Jahre 1981 heraus.[61]

Es ist nicht überliefert, ob P. Szentmartonyi die „*Rettungsexpeditionen*" („*tropas de resgate*"), von denen er mehrmals in diesem Werk berichtet, als geistlicher „Truppenbegleiter" selbst miterlebte oder die Informationen über die Region am Rio Negro von einem Mitbruder indirekt erhielt.[62] Der Bericht nennt jedenfalls alle Haupt- und Nebenflüsse der Region und alle an deren Ufern lebenden indigenen Ethnien und ihre Bräuche.

P. Szentmartonyi geht in diesem Bericht auch auf die Praktiken der *tropas de resgate* – jener staatlichen „*Rettungstruppen*" – ein,[63] an denen er vielleicht nicht selbst aktiv teilnahm, aber die er aus erster Hand erzählt bekommen haben muß. Hauptstützpunkt und Sammellager für alle Expeditionen ins Hinterland von Rio Negro war das größere Dorf (*arraial*) *Mariuá,* heute *Barcellos* im Bundesstaat Amazonas. Das königliche Lehn, die *Capitania São José do Rio Negro*, war nur kurz zuvor um 1750 als koloniales Territorium gegründet worden. Diese Arbeit diente somit auch als erste „Volkszählung" der neuesten politischen Verwaltungseinheit Nordbrasiliens.

Der ungarische Jesuit kam vermutlich um 1753 in Mariuá an. Sein Auftrag bestand zuerst darin, eine spanische Delegation zu empfangen, um gemäß dem Madrider Vertrag von 1750 die Trennlinie zwischen Portugiesisch- und Spanisch-Amerika in dieser Region gemeinsam festzulegen. Doch die spanische Delegation konnte infolge von indigenen Aufständen auf spanischer Seite am Rio Orinoco nicht kommen.[64] So durfte P. Szentmartonyi den kartographischen Auftrag auf unabsehbare Zeit wieder vergessen und sich ganz auf die „Volkszählung" konzentrieren.

Interessant ist auch die Angabe Szentmartonyis über den blühenden Handel von Menschen gegen Waffen unter indigenen Kazikaten und Holländern

---

[60] *Biblioteca Nacional do Brasil* (Rio de Janeiro). *Seção de manuscritos* (unter dem Namen Pe. Inácio Semartoni).

[61] Robert Martin WRIGHT, History and religion of the Baniwa peoples of the Upper Rio Negro valley.

[62] Das verrät Szentmartonyi in diesem Bericht nicht. Daher liegt die Vermutung nahe, daß er seine Informationen nur aufschrieb. Trotzdem handelt es sich um Auskunft aus erster Hand, vermutlich von dem italienischen Mitbruder P. Aquilles Avogadri, der Truppenbegleiter war.

[63] Die „Rettungstruppen" – ein euphemistischer Begriff – wurden angeblich ausgesandt, um Gefangene von „Kannibalenstämmen" zu „befreien" – daher ihre Bezeichnung. Solche „Befreiungskriege" galten als gerecht und genehmigt („bella iusta"). Die dadurch „Befreiten" mußten für den Aufwand des Staates zu ihrer „Befreiung" aus den Händen von „Barbaren" mit einjährigem Frondienst bezahlen. Wer nach Beendigung der kriegerischen Expedition „frei" oder „unfrei" war, bestimmten der Truppenkommandant und der Jesuitenpater als Truppenbegleiter.

[64] Laut LEITE, História da Companhia de Jesus no Brasil, Bd.4, 148.

in Niederländisch–Guiana (heute Surinam). Dies war wohl auch der Grund, weshalb die Portugiesen sich seit 1750 stärker in dieser Region militärisch engagierten.

Aus den Angaben in diesem kartographisch–demographischen Bericht und aus deren Vergleich mit den Akten im Staatsarchiv von Belém do Pará (APPA) über „freie und unfreie Indios"/„índios forros e índios escravos" („Livro que há de servir na Alfândega do Pará"), die für die Jahre 1745–47 zur Verfügung stehen, läßt sich zur Frage der „Rettungstruppen" ablesen, daß die überwiegende Mehrheit aller gefangengenommenen Indios von den mitreisenden Jesuiten als rechtmäßige Gefangene beglaubigt wurden. Zwischen Juni 1745 und Mai 1747 gab es insgesamt 1.377 individuelle Eintragungen über einzelne Indios in diesen Akten. Davon sind 1.334 Indios als rechtmäßige Sklaven und nur die kleine Minderheit von 43 Personen als rechtmäßige Freie deklariert worden.[65]

Der Missionar und der Truppenkommandant mußten laut Gesetz gemeinsam diese Entscheidung nach den konkreten Umständen der jeweiligen individuellen „Befreiung" und für jedes Individuum unterschiedlich treffen. Konnte ein gefangener Indio etwa die Missionssprache Tupi sprechen (dies war ein sofortiger Ausweis für eine frühere Anwesenheit in einem jesuitischen Missionsdorf) oder gar ein christliches Gebet zumindest ungefähr aufsagen, so war er (oder sie) automatisch kein „Kannibale" mehr und wurde als „Flüchtiger" (*índio fugitivo*) in die Obhut der Missionare zurückgegeben. Konnten sie dies aber nicht, so waren sie „Wilde" und mußten die Staatskosten ihrer „Befreiung" („*resgate*") aus der Hand von „Kannibalen" mit Frondienst bezahlen. Anschließend unterschrieben der Pater und der Kommandant dieses Dokument, das der Truppenkommandant als „Einsatzbericht" der Verwaltung in der nordbrasilianischen Kolonialhauptstadt Belém do Pará vorlegen musste.

Die Genauigkeit und Detailfreudigkeit des Berichtes von P. Szentmartonyi, der mehr als 200 indigene Stämme samt ihrer genauen geographischen Positionierung in der Region auflistet, machen ihn heute zu einer unverzichtbaren Quelle für die historische Ethnologie Nordwestamazoniens.[66]

---

[65] Arquivo Público do Pará, cód.1010: „Livro que há de servir na Alfândega do Pará, que vai numarado e rubricado e levo no fim seu encerramento feito por mim Alexandre Metello de Souza e Menezes" (1745–47).

[66] Vgl. den Anhang zu WRIGHT, History and Religion, 168–177. Dort werden alle im Bericht erwähnten, über 200 Ethnien des Rio Negro namentlich aufgelistet und der jeweiligen Sprachgruppe (hauptsächlich Arawak, Tukano und einigen kleineren, selbständigen Sprachen) zugewiesen.

### 3.3 P. Johann Nepomuk Szluha (1723–1803), Österreichische Provinz SJ

P. Johann Nepomuk Szluha wurde am 23.8.1723 in Gyalu (damals Ungarn) geboren.[67] Sein soziales Umfeld ist weitgehend unbekannt. Der Eintritt in den Orden erfolgte am 14.10.1738 in Wien.[68] Am 2.6.1753 fuhr Szluha aus Lissabon nach Brasilien in die Vizeprovinz SJ Maranhão ab. Ankunft dort am 16.7.1753 belegt. P. Szluha wirkte als Mathematiker und Astronom, aber in Brasilien insbesondere als Kartograph.[69]

Im Jahre 1753 erstellte P. Szluha eine Karte der gesamten Missionsvizeprovinz Maranhão – eine der wenigen vollständigen kolonialen Amazonaskarten (zum brasilianischen Amazonas), die noch erhalten sind.[70] Von 1753 bis 1759 wurde der Ungar schließlich Missionar im Missionsdorf am Fluß Pinaré.[71] Die Deportation aus Brasilien erfolgte 1759. Es folgt eine einjährige Haft bis 1760 in Azeitão (Portugal). Infolge einer Verwechslung mit einem portugiesischen Namensvetter wurde Szluha irrtümlicherweise für einen Portugiesen namens *Da Rua* gehalten und nach Rom abgeschoben.[72] Im Jahre 1760 oder spätestens 1761 folgte die Rückkehr in die ungarische Heimat. Ab 1761 wird Szluha Professor für Kontroverstheologie und Rektor des Kollegs von Györ (Raab). 1762 wirkte er als *Decisor Casuum* in Tyrnau; 1763 Minister, *Praefectus templi, sanitatis et scholae* und *Consultor* in Ödenburg bzw. Sopron. Von 1764 bis 1770 war er Militärkaplan. Von 1771 bis 1773 war P. Szluha erneut Rektor des Kollegs von Györ/Raab.[73] P. Szluha starb wahrscheinlich am 18.7.1803 in Graz.

Das Hauptwerk Szluhas lautet:

---

[67] Große Uneinigkeit in der Überlieferung zum Geburtsdatum. So im österreichischen Provinzkatalog in der Österreichischen Nationalbibliothek (kurz ÖNB), Handschriftenabt., Cat.Brev.(Austr.1739), Heft 2, S.11. Hingegen im ARSI, Austr.90, fol.433r (Cat.Prim.1743): 19.1.1722! Bei anderen Autoren kursiert auch 1725 als Geburtsjahr.

[68] Laut österr. Provinzkatalog ÖNB, Handschriftenabt., Cat.Brev. (Austr. 1739), Heft 2, S.11. Hingegen im ARSI, Austr.90, fol.433r (Cat.Prim.1743): Eintritt 27.10.1738. Aufnahme zuerst in Buda und Eintritt in Wien.

[69] ARSI, Austr.129, fol.151v (Cat.Brev.1751).

[70] Die Szluha–Karte wird auch P. Laurenz Kaulen fälschlicherweise zugeordnet (z. B. bei S. LEITE SJ, História., Bd.9, 149.

[71] ARSI, Bras.27, fol.188v (Cat.Brev.1753). Dies ist der einzige Eintrag für Szluha in den römischen Brasilien– Katalogen.

[72] Die im Vergleich zu vielen anderen deportierten Mitbrüdern aus Zentraleuropa auffallend kurze Inhaftierungszeit P. Szluhas unter Pombal von nur einem Jahr (1759–60) ist laut LEITE, História da Companhia de Jesus no Brasil, Bd.9, 149, eben dieser Verwechslung mit seinem Namensvetter João Nepomuceno da Rua aus Guimarães (Portugal). P. Szluha wurde damit ebenfalls für einen Portugiesen gehalten und zusammen mit einer Gruppe von Mitbrüdern dieser Nationalität 1760 aus der Haft im Gefängnis von Azeitão entlassen und in den Kirchenstaat nach Italien verbannt. Die anderen nicht–portugiesischen Jesuiten sollten hingegen noch zwei Jahrzehnte in Portugal inhaftiert bleiben.

[73] LEITE, História da Companhia de Jesus no Brasil, Bd.9,.149.

*3.3.1 Mappa Vice–Provinciae Societatis Jesu Maragnonii anno 1753 concinnata.*
Karte des gesamten Laufs des Amazonas sowie des Missionsgebietes von Pará
und Maranhão mit sämtlichen Niederlassungen, Kollegien und Missionsdörfern der Gesellschaft Jesu. In lateinischer Sprache. Original heute im Bestand
der Pinakothek der Biblioteca Pública de Évora.[74] Gedruckt in Serafim Leites
Werk.[75]

# 4. ETHNOGRAPHIE UND LINGUISTIK

Weitere prägnante Beispiele für damals nicht–akademische Wissensbereiche
sind die verschiedenen „ethnographischen" Beobachtungen, die durch Briefe,
Traktate und Monographien der aufkommenden Aufklärung signifikante Impulse für eine genauere Kenntnis indigener Ethnien im portugiesischen Amazonien gaben.

An erster Stelle sind die zwei mitteilsamsten Autoren innerhalb der hier
untersuchten Gruppe zu nennen, deren Schriften aus und über die indigene
Welt Brasiliens in der von P. Joseph Stöcklein SJ 1728 begonnenen, von P.
Peter Probst 1748 bis 1755 und P. Franz Keller von 1755 bis 1761 fortgesetz-
ten, periodisch angelegten Sammlung *Der Neue Welt–Bott*[76] – fortan kurz WB
genannt – und der Publikationen des protestantischen Gelehrten und Jesui-
tologen Christoph Gottlieb von Murr (1733–1811) eine besondere Stellung
erlangten: P. Johannes Breuer aus Köln und P. Anselm Eckart aus Mainz aus
den rheinischen Ordensprovinzen.

Die Schriften der Patres Eckart und Breuer zur indigenen Kultur in
Nordbrasilien gehören trotz der zeitüblichen starrsinnigen Vorurteile zu den
umfangreichsten völkerkundlichen Auseinandersetzungen nicht–iberischer
Beobachter mit der brasilianischen Kultur vor dem 19. Jahrhundert und
verdienen allein deshalb Beachtung.[77] Zudem gehören ihre Schriften zu einem

---

[74] Biblioteca Pública de Évora, Pinacoteca IV/2–3.

[75] Vollständiges Facsimile bei LEITE, História da Companhia de Jesus no Brasil, Bd.4, 390–
91.

[76] Der vollständige Titel lautet: „Der Neue Welt–Bott. Allerhand So Lehr– als Geist–reiche
Brief, Schrifften und Reis–Beschreibungen, Welche von denen MISSIONARIIS der Gesellschaft Jesu Aus Beyden Indien und andern Über Meer gelegenen Ländern. Seit An. 1692 biß
auf das Jahr 1726 in EUROPA angelangt seynd. Jetzt zum erstenmal Theils aus handschrifftlichen Urkunden, theils aus denen Französischen Lettres Édifiantes verteutscht und zusammen
getragen Von Joseph Stöcklein, gedachter Societät Jesu Priester". Das Werk erschien
ursprünglich als Periodikum und war die erste katholische „Missionszeitschrift". Vgl. zur
Rezeptionsgeschichte Anton HUONDER SJ., P. Joseph Stöckleins „Neuer Welt–Bott", ein
Vorläufer der „Katholischen Missionen" im 18. Jahrhundert, in: Die Katholischen Missionen 33
(1904), 106.

[77] Vor Johannes Breuer und Anselm Eckart ist der Kanonier in portugiesischen Diensten
Hans Staden im 16. Jahrhundert zu nennen, der um 1555 dem europäischen Lesepublikum eine
sehr ausgeschmückte und maßlos übertriebene Beschreibung von den „grimmigen

nicht sehr leicht zugänglichen Quellenbestand und dürfen heute als Rarität gelten.[78]

## 4.1 P. Johannes Breuer (1718–1789), Niederrheinische Provinz SJ und P. Anselm Eckart (1721–1809), Oberrheinische Provinz SJ

Der Kölner Jesuit Johannes Breuer wirkte hauptsächlich im Hügel von Ibiapaba (Ceará), einem für die damalige Provinz Maranhão zentralen Missionsdorf und Sammellager für nachrückende Missionare.[79]

Menschenfressern" an der Atlantikküste bot, von denen er angeblich gefangen genommen worden war. Damit waren die brasilianischen Tupinambá–Indianer wohl gemeint. Stadens Bericht besitzt aber nicht die Differenziertheit und Praxisnähe der beiden rheinländischen Autoren, die im Gegensatz zu Staden die indigene Verkehrssprache Tupi beherrschten. Vgl. Hans STADEN, Die wahrhaftige Historie der wilden, nackten, grimmigen Menschenfresser–Leute (1548–1555). Neudruck Stuttgart 1994. Vgl. auch Michel de MONTAIGNE, Die Essais (1588). Darunter: „Über die Kannibalen" („De cannibalibus"). Neudruck Stuttgart 1988. Zu Stadens Bericht und anderen stereotypischen Werken von Jean de Léry, André Thevet OFM, Michel de Montaigne u. a. über die „Menschenfresser", die im Europa des 16. Jahrhunderts in Mode gekommen waren, vgl. die jüngste Studie von Franz OBERMAIER, Bilder von Kannibalen. Kannibalismus im Bild. Brasilianische Indios in Bildern und Texten des 16. Jahrhunderts, in: Jahrbuch für Geschichte Lateinamerikas. Bd.38. Köln / Weimar / Wien 2001., 49–72.

Die ethnographischen Berichte Breuers und Eckarts sind, obgleich qualitativ wesentlich höherstehend, literaturgeschichtlich leider weitgehend unbekannt geblieben.

[78] Das gilt vor allem für Johannes Breuers neun Briefe im 40. Teil des 5. Bandes im Neuen Welt–Bott. Ediert wurde der Neue Welt–Bott in fünf Bänden mit insgesamt 40 Teilen, wovon nur 39 tatsächlich in Umlauf kamen. Band I (mit Teilen 1–8) wurde im Jahre 1726; Band II,1 (Teile 9–12) 1727;, Band II,2 (Teile 13–16) 1729; Band III,1 (Teile 17–20) 1732 und Band III,2 (Teile 21–24) im Jahre 1736 noch von P. Joseph Stöcklein selbst in Augsburg herausgegeben. Dann kamen neue Herausgeber und ein neuer Erscheinungsort. Band IV,1 (Teile 25–28) wurde 1748 von P. Peter Propst in Wien herausgegeben. Ab Band IV,2 (Teile 29–32) im Jahre 1755 wurden alle Bände von P. Franz Kellner in Wien herausgegeben. So auch Band V,1 (Teile 33–36) 1758; Band V,2a (Teil 37) und Band V2b (Teil 38) – beide 1761 – und schließlich der letzte Band V,2c (Teil 40) ebenfalls noch im Jahre 1761 in Wien. Teil 39 ist als einziger nirgends auffindbar und wurde wahrscheinlich nie herausgegeben. Die Teile 38 bis 40, wo sich Breuers Briefe zu den brasilianischen Indios befinden, sind äußerst selten und derzeit einmalig im Provinzialarchiv der Jesuiten in Wien sowie seit 2001 als Kopie im Seminar für Kirchengeschichte der Universität Mainz zu finden.

[79] WB, Teil 40, Nr. 789: Brief des Johannes Breuer aus Olinda (Pernambuco) vom 17.9.1744 an seine Mutter Maria Lucia in Köln. Schlußpassage (S. 27): „Wir warten hier in Pernambuc stündlich auf eine Gelegenheit nach Ceará, welche Stadt, 200 Meilen von hier, in der Hauptmannschaft Ceará oder Seará gelegen ist. Mein Reis–Gespann, P. Hund, welchen die Portugiesen Canisium getaufet, soll allda denen Unsrigen vorstehen: ich aber mich 80 Meilen tiefer in das Land hinein, nach Ybiapaba, die äußerste und an Maragnon anstossende Mission verfüge, wo ich, mit noch 2 anderen Gesellen, über 4 bis 5000 Brasilianer, die theils gemeinschaftlich, theils aber zu 30 und mehr Meilen zerstreuet wohnen, die geistliche Obsorg tragen werde."

Anselm Eckart wirkte weiter landeinwärts an den Nebenflüssen des Amazonas, vor allem am Rio Madeira.

Von P. Johannes Breuer sind sieben lange Briefe an die eigene Mutter Maria Lucia zu Köln im 40. Teil des Neuen Welt–Botts veröffentlicht worden, die im Vergleich zu dessen Briefen an die österreichische Erzherzogin und portugiesische Königin, Maria Anna von Habsburg, die zur selben Zeit verfaßt und denselben Gegenstand thematisieren,[80] in einer sehr persönlichen Art und Weise Auskunft über das damalige Missionsland geben.[81] Sie bieten umfangreiche Bemerkungen zu Land und Leuten Brasiliens. P. Breuer hat sich in diesen Briefen an die Mutter sehr detailliert mit den Sprachen und Bräuchen der brasilianischen Indianer in und um die Mission Ibiapabas beschäftigt.[82]

Aus dem direkten Vergleich mit P. Breuers Briefen an die Königin Maria Anna, die wesentlich beschönigender und erfolgsorientiert sind, läßt sich die Kluft zwischen Anspruch und Wirklichkeit der Missionsarbeit aufspüren.[83]

Anselm Eckarts *Opusculum* mit dem umständlichen Titel „*Des Herrn P. Anselm Eckart, ehemaligen Glaubens Predigers der Gesellschaft Jesu in der Capitania von Pará in Brasilien Zusätze zu Pedro Cudena's Beschreibung der Länder von Brasilien und Herrn Rectors Christian Leiste Anmerkungen im sechsten Lessingischen Beytrage zur Geschichte und Litteratur aus den Schätzen der Herzoglichen Bibliothek zu Wolfenbüttel*'[84] wurde auf die nachdrückliche Bitte seines Freundes und Gönners, des Nürnberger Jesuitenforschers und Polyhistors Christoph Gottlieb von Murr (1733–1811)[85] in Form einer kritischen Rezension zur „*Beschreibung der Länder von Brasilien*" aus der Feder eines gewissen spanischen Reisenden namens „*Pedro Cudena*" (richtiger Name: *Pedro Cadena*)[86] sowie zu den Anmerkungen des „*Herrn Rectors Christian Leiste im sechsten Lessingschen Beytrage zur Geschichte und Litteratur aus den Schätzen der Herzoglichen Bibliothek zu Wolfenbüttel–Braunschweig 1781*'[87] vermutlich in Bingen am Rhein zwischen 1781–84 verfaßt und von besagtem C.G. von Murr in Nürnberg schließlich, zusammen mit einem weite-

---

[80] WB, Teil 40, Nr. 790 und 792.

[81] WB, Teil 40, Nr. 788, 789, 791, 793, 794, 795 u. 796.

[82] WB, Teil 40, Nr. 791 und 793. Beide Briefe zählen zu den informationsreichsten aus dem WB zu Brasilien.

[83] WB, Teil 40, Nr. 790 und 792 (Briefe Johannes Breuers an die Königin Maria Anna).

[84] Fortan abgekürzt: ECKART, Zusätze.

[85] Vgl. zur Biographie und Wirkung C.G. v. Murrs Peter WOLF, Protestantischer Jesuitismus im Zeitalter der Aufklärung. Christoph Gottlieb von Murr (1733–1811) und die Jesuiten, in: Zeitschrift für bayerische Landesgeschichte 62 (1999), 99–137.

[86] Vgl. LEITE, História da Companhia de Jesus no Brasil, Bd.8, 204: Pedro Cadena de Vilhasanti. Vgl. zu dessen Leben und Werk Pedro CADENA, Relação Diária do Cerco da Baía de 1638. Neudruck Lissabon 1941. Mit einem Vorwort von Serafim Leite SJ.

[87] Zu Eckarts Kontroverse mit Pedro Cadena und Christian Leiste vgl. auch E. FEDER, Uma viagem desconhecida pelo Brasil – Lessing, Pedro Cadena e os Jesuítas, in: Cultura Política. Ano V. No.49. Rio de Janeiro 1945, 113–128.

ren Amerikabericht des Grazer Mitbruders P. Franz Xaver Veigl, der wiederum über den Zustand der benachbarten Maynas–Mission der Jesuiten in
der Provinz Quito geschrieben hatte, als gebundenes Buch im Jahre 1785
herausgegeben.[88]

Die Materialsammlung und die Genese dieses kleinen Werks *„Zusätze zu
Pedro Cudena's Beschreibungen der Länder von Brasilien"* sind aus den noch erhaltenen *„Papéis Apreendidos ao Padre Eckart"*, einem Notizheft, das P. Eckart bei
seiner Ankunft in Portugal nach der Vertreibung aus Brasilien am 28.11.1757
von den portugiesischen Behörden entwendet und separat aufbewahrt wurde,
gut nachzuvollziehen. Es handelt sich um ein kleines persönliches Heft mit
verschiedenen Notizen auf losen Blättern ohne systematische Überschriften
zu Flora, Fauna und Menschen Brasiliens sowie über die Alltagsgestaltung und
das Missionsleben zwischen den Jahren 1753 und 1757, in denen der Mainzer
Jesuit sich in Brasilien aufhielt, teils in lateinischer, teils in portugiesischer, in
französischer und deutscher Sprache sowie auch in der Missionssprache Tupi
geschrieben.[89]

P. Eckarts Werk wurde aus der Rückschau, als eine Korrektur, als „Rezension" der Reisebeschreibung eines spanischen Reisenden durch das Amazonasgebiet geschrieben. Der deutsche Jesuit schöpfte hier aus der eigenen, lang-
jährigen Missionserfahrung, so daß schließlich Breuers „Notizen" zu Eckarts
Werk letztendlich ein Kommentar zum Kommentar oder eine Rezension der
Rezension sind – wie in wissenschaftlichen Foren üblich.

Beachtenswert sind außerdem die Darstellungsmöglichkeiten, die C.G. von
Murr den beiden Patres Johannes Breuer und Anselm Eckart und allen anderen vertriebenen Jesuiten durch seine publizistische Tätigkeit eröffnete. So
verfaßte P. Johannes Breuer kurz nach Erscheinen von Franz Xaver Veigels
und Anselm Eckarts Doppelwerk ein Kommentar zu diesem Buch, das Murr
in Nürnberg im Jahr der Französischen Revolution 1789 herausbrachte.[90]
Nach Pedro Cadenas Reisebericht, Eckarts Kritik desselben, bildete Breuers
Rezension von Eckart somit die dritte Auseinandersetzungsebene über dasselbe Thema: die südamerikanischen Indios. Dies stellte ein sehr differenzier-
tes Wissensforum außerhalb der Universitäten dar. An derartigen Publikatio-

---

[88] C. G. von MURR (Hg.), Reisen einiger Missionarien der Gesellschaft Jesu in America.
Nürnberg 1785. Die „einigen" Missionare sind eben diese zwei: P. Franz Xaver Veigl (Provinz
Quito) und P. Anselm Eckart (Brasilien). Der Abschnitt Eckarts im zweiten Halbteil in diesem
„Reise–Buch" lautet wie oben angegeben (von S.451–596, einen Anhang mit Korrekturen und
Addenda bis S.615).

[89] Heute im portugiesischen Staatsarchiv Torre do Tombo befindlich: IAN/TT/Ministério
dos Negócios Eclesiásticos e da Justiça, maço 59, num.4.

[90] Vgl. „Dom. Ioannis Breweri Adnotationes ad librum a me editum". Gedruckt bei MURR,
Journal, Teil 17 (Nürnberg 1789). Das „librum a me editum" ist das Doppelwerk „Reisen
einiger Missionarien der Gesellschaft Iesu in America" von 1785 mit P. Franz Xaver Veigls
Bericht von der „Verfassung und Landschaft der Maynas" und P. Anselm Eckarts Rezension
von Pedro Cadenas „Beschreibungen der Länder von Brasilen".

nen hatte der Jesuitenschüler Voltaire, vor allem zur Zeit der Abfassung seines *Candide*, bekanntlich ein starkes Interesse.

## 5. DIE WERKSTÄTTEN DES BRUDERS HANS XAVER TREYER (1668–1737), ÖSTERREICHISCHE PROVINZ SJ

Wichtigster Handwerksmeister ist der Tischler, Bildhauer und Maler Bruder Johann (Hans) Xaver Treyer aus der österreichischen Provinz SJ. Leben und Wirken eines Ordensbruders sind durch die Zeugnisse von Treyers Arbeit in Brasilien – sowohl brieflich wie plastisch – außerordentlich gut erhalten.

Dieser Bruder Treyer aus Silian in Osttirol, der in Wien das Handwerk der Bildhauerei, Malerei und Kirchenausstattung erlernte und 1703 zusammen mit dem Böhmen P. Franz Xaver Malowetz nach Brasilien ging, ist der einzige *frater* aus der hier behandelten Personengruppe, der selbst zu Wort kam und von seinem Leben in einem ausführlichen Brief des Jahres 1705 erzählen konnte.[91] Die übrigen zentraleuropäischen Brüdergestalten bleiben in ihrer Wirkung und Überlieferung in Brasilien demgegenüber stark zurück und hinterließen keine Schriftzeugnisse.

Bruder Treyer malte verschiedene Bilder für die Kirchen in den jesuitischen Kollegien und Missionsdörfern von Pará und gründete zu diesem Zweck gemischte Werkstätten mit Indio–Gesellen.[92] Einige kleineren Arbeiten des Bruder–Handwerkers, z. B. Marienstatuen mit indigenem Angesicht und verschiedenen Heiligengestalten und Altarbildern, sind heute noch im *Museu de Arte Sacra* in Santa Maria de Belém do Pará im Gebäude des ehemaligen Jesuitenkollegs Santo Alexandre unter dem lusitanisierten Namen *João Xavier Traero* zu besichtigen. Seine künstlerische Hauptleistung befindet sich ebenfalls in diesem Kolleggebäude von Santo Alexandre, nämlich die beiden Holzkanzeln in der Kollegkirche, die mit biblischen sowie himmlischen Motiven und vor allem mit vielen Engeln indigenen Angesichts geschnitzt sind. An dieser engelsbetonten Arbeit wird jene trotzige Hoffnung des Bruders in „deren [Indio–] Kinder, die allein selig werden" plastisch sichtbar, die in seinem Brief von 1705 überliefert ist.[93] Treyer glaubte nämlich, wie nicht wenige Jesuiten

---

[91] Die Hauptquelle über seine Zeit in Brasilien ist der Brief Treyers aus der Sammlung Welt–Bott (=WB, Band II, Teil 14, Nr. 322, S.64–67: Br. Johann (Hans) Xaver Treyer aus Pará vom 16.03.1705 an einen Bruder der Soc. Jesu in Wien).

[92] WB, Band II, Teil 14, Nr.322, S.65: „Die erste dieser Städten / allwo ich zum ersten mal angekommen bin / heisset Maranhoam, in welcher ich dreyzehn Monat mich aufgehalten / und in solcher Zeit unterschiedliche Bilder theils für unsere Collegii–Kirche / theils für geringere Gottes–Häusser auf dem Land verfertiget hab."

[93] Es gibt leider noch keinen guten Bildband zur Kollegkirche der Jesuiten in Belém do Pará. Eine Abbildung beider Holzkanzeln in schwarz–weiß findet sich in LEITE, História da Companhia de Jesus no Brasil, Bd.3, 245 u. 292–93. Vgl. auch den einzigen Aufsatz zum

seiner Zeit, daß nur die Kinder „deren Amerikaner" überhaupt eine Chance hätten, „selig zu werden". Dieser pessimistische Kulturpaternalismus übertrug sich auf seine Kunst nachhaltig.

## 6. FAZIT

Die Janusköpfigkeit der missionarischen Funktionen, die insbesondere aus P. Ignaz Szentmartonyis Lagebericht deutlich wird, als die Jesuiten laut Gesetz als „Wächter" von Regierungstruppen fungieren mußten, und der allgemeine Respekt der Patres vor dem geltenden kolonialen Recht entsprechen der rechtspositivistischen Geltung des kirchlichen Patronatsrechts für die Mehrheit der Missionare: *in dubio pro rege*. Im Zweifel für König und Staat. Ein naturrechtlich oder christlich–überzeitlich begründetes Engagement für die Freiheit und die Belange der Indios, wie von der Forschung teilweise in die missionarische Haltung zum Indioschutz hinein interpretiert, wollten und konnten die damaligen Jesuiten nicht für sich und ihre Arbeit beanspruchen.

Gleichwohl zeugen die in diesem Beitrag gesammelten Persönlichkeiten mit ihren wissenschaftlichen, literarischen und künstlerischen Werken eindeutig von der beeindruckenden Vielfalt des jesuitischen Engagements im kolonialen Brasilien, das mit der Ausweisung aller Jesuitenpatres aus Brasilien in den Jahren 1759 und 1760 und der Inhaftierung derjenigen nicht–lusitanischer Herkunft unter ihnen in Portugal abrupt beendet wurde.

Thema: Carlos Borromäus EBNER, Hans Xaver Treyer, ein deutscher Bildschnitzer in Belém do Pará 1703, in: Südamerika 7 (1956/57), 274.

Michael Müller, Mainz

# ZENTRALEUROPÄISCHE JESUITEN IN CHILE IM 17./18. JAHRHUNDERT – EINE BILANZ DER BIO–BIBLIOGRAPHISCHEN FORSCHUNG

Im Rahmen des DFG–Projekts „Jesuiten zentraleuropäischer Provenienz in Portugiesisch– und Spanisch–Amerika (17./18. Jh.)" (DFG–Projekt–Nr. ME 1439/3) werden unter Leitung von Prof. Johannes Meier an der Universität Mainz Leben und Wirken von Jesuiten untersucht, die aus den fünf Ordensprovinzen Rhenania Inferior bzw. Superior, Germania Superior, Bohemia und Austria stammten und im 17./18. Jh. in Ibero–Amerika wirkten. Ergebnis wird ein in mehreren Teilbänden erscheinendes handbuchartiges Verzeichnis sein.[1] Die Lebensläufe werden in Form standardisierter bio–bibliographischer Personenartikel präsentiert, deren Struktur für alle Faszikel einheitlich ist, ebenso wie die Gliederung der Einführung. Der Chile–Faszikel wird, da die Provinzen alphabetisch angeordnet sind (Brasilien, Chile, Quito), den zweiten Teilband bilden. Nach Abschluss der ersten Projektphase 2000–2003 – in 2004 erfolgt die Publikation – kann eine erste Bilanz gezogen werden. Der vorliegende Beitrag unternimmt dies für den Bereich der alten Ordensprovinz Chile, die vom Vf. bearbeitet wurde. Angesichts des begrenzten Rahmens soll dies überblicksartig geschehen. Exemplarisch wird ein Ausschnitt des Ganzen beleuchtet – nämlich Umfang, Zusammensetzung und Struktur des untersuchten Personenkorpus.[2]

Insgesamt 74 Zentraleuropäer (35 Patres und 39 Laienbrüder) sind in Chile im 17./18. Jh. tätig geworden. Erst seit Mitte des 17. Jh. war ihre Einreise nach

---

[1] „Zentraleuropa" ist nicht zu verwechseln mit der sehr viel größeren Deutschen Jesuitenassistenz (Assistenzia Germania), die 1773 12 Provinzen zählte: die genannten fünf und die zwei davon abgetrennte Provinzen (Bayern 1770 von der Germ. Sup. sowie Schlesien 1755 von der Bohemia) sowie Flandern, Wallonien, Polen, Litauen und England. Vgl. P. Georg Michael PACHTLER SJ (Hrsg.), Ratio Studiorum et Institutiones Scholasticae Societatis Jesu per Germaniam olim vigentes. 4 Bde., 3. Osnabrück (2) 1968. [Photomech. Reprod. d. Ausgabe Berlin 1887–1894 in der Reihe Monumenta Germaniae paedagogica]. Vgl. P. Ludwig KOCH SJ, Jesuiten–Lexikon. Die Gesellschaft Jesu einst und jetzt. 2 Bde. Löwen–Heverlee 1962. [ND Paderborn 1934], 1, 397–411.

[2] Andere untersuchte Aspekte wie die Entwicklung der Jesuitenprovinz Chile, die historische Ethnologie der dortigen Indígenas und das Wirken der Zentraleuropäer in den Indianermissionen können und sollen an dieser Stelle schon aus Platzgründen bewußt nicht behandelt werden. Dazu sei auf die genannte Publikation verwiesen. Die thematische Beschränkung erfolgt in Absprache mit den anderen Autoren im Sinne einer arbeitsteiligen Konzentration auf sich gegenseitig ergänzende Schwerpunkte.

Übersee durch entsprechende Gesetze der iberischen Patronatsmächte offiziell ermöglicht worden.[3] Obwohl anfangs streng reglementiert, wuchs ihre Gesamtzahl bis zur Ausweisung auf über 700 weltweit an, davon mehr als die Hälfte in Ibero–Amerika.[4] Die größten Kontingente entfielen dort auf die Ordensprovinzen Paraguay mit über 120, Mexiko mit 89[5] und Chile mit 74. Damit wirkten dort ca. 10% der insgesamt gut 700 weltweit tätigen Zentraleuropäer. Deren Anteil am Ordenspersonal bewegt sich in den überseeischen Provinzen zwischen 10–20%, betrug aber in den Indianergebieten in den 1760er Jahren bis zu 50%.[6]

## ÜBERSICHT DER ZENTRALEUROPÄER IN CHILE

Als Ergebnis umfangreicher Forschungen kann hier erstmals ein umfassendes Verzeichnis der in Chile tätigen Zentraleuropäer geboten werden (Name[7], Lebensdaten, Herkunftsprovinz). Patres und Brüder werden in zwei alphabetischen Listen geführt – dies rührt daher, dass die Ausbildungswege dieser beiden Gruppen jeweils spezifische Unterschiede aufweisen, die eine differenzierte Dokumentation erfordern.[8]

---

[3] Johannes MEIER, Patronat in den Missionen, in: LThK³ 7 (1998), 1484–1486. Michael MÜLLER, Patronat II: Spanische Besitzungen, in: RGG⁴ 6 (2003), 1022 (dort weitere Quellen und Lit.).

[4] Sichere Zahlen können momentan nicht angegeben werden. Die veraltete Liste bei P. Anton HUONDER SJ, Deutsche Jesuitenmissionäre des 17. und 18. Jahrhunderts (Ergänzungshefte zu den Stimmen aus Maria Laach, 74). Freiburg i. Br. 1899, zählt 737 „deutsche" Jesuiten weltweit. Da diese völlig überholt ist, fehlen viele Namen. Zudem sind die dort Genannten oft nicht sicher zuordnungsfähig. Ausserdem ist der Begriff „Deutscher" bei Huonder unpräzise, verglichen mit der strikten Definition „Zentraleuropa". Der arbeitstechnische Vorteil der klaren Eingrenzbarkeit des Untersuchungsraums spricht für die beschriebene Konzeption.

[5] Zu Mexiko vgl. Bernd HAUSBERGER, Jesuiten aus Mitteleuropa im kolonialen Mexiko. Eine Bio–Bibliographie (StGKIIL, 2). München / Wien 1995, sowie seine Monographie: Für Gott und König. Die Mission der Jesuiten im kolonialen Mexiko (StGKIIL, 6). München 2000, 13–71.

[6] Rudolf GRULICH, Der Beitrag der böhmischen Länder zur Weltmission des 17. und 18. Jahrhunderts (Veröffentlichungen des Instituts für Kirchengeschichte Böhmen, Mähren, Schlesien e.V., NF, 7). Königstein/Ts. 1981, 60. Gustav OTRUBA, Österreichische Jesuitenpatres des 17. und 18. Jahrhunderts in der Weltmission und als Erforscher der Erde, in: Österreich in Geschichte und Literatur 5 (1961), 29–39.

[7] Von fast jedem Familiennamen existieren verschiedene Varianten. Den Datensätzen wurden, soweit ermittelbar, die authentischen Schreibweisen der Pfarrmatrikel zugrundegelegt, davon Abweichendes unter „Varianten" aufgeführt. Wo keine Taufeinträge etc. vorliegen, wurden die zentraleuropäischen Kataloge zugrunde gelegt. Sofern sich in den Katalogen mehrere Formen finden, wurde die in der bisherigen Literatur Übliche präferiert.

[8] So werden, um nur die wichtigsten Unterschiede zu erwähnen, bei Patres die Schule, das Philosophie– und Theologiestudium sowie die Weihen dokumentiert, bei Laienbrüdern dagegen der Beruf.

## I. Patres

| Nr. | Name | Lebensdaten | Provinz |
| --- | --- | --- | --- |
| 1. | Joseph Bodart | 1683–1742 | Rhen. Sup. |
| 2. | Georg Brandt | 1654–1690 | Bohemia |
| 3. | Georg Ignaz Burger | 1654–1720 | Bohemia |
| 4. | Joseph Czermák | 1720-1787 | Bohemia |
| 5. | Johann Nepomuk Erlacher | 1723–1793 | Bohemia |
| 6. | Andreas Feldmann | 1584–1648 | Germ. Sup. |
| 7. | Johann Evangelist Fertl | 1697–1764 | Germ. Sup. |
| 8. | Anton Friedl | 1685–1769 | Germ. Sup. |
| 9. | Ignaz Fritz | 1715–1794 | Bohemia |
| 10. | Karl Haimhausen | 1692–1767 | Germ. Sup. |
| 11. | Bernhard Havestadt | 1714–1781 | Rhen. Inf. |
| 12. | Martin Hedry | 1709–1774 | Austria |
| 13. | Johann Evangelist Hoffmann | 1727–1768 | Germ. Sup. |
| 14. | Balthasar Hueber | 1703–1774 | Germ. Sup. |
| 15. | Joseph Imhof | 1681–1736 | Germ. Sup. |
| 16. | Franz Khuen | 1689–ca. 1764 | Germ. Sup. |
| 17. | Franz–Xaver Kisling | 1715–1784 | Germ. Sup. |
| 18. | Michael Koller | 1694–1731 | Austria |
| 19. | Bartholomäus Lobbeth | 1646–1709 | Austria |
| 20. | Michael Meyer | 1714–1786 | Rhen. Sup. |
| 21. | Johann Oppitz | 1691–1739 | Bohemia |
| 22. | Joseph Pertl | 1676–1731 | Germ. Sup. |
| 23. | Peter Pesch | 1721–1789 | Rhen. Inf. |
| 24. | Joseph Rapp | 1731–1783 | Germ. Sup. |
| 25. | Franz Anton Schmid | 1709–1762 | Germ. Sup. |
| 26. | Gabriel Schmid | 1708–1775 | Germ. Sup. |
| 27. | Joseph Seitz | 1716–1769 | Bohemia |
| 28. | Caspar Ignaz Steidl | 1700–1766 | Germ. Sup. |
| 29. | Melchior Strasser | 1711–1779 | Germ. Sup. |
| 30. | Johann Jakob Stulz | 1612–1681 | Germ. Sup. |
| 31. | Andreas Suppetius | 1654–1712 | Bohemia |
| 32. | Johann Nepomuk Walter | 1713–1779 | Bohemia |
| 33. | Peter Weingartner | 1721–1782 | Germ. Sup. |
| 34. | Jakob Wezl | 1720–1751 | Germ. Sup. |
| 35. | Franz–Xaver Wolfwisen | 1679–1755 | Germ. Sup. |

## II. Laienbrüder

| Nr. | Name | Lebensdaten | Provinz |
|-----|------|-------------|---------|
| 1. | Joseph Ambros | 1732–1797 | Germ. Sup. |
| 2. | Josef Arnhart | 1729–1772 | Germ. Sup. |
| 3. | Johann Bitterich | 1675–1720 | Rhen. Sup. |
| 4. | Joseph Carl | 1717–nach 1773 | Germ. Sup. |
| 5. | Adam Engelhardt | 1685–1748 | Rhen. Sup. |
| 6. | Johann Baptist Felix | 1718–1799 | Germ. Sup. |
| 7. | Johann Georg Franz | 1726–ca. 1780 | Germ. Sup. |
| 8. | Johann Benno Gallemayr | 1701–nach 1736 | Germ. Sup. |
| 9. | Benedikt Griner | 1731–1777 | Germ. Sup. |
| 10. | Johann Gröbner | 1694–nach 1738 | Germ. Sup. |
| 11. | Johann Georg Haatz | 1723–1771 | Germ. Sup. |
| 12. | Johann Haberkorn | 1670–1743 | Germ. Sup. |
| 13. | Johann Hagen | 1726–1786 | Germ. Sup. |
| 14. | Georg Heindl | 1731–1807 | Germ. Sup. |
| 15. | Michael Herre | 1697–1743 | Austria |
| 16. | Joseph Joachim | 1699–1744 | Germ. Sup. |
| 17. | Jakob Kelner | 1712–nach 1773 | Rhen. Sup. |
| 18. | Johann Josef Köhler | 1721–1788 | Germ. Sup. |
| 19. | Johann Kollmann | 1717–1765 | Germ. Sup. |
| 20. | Georg Kratzer | 1722–1793 | Germ. Sup. |
| 21. | Johann Küntz | 1684–1744 | Germ. Sup. |
| 22. | Johann Georg Lichtenecker | 1700–1728 | Rhen. Sup. |
| 23. | Josef Mesner | 1724–1802 | Germ. Sup. |
| 24. | Anton Miller | 1685–1755 | Austria |
| 25. | Wilhelm Millet | 1683–nach 1755, vor 1767 | Rhen. Sup.? |
| 26. | Philipp Ostermayer | 1721–1773 | Germ. Sup. |
| 27. | Franz Pollands | 1714–1791 | Germ. Sup. |
| 28. | Johann–Baptist Redle | 1718–1798 | Germ. Sup. |
| 29. | Jakob Regenauer | 1697–1751 | Germ. Sup. |
| 30. | Jakob Rottmair | 1723–1800 | Germ. Sup. |
| 31. | Peter Ruetz | 1719–1787 | Germ. Sup. |
| 32. | Anton Schmadlbauer | 1721–nach 1773 | Austria |
| 33. | Johann L.G. Schneider | 1730–1783 | Germ. Sup. |
| 34. | Johann Baptist Schön | 1724–1777 | Germ. Sup. |
| 35. | Thomas N. Seemiller | 1725–1771 | Germ. Sup. |
| 36. | Franz Stertzl | 1692–1755 | Bohemia |
| 37. | Peter Vogel | 1692–1768 | Rhen. Sup. |
| 38. | Ludwig Karl Wankermann | 1723–1770 | Germ. Sup. |
| 39. | Joseph Zeitler | 1724–1789 | Germ. Sup. |

Ferner werden separat auch diejenigen berücksichtigt, die für Chile bestimmt waren, aber auf dem Weg dorthin verstarben:

### III. Auf der Reise Verstorbene (Defuncti)

| Nr. | Name | Lebensdaten | Provinz |
|---|---|---|---|
| 1. | P. Joseph Dos | 1714–ca. 1746 | Germ. Sup. |
| 2. | Br. Anton Geisler | ?–1744 | Bohemia |
| 3. | P. Georg Gussenliter | 1648–1686 | Austria |
| 4. | Br. Jakob Horn | ?–1744 | Germ. Sup. |
| 5. | P. Paul Schmidt | 1655–1686 | Austria |
| 6. | Br. Lorenz Schwamberger | ?–1747 | Germ. Sup. |
| 7. | P. Anton Speckbacher | 1652–1685 | Austria |
| 8. | P. Joseph Tolpeit | 1711–1744 | Austria |
| 9. | P. Paul Waid | 1716–1744 | Germ. Sup. |
| 10. | P. Lambert Weidinger | 1649–1685 | Austria |

Nur Jesuiten, die beide Kriterien erfüllen – Zugehörigkeit zu einer der fünf genannten zentraleuropäischen Provinzen und Tätigkeit in Chile –, bilden die
Untersuchungsgruppe. Nicht für alle, die aus diesem Raum stammten, trifft
dies zu: manche gehörten – aus unterschiedlichen Gründen – anderen Provinzen an. Der Bregenzer Laienbruder Franz Grueber trat erst in Italien in den
Orden ein und gehörte der Neapolitanische Provinz an.[9] Andere wurden erst
in Chile aufgenommen, so der Flörsheimer Laienbruder Andreas Duchmann
oder der Österreicher Joseph Pusch.[10] Aus formalen Erwägungen können
auch sie daher nicht als „Zentraleuropäer in Chile" geführt werden, ebenso
wie die beiden oberdeutschen Laienbrüder Ertl und Frankenheiser (Franckenhausen), die 1754 in Lissabon auf dem Weg nach Chile entlassen wurden und
die Heimreise antraten.[11]

---

[9] Zwar trat auch P. Peter Weingartner in Italien ein und gehörte zuerst der Venezianischen
Provinz an, wurde aber später der Oberdeutschen Provinz inkorporiert und gilt daher als
Zentraleuropäer.

[10] Grund dafür waren veränderte politische Rahmenbedingungen. Beide kamen erst in den
1760er Jahren nach Chile, als offiziell seit 1757 die Einreise nicht-spanischer Jesuiten nach
Übersee untersagt worden war. Daher reisten sie als Laien und traten dem Orden erst in Santiago de Chile bei.

[11] P. Anton Schmid (Faber) berichtet an P. Albert Hofreither vom 25. März 1754 aus Santiago de Chile, dass zwei der Laienbrüder, Anton Ertl und Johann Baptist Franckenhausen, „annoch in Lisbona auß der Societät entlassen" wurden. Beide seien nach Deutschland zurück-
gekehrt (BayHStA, Jes. 595/III/5). Über die Hintergründe der Entlassungen teilt er nichts mit.

## IV. Angehörige anderer Herkunftsprovinzen

| Nr. | Name | Lebensdaten | Provinz |
|-----|------|-------------|---------|
| 1. | Br. Andreas Duchmann | 1731–nach 1769 | Chile 1765/66 |
| 2. | Br. Franz Xaver Grueber | 1715–nach 1773 | Neapel 1742 |
| 3. | Br. Joseph Pusch | 1726–nach 1768 | Chile 1765 |
| 4. | Br. Peter Alfons Raygel | ?–? | ? |

## V. Auf der Überfahrt Entlassene

| Nr. | Name | Lebensdaten | Provinz |
|-----|------|-------------|---------|
| 1. | Br. Anton Ertl | ?–1753 | Germ. Sup. 1746 |
| 2. | Br. Joh. Bap. Frankenheiser | 1721–1775 | Germ. Sup. 1746 |

Auch Jesuiten, die aus den beiden belgischen Provinzen kamen, fallen definitorisch aus der Untersuchungsgruppe heraus. Daher wird von den beiden Luxemburgern in Chile einer, nämlich Br. Millet, in der Personalliste berücksichtigt, weil er der oberrheinischen Provinz beitrat, der andere, P. Kleffert, nicht, weil er der gallo–belgischen Provinz angehörte.[12]

## VI. Belgier in Chile

| Nr. | Name | Lebensdaten | Provinz |
|-----|------|-------------|---------|
| 1. | P. Emmanuel Berbers | 1676–1725 | Flandro–Belg. |
| 2. | Br. Louis Berger | ca. 1590–1639 | Gallo–Belg |
| 3. | P. Jakob Bremers | 1655–ca. 1684 | Flandro–Belg. |
| 4. | P. Johann Convenverg | 1666–1705 | Flandro–Belg. |
| 5. | P. Johannes Duchasne | 1681–nach 1711 | Flandro–/Gallo–Belg.? |
| 6. | P. Arnold Jaspers | 1678–1721 | Flandro–Belg. |
| 7. | P. Nikolaus Kleffert | 1661–1734 | Gallo–Belg. |
| 8. | Br. Georg Lanz | 1720–ca. 1771 | Chile, Dimissus 1751 |
| 9. | P. Heinrich v. Leempunten | 1653–nach 1694 | Flandro–Belg. |
| 10. | P. Johann Bapt. Macrmonts | 1655–1704 | Flandro–Belg. |
| 11. | P. Ignatius Mas | 1674–nach 1711 | Flandro–Belg. |
| 12. | P. Matthias Merlebeck | 1657–1701 | Flandro–Belg. |
| 13. | P. Nicolas v. Valckenborgh | 1681–1717 | Flandro–Belg. |

[12] Analog zum DFG–Projekt werden die belgischen Jesuiten in Chile in einem Beitrag von P. Mauro Matthei OSB (Santiago de Chile) dokumentiert.

| 14. | P. Franz Van den Berghe | 1598–1662 | Flandro–Belg. |
| 15. | P. Philipp Van der Meeren | 1667–1707 | Flandro– Belg. |

Es fällt auf, dass die belgischen Jesuiten in Chile überwiegend Flamen waren und der Flandrischen Provinz angehörten. Darin spiegelt sich die Tatsache ihrer in der Frühneuzeit nach wie vor bestehenden, wenn auch lockeren Bindung an das Heilige Römische Reich und das Haus Habsburg, denn nur deren Untertanen war die Einreise nach Spanisch–Amerika gestattet worden. Wallonische Jesuiten sind zwar auch vereinzelt in Spanisch–Amerika tätig geworden, konzentrierten sich aber, schon aus sprachlich–kultureller Affinität, auf die unter französischer Hoheit stehenden Gebiete, so z. B. Nouvelle France (Kanada).[13] Insgesamt sind im 17./18. Jh. – die Belgier, die „Defuncti" und die „Sonstigen" miteingerechnet – etwa einhundert Jesuiten aus dem Hl. Römischen Reich nach Chile entsandt worden.

## HERKUNFTSVERTEILUNG NACH PROVINZEN

Die 74 Zentraleuropäer in Chile verteilen sich wie folgt auf die Herkunftsprovinzen:

| Provinz | Summe | Patres | Brüder |
| --- | --- | --- | --- |
| Oberdeutschland | 48 | 19 | 29 |
| Böhmen | 10 | 9 | 1 |
| Oberrhein | 8 | 2 | 6 |
| Österreich | 6 | 3 | 3 |
| Niederrhein | 2 | 2 | – |
| Summe | 74 | 35 | 39 |

Die Oberdeutschen waren mit 48 von 74 (64,86 %) die mit weitem Abstand größte Gruppe.[14] Bei den Brüdern (29 von 39, d.h. 74,36 %) ist das oberdeutsche Übergewicht deutlich stärker ausgeprägt als bei den Patres (19 von 35, d.h. 54,29 %): Die meisten Laienbrüder kamen in den Expeditionen der Patres Haimhausen und Hueber 1748 und 1754 nach Chile, und waren vornehmlich im oberdeutsch–bayerischen Raum rekrutiert worden. Die wenigen Brüder aus

---

13 Vgl. die Liste der 400 Überseemissionare SJ weltweit aus dem belgisch–niederländischen Raum in dem neuesten, wenngleich z.T. fehlerhaften Handbuch: Willem AUDENAERT (Hrsg.), Prosopographia Iesuitica Belgica antiqua. A biographical dictionary of the Jesuits in the Low Countries 1542–1773. Introduction by Herman Morlion SJ. 4 Bde. Leuven–Heverlee 2000, hier III, 292–300.

14 In der Münchener oberdeutschen Missionsprokur unter P. Albert Hofreither wurden Verzeichnisse (BayHStA, Jes. 598/1) der nach Übersee Entsandten geführt. Diese Listen sind aber, wie der Vergleich mit anderen zur Verfügung stehenden Quellen zeigt, weder vollständig noch zuverlässig.

anderen Provinzen – sechs Oberrheiner, drei Österreicher und ein Böhme (Stertzl) fallen zahlenmässig kaum ins Gewicht.

Die zweitgrößte Gruppe stellten die zehn Böhmen (neun Patres und ein Bruder) dar[15], gefolgt von 8 Oberrheinern, 6 Österreichern und 2 Niederrheinern. Unter den neun aus der Bohemia stammenden Patres waren vier Schlesier (Brandt, Suppetius, Johann Walter und Ignaz Fritz), d.h. gut ein Zehntel der weltweit insgesamt 38 schlesischen Überseemissionare SJ wirkte in Chile. [16]

Die niederrheinische Provinz war mit zwei Chilemissionaren (PP. Havestadt und Pesch) die quantitativ am schwächsten vertretene der fünf zentraleuropäischen, wenngleich sie mit Havestadt einen der bedeutendsten Indianermissionare stellte, der mit seinem 1777 in Münster veröffentlichten dreibändigen „Chilidúgú" eines der zweifellos wichtigsten zeitgenössischen Hauptwerke der indigenen Linguistik und Ethnographie hinterließ.[17] Nicht nur in Chile, sondern auch insgesamt, blieb diese Provinz zahlenmäßig deutlich hinter den übrigen zurück: lediglich 25 niederrheinische Jesuitenpatres wirkten 1746 weltweit als Überseemissionare, acht in Asien und 17 in Amerika.[18]

Bei der Verteilung nach Ordensgraden dominierten in Chile die 39 Brüder (52,7 %) über die 35 Patres (47,3 %). Bei den Oberdeutschen und Oberrheinern ist diese Relation mit 29 zu 19 bzw. 6 zu 2 noch ausgeprägter. Lediglich bei den Böhmen waren mit 9 zu 1 eindeutig die Priester in der Überzahl: Die Bohemia war stark vertreten unter den Chile–Missionaren der ersten Generation Ende des 17. Jh., als ausschließlich Patres entsandt wurden. Brüder wurden erst in den späteren Expeditionen ins Land geholt, doch zu dieser Zeit wurden bereits andere Provenienzen bevorzugt, während der Anteil der Böhmen im 18. Jh. stark zurückgeht.

Ein Vergleich der Entsendezahlen der zentraleuropäischen Provinzen mit ihren Gesamtmitgliederzahlen zeigt, dass das Potential der für Übersee zur Verfügung

---

[15] In Chile war der Böhmen–Anteil mit 10 von 74 (13,51 %) deutlich kleiner als in Mexiko mit 35 von 89 (39,33 %). Vgl. Hausberger, Jesuiten aus Mitteleuropa, 100–350.

[16] Bei: Ludger Müller, Lebensbilder schlesischer Jesuitenmissionare im 17. und 18. Jahrhundert, in: Archiv für schlesische Kirchengeschichte 43 (1985), 165–220, hier S. 215–217 wird Fritz nicht unter den Schlesiern aufgeführt, obwohl Troppau Teil des habsburgischen Schlesiens war. Die SJ–Kataloge führen Fritz klar als „Silesius Oppaviensis" (ARSI, Boh. 54, 341 (Cat. Prim. 1734).

[17] P. Bernhard Havestadt SJ, Chilidúgú sive Res Chilenses vel Descriptio Status tum naturalis, tum civilis, tum moralis Regni populique Chilensis (...). 3 Bde. Münster/Westfalen 1777. Neuausgabe u.d.T.: Chilidúgú sive Tractatus linguae Chilensis opera Bernardi Havestadt. Editionem novam immutatam. Hrsg. v. Julius Platzmann. 2 Bde. Leipzig 1883. Vgl. den im Entstehen begriffenen Beitrag: Michael Müller, P. Bernhard Havestadts (1714-1781) „Chilidúgú" (1777) – Literarische Verarbeitung eines missionarischen Lebenswerkes bei den südchilenischen Indianern, in: Kirchliches Buch- und Bibliothekswesen 5 (Trier, voraussichtlich 2004).

[18] Cat. Brev. (Rhen. Inf. 1746), 34f.

gestellten Ordensmänner nur bedingt mit den personellen Kapazitäten zusammenhing.[19]

| Jahr | Germ. Sup. | Rhen Inf. | Rhen. Sup. | Austria | Boh. |
|------|-----------|-----------|------------|---------|------|
| 1579 | 170 | 234 | —— | 176 | —— |
| 1600 | 352 | 360 | —— | 381 | —— |
| 1608 | 430 | 478 | —— | 434 | 782 |
| 1616 | 546 | 601 | —— | 553 | 617 |
| 1626 | 706 | 406 | 434 | 450 | 287 |
| 1710 | 929 | 723 | 406 | 1226 | 1182 |
| 1717 | 928 | 736 | 404 | 1356 | 1233 |
| 1749 | 1060 | 772 | 497 | 1772 | 1239 |

Bei allen fünf Provinzen sind disproportionale Verteilungsmuster zu erkennen. Von den beiden rheinischen Provinzen[20] war die Rhenania Inferior Mitte des 18.

[19] Insgesamt wuchsen die deutschen Jesuitenprovinzen von 771 (1586) und 2.829 (1650) bis auf 5.340 Jesuiten (1750), davon 2.558 Priester, in 307 Niederlassungen (117 Kollegien und Universitäten, 32 Seminare, 51 Residenzen, 58 Missionsstationen, 2 Profeßhäuser, 13 Noviziate/Tertiate). Die Deutschen Assistenz zählte 1725 8.102 Mitglieder (davon 8.025 in der Heimat, der Rest in Übersee oder im europäischen Ausland). Sie umfasste 220 Kollegien, 90 Seminaren und 79 weitere Niederlassungen. Vgl. Günter SWITEK, Jesuiten, in: LThK3 5 (1996), 794–800. P. Edmond LAMALLE SJ, Les Catalogues des Provinces et des Domiciles de la Compagnie de Jésus: Note de bibliographie et de statistique, in: AHSI 13 (1944), 101 (mit Zahlen für 1749). P. Bernhard DUHR SJ, Geschichte der Jesuiten in den Ländern deutscher Zunge. 4 Bde. (in 6 Tl.). New York (2) 1973. [ND Freiburg i.Br. 1907–1913, München, Regensburg 1921–1928], II/1, 143. Heinrich SCHROHE, Zur Geschichte der Oberrheinischen Jesuitenprovinz im 17. und 18. Jahrhundert, in: Freiburger Diözesanarchiv NF 27 (1926), 227–253, hier S. 227. Anton ARENS, Die Entwicklung der Gesellschaft Jesu bis zu ihrer Aufhebung im Jahre 1773 und nach ihrer Wiederherstellung im Jahre 1814, in: Für Gott und die Menschen. Die Gesellschaft Jesu und ihr Wirken im Erzbistum Trier. Katalog-Handbuch zur Ausstellung im Bischöflichen Dom- und Diözesanmuseum in Trier 11.09.–21.10.1991 (Quellen und Anmerkungen zur rheinischen Kirchengeschichte, 66). Mainz 1991, 27–41. Karl HENGST, Jesuiten an Universitäten und Jesuitenuniversitäten Zur Geschichte der Universitäten in der Oberdeutschen und Rheinischen Provinz der Gesellschaft Jesu im Zeitalter der konfessionellen Auseinandersetzung (Quellen und Forschungen aus dem Gebiete der Geschichte, Neue Folge, 2). Paderborn (u.a.) 1981, 91f, 99–101. KOCH, Jesuitenlexikon, 1, 410. P. Ludwig SCHMITT SJ (u.a.) (Bearb.), Synopsis Historiae Societatis Iesu. Löwen, Mechelen (3) 1950, Pars III, 634f.

[20] Provincia Rhenania, 1564 gegr., 1626 Teilung in Nieder- und Oberrheinische Provinz. Letztere hatte 434 Mitglieder in 12 Kollegien, 5 Residenzen und 4 Missionen, schrumpfte im Krieg 1632/33 von 457 auf 147. Mitgliederzahlen: 255 (1649), 288 (1650), 328 (1658), 380 (1714), 445 (1730) und 494 (1746), d.h. erst Mitte des 18. Jh. wurde den Vorkriegsstand erreicht: 1749/50: 497 Jesuiten, davon 240 Priester, in 16 Kollegien, 2 Noviziaten, 3 Seminaren, 4 Residenzen und 3 „Missionen". Mit den außerhalb (etwa in Übersee) Tätigen hatte diese Provinz 1749 509 Personen. Anstieg von 541 (1754), 570 (1757) und 544 (1761) bis auf 576

Jh. von der Gesamtstärke die größere (772 zu 497), doch bei der Chile–Präsenz stach die Rhenania Superior mit 8 zu 2 hervor. Die Oberdeutsche Provinz, von ihrer zahlenmässigen Gesamtstärke in der Mitte der fünf Provinzen zu verorten[21], stellte die mit Abstand meisten Chilemissionare. Die beiden stärksten Provinzen dagegen, Österreich (1749: 1772 Mitglieder)[22] und Böhmen (1239)[23], stellten deutlich weniger Kandidaten. Dies war nicht zuletzt eine Folge des Dynastiewechsels in Spanien 1714, der zu einer völlig neuen Ausgangslage führte. Die bisherige bevorzugte Entsendung von habsburgischen Untertanen verkehrte sich ins Gegenteil. Den Bourbonen stand das Haus Wittelsbach aus bekannten Gründen viel näher als die Casa de Austria.[24] Der „habsburgische Anteil" war also in Chile nach 1700 nicht mehr so ausgeprägt wie vorher. Insgesamt waren lediglich sechs Österreicher dort tätig[25], was nur 8,11 % des Gesamts von 74 darstellte.[26]

---

(1766). Die Rhen. Inf. hatte 1626 406 Mitglieder, 10 Kollegien, 5 Residenzen und Missionen. Mitglieder: 493 (1650), 717 (1700), 723 (1710), 736 (1717) bis 772 (1749/50).

[21] Germania Superior: 1562 160 Mitglieder und 6 Kollegien, wuchs 1579–1586 von 170 auf 218, dann 281 (1592), 352 (1600), 422 (1607), 430 (1608), 546 (1616), 706 (1626), 637 (1650), 906 (1700), 929 (1710), 928 (1717), und 1.060 (1749/50). Abtrennungen: Österreich 1563 und Bayern 1770. Die Bayerische Provinz SJ wurde aus politischen Gründen 1770 als 11. und letzte Provinz der deutschen Assistenz von der Oberdt. Prov. abgetrennt.

[22] Österreichische Provinz (Austria), gegr. 1563, umfaßte anfänglich fast den gesamten habsburgischen Machtbereich; rasches Wachstum von 176 (1579), 243 (1586), 300 (1592), 381 (1600), 389 (1607), 434 (1608) auf 553 Mitglieder (1616). 1623 Abtrennung der Provinz Böhmen. Wachstum der räumlich verkleinerten Austria: 450 (1626), 800 (1650), 1.370 (1700), 1.226 (1710), 1.356 (1717) und 1.772 (1749/50) Jesuiten.

[23] Wachstum der Bohemia (mit Böhmen, Mähren, Schlesien und Sachsen): 287 (1626), 611 (1650), 1.182 (1710), 1.233 (1717), 1.239 (1749/50) Mitglieder. 1755 wurde Schlesien auf preußischen Druck von Böhmen abgetrennt. Vgl. Hermann HOFFMANN, Friedrich II. von Preußen und die Aufhebung der Gesellschaft Jesu (Bibliotheca Instituti Historici Societatis Jesu, 30). Rom 1969. DERSELBE, Das Vermögen der schlesischen Jesuiten, in: Zeitschrift des Vereins für die Geschichte und das Altertum Schlesiens 65 (Breslau 1931), 430–451. Dies schlug sich 1755–70 in einem deutlichen Mitgliederschwund nieder: von 223 auf 144. MÜLLER, Lebensbilder, 167.

[24] Georg F. PREUSS, Österreich, Frankreich und Bayern in der spanischen Erbfolgefrage 1685– 1689, in: HVj 12, NF 4 (1901), 309–333, 481–503. DERSELBE, Verfassungsgeschichte der Spanischen Niederlande unter Kurfürst Max Emanuel, in: Forschungen zur Geschichte Bayerns 7 (1900), 207–227. Reginald de SCHRYVER, Max II. Emanuel von Bayern und das spanische Erbe. Die europäischen Ambitionen des Hauses Wittelsbach 1665–1715 (VIEG, Abt. Universalgeschichte 156). Wiesbaden 1996. Bernd WUNDER, Die bayerische „Diversion" Ludwigs XIV. in den Jahren 1700–1704. Kurbayern, Schwaben und Franken zwischen Habsburg und Bourbon zu Beginn des spanischen Erbfolgekrieges, in: ZBLG 37 (1974), 416–478.

[25] Insofern OTRUBA, Jesuitenpatres, 37 von 27 „Österreichern" in Chile spricht, addiert er alle „Habsburger" Jesuiten, ungeachtet ihrer Provinzzugehörigkeit, ebenso alle Entsandten, dort aber nie angekommenen österreichischen „Defuncti". So verstarben z.B. 1685/86 während der strapaziösen Überfahrt an Hunger, Durst, Krankheiten, drangvoller Enge und mangelnder Hygiene 6 der 18 Jesuiten, darunter 4 der 5 Österreicher (Speckbacher, Weidinger, Schmidt und Gussenliter). Nur Lobbeth erreichte sein Ziel. Vgl. P. Joseph STÖCKLEIN SJ (Hrsg.), Der Neue Welt-Bott mit allerhand Nachrichten dern Missionariorum Soc. Jesu (...). 5 Bde. Augsburg, Graz, Wien 1726–61, hier I, Teil 1, Nr. 27, 71–73. Michael MÜLLER, P. Johann Anton Speckba-

Nicht nur die große Gesamtzahl der in diese Provinz Entsandten, sondern auch das deutliche, nicht zufällige zahlenmäßige Übergewicht der Laienbrüder unterscheidet Chile von Quito und Brasilien. Dies hängt nicht zuletzt mit den sehr unterschiedlichen sozio–kulturellen, wirtschaftlichen und siedlungsgeographischen Profilen der einzelnen Provinzen zusammen.[27]

## HERKUNFTSANALYSE ANHAND DER POLITISCHEN GEOGRAPHIE DES ALTEN REICHES

Eine Herkunftsanalyse allein anhand der Zugehörigkeit zu den fünf zentraleuropäischen Jesuitenprovinzen ist nicht aussagekräftig genug, denn dafür differierte deren Zuschnitt zu stark von der politischen Geographie des Heiligen Römischen Reiches.[28] Die oberdeutsche Provinz umfasste so unterschiedliche Landesherrschaften wie u.a. das Kurfürstentum Bayern, die spätestens seit 1648 vom Reich unabhängige Schweizer Eidgenossenschaft und das Tirol, aber auch eine Vielzahl kleinerer geistlicher Fürstbistümer und Reichsstädte (u.a. Augsburg). Auch die Oberrheinische Provinz war äußerst heterogen, gehörten zu ihr doch neben großen Teilen der rheinischen und fränkischen Ger-

cher (1652-1685). Ein Passauer Jesuit auf dem Weg nach Übersee, in: Ostbayerische Grenzmarken 46. Passau 2004, 9-22.

26 In anderen Provinzen waren sie stärker präsent: Mitte des 18. Jh. waren 12 Österreicher in Brasilien tätig sowie 27 in Quito. In Paraguay wirkten um 1750 44 Jesuiten aus den Habsburgischen Ländern und von 17 Reduktionen am Uruguay und Paraná wurden 6 von Österreichern geleitet. In Neu–Granada und auf den Antillen waren um 1750 11 „Österreicher" tätig. OTRUBA, Jesuitenpatres, 36–38. Von den 737 bei Huonder verzeichneten „deutschen" Jesuitenmissionaren stammten nach Hugo HASSINGER, Österreichs Anteil an der Erforschung der Erde. Ein Beitrag zur Kulturgeschichte Österreichs. Wien 1950, 131 aus der österreichischen und 132 aus der böhmischen Provinz, ferner 32 Tiroler und Vorarlberger, die zumeist der oberdeutschen Provinz angehörten, von Ausnahmen wie dem Tiroler Br. Johann Bitterich abgesehen (Rhen. Sup.). Damit kamen 22% der „deutschen" Missionare aus Österreich und Ungarn sowie 18% aus Böhmen, Mähren und Schlesien, mithin 40% der Zentraleuropäer aus Habsburgischen Ländern (vgl. OTRUBA, Jesuitenpatres, 31), deutlich weniger, als deren Anteil am Gesamtpersonal der fünf Provinzen Mitte des 18. Jh.

27 Vgl. den in Vorbereitung befindlichen Beitrag: Michael MÜLLER, Das soziale, wirtschaftliche und politische Profil der Jesuitenmissionen. Versuch einer umfassenden Annäherung am Beispiel Chiles und Paraguays, in: Eroberung oder Begegnung. Erinnerung an die Anfänge der katholischen Kirche als Weltkirche in der frühen Neuzeit und die Herausforderungen der Globalisierung (StAcCg, 8). Wiesbaden, voraussichtlich 2004.

28 Vgl. zur Einteilung der Jesuitenprovinzen: P. Louis CARREZ SJ, Atlas Geographicus Societatis Jesu, in quo delineantur quinque ejus modernae assistentiae, provinciae tres et viginti singularumque in toto orbe missiones, necnon et veteres ejusdem Societatis provinciae quadraginta tres cum earum domiciliis, quantum fieri licuit. Paris 1900. Zur politischen Geographie des Alten Reiches: Gerhard KÖBLER, Historisches Lexikon der Deutschen Länder. Die deutschen Territorien und reichsunmittelbaren Geschlechter vom Mittelalter bis zur Gegenwart. 6., vollständig überarbeitete Auflage. München 1999 sowie das in zahlreichen Teilbänden von verschiedenen Herausgebern erstellte HHS.

mania Sacra (u.a. Kurmainz und die Fürstbistümer Worms, Straßburg, Bamberg und Würzburg) auch weltliche Herrschaften wie u.a. Kurpfalz. Wesentlich homogener waren die Provinzen Österreich und die Böhmen, die bis 1742 fast ausschließlich Habsburger Territorien umfaßten.[29]

Ausserdem gehörten Jesuiten zwar meistens, aber nicht immer derjenigen Provinz an, der ihr Geburtsort territorial zuzuordnen war: Der aus Nijmegen stammende P. Lobbeth trat in die Österreichische Provinz ein, der Böhme Br. Johann Joseph Köhler in die Oberdeutsche und der Tiroler Br. Bitterich in die Oberrheinische etc. Daher sind regionale Herkunft und Provinzzugehörigkeit nicht immer deckungsgleich.[30]

Eine umfassende Herkunftsanalyse der Zentraleuropäer in Chile zeigt, dass sie fast ausschließlich aus geschlossen katholischen bzw. rekatholisierten Territorien stammten, sowohl aus geistlichen (besonders aus dem Kurfürstentum Mainz und den rheinischen, fränkischen, bayerischen und schwäbischen Fürstbistümern) wie auch aus weltlichen (Kurbayern, Erzherzogtum Österreich, Königreich Böhmen und Spanische Niederlande etc.). Gemischt–konfessionelle Gebiete wie etwa die Pfalz oder das Elsaß brachten nur wenige Missionsberufungen hervor – nicht zuletzt, weil die von dort stammenden Jesuiten eher in der heimischen Volksmission eingesetzt wurden, anstatt nach Übersee entsandt zu werden. Die Herkunft war nicht nur ein rekrutierungstechnischer Faktor bei der Zusammenstellung der Expeditionen, sondern wirkte bis nach Übersee und bestimmte dort Selbstverständnis und Gruppenbildungen der Zentraleuropäer: Es ist vielfach belegt, dass z.B. Böhmen ein enges Zusammengehörigkeitsgefühl hatten und bevorzugt miteinander arbeiteten, falls die Umstände es erlaubten. Der Brief des P. Suppetius vom 15. Dezember 1701 aus Santiago de Chile[31] belegt ganz deutlich die große Bedeutung landsmannschaftlicher Aspekte. Ähnliches gilt für die zahlreichen

---

[29] Die wenigen Ausnahmen von dieser Regel fallen nicht allzu sehr ins Gewicht: Die Fürstbistumer Passau und Salzburg gehörte zur Provinz Austria SJ, nicht aber zum Erzherzogtum. Jedoch war zumindest Passau durch seine Habsburger Fürstbischöfe in den Wiener Herrschaftsverband indirekt miteinbezogen. Schlesien wurde 1740–42 von Brandenburg–Preußen annektiert, verblieb aber bis 1755 bei der Bohemia SJ, bevor es auf politischen Druck hin zur eigenständigen Provinz deklariert wurde. Die Vielzahl kleinerer Herrschaften braucht hier nicht ausgeführt zu werden.

[30] Im folgenden wird, sofern nichts anderes ausdrücklich angegeben ist, die Provinzzugehörigkeit zugrunde gelegt, nicht die Landsmannschaft. So ist vom „Oberrheiner" Bitterich die Rede, obwohl er Tiroler war, oder vom „Böhmen" Ignaz Fritz, der aus dem schlesischen Troppau kam.

[31] Edition: STÖCKLEIN, Neuer Welt Bott, I, Teil 3, Nr. 70, 28–30. Lit.: Johannes MEIER, Chiloé – Ein Garten Gottes am Ende der Welt, in: „...usque ad ultimum terrae". Die Jesuiten und die transkontinentale Ausbreitung des Christentums 1540–1773. Hrsg. v. Johannes Meier (StAcCg, 3). Göttingen 2000, 183–201, hier 195. Hermann HOFFMANN, Schlesische, mährische und böhmische Jesuiten in den Heidenmissionen (Zur schlesischen Kirchengeschichte, 36). Breslau 1939, 53. HUONDER, Jesuitenmissionäre, 26. GRULICH, Beitrag, 162, Anm. (1). Graciela FUENTES SEPÚLVEDA, Actividad misional jesuita y forma de expresión religiosa en el archipiélago de Chiloé, siglos XVII y XVIII. Diss. Santiago 2000, hier S. 34–36.

Bayern. Ganz offensichtlich korrelierte der Grad an Gruppenbildung mit der Größe des jeweiligen Kontingents: Nur Bayern oder Böhmen waren so zahlreich, dass sie konsistente Gruppen bildeten, während die kleineren Landsmannschaften (Rheinländer, Franken, Schwaben, Österreicher, Ungarn und Schweizer) in der größeren Gruppe der Zentraleuropäer „aufgingen".[32]

Insbesondere bei den Laienbrüdern ging die Tendenz zur landsmannschaftlichen Gruppenbildung aufgrund der größeren Sprachbarriere sehr viel weiter als bei den Patres: Die zahlreichen auf der Calera de Tango tätigen, zumeist oberdeutsch–bayerischen Laienbrüder, die i.d.R. des Spanischen kaum mächtig waren, hatten dort fast nur untereinander Kontakt, kaum zu Einheimischen.[33] Die meisten waren bestrebt, mit Landsleuten zusammenzuarbeiten, und dies wurde von den Oberen nicht nur geduldet, sondern sogar gefördert, soweit es mit den Erfordernissen der Arbeit vereinbar war.

---

[32] Die zwei in Chile tätigen Schweizer PP. Imhof und Stulz lagen zeitlich weit auseinander und konnten nie zusammen arbeiten: Stulz starb 1681, Imhof dagegen kam erst 1713 nach Chile. In diesem Fall bestand gar keine Möglichkeit einer Gruppenbildung. Gleiches gilt für den einzigen Ungarn, P. Martin Hedry. Während insgesamt 19 Ungarn in Südamerika nachgewiesen sind, war nur einer davon in Chile. Vgl. Tibor WITTMANN, En torno a los Misioneros de Hungaria en América española (siglo XVIII), in: Jahrbuch für Geschichte von Staat, Wirtschaft und Gesellschaft Lateinamerikas 6 (1969), 150–157, hier S. 151, 156.

[33] Eine Ausnahme bildete in dieser Hinsicht der Apotheker Br. Joseph Zeitler, der fließend Spanisch sprach und – schon von Berufs wegen – viel mit Einheimischen zu tun hatte. Er korrespondierte z.B. über Jahre hinweg mit seinem Berufskollegen Br. José Rojo in Lima, den er während seines Aufenthalts dort 1754–56 ausgebildet hatte. Zeitler war auf Bitten des Provinzials von Peru, P. Bertrand Herbert, für zwei Jahre als Apotheker ans Colegio Máximo de San Pablo von Lima abbeordert worden und organisierte die Kollegsapotheke neu, die wichtigste und berühmteste des Vizekönigreiches (ARSI, Peru 9, fol. 347v (Cat. Prim. 1754), Chil. 3, fol. 258v (Cat. Minist. 1755). AHN, Jesuitas Leg. 826 (8). ANHC, Jesuitas, 24, fol. 134 (1755). Seinen Aufenthalt in Lima belegen auch die Briefe Weingartners aus Calera de Tango vom 13. März 1755 an Anton Luidl (BayHStA, Jes. 595/III/18) sowie Haimhausens vom 10. November 1755 aus Santiago de Chile an Hofreither (BayHStA, Jes. 595/III/4). Zu Zeitler vgl. Sabine ANAGNOSTOU, Jesuiten in Spanisch–Amerika als Übermittler von heilkundlichem Wissen. Mit einem Geleitwort von Fritz Krafft (Quellen und Studien zur Geschichte der Pharmazie, 78). Stuttgart 2000, 78–82, 87–95. DIESELBE und Fritz Krafft, Jesuiten in Spanisch–Amerika als Heilkundige und Pharmazeuten, in: Pharmazeutische Zeitung 131 (2000), 11–18, sowie: Sabine ANAGNOSTOU / Michael MÜLLER, Br. Joseph Zeitler als Jesuitenapotheker in Santiago de Chile, in Vorbereitung, in: Geschichte der Pharmazie (Beilage zur Deutschen Apothekerzeitung, voraussichtlich 2004). Renée GICKLHORN, Missionsapotheker. Deutsche Pharmazeuten im Lateinamerika des 17. und 18. Jahrhunderts (Veröffentlichungen der Internationalen Gesellschaft für Geschichte der Pharmazie, NF, 39). Stuttgart 1973, 45–49, 92, 103–105. Enrique LAVAL MANRÍQUEZ, Botica de los Jesuitas de Santiago (Asociación Chilena de Asistencia Social, Biblioteca de historia de la medicina en Chile, 2). Santiago de Chile 1953, 10–16, 18–23. Joachim SCHMITT–FIEBIG, Einflüsse und Leistungen deutscher Pharmazeuten, Naturwissenschaftler und Ärzte seit dem 18. Jahrhundert in Chile. Mit einem Geleitwort von Rudolf Schmitz (Quellen und Studien zur Geschichte der Pharmazie, 44). Stuttgart 1988, 11f. José Luis VALVERDE, Presencia de la Compañía de Jesús en el desarrollo de la Farmacia. Granada 1978, 97–101.

## SOZIAL–STÄNDISCHE HERKUNFT, FAMILIÄRES MILIEU
## UND AUSBILDUNGSWEGE

Zentrale Aspekte sind die Sozialisation und das sozial–ständische sowie familiäre Umfeld der Missionare. Der dabei verfolgte Ansatz ist, alle zur Verfügung stehenden prosopographischen Quellen heranzuziehen: Neben den Jesuitenkatalogen, Jahresberichten und Briefen wurden vielfältige, sowohl gedruckte als auch unveröffentlichte Bestände konsultiert, so u.a. Universitätsmatrikel, Steuer– und Einwohnerlisten und sog. „Häuserbücher" sowie die Pfarrmatrikel in den Kommunal– und Diözesanarchiven. Insbesondere letztere gehören zu den wichtigsten prosopographischen Quellen (mit Eintragungen der Taufen, Heiraten der Eltern und Sterbefälle[34]), die in der älteren Literatur oft vollständig vernachlässigt wurden.

Zusammenfassend[35] kann in aller Kürze folgendes Schichtungsmodell angedeutet werden: Die Priester kamen überwiegend aus gehobenen ständischen Milieus, ein gutes Drittel stammte aus Adels– oder Beamtenfamilien. Eine Ausnahme bildet in dieser Hinsicht lediglich P. Joseph Bodart, der als Schüler am Würzburger Jesuitenkolleg als „pauper" geführt wurde, d.h. dass er aus ärmeren Verhältnissen stammte und daher ein Stipendium benötigte.[36] Die soziale Schichtung der Laienbrüder war eine gänzlich andere: Adels– oder Beamtenfamilien entstammten nur sehr wenige. Die meisten waren Handwerker– und Bauernsöhne.

Für die in Chile tätigen Patres kann durch die vorgestellten Recherchen nachgewiesen werden, dass fast die Hälfte ihren Ausbildungsweg entweder komplett oder größtenteils schon vor dem Ordenseintritt durchlaufen hatte. Nicht wenige traten erst im fortgeschrittenen Alter ein, nachdem sie bereits das Philosophiestudium ganz oder teilweise absolviert hatten (Bodart, Fertl, Hedry, Imhof, Kisling, Meyer, Pertl, Rapp, Steidl und Strasser) oder sogar schon Priester waren (Feldmann, Friedl, Koller, Seitz und Weingartner). 15 der 35 Patres (42,9 %) hatten ihre Ausbildung beim Eintritt z.T. schon abge-

---

[34] Taufeinträge enthalten regelmäßig die Namen der Eltern, oft auch die der Paten sowie Hinweise über deren Berufe und soziale Stellung. Die Vollständigkeit und Datendichte der Matrikel hing nicht zuletzt von dem zuständigen Pfarrer ab. Problematisch ist oft die Überlieferungssituation. Manche Matrikel gingen durch externe Faktoren verloren (Brände, Kriegseinwirkungen) oder wurden stark in Mitleidenschaft gezogen (Wasserschäden, Papierfraß). Infolge der späteren Zusammenlegung zu Verbandsgemeinden gestaltet es sich insbesondere bei kleineren Orten schwierig zu ermitteln, wo deren Pfarrmatrikel sich heute befinden und welchem Kommunal– oder Bistumsarchiv sie zuständigkeitshalber zufielen.

[35] Detaillierte Daten mit Quellenangaben enthält die in 2004 anstehende Publikation: Michael MÜLLER, Jesuiten zentraleuropäischer Provenienz in Portugiesisch– und Spanisch–Amerika (17./18. Jahrhundert), 2: Chile. Hrsg. v. Johannes Meier.

[36] Sebastian MERKLE (Hrsg.), Die Matrikel der Universität Würzburg 1582–1830. 2 Teile: Text. 2 Bde. München, Leipzig 1922. 2 Teil: Personen– und Ortsregister. Bearbeitet von Alfred und Christa Wendehorst (Veröffentlichungen der Gesellschaft für Fränkische Geschichte, 4. Reihe: Matrikeln Fränkischer Schulen, 5). Berlin 1982, hier Bd. I/1, 461, Nr. 10.933.

schlossen, fünf davon traten bereits als Priester ein. Die Mehrheit aber, die übrigen 20, baten direkt nach der Schule um Aufnahme. Meist hatten spätere Jesuiten bereits als Jugendliche Schulen des Ordens besucht. Dies war von den Jesuiten auch gewünscht, denn Ausbildung und Formung sollten wie „aus einem Guß" geschehen. Das erkennbare Ideal war das einer komplett „jesuitischen" Bildungsbiographie[37], und insbesondere die nach 1740 entsandten Patres entsprachen diesem Modell.[38] Im Laufe der Zeit sank das Durchschnittsalter der Missionskandidaten zum Zeitpunkt ihrer Entsendung stetig. Vor 1700 waren die meisten bei der Überfahrt 30 Jahre und älter, um 1750 jedoch Mitte 20. Dies hängt zum einen damit zusammen, dass die Patres oft schon als Scholastiker nach Übersee gingen und dort ihr Studium vollendeten bzw. die Weihen empfingen und die Profeß ablegten. Zum anderen stieg im Laufe der Zeit der Anteil der Laienbrüder an den Expeditionen, die ohnehin i.d.R. jünger waren als die Patres. Während der ersten Expedition von 1685 kein einziger Coadjutor angehörte, bildeten diese 1722, 1746 und 1754 die Mehrheit. Die abweichende Altersstruktur der Laienbrüder hängt mit der kürzeren Ausbildung zusammen. Nach dem zweijährigen Noviziat wurden sie direkt zu berufsbezogenen Tätigkeiten herangezogen, ohne dass weitere ordensinterne Ausbildungen vorgesehen waren. Sie traten nämlich stets erst nach ihrer Berufsausbildung ein. Eigene handwerklich–technische Ausbildungen waren im Jesuitenorden nicht vorgesehen, außer in Übersee, wo keine anderen Möglichkeiten bestanden. Die Entsendung erfolgte anfangs erst nach abgeschlossener Ausbildung. Es war bis ca. 1720 üblich, das komplette Curriculum in Europa zu durchlaufen und als fertig ausgebildeter Jesuit nach Übersee zu gehen. Später jedoch wurde der Entsendezeitpunkt immer mehr vorgezogen, so dass bereits Scholastiker zugelassen wurden. Die chilenischen Matrikel weisen mit zunehmender Dauer immer mehr Einträge für Deutsche auf, die dort ihre Weihen empfingen und die Gelübde ablegten.[39]

## ZENTRALEUROPÄISCHE CHILE–EXPEDITIONEN

Vor 1683 sind nur zwei Zentraleuropäer – beide oberdeutsche Patres – nach Chile gekommen, Andreas Feldmann und Johann Stulz. Ersterer, der in den lateinischen und spanischen Quellen nur als „Agricola" – die latinisierte Namensform – auftaucht, wurde 1615 zusammen mit Kaspar Ruess, Michael

---

[37] Michael MÜLLER, Die Entwicklung des höheren Bildungswesens der französischen Jesuiten im 18. Jahrhundert bis zur Aufhebung 1762–1764. Mit besonderer Berücksichtigung der Kollegien von Paris und Moulins. Diss. Univ. Mainz (Mainzer Studien zur Neueren Geschichte, 4). Frankfurt a.M. 2000, 115–117.

[38] Lebenswege und Motivationen der Indipetae, d.h. der sich für die Entsendung nach Übersee bewerbenden Kandidaten, untersucht am Beispiel der Provinzen Ober– und Niederrhein sowie Oberdeutschland eine im Entstehen begriffene Dissertation von Christoph Nebgen unter Leitung von Prof. Johannes Meier an der Johannes Gutenberg–Universität Mainz.

[39] ANHC, Jesuitas, 94, Nr. 6 (Libro de profesiones 1622–1766).

Durst und Ferdinand Reinmann vom Generaloberen P. Mutius Vitelleschi für die Mission bestimmt. Die vier gehörten zur ersten Gruppe, die am 8. Februar 1616 aus Ingolstadt „ad Indias" gesandt wurde[40], Feldmann in die Provinz Paraguay, wozu Chile damals gehörte, die anderen drei nach Peru.[41] Die Ingolstädter Vierergruppe reiste 1616 in der Expedition der Prokuratoren PP. Juan Vásquez (Peru) und Juan de Viana (Paraguay) von Sevilla über Lissabon nach Buenos Aires, wo sie am 15. Februar 1617 ankam.[42] P. Stulz, der zweite Oberdeutsche und zugleich der erste Schweizer in Chile, kam erst eine Generation später ins Land. Er hatte sich schon während seines Studiums wiederholt für Übersee beworben[43], wurde 1646/47 im elsässischen Ensisheim angenommen[44] und 1647 zusammen mit P. Franz Weißenbach ausgesandt, letzte-

[40] AMSJ, Mscr. C XIV 57/4, Nr. 262: Historiae Provinciae Societatis Jesu Germaniae Superioris à P. Ignatio Agricola S.J.p.m. olim coeptae, nunc continuatae. Pars Tertia. Ab Anno 1601 ad 1610. Authore Adamo Flotto, Societatis Jesu Sacerdote, Auguste Vindelicorum, Anno MDCCXXXIV. P. Franz-Xaver KROPF SJ, Historia Provinciae Societatis Iesu Germaniae Superioris. 5 Bde., 4: Ab anno 1611 ad annum 1630. Perm. Sumptibus Joannis Gastl, biblipolae Pedepontani. Monachii, Typis Jo. Jacobi Vötter, Aul. ac. Stat. Provinc. Bav. Typographi. München 1746, hier Dec. VIII, 262. P. Carlos SOMMERVOGEL SJ (Hrsg.), Bibliothèque de la Compagnie de Jésus. Von Aloys und Augustin de Backer SJ. 12 Bde. Neu hrsg. v. Carlos Sommervogel SJ. Héverlé-Convain 1960. [ND der Ausgabe Brüssel, Paris 1890–1900, Toulouse 1909–32 in 9 Bde.], hier Bd. 6, 1639.

[41] Die Ingolstädter Hauschronik 1616 schreibt: „Dieses Jahr zeichneten vier adlige Männer aus (...), die unsere Provinz (...), als erste Zeichen gebende Saat unter glücklichen Vorzeichen entließ. (...). Diese Sache erweckte auch bei den übrigen einen unglaublichen Seeleneifer. Die überall selbst dieses Ziel gehabt und die Sache für die Tugenden verlassen hatten, sind durch so hervorragende Beispiele für ihre Religion beeindruckt worden. Sie, die es anging, bewährten sich so sehr, dass der Superior jener ganzen Mission, Johannes Michael Vasquez, der bald absegeln wollte, aus dem äußersten Spanien an uns schrieb, dass sein innigster Wunsch sei, weiterhin solche Deutsche in möglichst großer Zahl und möglichst bald zu haben", in: Gerhard WILCZEK (Hrsg.), Die Jesuiten in Ingolstadt von 1601–1635. Übersetzung des „Summarium de variis rebus collegii Ingolstadiensis" (Ordinariatsarchiv Eichstätt). Ingolstadt/Donau 1981, 43. HUONDER, Jesuitenmissionäre, 11–15. DUHR, Geschichte II/2, 595.

[42] P. Pablo PASTELLS SJ, Historia de la Compañía de Jesús en la Provincia del Paraguay según los Documentos originales del Archivo General de Indias. 4 Bde. Madrid 1912–1923, hier Bd. 1, 355f. P. Hugo STORNI SJ, Catálogo de los Jesuitas de la Provincia del Paraguay (Cuenca del Plata) 1585–1768. Rom 1980, hier 3, Nr. 11/176. Agustín GALÁN GARCÍA, El «Oficio de Indias» de Sevilla y la organización económica y misional de la Compañía de Jesús (1566–1767) (Fundación Fondo de Cultura de Sevilla, Colección Focus, 8/1995). Sevilla 1995, hier Nr. 53, 230f., Anm. (60). Dem für Chile und Paraguay/Tucumán bestimmten Kontingent gehörten 25 Jesuiten an, der Großteil davon belgischer Provenienz (9 Flamen und 14 Wallonen). Vgl. Vicente D. SIERRA, Los Jesuitas Germanos en la conquista espiritual de Hispano-América, siglos XVII y XVIII. Prólogo de Ricardo W. Staudt (Institución Cultural Argentino-Germana, Publicación Nr. 15). Buenos Aires 1944, 70. Deshalb wurde Feldmann in Paraguay (ARSI, Paraq. 4 I, fol. 36v (Cat. Pad. 1616) irrig als Flame geführt.

[43] ARSI, Germ. Sup. 18 III, fol. 504, 562 (Epistolae ad P. Generalem praesertim Missiones ecteras petentium). Die Absage erfolgte am 30. November 1641 (ARSI, Germ. Sup.17a (Briefindex).

[44] ARSI, Germ. Sup. 47, fol. 93r (Cat. Brev. 1646/47).

rer für Chile, Stulz dagegen für Paraguay.[45] Da aber Weißenbach bereits im
März 1648 in Sevilla noch vor der Überfahrt verstarb[46], wurde Stulz an seiner
Stelle für Chile bestimmt und dem Prokurator P. Alonso de Ovalle unterstellt.[47] Die Abreise verzögerte sich aber, da die spanische Regierung 1646 ein
Veto gegen die Einreise von Ausländern in die Kolonien eingelegt hatte und
Stulz daher ungewollt drei Jahre in Spanien festsaß. Er wirkte als Beichtvater
und als Gefangenen- und Wallfahrtseelsorger in Santiago de Compostela[48],
verlor aber sein Ziel nicht aus den Augen, legte sich den spanischen „Deck-
namen"[49] „Juan de Sylva"[50] zu, um seine nicht–spanische Herkunft zu verschleiern, und reiste 1650 unter diesem Pseudonym nach Chile, wo er im gleichen
Jahr ankam.[51] Diese „illegale" Überfahrt eines Einzelnen blieb Episode – danach
kamen die „Deutschen" in der Regel gruppenweise nach Chile – und mit offiziel-
ler Genehmigung. Erst seit den 1680er Jahren setzte der Zustrom zentraleuropäischer Jesuiten verstärkt ein. Die Errichtung einer eigenen Ordensprovinz (1683) hatte zur Folge, dass Chile nunmehr eigene Prokuratoren zur
Nachwuchsrekrutierung nach Europa senden konnte und dazu nicht mehr auf
Lima angewiesen war. Sechs Expeditionen fanden statt, die im folgenden
überblicksartig dokumentiert werden.[52]

[45] ARSI, Germ. Sup. 22, fol. 408r (Suppl. Cat. Trien. 1645), Germ. Sup. 46, fol. 120 (Cat.
Brev.): „Discessit in Paraquariam", Germ. Sup. 47, fol. 120r (Suppl. Cat. Brev. 1647/48):
„Discesserunt in alias Provincias (…) Scholasticus in Paraquariam.". STORNI, Catálogo, 278:
„1647 destinado al Paraguay; pasa, en cambio, a Chile". P. Herbert GERL SJ (Hrsg.), Catalogus
Generalis Provinciae Germaniae Superioris et Bavariae Societatis Iesu 1556–1773. München
1968, 436. HUONDER, Jesuitenmissionäre, 203.

[46] AMSJ, Ms. XI 28, 320. GERL, Germ. Sup., 472. HUONDER, Jesuitenmissionäre, 203.

[47] ARSI, Germ. Sup. 22, fol. 408. AMSJ, Abt. 47, Mappe XIX/3, 407 sowie XIX/5, 3 (Nl A.
Huonder). Francisco ENRICH, Historia de la Compañía de Jesús en Chile. 2 Bde. Barcelona
1891, I, 562. Die Bestätigung des Bestimmungswechsels brachten die beiden Generalsbriefe
vom 18. Mai 1647 nach Genua und vom 27. Juni 1648 nach Santiago de Compostela (ARSI,
Germ. Sup.17 (Briefindex)

[48] ARSI, Germ. Sup 18 III, fol. 562 (Brief an den Ordensgeneral vom 2. März 1648).
Thomas HENKEL, Die grössere Ehre Gottes, das Heil des Nächsten und die Neue Welt. Freiburger und Schweizer Jesuiten als Missionare in Lateinamerika, in: Freiburger Geschichtsblätter
73 (1996), 149–183, hier 156, Anm. (16). AMSJ, Abt. 47, Mappe XIX/3, 407 (Nl A. Huonder).

[49] HENKEL, Jesuiten, 156.

[50] ARSI, Chil. 2, fol. 25v (Cat. Prim. 1652), fol. 35r (Cat. Prim. 1657). HENKEL, Jesuiten,
183, Nr. 23. Seinen Brief an den oberdeutschen Provinzial vom 13. November 1655 unterzeich-
nete er mit „Juan de Sylua, quondam Joannes Stulz" (BayHStA, Jes. 595/III/15. HENKEL,
Jesuiten, 156, Anm. 17). Das Synonym erwähnt auch Wolfwisen im Brief an seinen Bruder
Ignaz vom 24. August 1719 aus Colué/Chumulco (BayHStA, Jes. 607/20). Der Nekrolog des P.
Johann Stulz, „Carta de edificacios del ferborose operario Juan de Sylva" (ARSI, Chil. 6 (Litt.
Ann. 1676/84), fol. 337r–339v (Autogr. span.). AMSJ, Abt. 47, Mappe XIX/5, II/5b (Nl A.
Huonder) ist eine erstklassige Quelle mit einem vollständigen Lebenslauf.

[51] AMSJ, Abt. 47, Mappe XIX/3, 407 (Nl A. Huonder). HENKEL, Jesuiten, 183, Nr. 23.

[52] Die Prokuratoren werden nicht mitgerechnet. Scholastiker als angehende Priester unter
diese subsumiert.

| Ankunft | Prokuratoren | Patres | Brüder | Summe |
|---------|--------------|--------|--------|-------|
| 1.  1686 | Adamo | 8 | – | 8 |
| 2.  1713 | Alemán/Marín | 3 | 1 | 4 |
| 3.  1724 | Castillo/Ovalle | 9 | 9 | 18 |
| 4.  1744 | Rabanal/Arcaya | 8 | 3 | 11 |
| 5.  1748 | Haimhausen/Illanes | 10 | 22 | 32 |
| 6.  1755 | Hueber/Vera | 6 | 7 | 13 |
| Summen |  | 42 | 86 | 44 |

Die Differenz aus den Summen der Expeditionsteilnehmer (86, i.e. 44 Patres und 42 Brüder) und der in Chile Tätigen (74, i.e. 35 Patres und 39 Brüder) – die erstgenannten Zahlen beziehen sich auf die Abreise aus Spanien, die letzteren auf die Ankunft in Chile – spiegeln die Verluste an Menschenleben während der Überfahrt wider (Hunger, Durst, Krankheiten, Schiffsunglücke etc.).[53]

Für das 17. Jh. ist der Anteil der Zentraleuropäer in Chile (sechs Patres[54]) zahlenmässig vernachlässigenswert gering. Die übergroße Mehrheit, nämlich 68, kam erst im 18. Jh. Die regionale Herkunft spielte eine wesentliche Rolle für die Entsendung – meist gab es deutlich erkennbare Gruppenbildungen: Bei der ersten Expedition 1685/86 dominierten die Österreicher, Böhmen und Belgier (habsburgische Niederlande). 1722–24 kamen mit der Bitterich–Gruppe mehrere Angehörige der beiden rheinischen Provinzen nach Chile, in den Gruppen Haimhausen (1746–48) und Hueber (1753/54) dann überwiegend Oberdeutsche. Daraus ergibt sich ein regionales Phasenmodell zentraleuropäischer Präsenz in Chile: Während das 17. Jh. die habsburgische Epoche (österreichische, böhmische und schlesische sowie belgische Missionare) bildet, war das 18. Jh. die Zeit der Oberdeutschen, besonders der Bayern. 1737 wurde seitens der Krone festgelegt, dass höchstens ein Viertel der Jesuiten in Übersee Deutsche sein durften.[55] Diese 25%–Quote wurde auf der Provinzebene penibel eingehalten, denn in keiner Provinz überstieg ihr Anteil diesen

[53] Zudem ist zu beachten, dass in diesen Summen nur diejenigen berücksichtigt sind, die in Expeditionen reisten, also nicht die beiden vor 1683 einreisenden Patres (Feldmann, Stulz), ebenso nicht solche, die in keiner Expedition auftauchen, wie etwa Br. Bitterich.

[54] Es sind dies die beiden „Vorläufer" PP. Feldmann (Agricola) und Stulz (Sylva) sowie die vier Patres, die in der 1. Expedition 1686 lebend ankamen: Suppetius, Brandt, Burger und Lobbeth.

[55] In König Philipps V. „Endurtheil über das, was in den Missionen und Dorffschaften der Indianer in den Statthalterschaften von Paraguay und Buenos Aires, soweit dieselben unter der Obsorge der Jesuiten stehen, zu beobachten ist" (17. September 1743, Dekret dat. Buenretiro 28. Dezember 1743), wird in Artikel 12 Bezug genommen auf das königliche Dekret vom 17. September 1737, wonach der Generalobere SJ befugt war, ¼ jeder Expedition mit Deutschen zu besetzen. Diese seien, im Gegensatz zu den Untertanen feindlicher Seemächte (England, Niederlande) loyal und treu. Dt. Übersetzung im Anhang zu: Lodovico Antonio MURATORI, Das glückliche Christentum in Paraguay unter den Missionarien der Gesellschaft Jesu. Wien, Prag, Triest 1758. Vgl. HUONDER, Jesuitenmissionäre, 28.

Wert auf Dauer. In den Indianermissionen jedoch waren sie deutlich über-
repräsentiert, so z.B. auf Chiloé, wo mehr als ein Drittel, nämlich 5 der 14 dort
1767/68 tätigen Patres Zentraleuropäer waren: Der Oberbayer Melchior
Strasser, der Eichstätter Franz–Xaver Kisling, der Pfälzer Michael Meyer, der
Böhme Johann Nepomuk Erlacher und der Tiroler Anton Friedl.[56]

Hauptgrund für die stetig zunehmenden Entsendungen war, in Chile wie
anderswo, der Personalmangel vor Ort, wo nicht nur Indianermissionare
fehlten, sondern ebenso Handwerker, Ärzte, Apotheker, Ingenieure und Architekten, mithin Berufe, die zum Aufbau der Provinz genauso wichtig waren.
Der Bedarf war also fraglos gegeben. Dennoch mussten weitere strukturelle
und personelle Faktoren zusammenkommen, um den im 18. Jh. zu beobachtenden immensen Anstieg der Entsendezahlen zu erklären: Mit  dem
Böhmen P. Franz Retz[57] amtierte 1730–1751 ein Generaloberer, der für die
Belange der „deutschen" Überseemissionare nicht nur denkbar aufgeschlossen
war, sondern diese aktiv förderte. Zudem wurden mit PP. Haimhausen und
Hueber zwei Oberdeutsche zu chilenischen Prokuratoren in Europa bestimmt,
die 1746/48 und 1754/55 für ihre Expeditionen besonders viele Zentraleuropäer
anwarben. Die Unterstützung ihrer Heimatprovinz war ihnen dabei gewiß:
Der oberdeutsche Missionsprokurator in München, P. Albert Hofreither
(Hofreuter, 1692–1711–1768)[58] hat, wie viele Dankesschreiben von Missionaren an ihn beweisen, die Interessen der Überseemission materiell und perso-
nell stets nach besten Kräften gefördert. Zudem verfügte die Oberdeutsche
Provinz – als einzige der fünf zentraleuropäischen Provinzen – über ein eigenes Missionsnoviziat in Landsberg am Lech – seinerzeit eine singuläre Erscheinung.[59]

---

[56] MEIER, Chiloé, 193.

[57] Geb. 13. September 1673 in Prag, Eintritt 14. Oktober 1689, Tod 19. November 1750 in
Rom), böhmischer Provinzial, deutscher Assistent in Rom, Generaloberer. AUDENAERT, Prosopographia, III, 84. SOMMERVOGEL, Bibliothèque, VIII, 1678f., IX, 1541, XII, 2125.

[58] Geb. Vilshofen 08. Januar 1692. Eintritt 28. September 1711. Lehrte Gram., Hum., 6
Jahre Rhet. Tod München 5. Februar 1768. SOMMERVOGEL, Bibliothèque, IX, 495.

[59] Elisabeth RINGLER, Das Noviziat der Gesellschaft Jesu in Landsberg am Lech 1574–1773.
Zulassungsarbeit an der Kath.–Theol. Fak. der LMU. München 1992, hier 80–86. P. Bernhard
DUHR SJ, Deutsche Auslandssehnsucht im achtzehnten Jahrhundert. Aus der überseeischen
Missionsarbeit deutscher Jesuiten (Schriften des Deutschen Auslands–Instituts Stuttgart, Reihe
A: Kulturhistorische Reihe, 20). Stuttgart 1928. P. Anton HUONDER SJ, Das Missionsnoviziat
der Oberdeutschen Ordensprovinz der Gesellschaft Jesu zu Landsberg im 18. Jahrhundert, in:
Die katholischen Missionen 54 (1926), 193–197. Zum Landsberger Noviziat allgemein: SOM-
MERVOGEL, Bibliothèque, IV, 1459–1466. Baugeschichtlich wertvolle Hinweise: Anton LICH-
TENSTERN, Das Landsberger Jesuitenkolleg, in: Heilig–Kreuz–Kirche Landsberg am Lech. Von
Dagmar Dietrich (Schnell & Steiner Große Kunstführer, 144). München, Zürich 1986, 3–12,
hier S. 5.

# DAS OBERDEUTSCHE MISSIONSNOVIZIAT IN LANDSBERG AM LECH

Dieses bot die Möglichkeit einer missionsspezifisch praxisnahen Ausbildung
bereits in der Heimat. Die Kandidaten wurden umfassend vorbereitet, was
neben der regulären Formung insbesondere die sprachliche Qualifikation
implizierte (Spanisch, Portugiesisch). Indianersprachen dagegen wurden, soweit erkennbar, in Landsberg nicht gelehrt, da hierfür die Voraussetzungen
weitgehend fehlten. Alle Berufe waren vertreten, die gebraucht wurden, nicht
nur Priester, sondern auch Apotheker, Maurer, Schreiner und Architekten
etc.[60] Nachweislich gingen im 18. Jh. in mehreren Schüben über vier Dutzend
Missionskandidaten nach Übersee.[61] 1749 schließlich wurde das Missionsnoviziat als institutionell eigenständiger Teil des Landsberger Noviziats errichtet
und konnte sich dadurch noch stärker auf diese Zweckbestimmung spezialisie-
ren. Es wurden nicht nur Oberdeutsche aufgenommen, sondern auch Schlesier, Böhmen, Österreicher, Engländer und Iren.[62] Nicht zuletzt deswegen trat
der aus Böhmen stammende Br. Köhler in die Oberdeutsche, nicht in die
Böhmische Provinz ein. Die Einrichtung verfügte über eine Kapazität von bis
zu 20 Kandidaten, wie aus dem Brief des P. Ignatz Rhomberg (1708–1795)[63]
vom 2. Dezember 1753 hervorgeht.[64] Die entstehenden Kosten für die Ausbildung, Ausstattung, Verpflegung und Reisekosten waren enorm. Die Oberdeutsche Provinz drang stets, wie die Korrespondenzen P. Hofreithers belegen, auf eine Erstattung durch die amerikanischen Provinzen, vertreten durch
ihre in Europa agierenden Missionsprokuratoren, die häufig selbst Deutsche
waren, wie etwa P. Karl Brentano (Quito) und PP. Karl Haimhausen und
Balthasar Hueber (Chile).[65] Obwohl das Geld mitunter lange auf sich warten
ließ, hielten die finanziellen Differenzen Hofreither nicht davon ab, sich wei-

---

[60] In seinem Brief an den Missionsnachwuchs vom 26. Februar 1732 aus Ingolstadt nannte
der oberdeutsche Provinzial P. Joseph Mayr (1731–34) ausdrücklich Architekten, Handwerker
und Apotheker als die für Übersee gesuchten Berufe (StA Luzern, SA 5833).

[61] 1722 wurden sechs gesandt, 1746 dann 15 und 1754 weitere 18. 1751 wurden weitere 9
Kandidaten für die Indianermission aufgenommen. Vgl. DUHR, Geschichte III, 333f.

[62] DUHR, Geschichte IV/2, 533. HUONDER, Missionsnoviziat, 196f. RINGLER, Noviziat, 86.

[63] Ignatz Rhomberg (Romberg), geb. 22.12.1708 in Opfenbach, Diözese Konstanz, Eintritt
09. Oktober 1725 in Landsberg. Weihedaten (BayHStA, Jes. 92): Subdiakonat am 22. März
1738, Diakonat am 23. März 1738, beides in Eichstätt. Profeßpriester. Prof. Grammatik und
Humanitas, 6 Jahre Philosophie, 1 Jahr Moraltheologie, 4 Jahre Scholastik, 5 Jahre Novizen-
meister, 7 Jahre Sozius des Provinzials, 5 Jahre Provinzial, letzter deutscher Assistent in Rom
1768–73. Tod in Rom 13.01.1795. Quellen und Lit.: AMSJ, Ms. VI 18. Ms. XI 26/2–7; Ms.
XVII 12. C XV 23. AHSI, IV, 346. GERL, Germ.Sup., 344. AUDENAERT, Prosopographia, III,
84f. SOMMERVOGEL, Bibliothèque, VI, 1722, IX, 1504, XII, 5204. P. László POLGÁR SJ, Bibliographie sur l'histoire de la Compagnie de Jésus 1901–1980. 3 Bde. (= Institutum Historicum
S.I.). Rom 1981–1990, hier III/3, 62. DUHR, Geschichte IV/2, 532, 535. DERS., Auslandssehnsucht, 42f.

[64] DUHR, Geschichte IV/2, 533.

[65] RINGLER, Noviziat, 82–84.

ter für Übersee zu engagieren. Gesorgt wurde für eine gute Reiseausstattung der Kandidaten sowie Informationen über aktuelle Wechselkurse für die lange Reise.[66]

Den Missionsprokuratoren war sehr viel an einer guten Ausbildung und Vorbereitung der Missionskandidaten gelegen. Ausdrücklich begrüßte der chilenische Prokurator Hueber am 23. September 1752[67] die Mindestvorbereitungszeit von einem Jahr, die erforderlich sei, um die wichtigsten grundlegenden Fertigkeiten und Kenntnisse annähernd zu erwerben. Auch Brentano lobte am 18. Februar 1754[68] gegenüber Hofreither die Sorgfalt und Qualität der Auswahl im Landsberger Missionsnoviziat. Es sei ihm angesichts aktueller Zeitverzögerungen bei der Überfahrt lieber, die Missionsnovizen verbrächten etwas mehr Zeit in Landsberg, wo sie Brauchbares lernten, statt dass sie die Wartezeit in Spanien vergeudeten.[69] Eine gute Ausbildung tat not, schon der notwendigen Formung wegen: Der Provinzial P. Rhomberg ließ intern verlautbaren, er würde einige der Missionsnovizen, wenn sie sich anstatt für Übersee für die Heimatprovinz beworben hätten, entlassen haben.[70]

Das Ende für das Missionsnoviziat kam durch das „Erste Klostermandat" des bayerischen Kurfürsten Max III. Joseph (1745–77), das eine rigorose Beschränkung der Novizenzahlen für alle Orden vorsah, ungeachtet, ob für die Heimat oder für Übersee.[71] Die Provinz konnte daher kaum noch genug Nachwuchs für den Eigenbedarf ausbilden und musste das Missionsnoviziat einstellen, zumal seit Mitte der 1750er Jahre ohnehin keine Nicht–Spanier mehr nach Übersee zugelassen wurden.[72]

---

[66] So ist z.B. ein Münzzettel (BayHStA, Jes. 598/46) mit einer Aufstellung von Münzsorten (München 1753) erhalten: offenbar war diese Liste für den Gebrauch der Reisenden bestimmt, die auf ihrem Weg über Genua, Sevilla und Cadíz bis nach Übersee mit vielen ihnen unbekannten Währungen in Berührung kamen.

[67] BayHStA, Jes. 595/X/47. DUHR, Geschichte IV/2, 334f. RINGLER, Noviziat, 84.

[68] DUHR, Geschichte I, 151, Anm. (1).

[69] Wörtliches Zitat: RINGLER, Noviziat, 82.

[70] HUONDER, Missionsnoviziat, 198. RINGLER, Noviziat, 83f.

[71] RINGLER, Noviziat, 85f. Max SPINDLER / Andreas KRAUS (Hrsg.), Handbuch der Bayerischen Geschichte. 4 Bde. in 5 Halbbde. Bd. 2: Das alte Bayern. Der Territorialstaat vom Ausgang des 12. Jahrhunderts bis zum Ausgang des 18. Jahrhunderts. 2., überarb. Aufl. München 1988, 1271f.

[72] Bei der Auflösung zählte das Landsberger Noviziat 1773 einen Rektor, 15 Patres, einen Scholastiker, 54 Novizen, 13 Laienbrüder und 15 Brüdernovizen. Vgl. Josef Johann SCHOBER, Die letzten Jesuiten in Landsberg, in: Landsberger Geschichtsblätter 9–10 (1905), 49–54. Die Landsberger Litt. Ann. sind nur bis 1770 erhalten im: BayHStA, Jes. 131 (StadtA Landsberg am Lech, Auskunft Elke Kiefer, sowie Klaus Münzer, Vorsitzender des Historischen Vereins Landsberg, 11.06.03).

## ZENTRALEUROPÄISCHE PRÄSENZ IN CHILE
## BEI DER AUSWEISUNG 1767

42 der insgesamt 74 Zentraleuropäer in Chile wirkten dort z.Z. der Aufhebung Ende 1767 noch – damit machten sie knapp ein Achtel (11,66 %) der 360 Mitglieder zählenden Provinz aus. Zwei oberdeutsche Laienbrüder waren aus dem Orden ausgeschieden[73], die restlichen 30 Zentraleuropäer (18 der 35 Patres sowie 12 der 39 Brüder) bereits verstorbenen. Dass der Anteil bei den Patres höher (51,43 %) war als bei den Brüdern (30,77 %), rührt daher, dass letztere zumeist erst 1748 noch recht jung nach Chile gekommen und daher 1767 erst um die 50 Jahre alt waren.[74] Bei den Patres reflektiert ihr höherer Verstorbenen–Anteil den Umstand, dass sie bereits ab 1686 nach Chile kamen und 1767 die Priester der ersten beiden Generationen bereits verschieden waren[75] – als letzter starb Haimhausen am 07. April 1767 in Santiago de Chile, wenige Monate bevor die Aufweisung im August 1767 in Chile verkündet wurde.

Aufgrund des Edikts König Karls III. vom 27. Februar 1767 hatten alle ca. 360 Jesuiten Chile 1767/68 zu verlassen, abgesehen von sehr wenigen, die vorläufig aus Alters– und Gesundheitsgründen oder wegen beruflicher Unabkömmlichkeit im Lande verbleiben durften – oder mußten, wie etwa Br. Joseph Zeitler, der als einziger ausgebildeter Apotheker bis 1771 in Santiago de Chile zu bleiben hatte, bis er einen Nachfolger herangebildet hatte. Alle anderen wurden in mehreren großen Deportationen 1768/69 gewaltsam nach

---

[73] Die Zahl der zwei Dimissi, d.h. derjenigen, die in Chile aus dem Orden austraten oder ausgeschlossen wurden, ist mit 2 von 74, also 2,7 %, vernachlässigenswert gering. Beide waren 1724 in der sog. Bitterich–Gruppe nach Chile gekommen, nämlich Johann Benno Gallemayr (Gabelmayer), der am 27.02.1733 aus dem Orden entlassen und 1736 letztmals erwähnt wurde (ARSI, Chil. 3, fol. 73v (Suppl. Cat. Brev. 1730–34). ANHC, Jesuitas, 74, Nr. 1, fol. 85/86. P. Carlos LEONHARDT SJ, Deutsche Kultur in Chile vor 200 Jahren. Santiago de Chile 1917 (Ms. im AMSJ), 15. STORNI, Catálogo, 109) sowie Johann Gröbner, dessen Entlassung auf den 01.01.1738 datiert wird (AMSJ, Abt. 47, Mappe Neu–Granada, 134 (Nl A. Huonder). In beiden Fällen sind die Gründe nicht überliefert. In der wesentlich zahlreicheren Gruppe Haimhausen, die später nach Chile kam, hat es unter den Zentraleuropäern keinen solchen Fall mehr gegeben, lediglich den Leydener Bildhauer Br. Georg Lanz (geb. 1720), der erst 1747 auf dem Weg der chilenischen Provinz beitrat, den Orden aber bereits wenige Jahre nach der Ankunft, am 15.08.1751 wieder verließ (ARSI, Chil. 3, fol. 104v. STORNI, Catalogo, 157). Gleichwohl taucht er merkwürdigerweise auch in der Aufhebungslisten noch auf. ANHC, Capitanía General, 695, fol. 132–160v, hier fol. 135v. Offenbar wurden auch ausgetretene Jesuiten von der Aufweisung erfasst.

[74] Verstorben waren – mit Ausnahme des Peter Vogel – bis 1767 die Laienbrüder der sog. Bitterich–Expedition von 1724, der ersten, mit der überhaupt Koadjutoren ins Land geholt wurden. Zu Bitterich vgl. Johannes MEIER, Johann Bitterich (1675–1720) und die Indios von Oberursel, in: Würzburger Diözesangeschichtsblätter 62/63 (2001), 945–952.

[75] Exemplarisch zeigt das Beispiel der Böhmen den Zusammenhang zwischen frühem Entsendungszeitpunkt und Verstorbenenanteil: Von den 10 Jesuiten aus der Provinz Böhmen lebten 1767 nur noch fünf: Czermak, Erlacher, Fritz, Seitz und Walter. Verstorben war damals bereits Brandt, Burger, Oppitz, Suppetius und Br. Stertzl. Teilweise sehr irrige Angaben dazu, die durch vorliegende Recherchen korrigiert wurden, bei: HOFFMANN, Heidenmissionen, 21f.

Europa verschifft – auf völlig überfüllten Schiffen und unter katastrophalen Bedingungen, die P. Peter Weingartner später in seinem Bericht an den oberdeutschen Provinzial P. Joseph Erhard vom 23. Januar 1770 aus Altötting schildert.[76] Viele verstarben schon vor oder während der Überfahrt nach Spanien, darunter drei Zentraleuropäer: P. Johann Evangelist Hoffmann 1768 in Valparaíso noch vor der Einschiffung[77], Br. Peter Vogel 1768 während der Deportation in Portobelo/Panamá[78] und P. Anton Friedl Anfang 1769 im Alter von 84 Jahren in Lima.[79] Die übrigen 38[80] lebend in Spanien ankommenden Zentraleuropäer (15 Patres[81] und 23 Brüder[82]) wurden vorübergehend in Cadíz inhaftiert, kamen aber – bis auf fünf – nach wenigen Monaten Haft frei und konnten in die Heimat zurückkehren[83], wobei P. Seitz am 3. Mai 1769 auf der Heimreise in Bologna wohl an Alter und Entkräftung verstarb.[84]

[76] AMSJ, Mscr. V, 1 (Relationes ad suppr.nem Soc.tis spectantes): „Expulsio PP. SJ ex Chili auctore P. Weingartner. Brevis historia expulsionis Nostrorum ex regno Chilensi. P. Petrus Weingartner. 1770" (32 Seiten, in 4°). Briefanfang: „In brevi compendio scribere intendo". Exzerpte: AMSJ, Abt. 47, Mappe XIX/3, 417 (Nl A. Huonder). Dt. Übers.: LEONHARDT, Chile, 52–57. Lit.: P. Walter HANISCH–ESPINDOLA SJ, Itinerario y pensamiento de los jesuitas expulsos de Chile (1767–1815). Santiago de Chile 1972, 324. ENRICH, Historia II, 312, 339f., 401–407. SOMMERVOGEL, Bibliothèque, VIII, 1028. P. Aloys BACKER / P. Augustin BACKER SJ, Bibliothèque de la Compagnie de Jésus. 9 Bde. Bd. 3. Löwen, Lyon 1876, 150–184. SIERRA, Jesuitas, 94, Anm. (101) sowie S. 389.

[77] HUONDER, Jesuitenmissionäre, 133. HANISCH, Itinerario, 290f. SIERRA, Jesuitas, 385.

[78] AMSJ, Abt. 0, Nr. V 1. Abschrift: LEONHARDT, Chile, 52–57. Lit.: HANISCH, Itinerario, 324. STORNI, Catalogo, 309.

[79] MEIER, Chiloé, S. 196, Anm. (46). HANISCH, Itinerario, 279. STORNI, Catálogo, 106.

[80] Diese Zahl belegen die „Interrogatorios", Verhörprotokolle, die nach der Ankunft in Cadíz erstellt wurden und wichtige prosopographische Quellen darstellen, die heute im Nationalarchiv von Madrid verwahrt werden (AHN, Jesuitas Leg. 826 (8). Die Zahl von 38 Interrogatorios passt lückenlos dazu, dass von 42 Zentraleuropäern 1767 in Chile einer (Zeitler) im Land verblieb und drei auf der Überfahrt verstarben: Alle Überlebenden 38 sind in Spanien anhand der Verhörprotokolle nachweisbar.

[81] 15 Patres: Franz Xaver Kisling, Johann Nepomuk Erlacher, Michael Meyer, Ignaz Fritz, Peter Pesch, Martin Hedry, Gabriel Schmidt, Joseph Chermak, Balthasar Hueber, Joseph Rapp, Johann Nepomuk Walther, Peter Weingartner, Joseph Seitz, Melchior Strasser und Bernhard Havestadt.

[82] 23 Brüder: Karl Wankermann, Thomas Seemiller, Jakob Kellner, Jakob Rottmair, Joseph Arnhart, Johann Schön, Joseph Heindl, Johann Baptist Felix, Georg Haaz, Johann Redle, Peter Ruetz, Franz Pellant, Joseph Kelner, Joseph Carl, Joseph Ambros, Johann Hagen, Joseph Mesner, Johann Baptist Sartor, Georg Franz Hofpaynin, Anton Schmadlbaur, Philipp Ostermayr, Joseph Zeitler und Georg Krazer.

[83] Während die chilenischen und spanischen Jesuiten 1769 in den Kirchenstaat, u.a. nach Imola, geschafft wurden (vgl. Andrea FERRI, I Gesuiti a Imola e le scuole cittadine nel complesso di Sant´Agata. Gilberti, Mario. Bologna 1997), konnten die meisten Deutschen nach kurzer Haft in ihre Heimat zurückkehren. Die weiteren Lebenswege dieser „Heimkehrer" untersucht eine in Arbeit befindliche Dissertation von Dipl. Theol. Uwe Glüsenkamp unter Leitung von Prof. Johannes Meier an der Johannes Gutenberg–Universität Mainz am Beispiel der beiden rheinischen Provinzen.

[84] ARSI, Boh. 92a (Cat. Brev. 1770, Liste der Verstorbenen). P. Karl Adolf Franz FISCHER SJ (Hrsg.), Catalogus Generalis Provinciae Bohemiae (1623–1773) et Silesiae (1755–1773)

Fünf Patres – Strasser, Kisling, Meyer, Erlacher und Ignaz Fritz – wurden gleich nach der Ankunft in Cadíz von den übrigen Deutschen abgesondert und jahrelang in spanischer Haft gehalten. Vier von ihnen waren Chiloé-missionare – der fünfte, P. Fritz, wurde wegen einer Verwechslung[85] mit dem in Chile zurückgelassenen P. Friedl irrigerweise ebenfalls für einen solchen gehalten. Sie wurden am 23. Februar 1770 vor dem königlichen Tribunal verhört[86] und blieben bis 1776 in Puerto de Santa María bei Cadíz inhaftiert.[87] Als Vorwand diente der absurde Vorwurf der Konspiration mit den Briten, um diesen Chiloé auszuliefern: „Indeß entstand das lächerliche Gerücht: sie hätten diese Insel den Engländern durch Verrätherey in die Hände spielen wollen, da doch seit mehr als 36 Jahren kein englisches Schiff dahin (...) ge-kommen war".[88] Dieses Beispiel gehört zu den vielen haltlosen antijesuitischen Vorwürfen der Zeit. Offenbar wollte Spanien aus strategischen Überlegungen die Chiloémissionare in Haft behalten, um ihre Rückkehr nach Zentraleuropa und die Verbreitung ihrer genauen Landeskenntnis des Archipels von Chiloé und der südchilenischen Küsten zu verhindern. Acht Jahre dauerte die Haft in Cadíz.[89] Erst die zähen Interventionen des österreichischen Gesandten in Madrid (1772–76), August Anton Joseph Fürst von Lobkowitz (1729–1803)[90], ermöglichten im März 1776 endlich die Haftentlassung. Während die beiden böhmischen Patres Erlacher und Fritz in ihre Heimat zurückkehrten, blieben die anderen drei – Strasser, Kisling und Meyer – in Spanien, wo sie in ver-

Societatis Jesu. Rott im Elsaß 1985, 149. HOFFMANN, Heidenmissionen, 22f., 49. Er starb nach der Deportation in Bologna. Hingegen irren: GRULICH, Beitrag, 81, 185 und HANISCH, Itinera-rio, 314, die das Todesjahr 1770 angeben.

[85] Die These von der Verwechslung des P. Fritz mit dem in Castro zurückgebliebenen, später verstorbenen P. Anton Friedl – dieser wurde in Spanien erwartet, traf aber nicht ein: stattdessen wurde Fritz (Namensähnlichkeit!) inhaftiert – vertritt: Johannes MEIER, Los jesuitas expulsados de Chile (1767–1839), sus itinerarios y sus pensamientos, in: Los jesuitas españoles expulsos. Su imagen y su contribución al saber sobre el mundo hispánico en la Europa del siglo XVIII. Actas del coloquio internacional de Berlin (7–10 de abril de 1999). Hrsg. v. Manfred Tietz und Dietrich Briesemeister. Madrid, Frankfurt a.M. 2001, 423–441, hier S. 431.

[86] ANHC, Jesuitas, 439, fol. 13v.

[87] AMSJ, Abt. 47, Mappe XIX, 405f. (Nachlass A. Huonder). Johann Baptist MUNDWILER, Deutsche Jesuiten in spanischen Gefängnissen, in: ZKTh 26 (1902), 621–672, hier S. 649, 654–664, 670f.

[88] P. Benno Franciscus DUCRUE SJ, Reise aus Californien durch das Gebiet von Mexico nach Europa im Jahre 1767, in: Christoph Gottlieb von MURR (Hrsg.), Nachrichten von ver-schiedenen Ländern des spanischen Amerikas. Aus eigenhändigen Aufsätzen einiger Missionare der Gesellschaft Jesu, 2 Bde. Halle 1808–1811, hier Bd. 2, 389–430, hier S. 427f. MEIER, Chiloé, 197, Anm. (52).

[89] ARSI, Germ. Sup. 62, 37 (Cat. Brev. Bav. 1772/73). CAT. BREV. (1772–73). ENRICH, Historia II, 409. HUONDER, Jesuitenmissionäre, 138.

[90] NDB 14, 729, 735. Namensvarianten: Lobkovitz, Lobkowicz.

schiedenen Klöstern Unterkunft fanden und, entkräftet durch die lange Haft, wenige Jahre später starben (1779, 1784 und 1786).[91]

## FAZIT

Die bio–bibliographischen Recherchen konnten den bisherigen Forschungs-stand signifikant erweitern und verbessern:

1. Durch die umfängliche Quellenanalyse konnte zu ausnahmslos jeder der untersuchten Personen eine wesentlich breitere Datenbasis ermittelt werden.

2. Viele Biographien, insbesondere von Laienbrüdern, über die bisher so gut wie nichts Gesichertes bekannt war, konnten soweit als möglich geklärt werden. Als ein Beispiel für viele andere sei der oberrheinische Kunstschreiner Br. Adam Engelhardt (1685–1748) genannt, der aus dem kleinen Flecken Hörstein (Alzenau) im kurmainzischen Amt Freigericht stammte.[92] Ermittelt wurden nicht nur die Namen seiner Eltern und des Paten, sondern umfas-sende Angaben zum familiären Umfeld. Die gewonnenen Ergebnisse haben nicht nur biographische Relevanz für den Einzelfall, sondern erlauben z.T., übergreifende strukturelle Zusammenhänge und Entwicklungen aufzuzeigen.

3. Insgesamt stellt sich die Datenlage für Patres deutlich besser dar als für Laienbrüder, wie der unterschiedliche „Füllungsgrad" der Personaldatensätze unschwer zeigt. Zum einen entstammten die Priester, wie gezeigt, meist einem höheren sozialen Umfeld als die Laienbrüder, so dass der Dokumentations-grad zu ihren Herkunftsfamilien i.d.R. ein besserer ist. Desweiteren haben erstere mehr Schriftquellen (Briefe, Reiseberichte) hinterlassen, die Aufschlüs-se über ihr Leben und Werk geben. Bei den Brüdern stellt dies eher die Ausnahme dar – zu erwähnen sind hier Johann Bitterich und Peter Ruetz. Auch in den Jahresberichten wurde den Priestern generell mehr Aufmerksam-keit geschenkt als den Brüdern. Das oft beklagte bisherige „Informationsdefi-zit" in den Brüder–Biographien konnte zwar, soweit dies die Quellenlage ermöglichte, in vielen Fällen deutlich verringert, aber nicht gänzlich abgebaut werden.

---

[91] Vgl. MUNDWILER, Deutsche Jesuiten, 649, 654–664, 670f. HANISCH, Itinerario, 75, Anm. 50 und S. 315. STORNI, Catálogo, 277. MEIER, Chiloé, 197, Anm. (51). DERS., Jesuitas expulsa-dos, 431. GERL, Germ.Sup., 434. HUONDER, Jesuitenmissionäre, 138.

[92] Vgl. Michael MÜLLER, Mainzer Jesuitenmissionare in Übersee im 18. Jh. – eine erste Forschungsbilanz, in: Mainzer Zeitschrift. Mittelrheinisches Jahrbuch für Archäologie, Kunst und Geschichte 99. Mainz 2004, 105-120.

Galaxis Borja González, Quito

# JESUITENAUTOREN UND AMERIKASCHRIFTEN IM ALTEN REICH (18. JH.)

## DIE VERÖFFENTLICHUNG VON AMERIKASCHRIFTEN

Empört über die amerikafeindlichen Behauptungen des niederländischen Priesters Cornelius De Pauw, erwiderte ihm der mexikanische Jesuit Francisco Xavier Clavigero:

> „Es ist gewiß, sagt der Herr von Pauw, daß Amerika überhaupt von jeher ein unfruchtbares Land gewesen, und es auch noch ist. Ich aber behaupte, daß dieser Satz überhaupt eine große Unwahrheit ist. Will der Herr von P. sich der Wahrheit versichern, so frage er die vielen Teutschen, (Exjesuiten) die unlängst aus Amerika zurückgekehrt, und nun in Oesterreich, Böhmen, in der Pfalz und sogar in Preussen zerstreuet sind, oder er lese die vortrefliche Geschichte des P. Acosta".[1]

Clavigeros Aufforderung, De Pauw möge sich über die amerikanischen Zustände besser bei den ehemaligen deutschen Missionaren erkundigen, war nicht nur berechtigt, sie war auch im Prozess der Aneignung Amerikas unausweichlich. Einerseits, weil die aufgeklärte Gesellschaft im Alten Reich in der Bestimmung der Andersartigkeit außereuropäischer Völker die Frage nach der eigenen Identität zu beantworten suchte. Diese *Suche* spiegelte sich in der steigenden Nachfrage nach Reisebeschreibungen und der Heranbildung einer eigenen aufgeklärten Reisekultur wider. Andererseits, weil die Jesuiten, die selbst im *fremden* Amerika gelebt und gedient hatten, über die notwendigen Kenntnisse und Mitteln verfügten, um diesem Informationsbedarf nachzukommen.

Wie sehr die Beschäftigung mit Amerika der aufgeklärten Identitätsbildung verpflichtet war, zeigt die Tatsache, dass die Abhandlung des mexikanischen Jesuiten in *Der Teutsche Merkur* veröffentlicht wurde, einer der im deutschen Sprachraum am meisten verbreiteten Zeitschriften aus der zweiten Hälfte des 18. Jahrhunderts. Dabei wies Pater Clavigero nicht nur auf die Rolle der Mitglieder der Gesellschaft Jesu als Vermittler der Neuen Welt hin, sondern

---

[1] Francisco Xavier CLAVIGERO, Des Herrn Abts Clavigeros Abhandlung von der natürlichen Beschaffenheit des Königreichs Mexico und der neuen Welt überhaupt, in: Der Teutsche Merkur, Bd. 3, (Juli 1786), 36.

betonte auch deren deutsche Zugehörigkeit. Um Auskünfte über Amerika zu erhalten, müsse De Pauw – der seine Abhandlung in Berlin verfasst und veröffentlicht hatte – nicht einmal weit weg reisen, da sich die *zurückgekehrten Deutschen* inzwischen *sogar in Preußen* aufhalten würden. Die Betonung deutscher Beteiligung in der Vermittlung der Neuen Welt passte genau in das editorische Konzept der Zeitschrift. Denn die Auskünfte über deutsche Leistungen waren für die Weimarer Herausgeber, die mittels der Berichterstattung über kulturelle deutsche Gemeinsamkeiten der politischen Zersplitterung des Alten Reiches entgegentreten wollten, stets erwünschte Nachrichten.

Die Veröffentlichung in *Der Teutsche Merkur* weist somit auf zwei Komponenten hin, die in der Verbreitung eines Textes entscheidend wirken. Zum einen vermittelt Clavigeros Abhandlung Auskünfte über die mexikanischen Gegebenheiten, die kraft des aufgeklärten Diskurses über die eigene und die fremde Identität mit Sinndeutungen erfüllt bzw. interpretiert werden. Zum anderen agiert die Schrift nicht nur als Träger von diskursabhängigen Informationen, sondern sie stellt selbst einen materiellen Gegenstand dar, der mit anderen Druckerzeugnissen auf dem Markt für Amerikanachrichten konkurriert. Von der schriftlichen Abfassung bis zum Verkauf durchläuft der Text verschiedene Produktionsstadien. Er wird übersetzt, ediert, gedruckt und zuletzt als „Ware" offeriert. Im Falle von Clavigeros Schrift waren an diesem Prozess weniger der Verfasser als vielmehr die aufgeklärten Zeitschriftenverleger und Buchhändler beteiligt. Standortbestimmungen und Vertriebsmöglichkeiten der jeweiligen Buchhersteller waren für die Bekanntmachung des Textes genauso wichtig wie dessen inhaltliche Wert.

Der folgende Beitrag wird sich mit der Frage nach der Verbreitung jesuitischer Amerikanachrichten in den Gebieten des Alten Reichs im Zeitalter der Aufklärung auseinandersetzen. Zwar bedienten sich die Jesuiten in ihrer Rolle als Vermittler der Neuen Welt nicht nur der schriftlichen Kommunikationsmittel. Um ihren Vorgesetzten und Gönner die überseeischen Gegebenheiten anschaulich zu machen, schickten die Patres auch exotische Gegenstände, etwa Tabak, Vogelfedern oder indianische Kleidungsstücke.[2] Überdies betätigten sich nicht wenige von ihnen als Kartographen, Pflanzenzeichner und Himmelsforscher und fertigten somit eine große Anzahl an Landkarten, Bildern und graphischen Darstellungen über die Kolonien an, die ebenfalls in

---

[2] In diesem Sinne schrieb Pater Dominikus Mayer, Missionar in der Chiquitania, in einem Brief an dem Münchner Provinzial: „Ich ende es nun, damit im lesen Ew. Ehrwuerden gemachte und gehabte Geduld nit weites mißbrauche, und lege disem Schreiben zugleich eine kleine Schanckung bey aus der neuen Welt [...]; wir Missionarii pflegen aus hergebrachter Gewohnheit und aus Freundschafft einer dem anderen etliche Indianis Kleider zu Bedeckung unserer Neu–Bekehrten zu verehren; unter denen koestlichen Schanckungen aber wird auuch hier Lands absonderlich ein Pappagey fassen kann, so ueberschik ich allein von dem ersteren ein kleines Stuecklein, von disem allerschoensten Vogel aber etlich wenige Federn, welche dem Brieff nit beschwaerlich seynd". Siehe: Dominikus MAYER, Neu–aufgerichteter Americanischer Mayerhof. Das ist: Schwere Arbeiten und reiffe Seelen–Früchten Neuerdings gesammelt. Augsburg 1747, 173–174.

Europa veröffentlicht wurden. Die Untersuchung wird sich jedoch auf die jesuitische Amerikaliteratur beschränken, wobei sich das Augenmerk auf die Produktion von Nachrichten richten wird: Welches waren die jesuitischen Amerikaschriften, die während des 18. Jahrhunderts in den Gebieten des Alten Reiches gedruckt und veröffentlicht wurden? Wer waren die Drucker und Herausgeber dieser Schriften und an welchen Standorten waren sie angesammelt? Welcher Zusammenhang bestand zwischen den gesellschafts-politischen Entwicklungen und dem Druck von Jesuitentexten? Die Analyse wird sich auf die gedruckten Jesuitenschriften beschränken, deren Gegenstand die spanischen Gebiete des kolonialen Amerika waren. Die jesuitische Amerikaliteratur über die französischen oder portugiesischen Gebiete wird dabei nicht berücksichtigt.

## DIE SCHRIFTEN ÜBER DIE AMERIKANISCHE MISSION

Die regelmäßige Berichterstattung über ihre Tätigkeiten gehörte schon seit der Gründung der Gesellschaft Jesu Mitte des 16. Jahrhunderts zu den Pflichten der Patres, unabhängig von ihrem Standort und hierarchischen Rang. Hierfür legten die jesuitischen Konstitutionen drei Formen der schriftlichen Benach-richtung fest: die *cartas* (die Briefe), die *noticias* (die Nachrichten) und die *reportes* (die Berichte). Die *cartas* und *reportes* erfüllten eine exekutive Funktion. Sie belieferten die Ordensführung mit amtlichen Auskünften und strategi-schen Informationen und wurden daher vertraulich behandelt. Bei den *noticias* handelte es sich dagegen um Erbauungsschriften, deren Hauptziel es war, über die Fortschritte der apostolischen Aufgaben zu unterrichten, um neue Gefährten für die Arbeit u. a. in den Überseegebieten zu gewinnen.[3] Zwar wa-ren die *noticias* aus den Missionen in erster Linie für die jesuitische Öffent-lichkeit gedacht, sie zirkulierten jedoch auch außerhalb der eigenen Ordens-reihen, versorgten das überseeinteressierte Publikum mit Informationen aus erster Hand, warben aber zugleich um finanzielle und gesellschaftspolitische Unterstützung. Zwei Merkmale kennzeichnen daher die *noticias*. Zum einen unterlag ihre schriftliche Anfertigung den Zensurbestimmungen der Ordens-leitung, zum anderen wurden sie – nachdem sie die Zensur passiert hatten – gedruckt und auf dem Buchmarkt angeboten.[4] Die Veröffentlichung von

---

3 Siehe u.a.: George E. GANSS, (Hrsg.), The Constitutions of the Society of Jesus. St. Louis 1979, sections 662, 673, 674, 676 und 792, 289, 292, 293 und 325. Sowie auch Ludwig KOCH, „Berichterstattung" in: Jesuiten–Lexikon: Die Gesellschaft Jesu einst und jetzt, Bd. 1. Pader-born 1934, 194; John CORREIA–AFONSO, Jesuit Letters and Indian History. Oxford 1969, 8–9; Franz LÖHER, Über handschriftliche Annalen und Berichte der Jesuiten, in: Sitzungsberichte der Bayerischen Akademie der Wissenschaften, Bd. 2. München 1874, 156–158; Fred G. RAUSCH, Die gedruckten Litterae Annuae Societatis Jesu 1581–1654. Ein meist übersehener Quellenschatz zur Jesuitengeschichte, in: Jahrbuch für Volkskunde, NF 20 (1997), 202.

4 Die noticias wurden aber auch als handschriftliche Ware auf dem Markt für Amerika-nachrichten angeboten.

jesuitischen Überseenachrichten erfüllte somit weniger eine informative als vielmehr kohäsive und propagandistische Funktion, denn es ging darum, die Tätigkeiten der Gesellschaft Jesu vorteilhaft zu präsentieren und auf diese Weise sie zu legitimieren. Dementsprechend wurden die Drucklegung und Herausgabe von Texten durch die Konstitutionen und die nachfolgenden Ordensdokumente normiert.[5]

Traten die Jesuiten als Anbieter von Amerikanachrichten auf, so setzte die Verbreitung dieser in erster Linie eine teilnehmende Leserschaft voraus, die die jesuitischen Mitteilungen den anderen Informationen vorzog und den Marktanteil der jesuitischen Amerikaliteratur verstärkte. Zugleich benötigte sie aber auch das Vorhandensein von materiellen und humanen Ressourcen für die Materialbeschaffung, die Herstellung und den Vertrieb der Druckerzeugnisse.[6] Diese günstige Konstellation aus Anbietern und Abnehmern von Amerikanachrichten auf der einen und betriebsfähigen Ressourcen auf der anderen Seite traf zwischen 1600 und 1750 in Augsburg zusammen, als sich die Reichstadt zum wichtigen Druckstandort jesuitischer Missionsliteratur im Alten Reich entwickelte. In Augsburg unterhielten die Jesuiten – abgesehen von ihren Predigertätigkeiten – ebenfalls das Schulinternat und Kolleg St. Salvator, ferner leiteten sie die Marianischen Kongregationen und veranstalteten öffentliche Theaterführungen mit Hunderten von Bühnendarstellern und Zuschauern. Der Einfluss des Ordens auf das kulturelle und geistige Leben der Stadt war unbestritten, dementsprechend hoch war auch die Nachfrage nach jesuitischen Publikationen. Entscheidend wirkten aber auch die Beziehungen mit den Augsburgern Kaufleuten, vor allem den Welser– und Fuggerfamilien, die mehrmals als Geldgeber und Schutzherren der Gesellschaft Jesu agierten.

Anders jedoch als in den Niederlassungen der Gesellschaft Jesu, etwa in Dillingen, in denen Jesuitenuniversitäten eingerichtet und folglich auch eine akademische Druckerei vorhanden waren, verfügten die Augsburger Jesuiten über keine eigene Druckwerkstatt und beauftragen deshalb die katholischer Drucker der Stadt, vor allem die Offizinen von Christoph Dabertzhofer, Andreas Aperger, Christoph und Sara Mang, mit der Veröffentlichung der Missionsliteratur. Dies taten sie zum Teil auf der Grundlage gemeinsamer katholischen Glaubensinteressen. Wie sehr sich Jesuitenautoren, Augsburger Handelshäuser und katholischen Druckverleger für denselben Zweck verbunden fühlten, lässt sich anhand der Widmung an Paul Welser aus der deutschen Auflage von Nicolas Trigaults *Historia von der Einführung der Christlichen Religion*

---

[5] Ugo BALDINI, Una fonte poco utilizzata per la storia intellettuale: le «censurae librorum» e «opinionum» nell'antica Compagnia di Gesù, in: Jahrbuch des italienisch–deutschen historischen Instituts in Trient Nr. XI. Bologna (1985), 19–50.

[6] Drucker waren auch Verleger und Buchhändler. Erst in der Mitte des 18. Jahrhunderts teilt sich die Branche auf Verleger und Buchhändler auf der einen und Drucker auf der anderen Seite. Siehe hierzu: Reinhard WITTMANN, Geschichte des deutschen Buchhandels im Überblick. München 1999, 98–101.

*in daß grosse Königreich China durch die Societet Jesu* veranschaulichen, die 1617 von Sara Mang veröffentlicht wurde.[7] Andererseits wäre es den Augsburger Jesuiten nicht gelungen, ihre Missionsschriften zu veröffentlichen, hätten die katholischen Druckwerkstätten in der Stadt nicht über die notwendigen materiellen und technischen Kapazitäten verfügt. So hatten sich Christoph Dabertzhofer und Christoph Mang bereits auf die Herausgabe von Übersee-literatur, insbesondere aus Indien und China, spezialisiert. Die Jesuiten stellten nur einen der Auftraggeber dar, sorgten aber dafür, dass in den Augsburger Offizinen einige der frühesten deutschen Publikationen über die Missionie-rung der Neuen Welt herausgebracht wurden. 1611 erschien in der Offizin des Christoph Dabertzhofer die *„Drey newe Relationes; erste auss Japon [...] andere von Missionibus oder Reisen [...] im Jahr 1607 in das Königreich Mexiko"* und 1620 veröffentlichte Sara Mang die Kompilation *„Aus America/ das ist/ aus der Newen Welt. Underschidlicher Schreiben Extract, von den Jahren 1616, 1617, 1618."*[8]

Die Beschäftigung mit der außereuropäischen Welt, die ihren Niederschlag in der Drucklegung von Überseenachrichten fand, wurde zeitweilig durch den 30jährigen Krieg und dessen Folgen für die Augsburger Handelsdynastien unterbrochen. Nach Ende des Krieges blieben dennoch die Bedingungen für die Veröffentlichung und Verbreitung von jesuitischen Amerikanachrichten ebenso aussichtsreich wie in den ersten Dekaden des Jahrhunderts. Zum einen gelang es der Reichsstadt, ihre Rolle als Finanzzentrum und Umschlagsplatz für das Kunstgewerbe weiter zu behaupten. Die transatlantischen Handelsbe-ziehungen der Augsburger Patrizier, die u.a. aus der Kattundruckerei, der Por-zellanmanufaktur und dem Konsum von kolonialen Genussmitteln resultier-ten, ließen nicht nur die Kaufkraft der Bevölkerung steigen, sie regten auch die Nachfrage nach Überseeliteratur an.[9] Vor dem Hintergrund einer wachsenden Wirtschaft und als Folge der Einführung des Paritätssystems in die Reichs-stadt verbesserte sich ebenfalls — sowohl lokal wie auch regional — die Markt-position der katholischen Drucker gegenüber den protestantischen Wettbe-werbern. Ende des 17. Jahrhunderts hatte sich die Reichsstadt zum führenden Druck– und Vertriebsort katholischer Literatur im Süden des Reiches entwik-kelt und somit die traditionellen Zentren der gegenreformatorischen Buchpro-duktion, etwa Köln und Dillingen, verdrängt. Überdies stellten einige Augs-burger Druckverleger — beispielsweise die Offizinen des Joseph Wolff und der Gebrüder Veith — Teile ihrer Produktion auf die Veröffentlichung spanischer und italienischer Übersetzungen ein, oder spezialisierten sich auf die Herstel-lung von katholischen Bildern und Devotionalien, die u. a. in die Neue Welt

---

[7] Mark HÄBERLEIN, Monster und Missionare: Die außereuropäische Welt in Augsburger Drucken der frühen Neuzeit, in: Helmut GIER (Hrsg.), Augsburger Buchdruck und Verlagswe-sen von den Anfängen bis zur Gegenwart. Wiesbaden 1997, 358–60 und 378.

[8] Ibid., 362 und 378–379.

[9] Peter FASSL, Wirtschaft, Handel und Sozialstruktur 1648–1806, in: Gunther GOTTLIEB (Hrsg.), Geschichte der Stadt Augsburg von der Römerzeit bis zur Gegenwart. Stuttgart 1984, 469–470.

erfolgreich verkauft wurden.[10] Diese Entwicklungen im Überseehandel und Druckgewerbe stärkten den Standort Augsburg. Spätesten seit Anfang des 18. Jahrhunderts konkurrierte die Reichsstadt mit anderen Produktionsorten von Überseenachrichten, etwa mit Hamburg, Nürnberg und Wien.[11]

Die Konkurrenz der verschiedenen Standorte für Amerikanachrichten untereinander ließ sich an Hand des 1726 in Madrid zum ersten Mal erschienenen Werkes *Relación historial de las missiones de los Indios, que llaman Chiquitos, que están a cargo de los padres de la Compania de Jesus de la provincia del Paraguay* feststellen. Über die Autorenschaft der Missionsschrift wird in der jesuitischen Historiografie noch heute diskutiert. Zwar macht die *Relación* selbst keine Angaben zum Verfasser, in den Bibliothekskatalogen lässt sich das Werk jedoch unter dem Autorennamen von Juan Patricio Fernández recherchieren. Dagegen behaupten die bibliografischen Aufstellungen von Carlos Sommervogel[12] sowie auch von Dennis Landis[13], dass das Werk vom italienischen Jesuit Dominico Vandiera verfasst wurde, während Fernández sich lediglich als Mitarbeiter beteiligt hätte.

In der *Relación* berichtet der Jesuitenautor über die Niederlassungen und Gründungen von Indianerdörfern, die Ankunft neuer Missionare und deren Bemühungen, die indigene Bevölkerung zu bekehren und schließlich über die Streifzüge der gefürchteten *bandeirantes*. Es ist nicht seine Absicht, so weißt er im Vorwort seines Textes hin, eine Geschichte der jesuitischen Provinz Paraguays zu verfassen. Denn zu diesem Thema gebe es bereits die ausführliche Darstellung des spanischen Jesuiten Nicolas del Techo.[14] Der Zweck seiner *Relación* sei vielmehr, Rechenschaft über den Fortgang der missionarischen Arbeiten in der Chiquitania zu geben, um den christlichen Glauben ihrer Leser zu verstärken:

> „ ... que si se lograse con ella encender en el corazón de los que ó tienen
> por instituto la conversión de las almas, ó por fervor cristiana la salvación
> de los infieles, un celo de dilatar la gloria de Dios en las conquistas del
> Evangelio, se dará por bien empleado el trabajo de sacarla á la luz pública,
> sin cuidado de que ó la censura ó la malicia le imponga aquellas a-

---

[10] Reinhard WITTMANN, Die frühen Buchhändlerzeitschriften als Spiegel des literarischen Lebens. Frankfurt 1973, 751–752.

[11] 1645 machten die Katholiken 30,9% der Augsburger Bevölkerung aus, 1807 stieg deren Anteil auf fast 60%. Siehe: Peter FASSL, Wirtschaft, Handel und Sozialstruktur, 470.

[12] Carlos SOMMERVOGEL (Hrsg.), Bibliotheque de la Compagnie de Jesus, premiere partie, bibliographie par Augustin et Aloys de Backer; seconde partie, histoire par Auguste Carayon. Brusell 1928.

[13] ALDEN, John (Hrsg.), European Americana: a chronological guide to works printed in Europe relating to the Americas, 1493 – 1776, Bd. 6. New York / New Canaan 1988.

[14] Es handelt sich hier um die Historia provinciae Paraquariae Societatis Jesu des spanischen Jesuiten Nicolas del Techo, die 1673 in Lüttich herausgegeben wurde. 1704 kam in London ebenfalls eine englische Ausgabe heraus.

costumbradas notas que en el juicio prudente y cristiano sólo pueden servir para el desprecio y nunca para la atención."[15]

Es galt also, – ganz im Sinne der jesuitischen Vorschriften hinsichtlich des
Buchdruckes – über die Missionen zu berichten bzw. zu veröffentlichen, um
den Eifer jener Christen anzuspornen, in deren Händen sich die Rettung der
amerikanischen Heiden befand.

Von der Chiquitania Schrift wurden im Augsburger Verlag des Mathias
Wolff zwei lateinische Übersetzungen publiziert. 1733 kam die *Historica relatio,
de apostolicis missionibus patrum Societatis Jesu apud chiquitos Paraquariae populus*
heraus; 1735 folgte die *Impiger extremos operarius edocet indios: sive tuba evangelii de
Jesu Christo ex Europa in Americam, Paraquariae imprimis populus*. Dabei handelte
es sich nicht um die ersten Übersetzungen aus dem spanischen Original. Denn
bereits 1729 hatte der Verleger Paul Straub in Wien eine deutsche Fassung mit
dem Titel *Erbauliche und angenehme Geschichten derer Chiquitos, und anderer von denen
Patribus der Gesellschaft Jesu in Paraquaria neubekehrten Volker* herausgegeben.[16]
Die Augsburger Übersetzungen stützten sich jedoch nicht auf die Wiener
Editionen, – was aus chronologischen und geografischen Gesichtspunkten
heraus viel naheliegender gewesen wäre –, sondern nahmen die spanische Fassung als Vorlage für ihre Editionen. Fernerhin beinhalteten die lateinischen
Ausgaben nur den Chiquitania Text, während die deutschen Editionen zwei
weitere Amerikaschriften beifügten: den *Bericht von dem Strom derer Amazonen*
des spanischen Konquistador Cristóbal de Acuña und die *Reise–Beschreibung
zweyer Patrum aus der Gesellschaft Jesu durch die Landschaft Guiana in America* des
französischen Jesuitenpaters Jean Grillet.

Hinter dem, was aus erster Sicht als reine bibliografische Unterschiede
zwischen beiden Übersetzungen scheinen mag, verbarg sich jedoch der Wett-
bewerb zwischen den Augsburger und den Wiener Verlegern. Die Wiener
Ausgaben waren nicht nur früher auf den Markt erschienen, inhaltlich waren
sie auch viel unterhaltsamer als ihre Augsburger Konkurrenten und – indem
sie auf Deutsch veröffentlicht wurden – richteten sie sich ferner auf ein
breiteres Publikum als das, welches von den lateinischen Fassungen angespro-
chen werden konnte. Der Beschluss des Augsburger Verlegers Wolff, trotz
des zeitlichen und inhaltlichen Vorsprungs der Wiener Ausgabe, die Chiquitania–Schrift zu veröffentlichen, bezweckte jedoch weniger neue Nachrichten
über die amerikanische Mission zu verbreiten oder zu vertiefen, sondern
vielmehr Werbung für die katholischen Leistungen zu machen. Auch die
lateingewandte Leserschaft dürfte dabei nicht so unbedeutend gewesen sein,

---

[15] Juan Patricio FERNANDEZ, Relación historial de las missiones de los Indios, que llaman
Chiquitos, que están a cargo de los padres de la Compania de Jesus de la provincia del Paraguay.
Madrid 1895, 14.

[16] Es scheint noch eine zweite deutsche Ausgabe der Chiquitania–Schrift aus dem Jahre
1733 gegeben zu haben, mit dem Titel Neuer Welt–Bott, Historie von Paraquaria, Bericht von
dem Amazonenstrom, nebst Nachrichten von Guiana.

sonst hätte der Verleger Wolff nicht zwei lateinische Druckausgaben gleich hintereinander auf dem Buchmarkt angeboten.

Die Augsburger Verleger von Jesuitenschriften konkurrierten nicht nur auf überregionaler Ebene, sondern pflegten zugleich ein Handels– und Vertriebs–netz, das sich bis in die südlichen Gebiete des Reiches erstreckte und für die Verbreitung von Amerikanachrichten entscheidend wirkte. So kam zwischen 1726 und 1736 im Verlag der Erben der Gebrüder Veith der *Neuen Welt–Bott* heraus,[17] eine Kompilation von insgesamt 809 durchnummerierten Jesuiten–schriften, die in vierzig Teile gegliedert bzw. in fünf Bände eingeordnet waren.[18] Bei der Mehrheit der Texte handelte sich um Briefe aus den über–seeischen Missionsgebieten, deren Verfasser vornehmlich Jesuiten aus der Deutschen Ordensassistenz waren. Herausgeber der drei ersten Bände war der Öttinger Jesuit Joseph Stöcklein, der sich zur Zeit der Veröffentlichung aus gesundheitlichen Gründen im Grazer Kolleg aufhielt. Dort sammelte Pater Stöcklein die an die verschiedenen Häuser des Ordens gesandten Übersee–schriften ein, edierte sie und gab sie zur Weiterverarbeitung an den Verlag Veith, der bereits seit 1711 eine Filiale in Graz unterhielt.[19] Gedruckt wurden jedoch die Manuskripte nicht in der Grazer, sondern in der Augsburger Nie–derlassung des Verlags. Weshalb der Druck der Briefe in der Reichstadt durchgeführt wurde, lässt sich leider aus dem lückenhaften Quellenmaterial über die Geschäftsbeziehungen der Jesuiten mit ihren Verlegern nicht heraus–arbeiten. Beide Seiten – sowohl die jesuitischen Auftraggebern als auch die Unternehmer Veith – hätten aber wohl den weiten Weg von Graz nach Augs–burg nicht unternommen, wenn das Preis–Leistungsverhältnis bei der Druck–legung des *Neue Welt–Bott* nicht gestimmt hätte. Nach Stöckleins Tod im Jahre 1733 wurden die zwei weiteren Bände zunächst von Peter Probst (Wien 1748 und 1755) und später von Franz Keller (Wien 1758 und 1761) herausgegeben. Der Verlag ging nun über in die Hände des kaiserlichen Hof– und Buchdruk–ker Leopold Johann Kaliwoda. Mitte des 18. Jahrhunderts im Kontext des österreichischen Erbfolgekrieges, gelang es somit dem Standort Wien das jesuitische Werk, deren Herausgeber sich ohnehin in der Kaiserstadt befan–den, an sich zu reißen. Augsburg hatte bereits zu diesem Zeitpunkt seine Stel–lung als Druckstandort verloren.[20]

---

[17] Die vollständigen Titelangaben lauten: Joseph STÖCKLEIN, Der Neue Welt–Bott oder Allerhand so Sehr als Geistreiche Brief / Schrifften und Reisbeschreibungen, welche von denen Missionaris der Gesellschaft Jesu aus Indien und andern weit–entfernen Ländern ... in Europa angelangt seynd. Augsburg / Graz 1726–1736 / Wien 1748–1761. Im folgenden als *Neue Welt–Bott* bezeichnet.

[18] Jeder Band besteht wiederum aus acht Teilen.

[19] Franz M. EYBL, Konfession und Buchwesen. Augsburgs Druck– und Handelsmonopol für katholische Predigtliteratur, insbesondere im 18. Jahrhundert, in: Helmut GIER (Hrsg.), Augsburger Buchdruck und Verlagswesen von den Anfängen bis zur Gegenwart. Wiesbaden 1997, 650 sowie Fußnote 63.

[20] Reinhard WITTMANN, Geschichte des deutschen Buchhandels. München 1999, 654–655.

Der *Neue Welt–Bott* war die deutsche Variante der *Lettres édifiantes et curieuses*, die zwischen 1701 und 1776 von den Pariser Jesuiten herausgegeben wurden.[21] Genauso wie die französische Zeitschriftenreihe, richtete sich der *Neue Welt–Bott* an ein gelehrtes Publikum, dessen Interesse an außereuropäischen Informationen nicht nur konfessionellen, sondern auch handelspolitischen und wissenschaftlichen Motiven folgte.[22] Anhand der jesuitischen Texte sollten die Leser des *Neuen Welt–Bott* zwar über den Zustand der Missionen informiert werden, doch konnten sie auch andere Nachrichten über die fremden Ländern finden, etwa über die dortigen klimatischen Verhältnisse, die Pflanzen– und Tierwelt und nicht zuletzt über die Einwohner und deren Brauchtümer. In diesem Sinne äußerte sich Pater Stöcklein im Vorwort des ersten Bandes, dass die Missionare „ ... obschon solcher diese zu Folge ihres Beruffs uns haubtsächlich von Bekehrungen dern Heyden von der Gestalt ihrer neuen Christenheiten: von ihrem Trost und Elend oder kurz zu sagen von ihren Missionen Bericht erstatten; so unterlassen sie dannoch nicht mit nutzliche Kundschaften zur ertheilen dergestalt daß gleichwie auf einem grossen Jahrmarck ein jeglicher unterschiedliche zu seiner Handthierung taugliche Warren also auch hier jedermann etwas so in seinen Kram dienet antreffen wird".[23]

Den Absichten von Pater Stöcklein zum Trost, blieb die Veröffentlichung des *Neuen Welt–Bott* der Mission verpflichtet. Zwei exemplarische Geschichten des jesuitischen Apostolats wurden darin mit besonderem Nachdruck behandelt. Einerseits beschäftigten sich die Texte mit der Mission in China und setzten auf diese Weise die asiatische Tradition der Augsburger Überseeliteratur fort. Hierfür bedienten sich die Herausgeber hauptsächlich der Schriften aus den *Lettres édifiantes et curieuses*, die zum Zweck der Veröffentlichung übersetzt und zusammengefasst wurden. Andererseits befasste sich der *Neue Welt–Bott* mit den Missionsgebieten in Südamerika, vor allem mit jenen in der paraguayischen Provinz. Der Grund, weshalb dem südamerikanischen Land eine spezielle Aufmerksamkeit gewidmet wurde, mag darin liegen, dass in der Geschichte der Missionierung Amerikas Paraguay einen Sonderfall darstellte. Dort hatten die Patres der Gesellschaft Jesu als Einzige die königliche Erlaubnis erhalten, abgeschirmte Territorien zu errichten – die sog. Reduktionen –, die ausschließlich von der indianischen Bevölkerung samt den Missionaren bewohnt und verwaltet werden durften. In den paraguayischen Reduktionen

[21] Die ersten acht Bände wurden zwischen 1701–1708 von Pater Le Gobien herausgegeben. Zwischen 1709 und 1743 befand sich die Leitung des Werkes (Bände 9–26) in den Händen von Pater du Halde. Anschließend folgte Pater Patouillet, der für die Herausgabe der nächten Bände (26–34). zuständig war. Siehe: Isabelle und Jean–Louis VISSIÈRE, Peaux–Rouges et Robes noires: Lettres édifiantes et curieuses des jésuites francais en Amérique au xviiie siécle. Paris 1993, S. 394.

[22] Siehe hierzu die Studie von Cyril B. O'KEEFE, Contemporary Reactions to the Enlightenment (1728–1762) A Study of three critical journals: the Jesuit Journal de Trévoux, the Jansenist Nouvelles ecclésiastiques and the secular Journal des Savants. Genève / Paris 1974.

[23] Joseph STÖCKLEIN, Der Neue Welt–Bott, Bd.1, Allgemeine Vorrede S.V. Augsburg / Graz 1726, 1. Edition.

gelang es dem Orden, trotz der fortwährenden Angriffe der *bandeirantes,* seine barocke Auffassung der Mission zu verwirklichen bzw. diese mit den Religionsvorstellungen und den Lebenspraktiken der Eingeborenen zu verschmelzen. In den Texten des *Neuen Welt–Bott* repräsentierte somit Paraguay, wie kein anderes Missionsgebiet des Ordens, das Martyrium und zugleich den Verdienst der jesuitischen Unternehmungen. Paraguay verkörperte das Ideal des missionierten Landes, dessen Einwohner sittlich, friedlich und in permanenter Gottesfurcht lebten. Die Berichterstattung darüber sollte erbauen und zugleich die Einflussnahme des Ordens in den amerikanischen Kolonien legitimieren. Es ist daher nicht verwunderlich, dass je mehr die Stellung der Gesellschaft Jesu in der aufgeklärten Öffentlichkeit des 18. Jahrhunderts zerrüttete, desto intensiver der *Neue Welt–Bott* über die paraguayischen Missionen berichtete.

## AUS DER DEFENSIVE SCHREIBEN

Waren die jesuitischen Amerikanachrichten bis in die Mitte des 18. Jahrhunderts durch einen ausdrücklichen erbaulichen Charakter gekennzeichnet, der offensiv und propagandistisch agierte, und dessen Veröffentlichung und Verbreitung sich in den Händen der eigenen Ordensmitglieder bzw. der katholischen Buchhersteller befand, so führte das Zusammentreffen zweier Ereigniskonstellationen während der zweiten Hälfte des Jahrhunderts zu einem Bruch in der jesuitischen Berichterstattung über Amerika. Auf der einen Seite erlitt die Gesellschaft Jesu einen kontinuierlichen Machtverlust und sah sich gezwungen, schrittweise ihre einflussreiche Stellung an den europäischen Fürstenhöfen und im Bildungswesen abzutreten. Auf der anderen Seite veränderten sich in der Folge der Amerikanischen Revolution die Beziehungen Europas zur Neuen Welt. Diese Geschehnisse wirkten nicht nur auf den inhaltlichen und diskursiven Charakter der jesuitischen Amerikanachrichten, sie riefen auch „neue" Drucker und Verleger in die Produktion der Texte und verwandelten somit die Art und Weise von deren Verbreitung.

Als in den siebziger Jahren des Jahrhunderts der Unabhängigkeitskrieg in den britischen Kolonien ausbrach, bedeutete dies für die Menschen im Alten Reich alles andere als eine in einem fernen Kontinent ausgetragene militärische Konfrontation. Auf dem Spiel standen damals Handels– und Finanzinteressen, sowie auch Siedlungspläne von deutschen Auswanderern, und nicht zuletzt das Leben deutscher Soldaten, die im Kampf gegen die aufständischen Kolonisten den Engländern *vermietet* worden waren. Der Krieg spaltete die aufgeklärte Öffentlichkeit. Während jene Kreise, die dem Hause Hannover nahe standen, mit Besorgnis auf die Ereignisse in den Kolonien blickten, verfolgten die revolutionären Kräfte diese mit der Hoffnung, in Nordamerika ihre Vorstellung eines demokratischen und säkularen Staat verwirklicht zu sehen. Der Krieg regte die Produktion und Nachfrage von Amerikanachrichten an, wobei das Augenmerk sich nicht mehr auf die südamerikanischen Territorien richtete, sondern auf das Schicksal der aufständischen Gebiete im Norden des Kontinents.[24]

Während aber die Nachrichten über die englischen Kolonien seit den 60er Jahren des 18. Jahrhunderts die Zeitungen und Zeitschriften geradezu besetzten, musste dagegen die jesuitische Amerikaliteratur in die Defensive rücken. Die politische Schwächung der Gesellschaft Jesu fand nicht nur in der Alten Welt statt, auch in Übersee hatte sich die Lage seit Mitte des Jahrhunderts zum Nachteil der Jesuiten entwickelt. Das Missionssystem, das ohnehin in Konkurrenz mit der weltlichen Kolonialmacht geraten war, wurde für die Monarchie allmählich zu einem Hindernis. In diesem Kontext ereignete sich die Verbannung und Auflösung des Jesuitenordens. 1759 wurden die Missionare zunächst aus den portugiesischen Gebieten ausgewiesen. Sechs Jahre später folgten die Jesuiten aus den französischen Territorien. 1767 mussten die spanischen Jesuiten das iberische Königreich und seine Kolonien verlassen. Schließlich wurde 1773 die Gesellschaft Jesu von Papst Clemens XIV in Rom aufgehoben.

Zum gleichen Zeitpunkt als die verbannten Jesuiten aus den spanischen Kolonien in Europa eintrafen, kamen in Berlin die *Recherches philosophiques sur les Américains* des Priesters Cornelius De Pauw heraus.[25] Ausgangspunkt seiner Abhandlung bildete die geographisch deterministische Theorie über die Degeneration Amerikas, die 1747 vom französischen Naturalisten Georg Louis Leclerc, Graf von Buffon, entworfen wurde. Während aber der Naturalist Buffon in seiner *Histoire naturelle*,[26] die Degenerationsthesen ausschließlich auf die amerikanische Naturwelt beschränkte, übertrug De Pauw diese gleich auf alle amerikanischen Lebewesen. Vom Entartungsprozess seien nicht nur Pflanzen und Tierarten in der Neuen Welt betroffen – behauptete De Pauw – sondern auch und vor allem die Menschen. In seinen Augen waren die Amerikaner unreife und zugleich früh gealterte Kinder, die – aufgrund der extrem feuchten und schädlichen klimatischen Bedingungen – unfähig waren, sich vom Naturzustand in Richtung Zivilisation zu entwickeln. Bald in mehrere Sprachen übersetzt, entflammte De Pauws Abhandlung eine Debatte, die in der Historiographie als die *Polemik über Amerika* bezeichnet wird.[27] Den *Recherches* folgten weitere Werke, die die amerikanische Andersartigkeit kulturhisto-

---

[24] Horst DIPPEL, Germany and the American Revolution 1770–1800. Wiesbaden 1978, 8–14.

[25] Cornelius DE PAUW, Recherches philosophiques sur les Américains, Berlin 1768–1770. Die deutsche Edition trug den Titel Philosophische Untersuchungen über die Amerikaner und kam 1769 ebenfalls in Berlin heraus.

[26] Georges Louis LECLERC, Graf von Buffon, Histoire naturelle, générale et particulière, Paris 1750–1767, 30 Bde. Die deutschen Bände der Allgemeine Historie der Natur wurden zwischen 1750 und 1774 in Hamburg veröffentlicht. Siehe auch: Lettres à un ameriquain sur l'histoire naturelle, générale et particulière. Hamburg 1751, 2 Bde.

[27] Über die Polemik über Amerika siehe das Werk von Antonello GERBI, La disputa del Nuovo Mundo, Historia de una polémica. México 1982.

risch und naturwissenschaftlich einzuordnen suchten. 1770 kam in Amsterdam die erste Ausgabe der *Histoire philosophique et politique des Etablissemens et du commerce des Européens dans les deux Indes* des Priesters Thomas Raynal heraus.[28] Sieben Jahre später veröffentlichte in London der schottische Gelehrte William Robertson die *History of America*.[29] Die Werke De Pauws, Raynals und Robertsons waren zwar nicht die ersten, die sich im Zeichen der Aufklärung mit Amerika als thematischem Gegenstand beschäftigten, sie stellten aber das Herz der Polemik dar.

Die Abhandlungen der aufgeklärten Philosophen wurden in der deutschen Öffentlichkeit unterschiedlich rezipiert. Während Buffon und Raynal sich unter den meist gelesenen Autoren des 18. Jahrhunderts befanden, wurden De Pauws Thesen wegen der verallgemeinernden und sensationslüsternen Behauptungen beanstandet. Ungeachtet der abweichenden Bewertungen der *Recherches*, stand jedoch die Vorstellung der Rückständigkeit Amerikas für die deutschen Aufklärer und Publizisten außer Frage. So verkörperte die Neue Welt den Ort der stehengebliebenen Zeit, wo sich – anders als in Europa – keine Wissenschaft, kein Rechtsystem und keine Kunst hatten entfalten können. Dieses Amerikabild, das letztendlich auf der Annahme der geographischen und kulturellen Einheit der Neuen Welt beruhte, erlitt jedoch im Kontext des Unabhängigkeitskrieges einen strukturellen Wandel. Denn die gesellschaftlichen Erwartungen, die die Amerikanische Revolution erweckte, kristallisierten in der Vorstellung eines amerikanischen Kontinentes, der nun aus zwei entgegengesetzten Wirklichkeiten bestand: einer demokratischen und aufgeklärten Wirklichkeit im nördlichen Teil des Kontinentes und einer anderen, die in den Ländern Mittel– und Südamerikas immer noch durch die Rückständigkeit der Barbarei gekennzeichnet war. In diesem Sinne äußerte sich der Publizist aus der *Allgemeinen Deutschen Bibliothek* über De Pauws Behauptungen: „Wir können uns einmal die Nordamerikaner nicht ganz so unfähig und so feig vorstellen, als er [De Pauw] sie uns abmahlet. Völker, die Bündnisse schließen, die Bündnisse halten, die Bündnisse brechen, die Kriege führen, müssen doch mehr Begriffe haben, als Herr v. P. den Amerikanern zugesteht. Und wenn wahr ist, was er von der Ausartung der in Peru und Mexiko niedergelassenen Spanier saget: so ist doch gewiß, daß dieses von denen in den englischen Colonien wohnenden Europäern nicht gesagt werden kann."[30] Genauer betrachtet, ging es also in der Polemik über Amerika weniger um die fremden Völker der Neuen Welt als vielmehr um die Europäer selbst. Die Amerikaner

---

[28] Thomas RAYNAL, Histoire philosophique et politique des établissements & du commerce des Européens dans les deux Indies. Amsterdam 1770. Die deutsche Edition mit dem Titel *Philosophische und politische Geschichte der europäischen Handlung und Pflanzörter in beyden Indien* kam 1774 in Leipzig heraus.

[29] William ROBERTSON, The history of America. London 1777. Die deutsche Edition wurde 1777 in Leipzig herausgegeben.

[30] Siehe: Philosophische Untersuchungen über die Amerikaner [...], in: Allgemeine Deutsche Bibliothek. Berlin (1770), Bd.12, 1. Stück, 136.

dienten lediglich als rhetorische Figuren, anhand derer die Aufklärer Kritik an der eigenen Gesellschaft übten. Die eigentliche Zielscheibe der Abhandlungen bildeten vielmehr die Vertreter des Ancièn Regimes, wobei hier sowohl die Mitglieder des Klerus als auch – das o.g. Zitat veranschaulicht es – die spanischen Untertanen gemeint waren. Für viele Aufklärer aber verkörperten vor allem die Patres der Gesellschaft Jesu die Überreste einer Epoche des Aberglauben und der unkontrollierbaren kirchlichen Macht. Die radikalsten unter ihnen machten den Jesuitenorden sogar für die Zustände im Hispanoamerika verantwortlich. Die eingeborene Entwicklungsunfähigkeit der indigenen Bevölkerung sei durch die jesuitische Anwesenheit keineswegs aufgehoben worden. Sie habe sich im Gegenteil durch die Missionierung tiefer im Gemüt der Amerikaner verwurzelt.

Die Reaktionen der Ordensbrüder auf die amerika– und jesuitenfeindlichen Behauptungen der aufgeklärten Verfasser ließen jedoch auf sich warten. Erst in den 80er Jahren des 18. Jahrhunderts – also eine Dekade nach der Vertreibung und der Aufhebung des Ordens – meldeten sich die ehemaligen Missionare zu Wort. Anders aber als in ihren früheren Abhandlungen, beschäftigten sich diesmal die Jesuitenautoren nicht überwiegend mit der Mission, sondern setzten den Schwerpunkt ihrer Schriften auf die Naturgeschichte der amerikanischen Gebiete. In diesem Sinne erklärte der Jesuit Felipe Gómez de Vidaurre im Vorwort seiner *Kurzgefassten geographischen, natürlichen und bürgerlichen Geschichte des Königskreichs Chile*, er wolle „zur Vollkommenheit der Erdbeschreibung und Naturgeschichte etwas beytragen" und übergeht dabei jeglichen Hinweis auf seine missionarischen Erfahrungen.[31] Fernerhin wiesen die Amerikaschriften einen nachdrücklich verteidigenden Charakter auf. Denn insbesondere die in der Neuen Welt geborenen Patres fühlten sich durch die Angriffe der Philosophen in ihrer Identität als Amerikaner entwürdigt und bemühten sie sich daher durch ihre Berichte die aufgeklärten Behauptungen zu entkräften. Während es aber für die amerikanischen Jesuiten um die Verteidigung ihrer Heimatländer ging, waren ihre europäischen Schicksalsgefährten eher darauf bedacht, in ihren Amerikaschriften den zivilisatorischen Beitrag des Ordens zu belegen.[32] So erschien 1780 die *Riflessioni imparziali sopra l'umanità degli spagnuoli nell'Indie* des Jesuiten Juan Nuix.[33] Darin rechtfertigte der Pater zwar die spanische Missionierung in der Neuen Welt, focht aber zugleich die amerikafeindlichen Thesen der Aufklärer an. Die pro–hispanische Haltung von Nuix *Riflessioni imparziali* hinderte wahrscheinlich die Anfertigung einer deutschen Übersetzung. Anders aber im Falle des Werkes vom Pater Philip Salvator Gilij, das 1785 in Hamburg in gekürzter Auffassung mit dem deutschen Titel *Nachrichten vom Lande Guiana, dem Orinocofluß und den dortigen*

---

[31] Juan Ignacio MOLINA / Felipe VIDAURE, Des Herrn Abts Vidaure kurzgefasste geographische, natürliche und bürgerliche Geschichte des Königskreichs Chile. Hamburg 1782, 8.

[32] Antonello GERBI, La disputa del Nuevo Mundo. México 1982, 234–240 und 279–291.

[33] Juan NUIX, Riflessioni imparziali sopra l'umanità degli spagnuoli nell'Indie. Venedig 1780. Keine deutsche Übersetzung von Nuix Werkes.

*Wilden* erschien. Ins Deutsche übersetzt wurde auch die Abhandlung des chilenischen Paters Juan Ignacio Molina, die 1786 in Leipzig mit dem Titel *Versuch einer Naturgeschichte von Chile* veröffentlicht wurde. Im selben Jahr kam in *Der Teutsche Merkur* die dezidierteste aller jesuitischen Verteidigungsschriften heraus, die des Mexikaners Francisco Xavier Clavigero. Es handelte sich hier um überhaupt die erste Übersetzung aus Clavigeros Abhandlung über die Geschichte Mexikos, die als Auszug in insgesamt acht Abschnitten von Januar 1786 bis Juli 1787 verteilt, in der Weimarer Zeitschrift herausgegeben wurde.[34] Unter dem Titel *Geschichte von Mexico* erschien Clavigeros vollständiges Werk erst 1789 und 1790 in Leipzig.[35] Darin griff der mexikanische Jesuit De Pauws *Recherches* scharf an; seine pro–amerikanische Haltung führte ihn deshalb auch zur Kritik der Brutalität des kolonialen Systems. In Spanien durfte sein Werk daher bis in die frühen Jahre des 19. Jahrhunderts nicht veröffentlicht werden.

Wie die aufgeführten Beispiele zeigen, sind die Verteidigungsschriften der Jesuiten zwar als Reaktion gegen die Ausweisung und Aufhebung des Ordens entworfen worden, in die Öffentlichkeit kamen sie aber erst im Kontext der nordamerikanischen Unabhängigkeit. Der Amerikanischen Revolution kommt daher in der Frage nach der Veröffentlichung von jesuitischen Amerikaschriften eine Schlüsselfunktion zu. Denn einerseits wurde durch den Krieg das Interesse an amerikanischen Informationen und damit die Nachfrage nach jesuitischen Berichten angeregt. Andererseits ermutigten die revolutionären Auseinandersetzungen die Jesuiten gerade dazu, eine pro–amerikanische Haltung einzunehmen, innerhalb derer die ideologischen Grundlagen für die Unabhängigkeit Hispanoamerikas aufkeimten. Ausgerechnet ein ehemaliger Jesuit, der Peruaner Juan Pablo Viscardo y Guzmán, wird sich Ende des Jahrhunderts der europäischen Öffentlichkeit zuwenden und zur Rebellion gegen Spanien aufrufen. Sein berühmter *Brief an die spanischen Amerikaner* – 1799 in London in französischer Sprache veröffentlicht – bereitete die moralische Legitimierung für die späteren Unabhängigkeitsbewegungen vor.

Die Verteidigungsschriften der Jesuiten und die Revolution korrelierten nicht nur zeitlich. Im Alten Reich, stimmten ebenfalls die Druckstandorte der jesuitischen Amerikabücher mit denen der Revolutionsliteratur überein. Als im letzten Drittel des 18. Jahrhunderts das Zentrum des deutschen Buchmarktes sich von Frankfurt nach Leipzig verlagerte, wechselte auch der Markt für amerikanische Nachrichten vom Süden in den Nordosten des Reiches. Leipzig, Göttingen und Berlin stiegen somit zu den neuen Standorten der Überseeliteratur auf. Die jesuitischen Amerikabücher bildeten hierbei keine Ausnah-

---

34 Francisco Xavier CLAVIGERO, Geschichte der Eroberung des Königreichs Mexico, in: Der Teutsche Merkur. Weimar (Januar 1786), 32–69, (Februar 1786), 97–115, (April 1786), 3–42, (Juli 1786), 3–52 und 154–181, (August 1786), 99–194, (Oktober 1786), 44–57 und (Juli 1787), 30–42.

35 Francisco Xavier CLAVIGERO, Geschichte von Mexico aus spanischen und mexikanischen Geschichtsschreibern, Handschriften und Gemälden der Indianer zusammengetragen, und durch Charten und Kupferstiche erläutert nebst einigen critische Abhandlungen über die Beschaffenheit des Landes, der Thiere und Einwohner von Mexico. Leipzig 1789–1790.

me. So wurden die Werke von Molina und Clavigero in Leipzig verlegt. In Hamburg brachte Karl Ernst Bohn, der gleichzeitig Verleger und Freund berühmter Frühaufklärer war, die Abhandlungen der Jesuiten Vidaurre und Gillij heraus. Dabei beteiligte sich die deutsche Frühaufklärung nicht nur an den Publikation jesuitischer Amerikaschriften, sondern auch an deren Übersetzung und Edition. Übersetzer von Gómez de Vidaurres Werk war beispielsweise Christian Josef Jageman, Bibliothekar der Herzogin Amalia in Weimar. Molinas *Naturgeschichte* wurde dagegen vom Göttinger Arzt, Johann Diederich Brandis, übersetzt. Und mit Gilijs *Nachrichten* beschäftigte sich Matthias Christian Sprengel, Professor der Geschichte und Bibliothekar an der Hallischen Universität.

## DIE ROLLE DES AUSSENSEITERS

Im Zusammenhang mit der Aufhebung des Ordens wurde fernerhin eine „dritte" Gruppe von Jesuitenschriften verlegt, die an dieser Stelle nur ansatzweise dargestellt werden soll. Es handelte sich hierbei um die vom Nürnberger Protestanten Christoph Gottlieb von Murr herausgegebenen Kompilationen jesuitischer Amerikaschriften. Unter seiner Leitung wurden in Nürnberg 1785 die *Reisen einiger Missionarien der Gesellschaft Jesu in Amerika* veröffentlicht. Darin enthalten sind die *Nachrichten über die Verfassung der Landschaft von Maynas in Süd–Amerika* des Jesuiten Franz Xaver Veigl[36] sowie Filippo Salvatore Gilijs *Nachricht von den Sprachen der Völker am Orinokoflüsse*[37] und schließlich ein Beitrag zu Brasilien des Paters Anselm von Eckart.[38] Weitere Schriften von Jesuitenautoren brachte Murr zwischen 1775 und 1789 in seinem *Journal zur Kunstgeschichte und zur allgemeinen Literatur*[39] und in den zwei Bänden der *Nachrichten von verschiedenen Ländern der spanischen Amerika* heraus.[40] Dabei handelte es sich um verschiedene Textgattungen – Briefe, Kurzberichte und Vokabularien aus den amerikanischen Missionsgebieten –, die von unterschiedlichem Wert sind und, meist ohne thematische Anordnung, u.a. mit Beiträgen und Anmerkungen des Herausgebers zu den verschiedensten Gegenständen alternieren. Die Editionstätigkeiten des Christoph Gottlieb von Murr sind im Zusammenhang mit den Interessen jener polyhistorischen Gelehrtenschicht zu verstehen,

[36] Franz–Xaver VEIGL, Gründliche Nachrichten über die Verfassung der Landschaft von Maynas in Süd–Amerika bis zum Jahre 1768, in: Christoph Gottlieb von MURR (Hrsg.), Reisen einiger Missionarien der Gesellschaft Jesu in Amerika. Nürnberg 1785, 1–324.

[37] Filippo Salvatore GILIJ, Nachricht von den Sprachen der Völker am Orinokoflüsse. Mit einer Landkarte und Kupfern, in: IBID., 325–450.

[38] Anselm von ECKART, Zusätze zu Pedro Cudenas Beschreibung der Länder von Brasilien, in: IBID, 451–596.

[39] Christoph Gottlieb von MURR (Hrsg.), Journal zur Kunstgeschichte und zur allgemeinen Literatur, 16. Teile, Nürnberg 1775–1789.

[40] Christoph Gottlieb von MURR (Hrsg.), Nachrichten von verschiedenen Ländern, Halle 1809 Band 1, 1811 Band 2.

die sich als Träger eines universellen humanistischen Wissens verstand, und im konfessionsübergreifenden Austausch eine unentbehrliche Voraussetzung für den Fortgang der Wissenschaften sah. Murrs Publikationen befassten sich somit nicht nur mit den inzwischen verbotenen Ex–Jesuiten, deren Schicksal er als eine große Ungerechtigkeit empfand. Genauso vielfältig wie die Breite seiner akademischen und beruflichen Interessen, spannte sich der thematische Bogen in seinen Veröffentlichungen.[41]

Für die zeitgenössische Gelehrsamkeit, die den Anspruch auf Nützlichkeit und Spezialisierung in der wissenschaftlichen Praxis erhoben hatte – dabei aber unter dem Anzeichen der *vanitas* kränkelte –, stellten Murrs Amerikapublikationen jedoch ein Gewirr aus unbrauchbaren Daten dar, die zum Gegenstand des arroganten Gespötts der Aufklärer wurden. In diesem Sinne äußerte sich 1779 die *Allgemeine Deutsche Bibliothek* über Murrs Gelehrsamkeit: "[wir] ... wissen, daß er zwar viele schöne Kenntnisse, besonders in der Litteratur der Künste, Wissenschaften und Sprachen, besitze, aber an Denkkraft, Scharfsinn und Kritik desto ärmer ist [er]".[42] Die Reaktion in der Berliner Rezensionszeitschrift war stellvertretend für andere zeitgenössischen Öffentlichkeitsorgane. Denn anders als die naturhistorischen Abhandlungen u.a. der Jesuiten Molina, Clavigero und Martin Dobrizhoffer,[43] die von den zeitgenössischen Periodika rezensiert und kommentiert wurden, und deren Werke in den Büchersammlungen und Bibliotheken der Zeit zu finden waren, schienen die von Murr edierten Abhandlungen, etwa die von Franz Xaver Veigl und Joseph Och, kaum Anklang innerhalb der deutschen Leserschaft gefunden zu haben. Dabei wichen grundsätzlich Veigls *Gründliche Nachrichten* weder von der thematischen Struktur noch von den diskursiven Strategien von Molinas *Versuch einer Naturgeschichte* ab. Die begrenzte Verbreitung von Murrs Amerikapublikationen ergab sich weniger aus deren inhaltlichen Komponente, als vielmehr war diese die Folge der Außenseiterrolle des Herausgebers. Denn so sehr wie die Verleger des *Der Teutsche Merkur* die Bekanntmachung von Clavigeros Abhandlungen in der deutschen Öffentlichkeit entfachten, so bedingte auch Murrs strittiges Ansehen auf dem aufgeklärten Buchmarkt, dass die von ihm herausgegebenen Jesuitenschriften in der Amerikadiskussion des 18. Jahrhunderts – teilweise aber auch in der gegenwärtigen Geschichtsforschung – unbeachtet blieben.

---

[41] Christoph Gottlieb von Murr (1733– 1811) studierte Jura, dazu Mathematik, Philosophie, Naturwissenschaften, Archäologie, und Geschichte. 1760 wurde er Zollbeamter in Nürnberg. Fernerhin war er Ehrenmitglied des königlichen historischen Instituts zu Göttingen, der Gesellschaft naturforschender Freunde zu Berlin und der Akademie der Alterthümer in Kassel. Siehe: Allgemeine Deutsche Biographie, Bd.23, 76–80.

[42] Siehe die Rezension zu den ersten sechs Bände von Murrs Journals, in: Allgemeine Deutsche Bibliothek. Berlin (1779), Bd.37, Teil 2, 623.

[43] Martin DOBRIZHOFFER, Geschichte der Abiponer, einer berittenen und kriegerischen Nation in Paraguay, mit einer Landkarte und Abbildungen. Wien 1783–1784.

## DIE NOCH OFFENEN FRAGEN

Die Außenseiterrolle des Christoph Gottlieb von Murr in der aufgeklärten deutschen Diskussion über die Neue Welt weist darauf hin, dass die Ermittlung der Leser von Amerikanachrichten erforderlich ist, um die Verbreitung der jesuitischen Amerikanachrichten vollständig zu erörtern. Denn die Tatsache, dass die jesuitischen Abhandlungen verfasst und veröffentlicht wurden, bedeutete noch lange nicht, dass diese innerhalb der deutschen Öffentlichkeit rezipiert wurden. Es ist daher notwendig, einerseits ein Profil der amerika-interessierten Leser während des aufgeklärten 18. Jahrhunderts zu ermitteln, andererseits die gesellschaftlichen Konstellationen aufzuzeigen, in denen die Lektüre von Amerikaschriften stattfand. Wer waren die tatsächlichen Besitzer von Amerikaschriften, welche Werke nahmen sie zur Kenntnis und welche Bedeutung kam den jesuitischen Nachrichten dabei zu? Die Auswertung von zeitgenössischen Bücher– und Bibliothekskatalogen würde Licht auf diese Fragen über die „kleine Welt der Lektüre" werfen. Die Analyse von von den Aufklärern besonders geschätzten Buchrezensionen, sowie auch der Aufmerksamkeit, die den jesuitischen Amerikaschriften in der damaligen Periodika gewidmet wurde, könnte ebenfalls aufschlussreich sein. Die daraus erzielten Ergebnisse würden zwar von bedingter Aussagekraft sein und dennoch böten sie den Historikern die Möglichkeit, die diskursiven und materiellen Komponenten in der Veröffentlichung von Amerikanachrichten mit den empirischen Befunden gegenüberzustellen.

Die Erörterungen über die Veröffentlichung von jesuitischen Amerikanachrichten lassen jedoch einige Ergebnisse feststellen. So lässt sich die jesuitische Amerikaliteratur in zwei Phase aufteilen. Eine erste Phase, in der die Gesellschaft Jesu hauptsächlich erbauende Schriften herausbrachte, um die Zusammengehörigkeit innerhalb der eigenen Reihen zu fördern, sowie auch um um die Gunst ihrer Förderer zu werben. Der thematische Schwerpunkt lag dementsprechend in der Darstellung der Mission als apostolische und zivilisatorische Leistung des Ordens. Es handelte sich somit um eine offensive publizistische Phase, in der die Jesuiten aus beiden Kontinenten ihre Amerikaschriften in Zusammenarbeit mit katholischen und kolonialpolitisch engagierten Trägern – seien es Übersetzer, Drucker, oder Geldgeber – herausgaben. Und eine zweite Phase, die mit dem gesellschaftlichen Machtverlust des Ordens einsetzte, jedoch erst in den 80er Jahren des 18. Jahrhunderts durch die Veröffentlichung naturhistorischer Werke einzelner Ex–Jesuiten zum Ausdruck kam. Während dieser Phase verschoben sich die Druckstandorte aus dem katholischen und kaiserfreundlichen Süden in den protestantischen Norden des Alten Reichs. In Anlehnung an die aufgeklärten Reisebeschreibungen, befassten sich die Autoren mit natur– und kulturhistorischen Themen, um auf diese Weise die Angriffe der aufgeklärten Denker und Publizisten abzuwehren. Es ist eine defensive Phase, in der Jesuitenverfasser und Buchproduzenten unterschiedlicher gesellschaftlicher Kräfte der Gesellschaft angehörten, jedoch sich der gleichen rhetorischen und kognitiven Strategien bedienen, um sich Gehör in der Öffentlichkeit zu verschaffen. Die herkömmlichen Kontrahenten, Jesuiten und Aufklärern, schienen sich in Sachen Amerika ideologisch und methodologisch zu berühren.

Unabhängig von diesen spezifischen Kennzeichen lassen sich jedoch zwischen beiden Phasen strukturelle Übereinstimmungen erkennen, die in anstehenden Untersuchungen als Arbeitshypothesen noch bewertet werden müssten.[44] Zum einen die Ansicht, dass die Jesuitenverfasser im Laufe des 18. Jahrhunderts – und unabhängig vom Machtverlust ihres Ordens – mit den wissenschaftlichen und thematischen Anforderungen ihrer Zeit mitzuhalten wussten. Zum anderen die These, dass die gesellschaftlichen Gruppen, die an der Produktion jesuitischer Amerikaliteratur beteiligt waren, sowohl in der ersten als auch in der zweiten Phase jenen gesellschaftlichen Schichten angehörten, die im Prozess der Meinungsbildung besonders einflussreich waren. Sollten diese Annahmen im Rahmen einer umfangreichen Studie empirisch begründet werden, so könnten in der Historiografie behaftete Kategorien, wie etwa die der einschneidenden Rolle der Konfessionszugehörigkeit in der Berichterstattung über Amerika hinterfragt werden. Die Bedeutung der aufgeklärten Philosophen in der Aneignung Amerikas auf der einen und der standhafte Einfluss der jesuitischen Berichterstatter auf der anderen Seite könnten somit aus einem anderen Blickwinkel diskutiert werden.

---

[44] Diese Arbeitshypothesen werden noch im Rahmen meiner Dissertationsarbeit ausführlicher behandelt.

Josef Johannes Schmid, Manubach

# A SENSE OF MISSION – DAS ERBE DER MISSIONEN

## CHRISTLICHE KUNST UND KIRCHENMUSIK
## ALS PARAMETER DER KULTURGESCHICHTE LATEINAMERIKAS
## IM 17. UND 18. JAHRHUNDERT

### A. Vorüberlegungen

### 1. Einleitung: Kulturgeschichte Lateinamerikas –
### ein Desiderat der Forschung?

Eines der wenig begreiflichen Phänomene der Kulturgeschichtsschreibung jener Epoche, welche wir gemeinhin mit „Barock"[1] überschreiben, besteht darin, daß dabei einige wichtige geographische Bereiche ausgespart scheinen. Neben Rußland[2] und den britischen Inseln[3] gilt dies insbesondere für den lateinamerikanischen Bereich. Dies wiederum mag um so mehr erstaunen, als es ab der Mitte des 20. Jahrhunderts zumal nicht an maßgeblichen Darstellungen mangelte, welche dieser Region im Rahmen einer weltweiten – heute

---

[1] Natürlich ist der lateinamerikanische Barock in den letzten Jahr(zehnt)en verstärkt ins Blickfeld der wissenschaftlichen Beschäftigung gerückt. Anliegen des vorliegenden Aufsatzes aber ist, auf knappem Raum der Frage nach einer evtl. verbindenden Typologie, nach gemeinsamen Spezifika dieses zeitlich und räumlich beschränkten Kulturraumes aufzuwerfen und so sich dem Gesamtkomplex kultureller Identitäten in der Zeit des Ancien Régimes anzunähern. Die bislang vorliegenden Arbeiten (s. in Auswahl die Lit. der folgenden Anmm.) setzt bislang auch innerhalb von geographisch übergreifenden Werken sehr stark auf regional beschränkte Beschreibung, bzw. fachdisziplinäre Abgrenzung. Die Frage nach einer gemeinsamen Ausrichtung und gemeinsamen Inhalten dieser in den neuen Missionen der „Neuen Welt" nach 1500 entstandenen, auf dem zeitgleichen „Transfer" von Glaube und Kultur beruhenden und gerade im Barock (ca. 1650–1750) sich ausprägenden und verdichtenden Kultur, also einer „Missionskultur" im eigentlichen Sinne, ist dabei meist unterberücksichtigt. Mission versteht sich damit sowohl als Land der Glaubensverbreitung, als auch als Alternative und Spiegel zum europäischen Ausgangsgebiet – eine Einbindung, welche letztlich auch Fragen nach den universalen Gegebenheiten der Barockzeit beleuchten und im Idealfall beantworten kann.

[2] Für Rußland hat sich in den letzten Jahren ein Bewußtseinswandel im Hinblick auf einen eigenständigen Barock, zumal für die Fragen der Architekturgeschichte, vollzogen, der für Lateinamerika leider noch aussteht; vgl.u.a.: Dmitry SHWIDKOVSKY, The Architecture of the Russian State: between East and West (1600–1760), in: Henry A. MILLON, The Triumph of the Baroque. Architecture in Europe 1600–1750. London 1999, 135–172; Charles CRACRAFT, The Petrine Revolution in Russian Architecture. Chicago 1988.

[3] S. Judith HOOK, The Baroque Age in England. London 1976.

würde man von „global" sprechen – Betrachtung eine entsprechende Berücksichtigung einräumten.

So hatte *Suzanne Pillorget* 1969 ihre Geschichte der Zeit von 1610 bis 1787[4]
sogar mit einem Abschnitt über die europäische Präsenz in Übersee eröffnet[5],
was zwar einer gewissen eurozentrischen Betrachtungsweise Tribut zollte, den
geographischen Raum hingegen in seiner Bedeutung hervorhob. An das
andere Ende seiner Analyse, nämlich an den Schluß, stellte *Victor L. Tapié*
unseren Bereich 1980 in seinem mittlerweile klassischen Werk zum weltweiten
Phänomen des „Barock"[6]. Und um die *promévade* im Reigen hauptsächlich
frankophoner Autoren zu beenden, widmete *Germain Bazin* in seiner singulä-
ren Untersuchung der frühneuzeitlichen Klosterkultur von 1980 dem lateinamerikanischen Raum bereits im ersten Band einen entsprechenden Platz[7] zumal beim letztzitierten Autor war dies kein Zufall, hatte Bazin doch bereits
1958 ein beachtliches zweibändiges Werk über die barocke Sakralarchitektur
Brasiliens vorgelegt[8].

Damit aber verlassen wir das Gebiet der Gesamt– und Überblicksdarstellungen und wenden uns den Einzelstudien zu, welche, angefangen mit *Robert Smith'* ebenfalls Brasilien betreffender Studie von 1953[9] naturgemäß eher,
meist unmittelbar nach dem Zweiten Weltkrieg eingesetzt hatten und hier
nicht alle aufgeführt werden können[10].

Schließlich sahen gerade die letzten Jahrzehnte, vor allem wieder des fran-
kophonen– und naturgemäß spanisch/portugiesischen Raumes, eine Fülle von
Neuerscheinungen, welche dem Gesamtkomplex der lateinamerikanischen

---

[4] Suzanne PILLORGET, Apogée et declin des sociétés d'ordre: 1610–1787 (= Histoire
universelle 9). Paris 1969.

[5] Ebd., 25–38 („Les européens en Amérique"). Die intern. Bibliographie (ebd., 409–413)
verweist zu diesem Zeitpunkt lediglich auf: Pierre CHAUNU, L'Amérique et les Amériques de la
préhistoire à nos jours. Paris 1964, einen zwar interessanten, aber unseren Kontext
übergreifenden Beitrag.

[6] Victor L. TAPIE, Baroque et Classicisme. Paris 1980 (4. Aufl. Paris 1994), 413–434, wobei
das hier verliehene Etikett „Le baroque colonial" problematisch ist.

[7] Germain BAZIN, Die Paläste des Glaubens (orig. Les palais de la foi. Le monde des
monastères baroques, 1980), 2 Bde. ²Augsburg 1997, 70–145 („Die Iberischen Länder").

[8] DERS. , L'architecture religieuse baroque au Brésil, 2 Bde., Paris 1958.

[9] Robert C. SMITH, Baroque Architecture in Brazil. Oxford 1953.

[10] Aus dem bis dato entstandenen Spezialschrifttum v.a. kunsthistorischer Ausrichtung s.: 1.
Lateinamerika allg.: Diego ANGULO INIGUEZ / Henrique M. DORTA / M. J. BUSSCHIAZZO,
Historia del arte hispanoamericano, 3 Bde. Barcelona 1950–1956; Pál KELEMEN, Baroque and
Rococo in Latin America. New York 1951; George KUBLER / Martin SORÍA, Art and
Architecture in Spain and Portugal, and their American Dominions. Harmondsworth 1959. – 2.
Mexiko: Manuel TOUSSAINT, Imaginería colonial. Escultura colonial in Méxíco. México 1941;
DERS., Arte colonial en México, México 1948 (³México 1974); Reyes VALERIO, Trilogía Baroca.
México 1960. – 3. Brasilien: Manuel BANDEIRA, O guia de Ouro Preto (= Publicaçoes do
Serviço do Patrimonio historico e artittisco nacional 2), Rio de Janeiro [ab jetzt nurmehr als
„Rio" abgek.] 1938; Paulo F. SANTOS, O barocco e Jesuitico no Arquitectura do Brasil. Rio 1951;
Leopoldo CASTEDO, The Baroque prevalence in Brazilian Art. New York 1964. 4. Andere
Territorien: Henrique M. DORTA, La architectura barocca en el Peru. Madrid 1957.

Kulturgeschichte der „europäischen Zeit", also des 16. bis 18. Jahrhunderts in Einzeluntersuchungen ihre profunde Aufmerksamkeit widmeten[11]. Als federführend und bahnbrechend in der Synthese Europa–Lateinamerika können hier die Werke *Yves Bottineaus* und *Henri Stierlins* gelten[12].

Um so erstaunlicher scheint es, daß weiterhin zahlreiche groß angelegte und vermeintlich grundlegende Untersuchungen der barocken Kunst[13] und Welt[14] ohne die geringste Berücksichtigung des iberoamerikanischen Raumes auszukommen glauben.

Ähnlich verhält es sich mit jenem Gebiet der Kulturgeschichte, welchem im Folgenden das Hauptaugenmerk gelten wird – der Kirchenmusik. Auch hier begann in der Nachkriegszeit, unter maßgeblichem Impuls von *Robert Stevenson*[15] sich Forschungsinteresse zu zeigen, doch bis zum Erscheinen des großen Sammelwerkes *K.G. Fellerers* 1976[16] lag lediglich eine, wenn auch umfangreiche Anthologie lateinamerikanischer Kirchenmusik vor[17]. War Stevenson noch von dem seiner amerikanischen Heimat naheliegenden Mexiko ausgegangen, so verlagerte sich der Schwerpunkt nunmehr hin zur Musik der Jesuitenreduktionen[18], bis erst in den 1990er Jahren Ergänzungen zu den

[11] Grundlegend: Ramón GUTIERREZ (Hg.), L'art chrétien du nouveau monde. Le baroque en Amérique latine. Paris 1997, vgl. die Bibl. ebd., 469–476; Marcus BURKE, Pintura y escultura en Nueva España: el Barocco. México 1992; Santiago SEBASTIEN, Le Baroque ibéro–américain. Paris 1991. Einzelstudien werden unten bei den jeweiligen Betreffen aufgeführt.

[12] Henri et Anne STIERLIN, Les ors du Mexique chrétien. Paris 1997; DIES., Baroque d'Espagne et du Portugal. Paris 1994. Yves BOTTINEAU / Henri STIERLIN, Baroque ibérique. Fribourg 1969 (dt. Iberischer Barock. Westeuropa und Lateinamerika, Köln o.J. [c. 1977])

[13] So z.B. Liselotte ANDERSEN, Barock und Rokoko. ²Weinheim 1982; Rolf TOMAN (Hg.), Die Kunst des Barock: Architektur, Skulptur, Malerei. Köln 1997, wo lediglich der Architektur des Barock in Ibero–Amerika ein zweiseitiger gleichnamiger Beitrag von Barbara Borngässer gewidmet ist (ebd., 120f., von insg. 503 Seiten!).

[14] Erstaunlich ist dies auch bei Frédéric DASSAS, L'illusion baroque. L'architecture entre 1600 et 1750. Paris 1999, wo gerade der Ansatz des Extrovertierten und Illusionären in der barocken Kunst in der lateinamerikanischen Kunst dankbare Beispiele *en masse* gefunden hätte. Auch ein Spezialist wie H. Millon glaubte sein Standardwerk zur barocken Architektur (MILLON, Triumph, loc.cit.) auf Europa einschränken zu müssen.

[15] Robert STEVENSON, Music in Mexico, a historical survey. New York 1952; DERS., Renaissance and Baroque Musical Sources in the Americas. Washington 1970. Zeitgleich mit Stevenson war Gabriel SALDIVARs, Historia de la Música en México. México 1952, erschienen, vgl. Anm. 19.

[16] Karl G. FELLERER, Kirchenmusik der Missionen, in: DERS. (Hg.), Geschichte der Katholischen Kirchenmusik, Bd.2. Kassel 1976 [zit.: GKK 1976], 348–353, wovon nur 348–350 dem lateinamerikanischen Raum gewidmet sind. – Wenngleich der Beitrag deutlich seine Grenzen erkennen läßt (man beachte nur den Umfang!), stellte er in seiner Zeit die Summe europäischer Rezeption des Gegenstandes dar.

[17] Samuel CLARO, Antaología de la Música colonial en América del Sur, Santiago de Chile 1974.

[18] Zur Entdeckung und Genese dieses Gegenstandes s.u. Anm. 112ff.; als Summe der bisherigen Forschung kann gelten: Luis SZARÁN, Música en las reducciones jesuiticas. Asunción 1996.

übrigen Regionen unseres Raumes vorgelegt werden konnten[19], wobei interessanterweise hier, ganz im Gegensatz zur Kunstgeschichte, Brasilien vergleichsweise spärlich berücksichtigt wurde.

Doch hier, wie auch im Bereich der Kunst– und allgemein der Kulturgeschichte fehlte die große Synthese einer profunden Überblicksdarstellung, welche 1996 der französische Musikologe und Journalist *Alain Pacquier* wagte[20]. Dies aber wäre nicht möglich gewesen – und schon der Titel seines Werkes „Les chemins du Baroque" weist darauf hin – ohne eine bedeutende Initiative von ganz anderer Seite, nämlich der diskographischen Produktion. Anfang der 1990er Jahre nämlich hatten mehrere französische Ministerien in Zusammenarbeit mit lateinamerikanischen Stellen eine CD–Reihe ins Leben gerufen, welche sich eben „Les chemins du Baroque" nannte und versuchte, im Rahmen eines Parcours von Feuerland bis zu den „Terres froides" Canadas ausgewählte exemplarische Werke dortiger Kirchenmusiktradition in exemplarischen Einspielungen vorzulegen. Wie schon aus der Bibliographie zur lateinamerikanischen Kulturgeschichte ersichtlich, stellte es kaum eine Überraschung dar, daß diese Initiative just von Frankreich ausging. Im hohen Maße überraschend aber waren Rezeption und Erfolg dieser zunächst eher im Rahmen der internationalen Kulturförderung gedachten Initiative. Nicht nur die zahlreichen erhaltenen Preise und Auszeichnungen für die künstlerische Qualität der Aufnahmen in strikt historischer Aufführungspraxis, vor allem das öffentliche Echo und, damit verbunden, die unerwartet hohen Verkaufszahlen übertrafen alle anfänglichen Erwartungen[21]. Heute liegen bereits mehr denn dreißig Titel dieser Serie vor, in ihnen verbindet sich akribische musikwissenschaftliche Recherche[22] mit höchstem künstlerischem Anspruch. Doch dies allein erklärt noch lange nicht den Erfolg. Dieser muß in einer deutlich

---

[19] Als Resumée der Forschungen zur mexikanischen Musikgeschichte (nicht nur Kirchenmusik) s. Bibliografía Mexicana de musicología y musicografía, 2 Bde. México 1992; zu den Philippinen bereits: Andrew D. McCREDIE, Kirchenmusik auf den Philippinen, in: FELLERER, Geschichte, II, 340–343 (man vergleiche wiederum den Umfang – da zu diesem Bereich bereits mehr Material vorlag, geriet der Beitrag so lang, wie jener Fellerers zu den gesamten Missionen); für Cuba s. Alejo CHARPENTIER, La musique à Cuba. Paris 1985; allg. die mehr sozialgeschichtl. angelegte Studie von Juan C. ESTENSORO, Música y sociedad coloniales, 1680–1830. Lima 1993. Weitere Lit. s.u. zu den einzelnen Betreffen.

[20] Alain PACQUIER, Les chemins du Baroque dans le Nouveau Monde. Paris 1996.

[21] Die Geschichte dieser „Erfolgsserie" ist noch nicht geschrieben, dies wäre vom kultur–, wie auch vom wirtschaftsgeschichtlichen Aspekt her lohnend. Augenblicklich ist der „Hauptsitz" des Vertriebs des Labels K617, in dem alle Einspielungen erschienen, die ehem. Prämonstratenserabtei Pont–à–Mousson in Lothringen, da der Conseil régional de la Lorraine heute zu den Hauptsponsoren der Serie zählt.

[22] Diese Tatsache erhebt die gemeinsam mit den CDs als Beilage dazu erscheinende Dokumentation weit über das vermeintliche Niveau eines reinen „Begleittextes". In Ermangelung anderer derart profunder Analysen und Darstellungen werden diese Beiträge zu Fachliteratur ersten Ranges, der wirklich Interessierte kann und will nicht darum herumkommen, diese auch wissenschaftlich zu rezipieren, also zu zitieren, wenngleich dies, v.a. in Deutschland, immer noch gegen so manche „etablierte Wissenschaftstradition" gerichtet scheint...

gesteigerten Sensibilisierung für den lateinamerikanischen Kulturraum begründet sein, ein Mentalitäts– und Einstellungswechsel, der es dieser Region zumal in europäischer Perzeption endlich erlaubte, zum einen vom Image des ewigen unterentwickelten „Missionslandes", aber auch von jenem des postrevolutionären Nebenkriegsschauplatzes neo–marxistischer und neo–faschistischer Ideologien europäischer Konzeption loszukommen.

In Deutschland aber wurde diese Entwicklung, durchaus als zweite „Neuentdeckung" der iberoamerikanischen Welt zu werten, nur marginal wahrgenommen. Heute fast prophetisch klingt, was der einsame *Gustav Faber* bereits 1957 seinem etwas bizarr „Tropisches Barock" genannten Bändchen[23] als Vorwort voranstellte:

> „Während die altamerikanischen Kulturen der Inka, Maya und Azteken immer neue Deutungen erfahren, ist die Leistung, die sich nach dem Eindringen Europas in der Neuen Welt vollzog, nämlich das tropische Barock, weitgehend unbekannt. Dem geschähe recht, wenn es sich bei der künstlerischen Verwirklichung des barocken Lebensgefühls im Raum zwischen Rio Grande del Norte und Rio Uruquay, also im Amerika der Tropen, um nichts weiter handelte als um eine bloße Verpflanzung, ohne nennenswerte Änderung des Inhalts und der formellen Äußerungen. Doch Barock, *der weltgültigste der Stile* [Herv.d.d.Verf], hat in Amerika sein eigenes Gesicht, und er bewahrte es, als in Europa längst der Klassizismus herrschte. Wie sich dieser Stil (...) in einem bislängst geschichtslosen oder andersgeschichtlichen Raum ansiedelte, dessen exotische Gegebenheiten annahm, verarbeitete und sich in mancher Hinsicht als geläutertes Barock darstellte, das ist unverkennbar tropische Manifestation, die uns bei der persönlichen Begegnung ungemein fesselt und mitunter bestürzt"[24].

Diesen Worten ist– bei all ihrer Verhaftung im neo–romantischen, fast Humboldt'schen Denken der Nachkriegszeit – bezüglich der Aussage kaum etwas hinzuzufügen. Von den zitierten Ausnahmen bei Fellerer abgesehen, ist die christliche Kultur Lateinamerikas hierzulande immer noch weitgehend *terra incognita*, ganz im Gegensatz etwa zu unserem westlichen Nachbarn.

Diesem Umstand, wenn auch nur in einer Überblicksanalyse, etwas abzuhelfen und, wenn auch nur in Ansätzen, eine allgemeingültige Analyse des Betrachtungsraumes und –gegenstandes zu liefern, dienen diese Zeilen.

---

[23] Gustav FABER, Tropisches Barock (Coll. Meisterwerke). Hannover 1957.
[24] Ebd., 5.

## 2. Eingrenzung und Abgrenzung zu anderen Disziplinen.

### a. Der Raum

Im Gegensatz zum Ansatz Pacquiers und der Editionsreihe K617 soll im Zentrum der vorliegenden Darstellung der lateinamerikanische Raum liegen – eine notwendige Voraussetzung, um den Gegenstand einigermaßen in den Griff zu bekommen[25]. Wir beschäftigen uns also mit jenem Gebiet, welches durch den berühmten Vertrag von Tordesillas 1494 definiert und als Staatsterritorium zwischen die Kronen Spaniens und Portugals aufgeteilt wurde[26]. Dies umfaßt neben Süd– und Mittelamerika eben auch einige Teile der heutigen Vereinigten Staaten von Amerika[27], welche damals zum Vizekönigreich Mexiko gehörten und neben Texas und New Mexico[28] auch Gebiete Kaliforniens im Westen[29] und Floridas im Osten begriffen. Der Raum gliederte sich für Spanien in Vizekönigreiche und *audiencias*, kirchlicherseits in sechs Erzbistümer (Mexiko, Santo Domingo auf Hispaniola [Haiti][30], Guatemala, Santa Fe de

---

[25] Eine der wenigen genauen kartographischen Darstellungen des Raumes, zumal in seiner Ausgangslage zu Beginn des 17. Jhds., findet sich in: Mary VINCENT / Robert STRADLING, Spanien und Portugal (Coll. Bildatlas der Weltkulturen; orig. Spain and Portugal, London 1994). ²Augsburg 1997, 70f.

[26] Der unter Federführung Papst Alexanders VI. zustande gekommene Vertrag kann zwar als Anhaltspunkt, letztlich aber nicht als Demarkationsgrundlage der tatsächlichen Verhältnisse gelten, ebenso wenig, wie der 1529 geschlossene Vertrag von Saragossa, welcher den pazifischen Raum in Einflußsphären gliedern sollte. Tatsächlich erstreckten sich in Amerika die portugiesischen Besitzungen auch westlich des vereinbarten Längengrades (Belém!), im Pazifik hingegen konnte Spanien die Philippinen, obwohl rechnerisch–geographisch im portugiesischen Sektor gelegen, behaupten.

[27] Aufgrund der im Wachsen der Vereinigten Staaten begründeten einheitlichen Kulturbewußtseins und wohl auch aufgrund der deutlich besseren materiellen und wirtschaftlichen Ausgangsbasis ist dieser Bereich schon länger sehr gut untersucht. Aus dem umfangreichen Schrifttum zu „Spanish America" sei hier nur hingewiesen auf: Rexford NEWCOMB, Spanish Colonial Architecture in the United States. New York 1933, ²ebd. 1990, das Grundlagen– und Standardwerk. Einen guten Überblick über die Missionsgeschichte bietet darüber hinaus: J. B. TENNELLY, Art. «American Indian Missions, United States», in: New Catholic Encyclopedia I (1967), 402–408; vgl. a. das frühe Werk von: John G. SHEA, History of the Catholic Missions among the Indian Tribes in the United States: 1529–1854. New York 1855. Naturgemäß stehen bei all diesen Beiträgen mehr die „klassischen" Indianer Nordamerikas im Mittelpunkt, doch wird auch die hispanische Sphäre berührt.

[28] Fray Francisco Atanasio DOMINGUEZ, The Missions of New Mexico, 1776. Translated and annotated by E.B. Adams and Fray A. Chavez. Albuquerque 1956; George KUBLER, The Religious Architecture of New Mexico in the Colonial Period and since the American Occupation (sic). Albuquerque 1990;

[29] Für diesen Kontext erschien die überaus interessante Text– und Photodokumentation von Thomas A. DRAIN, A Sense of Mission. Historic Churches of the Southwest. San Francisco 1994, welche nicht nur diesem Artikel zu seinem Namen verhalf, sondern auch des öfteren noch herangezogen werden wird.

[30] Zum karibischen Raum s. Johannes MEIER, Die Anfänge der Kirche auf den Karibischen Inseln. Immensee 1991.

Bogotá, Lima und Manila auf den Philippinen)[31]. Die Portugiesen hatten dagegen „nur" das riesige brasilianische Territorium, mit den Zentren Belém, Recife, Bahia und Rio.

Sicherlich wäre nun ein Vergleich im gesamtamerikanischen Kontext interessant und wohl auch aufschlußreich, doch auch dies kann hier aufgrund der Begrenzung des Umfangs nicht erfolgen, lediglich auf einige Parallelen mit der kulturellen Entwicklung etwa in den französischen Gebieten Nordamerikas, oder der englischen Besitzungen und Kolonien sei kurz verwiesen[32].

*b. Theologie– und Missionsgeschichte*

Ebenso müssen die Gegebenheiten der allgemeinen Kirchengeschichte, sowie auch spezieller Ausprägungen der Frömmigkeitsgeschichte, vor allem der Mariologie und Hagiographie, als bekannt vorausgesetzt werden. Sie sind mittlerweile, ebenso wie die reine Theologie– und Missionsgeschichte[33] in zahlreichen Darstellungen greifbar, was Wiederholungen an dieser Stelle überflüssig macht. Allerdings zeigt gerade der Gesamtkontext der Missionsgeschichte, wie sehr der hier versuchte übergreifende kulturhistorische Ansatz bislang vernachlässigt wurde, in methodischer, wie auch in biographischer Hinsicht.

*c. Rein weltliches Kulturschaffen*

Schließlich muß auch die rein weltliche Seite der Kulturgeschichte, so etwa die Zivilarchitektur[34], oder die nicht–geistliche Oper[35], unberücksichtigt bleiben,

---

[31] Zur Kirchengeschichte s. Johannes MEIER (Hg.), Die Geschichte des Christentums in Lateinamerika. München 1988, darin: DERS., Die Kirche in Amerika zur Zeit der spanischen Kolonialherrschaft, 40–55, Bibl. ebd., 55; sowie die älteren Darstellungen: Historia de la Iglesia en la América española desde el descubrimiento hasta comienzos del siglo XIX, Bd. 1 (verf.v. León Lopetegui und Felix Zubillaga), México, América Central, Antillas, Madrid 1965, Bd. 2: (verf.v. António de Egaña) Hemisfero Sur. Madrid 1966.

[32] Zur Kulturgeschichte der heutigen USA in dieser Zeit s. immer noch: R. B. NYE / J. E. MORPURGO, The Birth of the U.S.A. (= A History of the United States 1). ²Harmondsworth 1964; Max SAVELLE, Die Vereinigten Staaten von Amerika. Von der Kolonie zur Weltmacht (Coll. Magnus Kulturgeschichte; orig. A Short History of American Civilization. New York 1957). Essen 1975; zur Musikgeschichte den Klassiker: Gilbert CHASE, Die Musik Amerikas. Von den Anfängen bis zur Gegenwart (orig. America's Music, 1955). Berlin 1958 [NB. Entgegen seinem weiten Titel behandelt dieses Werk nur Musik auf dem jeweiligen hist. Gebiet der Vereinigten Staaten, was sein Verdienst nicht schmälert]. Zur Missionsgeschichte s. Anm. 27.

[33] Die Missionsgeschichte unseres Raumes findet heute ihre besten Überblicksdarstellungen in zwei lexikalischen Beiträgen: zum einen immer noch: [AA.VV.] Art. «Missions in Colonial America», in: New Catholic Encyclopedia IX (1967), 944–974, [NB: die Neuauflage (New Catholic Encyclopedia, Second Edition, Bd. IX (2003), 701–724) brachte lediglich einen gekürzten Nachdruck des alten Textes, erweitert um einige Zeilen „modernen" Kommentars, welcher aber eher aktuelle theologisch–wissenschaftsmethodische Tendenzen reflektiert], zum anderen die ausgezeichneten, aber leider sehr knappen Artikel von: Johannes MEIER, Amerika, B. Zentralamerika, C. Karibik, in: ³LThK 1 (1993), coll. 506–523. – Eine Karte «Mission Areas in Colonial America (c. 1660)» in: NCE IX (1967), 965.

[34] In: BOTTINEAU / STIERLIN, Iberischer Barock, op.cit., wird dies zur Genüge behandelt.

da ihre – zugegebenermaßen interessante – Betrachtung zweifellos über die Grenzen eines Aufsatzes hinausführen würde, der sich die gliedernde Analyse der spezifisch christlichen Kultur zur Aufgabe gesetzt hat.

## B. Drei Epochen lateinamerikanischer Kulturgeschichte

### 1. Die erste Phase (1500–1640), oder: die Einbindung in ein universales (europäisches) Ideal.

Als die Europäer im 16. Jahrhundert konsequent darangingen, die neu entdeckten Teile einer ihnen fremden Welt nach ihren Vorstellungen und Vorgaben einzurichten, trafen sie natürlich keineswegs auf eine kulturelle *tabula rasa*[36]. Allerdings war das Erbe der voreuropäischen Kulturen in dieser Zeit noch zu sehr mit den Erinnerungen an die erlebten Kämpfe, an Blutvergießen und Grausamkeiten verbunden, als daß sofort an eine bewußte Übernahme indigener Formen zu denken war[37].

Zum anderen standen die beiden maßgeblichen Monarchien Spanien[38] und Portugal[39] im Zenit ihrer kulturellen Blüte, welche das ganze Jahrhundert über,

---

[35] Bei der nach bisheriger Erkenntnis ersten in Lateinamerika aufgeführten Oper handelte es sich um Tomas de Torrejon y Velascos *La purpura de la rosa* auf ein Libretto von Pedro Calderón de la Barca. Die Aufführung erfolgte am 19. Oktober 1701 im Palast des Vizekönigs von Peru zu Lima anläßlich des achtzehnten Geburtstages des neuen Bourbonenkönigs Felipe V. Es handelte sich nicht um europäische „Importware", sondern um ein eigens für die erwähnte Aufführung komponiertes Stück. – Die Aufführung gerade im Zusammenhang mit dem Dynastienwechsel ist sicher kein Zufall.

[36] Die Lit. zu diesem Bereich ist mittlerweile enorm; als quellenmäßige Orientierung s. Christoph STROSETZKI, Der Griff nach der Neuen Welt. Der Untergang der indianischen Kulturen im Spiegel zeitgenössischer Texte. Frankfurt/M. 1991.

[37] Als einer der vielen Belege für diesen *horror* der Spanier mag die Stelle bei Cortés gelten: „Als wir nun diesmal in Tetzcuco eingerückt waren, hatten wir in den Tempeln dieser Stadt die Häute unserer fünf Pferde vorgefunden, mit Vorder– und Hinterfüßen samt Beschlägen, so vortrefflich zusammengenäht und hergerichtet, wie man es nur machen konnte. Sie waren neben vielen Kleidungsstücken und anderen Sachen der Spanier als Siegeszeichen den Götzen geweiht worden. Außerdem fanden wir in allen Tempeln und Trümmern noch die Spuren des Blutes unserer Brüder und Kameraden, ein so jammervoller Anblick, *daß alle unsere vergangenen Leiden dadurch erneuert wurden*" (15. Mai 1521: Hernán Cortés an Karl V., ed. und übs. in: Hernán Cortés, Die Eroberung Mexikos. Eigenhändige Berichte an Kaiser Karl V.: 1520–1524, neu hrsg. und bearb.v. Hermann Homann. Darmstadt 1975, 155).

[38] Bei einer Analyse der spanischen Gegebenheiten vor Philipp II. kommt man an den Klassikern: Pierre CHANU, L'Espagne de Charles V, 2 Bde., Paris 1973, bzw. für die Zeit davor an: Miguel A. LADERO, La España de los Reyes Católicos, 2 Bde. Madrid 1969, nicht vorbei. Für die gesamtpolitische Geschichte der Zeit ist weiter nützlich: John LYNCH, Spain under the Habsburgs, I: Empire and Absolutism, 1516–1598, II: Spain and America, 1598–1700. ²Oxford 1981, wobei zwar die Kirchen–, nicht aber die Kulturgeschichte angemessen berücksichtigt wird.

[39] Wenn in der Folge (bis etwa 1650) mehr von Spanien, denn von Portugal die Rede ist, so liegt dies an der ganz anders gearteten Kulturpolitik des letzteren. Zu Portugal und seinen

bis hin zum Ende des *reino glorioso de Felipe II*[40], des *siglo de oro*, 1594 dauern sollte. Eines der Ergebnisse dieser Regierungszeit war die Personalunion der beiden Kronen (1580–1640), deren Ende schließlich auch das Fanal einer ganzen Epoche einleiten sollte.

### a. Gotisches Erbe und philippinischer Wandel

Wenig rezipiert wurde in der Neuen Welt, im Gegensatz zu anderen Besitzungen (Mallorca), das gotische Erbe der alten Welt. Einzig die Kathedrale von San Domingo[41] zeugt heute vom Vermächtnis des mittelalterlichen Spanien und seines Kirchenbaues[42]. Was folgte, war dem klassischen Erbe verpflichtet, welches mit Felipe II das iberische Geistes– und Kulturleben zu beeinflussen begann[43].

Hauptbetätigungsfeld eines neuen kulturellen Lebens war in jenen Tagen eindeutig Mexiko und der zentralamerikanische Bereich, wo in der neu errichteten Hauptstadt México (heute: Mexico City) das erste vollendete Beispiel „neuer" Städteplanung nach genau jenen Regeln praktiziert wurde, welche in der Zeit auch in Zentralspanien *en vigueur* waren. Es entstand – und dieses Modell gilt für fast alle weiteren Neugründungen – so ein Ensemble aus Kathedrale, Gouverneurspalast, Zentralplatz (*plaza mayor*) und rational angelegtem systematischem Straßennetz[44]. Die künstlerische Äußerung verblieb in den Grenzen der europäischen Ästhetik, was auch für die hier besonders interessierende Liturgie und Kirchenmusik galt.

brasil. Besitzungen vgl. für diese Zeit: Francisco BETHENCOURT / Kirti CHAUDHURI, História da expansão Portuguesa, Bd.1. Lisboa 1998; Luis F. BARRETO, Caminhos do saber no Renascimento portugûes. Lisboa 1985; Marcel BATAILLON, Etudes sur le Portugal à l'époque de l'humanisme. Paris 1974; zur Kunstgeschichte: Fernando A.B. PEREIRA, História da arte portuguesa: época moderna (1500–1600). Lisboa 1992.

40 Das Lebensbild Ludwig PFANDLs, Philipp II. Gemälde eines Lebens und einer Zeit, 8. Aufl. München 1979, ist nach wie vor grundlegend; für das Verhältnis des Königs zur Neuen Welt s. Günter ZIMMERMANN (Hg.), Briefe der indianischen Nobilität aus Neuspanien an Karl V. und Philipp II. (= Beiträge zur Mittelamerikanischen Völkerkunde 10). München 1970.

41 STIERLIN, Ors du Méxique, 17–26; zu denken wäre daneben noch an die Dominikanerkirche auf San Domnigo (ebd., 22–24), bzw. an den dortigen Franziskanerkonvent.

42 Georg WEISE, Die spanischen Hallenkirchen der Spätgotik und der Renaissance. Tübingen 1953.

43 Die beiden Synthesen: Joseph GREGOR, Das spanische Welttheater. Weltanschauung, Politik und Kunst der großen Epoche Spaniens. ²München 1943; sowie: Ludwig PFANDL, Spanische Kultur und Sitte des 16. und 17. Jahrhunderts. Kempten 1924, bleiben weiterhin ohne Nachfolge.

44 BOTTINEAU / STIERLIN, Iberischer Barock, 173–175 (der Grundriß des Palastes der Vizekönige von Mexiko ebd., 174); s.a. Mario SARTOR, Arquitectura y urbanismo en Nueva España: siglo XVI. México 1992. Das spanische Vorbild für die Palastarchitektur behandelt ausführlich: Antonio BONET CORREA, Art Baroque. Barcelona 1985, 266–283.

## b. Liturgie und Kirchenmusik

Das Eintreten Lateinamerikas in die globale kulturhistorische Entwicklung
fällt in eine Zeit aufgeregter theologischer und damit auch liturgischer Diskussion. Als Ergebnis der jahrhundertealten Reformbemühungen *und* in Antwort
auf die Herausforderungen durch die protestantischen Angriffe hatte das
Konzil von Trient (1548–1563) versucht, die lateinische Liturgie zu verein-
heitlichen und diese Aufgabe dem Papst zur Kodifizierung überstellt[45]. Als
Ergebnis erschienen dann die neuen, nach altrömischem Vorbild vereinheit-
lichten Bücher universeller Geltung: 1570 das Missale Romanum[46], 1568
schon das Breviarium Romanum[47], 1600 dann das Caeremoniale Episcoporum[48]. Allerdings hatte das Konzil festgelegt, daß jene Riten, welche eine
altehrwürdige ununterbrochene Tradition aufweisen konnten, innerhalb der
Kirche an ihren speziellen Pflegestätten geschützt und erhalten werden sollten. Just Spanien besaß nun im sogenannten Mozarabischen Ritus, auch *rito de
Toledo* genannt eine solche Überlieferung[49]. Seinem dynamischen und um die
Vorreiterrolle im katholischen Europa bemühten König Felipe II aber war
daran gelegen, die neue einheitliche Universalität der Kirche gerade in der
praktischen Kontinente übergreifenden Universalität seines Reiches sichtbar
zu machen[50]. Wie also die Kirche Spaniens sowohl in die katholische Reform,
als auch das monarchische Denken ihres Souveräns eingespannt wurde, so
sollte auch kultische Form und Ausdruck der neuen Reichsteile dieser Tendenz entsprechen. Und so, wie der König bereits für das zentrale Monument
seiner Regierung und seiner Epoche, den Klosterpalast von San Lorenzo de
El Escorial, eine rigorose Übernahme des neuen römischen Usus[51], eben nicht
aus Gründen der Unterwerfung unter eine „ultramontane" (man müßte im
Falle Spaniens eher von „ultramarin" sprechen) römische Haltung, sondern
eben als Ausdruck seiner und seiner Monarchie Rolle bei dieser Unifikation,

[45] Es ist unmöglich, in diesem Kontext die Lit. zum Konzil von Trient, oder auch nur für
die liturgisch bedeutsamen Entscheidungen anzuführen, vgl. hierzu die kompl. Bibl. in: Alain
TALLON, La France et le concile de Trente (B.E.F.A.R. 295). Rom 1997, 885–934; die
dogmatischen Entscheidungen in: DH 1600–1812.

[46] Missale Romanum. Editio Princeps. Roma 1570 (Ndr. Roma 1998).

[47] Breviarium Romanum. Editio Princeps. 4 Bde. Roma 1568 (Ndr. Roma 1999).

[48] Caeremoniale Episcoporum. Editio Princeps. Roma 1600 (Ndr. Roma 2000 – NB. Bei all
diesen Nachdrucken handelt es sich um Bände der Reihe «Momumenta Liturgica Concilii
Tridentini», hrsg.v. Achille M. Triacca u.a.).

[49] Marius FÉROTIN, Le *Liber Mozarabicus Sacramentorum* et les manuscrits mozarabes, hsgg. u.
Erg. der Bibl. v. Anthony Ward (= Instrumenta liturgica Quarrerensia 4), Roma 1995.

[50] Grundlegend für das Verhältnis des spanischen Königtums zur Liturgie der Zeit: [Consejo
de Administración del Patrimonio nacional, Hg.] Iglesia y Monarquía: La Liturgía (= AK IV
Centenario del Monasterio de El Escorial). Madrid 1986 [zit.: Liturgía 1986], darin: Juan
HERNÁNDEZ FERRERO, Iglesia y monarquía, ebd., 15–22.

[51] Manuel GARRIDO BOÑANO, Reforma litúrgica del concilio de Trento, in: Liturgía 1986,
23–32; Luis SUÁREZ FERNÁNDEZ, Trento y la significación religiosa de El Escorial, in: ebd., 33–
38.

befohlen hatte[52], ebenso lag ihm daran, in den neuen Territorien eben dieses Ideal und diesen Anspruch genauso verwirklicht zu sehen. Eben darin liegt die besondere Bedeutung gerade des mittelamerikanischen Raumes jener Zeit, daß er als quasi Demonstrationsfeld spanischer Orthodoxie gelten konnte (und kann), wobei die renaissancehaften Züge von der Idee einer Idealstadt, beziehungsweise eines Idealstaates bestimmt eine Rolle spielten[53] und so ihre kirchliche Ausprägung fanden und natürlich auch die Richtlinien der Liturgie[54] bestimmten.

Für unsere Frage nach kirchlicher Kultur und vor allem Musik aber erklärt dies, wie sehr in Übersee von Anfang an die „römische" Tradition[55] dominierte und das originär spanisch–mozarabische Erbe nur sehr beschränkt zur Entfaltung gelangte[56]. Exemplarisch kann dies für den Bereich der *Kirchen-*

---

[52] Luis HERNÁNDEZ, El culto divino en El Escorial, in: Liturgia 1986, 39–60; vgl. die Klosterchronik: Fray José de SIGÜENZA, Fundación del Monasterio de El Escorial. Madrid 1963.

[53] Francisco MARTÍN HERNÁNDEZ, Proyecto de nueva sociedad y nueva Iglesia en la primera evangelización americana, in: Evangelización y Teología, II, 1455–1470; vgl. Anm. 91.

[54] Allein für den mexikanischen Raum verfügen wir heute über eine genauere Analyse der liturgischen Bedingungen: Jakob BAUMGARTNER, Mission und Liturgie in Mexiko, 2 Bde. (= NZM, Suppl. 18/19). Schöneck 1970/1971, v.a. Bd. 2: Die ersten liturgischen Bücher in der Neuen Welt. – Es ist aufschlußreich und vielleicht auch für so manche Strömungen unserer eigenen Zeit bezeichnend, daß in den beiden grundlegenden Werken zur Theologie– und Kirchengeschichte des lateinamerikanisch–philippinischen Raumes *kein einziger Beitrag* der Liturgiegeschichte im eigentlichen Sinne gewidmet ist! Lediglich: Eduardo CÁRDENAS, Las praticas piadosas – los sacramentos, in: Pedro BORGES (Hg.) Historia de la Iglesia en Hispanoamérica y Filipinas (siglos XV–XIX) (= BAC Major 32), 2 Bde. Madrid 1992, I, 361–382, streift in seinem auf Volksfrömmigkeit und Pastoralgeschichte ausgerichteten Aufsatz das Sujet am Rande. In: Evangelización y Teología en América (siglo XVI) (= X Simposio internacional de Teología de la Universidad de Navarra), 2 Bde. Pamplona 1990, fehlt der liturgische Aspekt völlig. – Für die Verhältnisse auf den Philippinen hingegen liegt vor die schöne Untersuchung von: Luis D. BALQUIEDRA, The Development of the Ecclesiastical and Liturgical Life in the Spanish Philippines: 1575–1870, 2 Bde. Rom 1982.

[55] Bezeichnend für das Vorbildideal Roms ist der Anspruch des ersten Bischofs von Mexiko, Juan de Zumárraga, der 1547 bereits schrieb: „México es otra Roma acá", vgl. den Abschnitt in BAUMGARTNER, Mission und Liturgie, I, 87–91 („Mexiko als zweites Rom"), das Zit. ebd., 89, Anm. 46.

[56] Eines der wenigen Beispiele für den Erhalt mozarabischer Tradition ist weniger die textliche, sondern v.a. die musikalische Struktur einiger Werke des 16. /17. Jhds. So findet sich noch in den *Lamentationes Jeremiæ Prophetæ* Juan Gutiérrez de Padillas (1590–1664) von c. 1630 – in wohl bewußt retrospektiver Absicht – der mozarabische Ton als melodisches Grundgerüst; vgl. Bruno TURNER, Masterpieces of Mexican Polyphony, in: Beiheft zur gleichnamigen CD (Hyperion CDA66330). London 1990, 3–6, hier: 5 („Padilla's six–part Lamentations are properly traditional, being set almost archaicly in polyphony that is firmly based on the Spanish (Toledo) Lamentation tone."). Das neue Missale des Hl. Pius' V erschien 1570 – bereits 1571 beschwerten sich die mexikanischen Buchhändler über ihren Erzbischof, bzw. dessen Verwaltung, daß dieser die „neuen Bücher" wieder einsammeln und vernichten lassen wollte, um so die altehrwürdige sevillanisch–toledanische Liturgie zu erhalten. Dies zeigt zum einen, daß nicht alle Prälaten so dachten, wie de Zumarraga, zum anderen aber auch die erstaunliche Schnelle des Buch– und damit Ideenaustausches zwischen alter und neuer Welt; vgl.

*musik*[57] gezeigt werden, wo die verbindlichen römisch–zentralspanischen Vorgaben gleichsam wortgetreu umgesetzt wurden.

Auf dem Konzil hatte man noch darum gerungen, ob die Kirchenmusik fürderhin überhaupt mehrstimmig sein könnte und sollte[58], doch hatte am Ende nicht zuletzt spanischer Einfluß den Sieg über die rigorosen Vertreter einer exklusiven Einstimmigkeit („Gregorianischer Choral", bzw. für Spanien besser: *canto llano*[59]) sich durchgesetzt. Die Musizierpraxis der Zeit folgte nun auch auf der Iberischen Insel dem römischen Vorbild, welches sich am besten im Stile des Gian Pierluigi da Palestrina[60] zusammenfassen läßt und hier im Werk Tomás Luis de Victorias (1548–1611)[61] seine Exemplarhaftigkeit fand.

Was für Spanien galt, sollte auch für Amerika gelten. Wie die klassischen Fassaden und rectangulären *plazas mayores* nahezu eins zu eins übernommen wurden, so war auch das Musikleben einer Provinz wie etwa Mexikos bis weit ins 17. Jahrhundert hinein ein getreues Abbild des spanischen Ideals[62], welches im Laufe der Zeit, etwa ab 1580, seine Züge zur Monumentalität nicht verheimlichen konnte. An einem der großen Zentren[63], etwa an der Kathe-

---

BAUMGARTNER, Mission und Liturgie, II, 11f. – Ab c. 1575/1580 kann man dann von einer „römischen" Liturgie ausgehen, wenngleich lokale Eigenheiten, vor allem im Rituale, noch weiter stark verbreitet und kirchlicherseits anerkannt waren.

[57] Heute allgemein zur Kirchenmusik unseres Raumes s., neben FELLERER, Kirchenmusik, und PACQUIER, Chemins, als Einführung: CLARO, Antología, ix–xxxvi, was bis heute, v.a. in biographischer Hinsicht für die behandelten Personen die Grundlage der Forschung darstellt; weiters: Andrès PARDO, L'Amérique latine jusqu'à la fin du XVIIIe siècle, in: Jacques PORTE (Hg.), L'encyclopédie des musiques sacrées, 4 Bde.. Paris 1970, II, 510–521.

[58] Karl G. FELLERER, Das Konzil von Trient und die Kirchenmusik, in: GKK 1976, II, 7–9.

[59] Der Ausdruck „Gregorianischer Choral" stammt wohl aus dem 19. Jh., wenngleich Darstellungen des Hl. Papstes Gregors I. mit der ihm die Melodien einflüsternden (Heilig–Geist–)Taube auf den Schultern sich bereits im Mittelalter finden. Lange Zeit bezeichnete die „Gregorianik" die Periode der (vermeintlichen) Einstimmigkeit Europas schlechthin, bis im 20. Jhd. eine Differenzierung erfolgte. Für die span. Tradition s. Fernand ESTAVAN, Reglas de canto plano è de contrapunto è de canto de organo. Comentario, estudio, transcripción y facsimile por Maria Pilar Escudero Garcia (= Musicalia 3). Madrid 1984.

[60] S. Lino BIANCHI, Palestrina. Paris 1994; zur Wirkungsgeschichte: Karl G. FELLERER, Der Palestrinastil und seine Bedeutung in der vokalen Kirchenmusik des 18. Jahrhunderts. Augsburg 1929.

[61] Eugene C. CRAMER, Studies in the Music of Tomás Luis de Victoria. Aldershot 2001; DERS., Tomás Luis de Victoria. A Guide to Research (= Garland Reference Library of the Humanities 1931: Composers Resource Manuals 43). New York 1998; Theodor BAKER / Nicolas SLONIMSKY, Dictionnaire biographique des musiciens (orig. Baker's Biographical Dictionary of Musicians, 9. Aufl. 1992), édition [française] adaptée et augmentée par Alain Pâris, 3 Bde. Paris 1995 [zit.: DBM], hier: III, 4406–4408.

[62] Vincente T. und Virginia R. R. MENDOZA, Estudio y clasificación de la Música tradicional Hispánica de nuevo México. México 1986.

[63] Neben Mexiko wäre für den zentralamerikanischen Raum v.a. noch an Puebla [Puebla de los Angeles] zu denken, eine Stadt, deren Bau man bereits 1531 begonnen hatte, einschl. der Kathedrale. Der Dom der Hauptstadt Mexiko (heutiger Bau) datiert von 1573 (Baubeginn). Beide Zentren besitzen mit die wertvollsten musikalischen Archive für diese Zeit, vgl. TURNER,

drale von Mexiko, existierte so ein Musikleben, welches den Vergleich mit dem spanischen Zentrum nicht zu scheuen brauchte und deren Kapellmeister (*magistri chori*)[64] zu den großen künstlerischen Erscheinungen der Zeit gehörten.

Der Wert dieser ersten Epoche liegt also für die lateinamerikanische Kultur darin, daß hier, wenngleich sich noch keine indigenen Traditionen ausbilden konnten[65], im Gegenteil gerade die völlige Einbindung in die europäische Entwicklung als ein deutlicher Indikator dafür erwies, daß diese Gebiete – zumal in ihren Zentren – als untrennbare Gebiete des Ganzen und nicht etwa als „Kolonien" oder Länder zweiter Klasse, sondern vielmehr als wahre *terres de prédilection* eines neuen und dynamischen kulturellen Prozesses gesehen werden müssen.

*c. Die Orden*

Nur kurz kann in diesem Zusammenhang auf die Bedeutung der Orden[66] für das Musikleben der ersten Epoche eingegangen werden, wenngleich vor allem das Wirken der Franziskaner[67], darunter des berühmten Pieter van Ghent[68], aus der Entwicklung der amerikanischen Musik und besonders der Integration der Indianer darin nicht mehr wegzudenken ist. Bereits 1529 hatte sein Ordensbruder Bernardino de Sahagún (c. 1500–1590) eine umfassende Enzyklopädie der Nahua–Sprache[69] in Angriff genommen, die Weiterarbeit in dieser Richtung hatte aber dann 1577 Felipe II mit dem Hinweis auf die Gefährlichkeit des Überlebens autochthoner Riten und Gebräuche unterbun-

Masterpieces, 3f.; vgl. STEVENSON, Sources (zur Archivlage s.a. Anm. 121) . – Zur musikhist. Bedeutung Pueblas s. PACQUIER, Chemins, 89–97.

[64] PACQUIER, Chemins, 51–56; zu nennen wären hier v.a. Lázaro de Álamo (1530–1570) (PACQUIER, Chemins, 56f.), Juan de Victoria (?) (ebd., 57f.) und Hernando Franco (1532–1585) (ebd., 59–61; TURNER, Masterpieces, 4). Die spärlichen sich wiederholenden bibliogr. Angaben belegen, daß die „große" Musikgeschichtsschreibung diese musikalische Landschaft bislang nicht zur Kenntnis nahm und daher diese Meister auch noch keinen Eingang in „renommierte" Nachschlagewerke finden konnten...

[65] Alle genannten Komponisten und *directores musicæ* waren natürlich spanischer Herkunft, jedoch bildete sich nachweislich schon im frühen 16. Jhd. eine Musizierpraxis unter Einbeziehung der einheimischen Bevölkerung heraus; vgl. Anm. 69–73.

[66] Zu diesem Gesamtkomplex s. Pedro BORGES, Las ordines religiosas, in: ders., Historia 1992, I, 209–244, Bibl. ebd., 234–244; Michael SIEVERNICH u.a. (Hrsg.), Conquista und Evangelisation. 500 Jahre Orden in Lateinamerika. Mainz 1992.

[67] Actas del I, II, y III congreso internacional sobre los Franciscanos en el Nuevo Mundo, Madrid 1987, 1988, 1991; Francisco MORALES (Hrsg.), Franciscan Presence in the Americas 1492–1900. Potomac 1983; Luis GOMEZ, La organización franciscana en América, in: Montalbán 1 (1972), 1–32.

[68] Zu ihm s. Lorenzo GALMÉS, Grandes evangelizadores americanos, in: BORGES, Historia 1992, I, 615–630, bes. 621f.; Ezequiel CHÁVEZ, El primero de los grandes educatores de América: fray Pedro de Gante. México 1934; DERS., Fray Pedro de Gante. El ambiente geográfico, histórico y social de su vida y de su obra hasta el año 1523. México 1943.

[69] Bernardino de Sahagún, Historia general de la cosas de Nueva España, ed. A.M. Garibay, Madrid 1981.

den. Dennoch wirkten die Söhne des Hl. Franziskus zumal auf musikalischem Gebiet weiter an der Eingliederung der *indigenos*: „Ainsi, voici nos Franciscains placés , bien avant les Jésuites, sur le fil de rasoir et comme pris au piège de l'accul–turation."[70]

Andere Orden entfalteten ihre Tätigkeit in vergleichbarer Richtung[71], wenngleich an Effizienz, auch in musikalischer Hinsicht[72], den Franziskanern des 16. Jahrhunderts dann erst die Jesuiten der „großen Missionszeit" gleichkommen sollten[73].

### 2. Die große Zeit der Missionen: 1650–1750.

*a. Die Jesuiten als kulturhistorischer Faktor*

Das sich nun anschließende *siglo de oro* der Missionsgeschichte steht in kultureller und vor allem auch kirchenmusikalischer Hinsicht im Schatten und im Zeichen des Wirkens der Söhne der Gesellschaft Jesu[74]. Die besondere Ausformung ignatianischer Spiritualität und Geisteshaltung[75] ermöglichte einen völlig neuen Zugang auch zur Frage der Musik im missionarischen Prozeß, welcher schließlich – und hier besonders in den von den Jesuiten quasi alleinverantwortet verwalteten *reducciones*[76] – eine ganz eigene Blüte des barokken Gotteslobes.

[70] PACQUIER, Chemins, 32.

[71] An anderen Gemeinschaften wären hier die Mercedarier (OdeM, Orden de Nuestra Señora de la Merced), 1493 auf Española (Hispanola, Haiti) angekommen, die Dominikaner (OP, Ordo Prædicatorum), 1510 eben dort nachweisbar, ebenso wie die Carmeliter (OCarm) 1527 und die Trinitarier (OSST, Ordo Sanctissimæ Trinitatis) 1534, schließlich die Augustiner (OSA), 1533 in Mexiko zu nennen; vgl. die Chronologie bei BORGES, Ordenes, 211.

[72] PACQUIER, Chemins, 30–37.

[73] Ein schönes Beispiel für die didaktische Unterweisung der indigenen Bevölkerung von nicht–jesuitischer Seite sind die Anzahl erhaltener Chorbücher aus den franziskanischen Missionsstationen, wo sowohl der *canto llano*, als auch zunächst einfacher polyphoner Gesang den Einheimischen durch die Verwendung verschiedener Farben pro Singstimme eindringlich deutlich gemacht wurde. Die Abb. eines solchen Graduale, mit einem ein– und mehrstimmigen Beispiel, aus dem Besitz der ehem. Missionsstation von S.Barbara, Californien (heute im Bestand der Academy of American Franciscan History) in: TENNELLY, American Indian Missions, 466.

[74] Die Lit. zum Wirken der Jesuiten ist mittlerweile sehr umfangreich, zum speziell kultur–, kunst– bzw. musikhistorischen Aspekt s. Gauvin A. BAILEY, Art in the Jesuit Missions in Asia and Latin America, 1542–1773. Toronto 1999, 144–182 („Jesuit reductions among the Guaranis in Paraguay 1609–1768"); Sélim ABOU, The Jesuit „Republic" of the Guaranis (1609–1768) and its heritage (orig. La république jésuite des Guaranis). New York 1997. Zur Kunstgeschichte: Ramón GUTIERREZ / Graciela M. VIÑUALES, L'architecture au Paraquay: les missions jésuites, in: GUTIERREZ, Art chrétien, 375–384; Paul FRINGS (Hg.), Paracuaria – die Kunstschätze des Jesuitenstaates in Paraquay. Mainz 1982.

[75] Zu den Jesuiten allg. als Zusammenfassung: Peter C. HARTMANN, Die Jesuiten. München 2001.

[76] Peter C. HARTMANN, Der Jesuitenstaat in Südamerika. Eine christliche Alternative zu Kolonialismus und Marxismus. Weißenhorn; Maxime HAUBERT, La vie quotidienne au Para-

Dieses enorme Wirken, welches ja erst durch die skandalöse, widerrechtliche und beschämende Vertreibung der *patres societatis Jesu* 1765ff. gewaltsam beendet werden sollte, ist aber zum einen schon hinlänglich untersucht, zum anderen aber nicht Gegenstand unserer Fragestellung.

Weiters sollte die starke Betonung des jesuitischen Elements nicht den Blick weg lenken von jenen anderen Orten und Ansätzen unseres Raumes, vor allem von der weiterhin florierenden Franziskanermission[77] in Mittel- und Nordamerika, sowie von der enormen kulturellen und musikalischen Leistung und Kontinuität der großen Institutionen, darunter den Kathedralkirchen und -schulen.

Generell ist in jenen Tagen eine Art neuen missionarischen Bewußtseins festzustellen, welche nunmehr auch Rückwirkungen auf kulturelle Identität und Definition haben sollte.

Stand die missionarische Frage des 16. Jahrhunderts noch weitgehend unter dem klassischen Paradigma der *propaganda fide* römischer und damit eher eurozentrischer Prägung und Ausrichtung, so erlebte die Folgezeit vielmehr eine Eigendefinition der betreffenden Gebiete als *las missiones* in durchaus selbstbewußt-positiver Sicht, deren zwar bekanntestes, aber beileibe nicht einziges Produkt eben die selbstverwalteten *reducciones* der Jesuiten darstellten.

### b. Theologisch-frömmigkeitsgeschichtliche Komponenten

Jede *Kult*ur hat im letzten ihre Wurzeln im *Kult*, und so ist es zwingend, die Frage zuvorderst von hieraus zu beleuchten.

Ein ganz besonderes, ja wohl das bedeutendste Element hierbei war eindeutig die starke marianische Frömmigkeitswelle, welche im Anschluß an die großen Marienerscheinungen[78] von 1531 im Kult der *Nuestra Señora de Guadalupe*[79] zunächst Mexiko, dann aber auch die spanischen Länder in ihrer Gesamtheit erfaßte. Nicht nur, daß es dieser Marienverehrung gelang, trotz des spezifischen europäischen Vorbildes[80] eine eigene, nicht minder spezifische und jetzt eben kulturell-räumlich definierte marianische Frömmigkeit zu

---

quay sous les jésuites. Paris 1967; Francisco J. ALLEGRE, História de la provincia de la Compañia de Jesús de Nueva España, 4 Bde. Rom 1956–1960.

[77] Vgl. Anm. 67.

[78] CÁRDENAS, Prácticas, 366–369 („La presencia de Nuestra Señora"); Rubén VARGAS UGARTE, Historia del culto de Maria en Hispanoamérica, 2 Bde. Madrid 1958; Constantino BAYLE, Santa Maria en Indias. La devoción a Nuestra Señora y los descubridores, conquistadores y pobladores de America. Madrid 1928.

[79] Richard NEBEL, Santa María Tonantzin, Virgen de Guadalupe (= NZM, Suppl. 40). Immensee 1992; Francis JOHNSTON, The Wonder of Guadalupe. The Origin and Cult of the Miraculous Image of the Blessed Virgin of Mexico. Devon 1981 – für die Zeit: Cayetano de CABRERA Y QUINTERO, Escudo... de México... Maria santisima en su portentosa imagen del Mexicano Guadalupe... México 1746.

[80] Es wurde bereits im spanischen Kernland der alten Welt ein Gnadenbild U.L.F. von Guadalupe verehrt, das spanische Missale hat aber kein diesbezügliches Eigenfest (vgl. die Missæ propriæ Sanctorum quæ in Hispania ex concessione Apostolica celebrantur, beigebunden: Missale Romanum. Barcelona 1946)

entwickeln – war nicht die persönliche Intervention der Gottesmutter ein
offensichtlicher himmlischer Beweis für den Anspruch einer *terre de prédeliction*,
auch im heilsgeschichtlichen Kontext? Dieser aber stand jetzt nicht mehr –
zumal nicht ausschließlich – unter europäischen Vorzeichen, denn schließlich
war die Jungfrau einem getauften Indio[81] erschienen, in dessen Person sich
gleichsam die beiden Hemisphären eben im Glauben treffen sollten. Damit
aber war eine jener großen Synthesen erreicht, welche eben den Barock zu
dem machten, was er schließlich geworden ist: zum letzten universalen, echt
katholischen Ordo–Gedanken der Geistesgeschichte. In diesem Zusammenhang des Ordnungsdenkens, welches ja *eo ipso* ewigkeitliche Dimensionen
einbeschließt, stehen auch alle jene diesem Kult eigenen Specifica, darunter an
erster Stelle eben das Abbild der Gottesmutter auf dem Mantel[82] des Indios
Juan Diego, das die Verehrungstypologie in unmittelbare Nähe jener „nicht
von Menschenhand geschaffenen Bilder"[83] rückt.

Dies leitet über in jenen anderen großen Bereich lateinamerikanischer
Theologie, ihren Beitrag zur barocken Mystik, hier vor allem der Christus–
und Kreuzesmystik, erwähnt seien beispielhaft nur die Hl. Rosa von Lima,
Dominikanertertiarin[84], sowie Suor Juana Inés de la Cruz[85] – beide lediglich
Exponenten eines den ganzen Raum von Mexiko bis Lima erfassenden

[81] zu Juan Diego s. Lorenzo GALMÉS, Hagiografía hispanoamericana, in: BORGES, Historia
1992, I, 383–403, hier: 385.

[82] Der Mantel ist heute das zentrale Wallfahrtsziel der Basilika *Nuestra Señora de Guadalupe* in
Mexiko, er war wiederholt Gegenstand farblicher Analysen, doch konnte die Frage nach der
Herkunft der Marienabbildung nicht geklärt werden; die gefundenen Farben bestehen aus
Substanzen, die auf Erden unbekannt sind. – Über dem Erscheinungsort wurde 1553 eine
Kapelle errichtet, 1695 erbaute man die erste Wallfahrtskirche, die aufgrund des Pilgeransturms
zu klein geworden schon 1709 durch den jetzigen hochbarocken Bau ersetzt wurde.

[83] Deren berühmtestes natürlich das hochverehrte Christusbild des Laterans zu Rom
darstellt, das Herzstück der Sancta Sanctorum (ehem. Päpstliche Hauskapelle), welche die Scala
Santa bekrönen, die *imago acheropita* des Christusantlitzes. Es handelt sich hierbei – wie bei dem
Mantel aus Guadalupe–, phänomenologisch und verehrungsgeschichtlich, um etwas vollkom-
men anderes, denn etwa bei dem „Schweißtuch der Veronika" (eine Passionsreliquie, heute in
S.Pietro del Vaticano), was E. Gatz leider nicht differenziert (Erwin GATZ, Roma christiana.
Regensburg 1997, 200f.).

[84] S. Rosa de Lima (1586–1617), mit Ordensnamen Suor Rosa a S.Maria, war aus Lima
gebürtig und nahm sich in ihrer Kreuzesnachfolge die Hl. Katharina von Siena zum Vorbild
(ebnfls. Dominikanerin); auffallend ist, daß die Liturgie der Kirche eben hier bewußt den
missionarischen, ja indianischen Aspekt betont, wie ihre Festoration zeigt: „Beatorum omnium
largitor, omnipotens Deus, qui beatam Rosam, cælestis gratiæ rore præventam, virginitatis et
patientiæ *decore Indis florescere voluisti*: da nobis famulis tuis; ut in odorem suavitatis ejus currentes,
Christi bonus odor effici mereamur: Qui tecum..." (Missale Romanum 1946, 624; Herv. d.
d.Verf.). Man beachte außerdem in den Rubriken die ungewöhnliche Hinzufügung des Her-
kunftsortes: „Die 30 Augusti [:] S.Rosæ a S.Maria/ *Virg[inis]. Limanæ*" (dto., Herv. d. d. Verf.),
ein offensichtlich einzigartiger Hinweis im Meßbuch.

[85] Octavio PAZ, Sor Juana Inés de la Cruz o Las trampas de la fe. Barcelona 1982; Ludwig
PFANDL, Die zehnte Muse von Mexiko: Juana Inés de la Cruz. Ihr Leben, ihre Dichtung, ihre
Psyche. München 1946 [sp.: Inés de la Cruz Suor Juana. Primero sueño, Buenos Aires 1953;
Suor Juana Inés de la Cruz, la decima musa de México. México 1963].

Charakteristikums. Auch ihr Wirken konnte nicht ohne Einfluß auf Kultur und Musik bleiben.

### c. Art of the Missions?

Doch bevor hier das Hauptaugenmerk auf die Musik gelenkt sei, noch ein kurzer Blick auf die darstellende Kunst. Die sogenannte „Kolonialarchitektur" darf sich ja bereits einer entsprechenden wissenschaftlichen Darstellungsbreite erfreuen, was die „Kolonialkunst" noch nicht in diesem Umfang aufweisen kann[86].

Ohne dieses weite Thema hier auch nur annähernd vorstellen oder gar analysieren zu können, sei im Zusammenhang mit unserer Fragestellung nach einer missionarischen Identität auch im Bereich der Kunst nur zwei, wenngleich äußerst sprechende Beispiele herausgegriffen.

Im heutigen Staate New Mexico findet sich in Santa Cruz die Kirche *Santa Cruz de la Cañada*[87], eine franziskanische Missionsstation, deren Geschichte mit dem spanischen *conquistador* Diego de Vargas beginnt und deren Schicksal über viele Jahrhunderte zum Spiegel der Missionsgeschichte wurde. Im Pueblo–Aufstand von 1680 unterbrochen, wurde der Bau der neuen Kirche bis 1732 vorangetrieben, bevor man bereits 1748 daran ging, einen wiederum größeren und prächtigeren Kirchenraum zu errichten. Das geistige Leben in dieser Kirche florierte, neben einem regen Pfarrleben gab es zahlreiche Bruderschaften, darunter eine von Unserer Lieben Frau vom Berge Carmel und einen Zweig des Dritten Ordens vom Hl. Franziskus. Diese Symbiose des geistlichen Lebens sollte sich dann in der Kunst noch fortsetzen, als Fra Andrés Garcia 1765, also am Ende unserer großen Missionsepoche, daranging, die Kirche auszugestalten. Doch nicht die künstlerische Qualität, eine Verschränkung indigener und europäischer (Spät–)Barockkunst, soll hier interessieren, sondern das Bildprogramm.

Das Retabel des Hochaltars[88] zeigt, gekrönt von einer Heilig–Geist–Taube im Auszug, in zwei Ebenen übereinander oben zentral das „florierende", von Kakteenvasen umstandene Kreuz als Mitte des christlichen Erlösungsgedankens, umgeben links (vom Betrachter aus) von einer Darstellung der Heiligen Sippe, sowie (rechts) der Hl. Rosalia von Palermo[89], darunter in der zweiten Ebene wiederum zentral das nunmehr plastische Kreuz in der Tabernakelni-

---

[86] Die missionarische Kunst war bislang leider Gegenstand keiner einzigen umfassenden Darstellung, es existieren lediglich Einzeluntersuchungen, z.B. nach einzelnen Orden (vgl. z.B. die Lit. in Anm. 74). Am nächsten kommt der Frage noch: GUTIÉRREZ, Art chrétien.

[87] DRAIN, Sense of Mission, 47–50; STIERLIN, Ors du Méxique, führt diese Kirche, obwohl er die Betrachtung über die aktuellen Grenzen Mexikos hinaus ausdehnt, nicht auf.

[88] Abb.: DRAIN, Sense of Mission, 49.

[89] Hl. Jungfrau, die im 12. Jhd. in einer Grotte am Monte Pellegrino bei Palermo lebte; die Auffindung ihres Leichnams zur Pestzeit 1624 machte sie, über Länder– und Kontinentgrenzen hinweg, zu einer der Patrone gegen diese und andere ansteckende Krankheiten (neben den Hll. Sebastian und Rochus); vgl. Otto WIMMER, bearb.v. Barbara Knoflach–Zingerle, Kennzeichen und Attribute der Heiligen. Innsbruck 2000, 253–256, eine europ. Abb. ebd., 254.

sche, flankiert links von Gemälden der Hll. Theresia von Avila und dem Hl.
Joseph, sowie (rechts) von den Hll. Franz Xaver (François Xavier) und Barbara.

Der rechte Seitenaltar zeigt, unter einem Bild Unserer Lieben Frau von
Guadalupe im Auszug, ebenso in zwei Ebenen oben Christus am Kreuz,
umgeben von den Hll. Gertrude (d.Gr.) und Rosalia, sowie darunter zentral
einen gekrönten Hl. Joseph mit dem Christusknaben im Arm, links die
Schmerzensmutter, rechts davon den Hl. Laurentius, dessen Paramente (Dal-
matik, Manipel) in ihrer stark indigenen Form eventuell einen Eindruck von
dem – zumeist verlorenen – diesbezüglichen Bestand der Missionen gibt.

Ikonographisch aber stellt diese „heilige Schar" ein getreues Abbild der
eigenen geistigen Welt der Missionen dar – neben den „Modeheiligen" der
Zeit (Hll. Joseph und Rosalia), deren Kult sicher von Europa übernommen
wurde und sich in Bruderschaften, Andachten usw. manifestierte und den
lebensbegleitenden, katechetischen und besonderen Fürbittheiligen (Hl. Familie als Vorbild der Familie, Hl. Laurentius als Patron der Armen Seelen), ist die
Zahl der eindeutigen Missionselemente in Gestalt der Gottesmutter von
Guadalupe und vor allem des Hl. Franz Xavers, dem Patron der Missionen,
unübersehbar. Während die Jungfrau noch als „Lokalkolorit" gelten könnte,
wird der universal–missionarische Bezug in der Person des Hl. François Xa-
viers, der niemals seinen Fuß auf lateinamerikanischen Boden gesetzt hatte,
eindeutig. Um so bedeutender ist diese Feststellung, da es sich bei Santa Cruz
eben nicht um eine Jesuitenkirche handelte und die „reale" Bedeutung der
Societas in Amerika zum Zeitpunkt der Entstehung der Kunstwerke bereits
nahezu null war. Nein – worum es hier geht, ist eindeutig die Evokation eines
*umfassenden missionarischen Gemeingefühls*, welches kontinentale Grenzen ebenso
übersteigt, wie die alten Rivalitäten der Orden, was ja auch in der Darstellung
der Hl. Theresia, einer Carmeliterin[90], also nicht zur Franziskanerfamilie gehö-
rend, zum Ausdruck kam. Natürlich könnte man im Sinne einer umfassenden
barocken Interpretation weitere Quer– und Seitenverbindungen ziehen, was
hier aus Platzgründen nicht geschehen kann. Hingewiesen sei lediglich auf die
häufige Darstellung des Hl. Josephs, was nicht allein aus der Zeitfrömmigkeit,
und auch nicht erschöpfend aus katechetischer Motivation (Familie, Keuschheit) erklärt werden kann. Der in der Zeit sehr stark betonte Aspekt der
Flucht nach Ägypten aber, welche Joseph ja in „Eigenregie" durchgeführt und
zu verantworten hatte, ist sicher nicht ohne Verbindung zum Gedanken der
Mission, der Heilsübertragung in Christus vom alten in das neue verheißene
Land, auch von Idealvorstellungen einer christlichen Neuen–Welt–Utopie[91].

---

[90] Über die Carmeliten in Lateinamerika, v.a. über die Bedeutung des Ordens, dessen
Patronin die Hl. Theresia ja ist, für die Mission s. Dionisio VICTORIA MORENO, Los carmelitas
descalzos y la conquista espiritual de México: 1585–1612. México 1983.

[91] Lino GÓMEZ CANEDO, Milenarismo, escatología y utopía en la evangelización de
América, in: Evangelización y Teología, II, 1399–1409.

Die Krone des Ziehvaters Christi ist dann so die Krönung des Auszugs–, also Missionsgedankens schlechthin.

Noch deutlicher wird dieser Gedanke einer selbstbewußten, eigenständigen Missionswelt unweit von Santa Cruz in Las Trampas (ebenfalls New Mexico). Hier ist der Hl. Joseph sogar Kirchenpatron (*San José de la Gracia*), das Innere zeigt am Hochaltar neben der Gottesmutter, gerahmt von Erzengeln darunter zu beiden Seiten des Tabernakels die Hll. Dominikus[92] und Franziskus, die beiden – wesentlich interessanteren – Seitenaltäre aber links den Hl. Jakobus und rechts den Hl. Philipp von Jesus (*S. Felipe de Jesús*)[93], der 1597 als Franziskanermissionar auf der Rückfahrt von Manila nach Mexiko in Japan Schiffbruch und Martyrium erlitt. Für die Missionen wurde dieser erste Blutzeuge, der in der Mission geboren sein Leben wiederum für die und in der Mission gegeben hatte, zum *protomártir*[94], was nun den Reigen zur Parallele mit der „Alten Kirche" ergänzte und die Eigenidentität neu betonte.

Während also das Zentrum unter dem Schutze der Gottesmutter die (missionarische) Eintracht der beiden großen Mendikantenfamilien beschwört, zeigen die *latera* die beiden Berufungen Amerikas: Teil des christlichen spanischen Reiches der Reconquista (Santiago), sowie der Welt der Missionen zu sein, deren Universalität wieder die Landes– und Kontinentengrenzen übersteigt. Die Art aber, wie der Hl. Philipp starb, gekreuzigt und von zwei Lanzen durchbohrt, zeigt den Weg, den Sinn dieser Universalität, die Nachfolge Jesu Christi „bis zum Tod am Kreuz"[95], das gesamte Kunstschaffen dieser Zeit und dieses Raumes aber wird so zum Spiegel der Rolle der „Missionen":

„La jeunesse retrouvée de l'Eglise du Christ s'inscrit, sur des terres tropicales, dans un tourbillon de splendeurs plateresque et baroques, dans un

[92] Los dominicanos y el Nuevo Mundo. Actas del I Congreso Internacional. Madrid 1988, darin u.a. die «Bibliografía e historiografía basicas de la Orden de Predicatores en América», in: ebd., 839–854.

[93] S. Felipe de Jesús, mit bürgerlichem Namen Felipe de las Casas (1572–1597) war 1572 in der Stadt Mexiko geboren worden. Einen ersten Entschluß, Franziskaner in Puebla zu werden, gab er zugunsten des Entscheids für die Mission auf den Philippinen auf. Die Rückreise nach Mexiko hätte dem Empfang der Priesterweihe gegolten. Besonderen Wert für das Eigenständigkeitsgefühl der Neuen Welt erlangte die Tatsache, daß F.d.l.C. Kreole, also nicht rein spanischer Herkunft war. Er gehört mit anderen Franziskanern (B. Bartolomé Laruel OFM, B. Bartolomé Gutiérrez OFM) zu den «Japanischen Martyrern», erster (1597 in Nagasaki) in dieser Reihe. 1862 wurde er von B. Pius IX. heilig gesprochen; vgl., hier: 388; Bernward H. WILLEKE, Biographical Data on Early Franciscans in Japan (1582 to 1640), in: Archivium Franciscanum Historicum 83 (1990), 174–213; E. E. RÍOS, Felipe de Jesús, el santo criollo. México 1943.

[94] Kult, Rang und Bedeutung des Heiligen im Hinblick auf die Mission belegt der frühe Druck anläßlich der Seligsprechung: Baltasar DE MEDINA, Vida, martirio y beatificación del invicto protomártir de el Japon, San Fr. Felipe de Jesús, patron de México, su patria, imperial corte de Nueva España…, a expensas de la devota, noble, y generosa platería de México… México 1683, ²Madrid 1751.

[95] Phil 2,8.

faste que les richesses du sol et du sous–sol du Nouveau Monde ne cessent d'alimenter *ad majorem gloriam Dei.*"[96]

*d. Die Kirchenmusik der Missionen: Gedanken zu einem „weiten Feld".*
Sind schon jene Phänomene der bildenden und darstellenden Kunst in der Wissenschaftsrezeption weitgehend unbekannt, so gilt dies in höherem Maße für die Kirchenmusik der Missionen, wobei darunter auch wiederum die Gesamtheit der *musica sacra* des lateinamerikanischen Kontinents für den Zeitraum von 1650 bis 1760 begriffen sei. Akzentuiert und in seiner Bedeutung hervorgehoben aber wird diese Zeit durch die Ausbildung eines eigenen Stils und Repertoires – eine Tatsache, die durch die 1640 neu gewonnene Unabhängigkeit der Krone Portugals vom oft übermächtigen spanischen Nachbarn an Buntheit und Variation auch in Amerika gewinnt[97].

Auch für diesen Kontext gelingt es, drei verschiedene, aber durchaus einander bedingende Einzelpunkte zu unterscheiden.

I. Kontinuität und Wandel der alten Einrichtungen.

Natürlich bestanden auch in diesem Zeitraum die oben angeführten musikalischen Einrichtungen, welche ihre Gründung bereits ins 16. oder frühe 17. Jahrhundert zurückverfolgen konnten und können, also hauptsächlich die großen Kathedralschulen und Kathedralchöre fort[98]. Während sich das *Repertoire*[99] hier, etwa in Werken eines Francisco Lopez Capillas (1612–1673)[100] oder eines Antonio de Salazar (c.1650–1715)[101] in seiner oft gewollt archaisch–traditionellen Form nur wenig sowohl von jenen seiner Vorgänger, als auch dem zu diesem Zeitpunkt in Europa Üblichen und Gängigen unterschied[102], waren

---

[96] STIERLIN, Ors du Méxique, 13.

[97] Wenngleich das Hauptaugenmerk der folgenden Untersuchung auf den spanischen Besitzungen liegen wird. Das portugiesisch–brasilianische Musikleben sollte dann erst ab den 1780er Jahren eine besondere, eigenständige Rolle spielen.

[98] PACQUIER, Chemins, 81–110

[99] Es soll hier, ebenfalls aus Gründen räumlicher Beschränkung, nur das vokale und/oder instrumentale Musikschaffen interessieren, eine nähere Analyse etwa der Orgelmusik kann daher nicht erfolgen; für die Kathedrale von Mexiko s. für diese Zeit: PACQUIER, Chemins, 331–333; bzw. als Quelle die «Instrucción del órgano que el muy illustre y venerable señor Dean y Cabildo de esta Santa Iglesia Metropolitana de México pide se haga en España» vom 31. Mai 1688 (vgl. ebd., 332); John FESPERMAN, Organs in Mexico. Raleigh 1980; bzw. den eher kunsthistorischen Aspekt in: Maria T. SUAREZ, La caja de órgano en Nueva España durante el barocco. México 1991.

[100] ebd., 101–103 und passim.; TURNER, Mexican Polyphony, 4f.

[101] PACQUIER, Chemins, 103–106.

[102] Eine stark konservative Ausrichtung war auch Kennzeichen des „europäischen" «stile antico» („Palestrinastil"), welcher auch im Umfeld der konzertanten Kirchenmusik des Generalbaßzeitalters seinen Platz behaupten konnte, dies um so mehr an herausgehobenen Orten, welche durch diese Musizierpraxis Anzienität und Ehrwürdigkeit ihres Sitzes unterstreichen wollten. Dies gilt für die päpstliche Kapelle und die *Capella Giulia* des Petersdomes ebenso, wie

personelle Struktur und Rekrutierung dieser *capellæ* nun einem deutlichen Wandel unterworfen.

Denn immer stärker wird nun auch hier das lokale Element, sei es in der Heranziehung einheimischer Kapellmeister, wie etwa Lopez Capillas, der 1612 in Mexiko–City geboren worden war, sei es in der stärkeren Integration indigener Elemente im Sängerbestand. Daß aber die Verbindungen nach Europa nicht gänzlich abrissen, ja im Gegenteil das nun „weltweite" Renommée der Musikinstitutionen der Neuen Welt sogar in der Lage war, bereits fest installierte europäische Musiker zum Aufbruch zu bewegen, belegen nicht zuletzt die Viten de Salazars, oder des mittlerweile wesentlich bekannteren Ignacio de Jerúsalem (1707–1769)[103].

Dieser war 1707 im italienischen Lecce geboren worden, folgte aber 1742 einer Einladung, als Musiker ans weltliche *Coliseo* nach Mexiko zu kommen. Doch scheint die Attraktivität der Kirchenmusik größer gewesen zu sein. Bereits 1746 erwähnen ihn die Bücher der Kathedrale von Mexiko als Komponisten von volkstümlichen *villancicos*[104], 1750 aber schon ist Jerúsalem Kapell-

---

etwa für die Kirchenmusik am spanischen und portugiesischen Königshof. Exemplarisch läßt sich dies z.B. im Werke Domenico Scarlattis festmachen, dessen Kirchenmusik hier eine ganz andere Gestalt annahm, als etwa bei „freien" Kompositionen; die Lit. zu Domenico Scarlatti in Anm. 170. – Als Lokaltradition vermag lediglich die Besetzung des Generalbasses der späteren Zeit, etwa durch den landesüblichen, bis weit in die Missionsstationen hinein verbreiteten *bajo* gelten, das Pendant zum europ. Fagott.

[103] Ignacio de Jerúsalem ist leider bislang überhaupt nicht bearbeitet, sogar Pacquier bedenkt ihn lediglich mit dem Etikett „un compositeur de moindre intérêt" (PACQUIER, Chemins, 359); s. daher: Craig H. RUSSELL, Jerúsalem's Matins: Stunning Music from Mount Tepeyac, in: Beiheft zu: Jerúsalem, Matins for the Virgin of Guadalupe 1764 (= Tel 0630–19340–2). Hamburg 1998, 4–8 [sp. Übs. (mit Orig.zit.) ebd., 18–20]; DERS., Mexican Baroque. Musical Treasures from New Spain, in: Beiheft zur gleichnamigen CD (= Tel 4509–93333–2). Hamburg 1994, 9–11. Prof. Russell, ordent. Professor für Musikwissenschaft und –geschichte an der Cal Poly–Universität zu San Luis Opisbo, ist heute unzweifelhaft der beste Kenner „mexikanischer" Barockmusik.

[104] „Villancicos", vielleicht aus dem alten *chanson (canzona)* hervorgegangen, waren spanischen Ursprungs, entfalteten ihren eigentlichen Reichtum erst in Lateinamerika, wo sie praktisch zu einer Art eigener Musikform wurden. Da sie aber trotz oft geistlichen Textes nicht der Kirchenmusik im strengen Sinne zuzurechnen sind, können sie hier nur am Rande erwähnt werden. Einer der bedeutendsten Meister auf dem Gebiet der „gehobenen" Villancico–Komposition war ohne Zweifel Tomas Torrejón y Velasco (*1644 Villarobledo, † 1725 Lima), der nach einer musikalischen Ausbildung in Spanien und Italien (Neapel) 1667 seinem Herrn, Don Pedro Fernandez de Castro y Andrade (1632–1672) nach Lima folgte, als dieser dort zum Vizekönig ernannt worden war. Torrejón wurde so Hofkapellmeister (bis 1672), dann Justizbeamter, 1676 schließlich Domkapellmeister an der Kathedrale von Lima. Aus seiner Feder stammen sowohl die erste Oper Lateinamerikas (*La purpura de la rosa*, Lima 1701) als auch die großen musikalischen Exequien für König Luis I (Kathedrale von Lima, 1725). Nicht nur im Hinblick auf die Villancicos ist die Vita Torrejóns interessant, hat sie doch vieles mit jener de Jerúsalems gemein; vgl. PACQUIER, Chemins, 243–257, sowie den exzellenten Kommentar von: Bernardo ILLARI, Torrejón de Velasco, in: Musique à la cité des Rois: Torrejón de Velasco (= K617–035), Paris 1993, 52–62. – Die Villancicos aber konnten, vor allem z.B. in Cuba, ganz andere Formen annehmen, ja zu einem Kennzeichen der kreolischen Musik und so zu einem der vielen Vorläufer des Jazz werden.

meister dieser traditions– und prestigereichsten musikalischen Einrichtung des amerikanischen Kontinents. Sein Musikstil vereint in wunderbarem Maße das, was das Erbe seiner beiden Lebensabschnitte ausmachte – jene Fertigkeit und Leichtigkeit des neuen galanten Stils[105], gepaart mit jener spezifisch „missionarischen" Kompositionsweise, deren Wesen wir uns nun zuwenden werden. Die Werke de Jerúsalems aber erfuhren in Manuskriptform eine ungeheure Verbreitung in Lateinamerika[106] und es ist im Kontext der oben gezeigten theologisch–marianischen Zusammenhänge sicher kein Zufall, daß sein Hauptwerk, die „Matutinen am Feste der Seligen Jungfrau" eben Unserer Lieben Frau von Guadalupe[107] gewidmet und zur Aufführung in deren Heiligtum bestimmt waren.

## II. Ein missionarischer Stil?

Betrachtet man die Werke eines de Jerúsalems näher, vor allem seine groß angelegte doppelchörige Missa solemnis in D[108], so sticht, bei aller Eingebundenheit in den Zeitstil, ein Kriterium besonders ins Auge, welches sich so nicht in „europäischer" Musik der Zeit finden würde – gemeint ist das besondere Verhältnis von Solo– und Tuttibehandlung der Singstimmen. Während die europäische Zeitästhetik der europäischen Kirchenmusik[109], etwa eines Georg Philipp Telemanns (1681–1767) oder eines Johann Adolf Hasse (1699–1783) – mit Abweichungen – im Prinzip stets der Regel der getrennten Be-

---

[105] Es sei nur darauf verwiesen, daß seine Lebensdaten eben fast genau mit jenen von Meistern, wie Hasse, Leo, Porpora oder auch des früh verstorbenen Pergolesi zusammenfallen, das kulturelle Ambiente also, welches de Jerúsalem in seiner Lehr– und Kompositionszeit in Italien (1715–1740) kennenlernen mußte, offensichtlich wird; vgl. die bis heute gültige Darstellung von Musik und Zeit: Roberto ZANETTI, La musica italiana nel Settecento, 3 Bde. Busto Arsizio 1978.

[106] RUSSELL, Matins, 6.

[107] Das Werk entstand 1764, es handelt sich m.W. um die einzigen jemals ganz in der Musikgeschichte komponierten Matutinen, sieht man von Sonderformen, wie etwa den im 17./18. Jhd. weit verbreiteten Trauermetten der Kartage (*Lamentationes*), oder den ebenfalls, aber nicht so häufig in Musik gesetzten Totenmatutinen (etwa Johann Christian Bach) ab. Einzelteile der Jerúsalem'schen Matutinen wurden in der Folge sehr populär, darunter etwa das *Te Deum* – nun losgelöst von seiner Funktion als letztes Responsorium der Matutin, sondern als Dank– und Festgesang –, daß etwa der Archivar der Kathedralbibliothek von Mexiko 1793 feststellen mußte, die Partituren wären „muy gastadas" (RUSSELL, Matins, 7, 19)

[108] Die Partitur ist heute in: LA–ACALA, s.num. und trägt die Bezeichnung „anónimo". Russell wies aber nach, daß diese Messen, ebenso wie drei weitere, kürzlich von John Koegel entdeckte Werke eindeutig aus der Feder de Jerúsalems stammen. William Summers, Musikwissenschaftler am Dartmouth College, argumentierte, daß diese Messen von P. Juan Sancho OFM nach Norden gebracht worden, doch gibt es auch Nachweise für einen Transport in die südliche Hemisphäre – „Jerúsalem's music spread throughout the Hispanic world" (RUSSELL, Mexican Baroque, 10; Zit.: dto.)

[109] vgl. ZANETTI, Musica italiana, II, 787–807 („Musica Sacra: Roma"), 836–864 („Musica Sacra: Napoli"); Wolfgang WITZENMANN, Die italienische Kirchenmusik des Barock, Teil 2: Hoch– und Spätbarock, in: Acta musicologica 50 (1978), 154–180.

handlung von Soli und Chor folgt („Nummernkomposition")[110], fällt bei de Jerúsalem eine Art antiphonales Singen, ein Respondieren zwischen Solo und Chor in der Art einer Wiederholung innerhalb des gleichen Abschnitts auf.

Dieses Phänomen steht nun nicht allein, im Gegenteil, je weiter man sich von den „klassischen" Zentren der Kirchenmusikpflege Amerikas entfernt und sich den eigentlichen Missionen zuwendet, desto häufiger wird es. Damit ist aber unweigerlich der Zeitpunkt gekommen, die Musikpflege der Patres der Gesellschaft Jesu, vor allem in den *reducciones* Südamerikas zumindest kurz zu würdigen[111].

Beispielhaft kann dies im Werk Domenico Zipolis geschehen, dessen Lebensweg vom gefeierten europäischen zum lateinamerikanischen Musiker jenen de Jerúsalems oder Tomas Torrejón de Velascos (1644–1725)[112] gar nicht so unähnlich war. 1688 in Prato (Toscana) geboren, wächst der junge Domenico zunächst unter der Anleitung seines Vaters, dann, ab 1707 als Stipendiat und Angestellter des Großherzogs der Toscana zu einem vielversprechenden Musiktalent heran[113]. 1709 folgen Studien bei Bernardo Pasquini in Rom, dort erhält er auch in den Jahren 1710 bis 1714 die ersten großen Kompositionsaufträge, die ihn bald zu einer gewissen Berühmtheit auf dem Gebiet der Vokal– und Orgelmusik[114] aufsteigen lassen. Unter dem Patronat der Familie Strozzi wird der zum musikalischen Genius der dominierenden intellektuellen Institution des barocken Roms, der *Arcadia*. Nichts spricht zu jenem Zeitpunkt dafür, daß dieser junge Hoffnungsträger schon zwei Jahre später alle Verbindungen zu dieser mondänen Welt kappen, der Gesellschaft Jesu beitreten und sich für das Apostolat in den amerikanischen Missionen bewerben würde. Doch stellt sich auch hier die Frage – welche vielleicht auch vor vorschneller Hagiographie bewahrt –, ob diese Option für den gefeierten Musiker wirklich ein solches Entsagen darstellte, oder nicht viel mehr die künstlerische Herausforderung eines Experimentierens in einem für ihn völlig neuen Kontext Stellung und Rang in einem doch zum Teil übersättigten europäischen Musikbetrieb wettmachten. Diese Überlegung zieht Wert, Bedeutung oder gar

---

[110] Dieses Phänomen findet man noch in den frühen Messen eines Franz Joseph Haydn (*1732, etwa in der Missa solemnis in C, Hob.XXII:5, von 1766) und Wolfgang Amadeus Mozart (*1756, z.B. in der Missa solemnis in c [„Waisenhausmesse"] KV 139, von 1768); vgl. Carl de NYS, La musique religieuse de Mozart. ²Paris 1991, 16–20; Paul KAST / Walter SENN, Die Messe, Kap. 2.a–c (Meßkomposition vom 17.–19. Jhd.), in: Musikalische Gattungen in Einzeldarstellungen, Bd. 2: Die Messe. München / Kassel 1985, 55–85, Bibl. ebd., 493–499.

[111] Luis SZARÁN, Música en la reducciones jesuiticas, Asunción 1996.

[112] s. Anm. 104.

[113] PACQUIER, Chemins, 163–184; Lauro AYESTARÁN, Domenico Zipoli, el gran compositor y organista romano del 1700 en el Rio de la Plata. ²Montevideo 1962; Theodor BAKER / Nicolas SLONIMSKY, Dictionnaire biographique des musiciens (orig. Baker's Biographical Dictionary of Musicians, 8. Aufl. 1992), édition adaptée et augmentée par Alain Pâris, 3 Bde., Paris 1995 [zit.: DBM], III, 4716f.

[114] dto. und: S. ERICHSON-BLOCH, The Keyboard Music of Domenico Zipoli (Diss.), Cornell 1975.

Aufrichtigkeit der religiösen Entscheidung Zipolis keineswegs in Zweifel, es spricht vielmehr für ein Renommée lateinamerikanischer Musik, welches hier, wie dreißig Jahre später bei de Jerúsalem, zumal vermutet werden muß.

Für die Jesuitenterritorien war dies in erster Linie das Werk P. Anton Sepps SJ[115], der als „Vater der Missionsmusik" angesehen werden kann und das Terrain bereitete, auf dem dann Persönlichkeiten wie eben Zipoli, daneben aber auch P. Martin Schmid SJ[116] und P. Johann Brentner SJ, um nur einige zu nennen, nachfolgen konnten. Die Musikgeschichte der Reduktionen aber ist nicht unsere zentrales Anliegen, kehren wir daher zu unserer stilistischen Frage zurück, wo wir eben im Werk Zipolis und Schmids dieselben Charakteristiken erkennen können, wie sie bei de Jerúsalems Messe beschrieben wurden, hier nun nicht mehr auf die reine Meßkomposition beschränkt[117]: eindeutig steht Musik hier im Dienst der Kathechese, wird sie schon von ihrer kompositorisch–strukturalen Anlage her zum Werkzeug der Mission[118]. Wichtiger aber

---

[115] Johann MAYR, Anton Sepp. Ein Südtiroler im Jesuitenstaat. Bozen 1988; DERS., Südtiroler Jesuiten der Oberdeutschen bzw. Bayerischen Provinz, 1566–1773, in: Korrespondenzblatt Brixen 98 (1987), 64–91, hier: 79. Zur kulturhistorischen Bedeutung P. Sepps s. Felix A. PLATTNER, Deutsche Meister des Barock in Südamerika im 17. und 18. Jahrhundert. Basel u.a. 1960, 27f. Der berühmte Reisebericht des Jesuiten in: P. Anton Sepp und Anton Böhm SJ, Reißbeschreibung wie dieselbe in Paraquariam kommen. Nürnberg 1697.

[116] Rainald FISCHER (Hg.), P. Martin Schmid SJ (1694–1772). Seine Briefe und sein Wirken (= Beiträge zur Zuger Geschichte 8). Zug 1988; José Manuel PERAMÁS, Martinus Schmid sacerdos, in: DERS. (Ed.), De vita & moribus tredecim virorum paraquayorum. Faenza 1793, 405–460. – Zum musikalischen Denken und architektonischen Schaffen Schmids, sowie seiner Einbindung in den internationalen barocken Formencanon s. Stefan FELLNER, Numerus sonorus. Musikalische Proportionen und Zahlenästhetik der Jesuitenmissionen Paraquays am Beispiel der Chiquitos–Kirchen des P. Martin Schmid SJ (1694–1772). Berlin 1993.

[117] Zahlreich sind auch die Vertonungen von Vespermusiken, die in ihren musikalischen Formen vielleicht noch interessantere Ausprägungen erfuhren, als die Meßvertonungen, s. Piotr NAWROT, Música de vísperas en las reducciones de Chiquitos, Bolivia (1691–1767). Obras de Domenico Zipoli y maestros jesuitas e indígenas anónimos. La Paz 1994.

[118] Aus den zahlreichen und wohl noch nicht ihrer Gesamtheit gesichteten Werken Zipolis seien hier nur die erreichbaren, d.h. edierten, oder zumindest in Einspielungen vorliegenden genannt: Piotr NAWROT (ed.), Domenico Zipoli: Misa Zipoli/Missa Apostolorum (Coll. Monumenta Musica in Chiquitorum Reductionibus Boliviæ: Cantus Ordnarii Missæ). Santa Cruz de la Sierra 1996. Diese Messe, nur aus Kyrie und Gloria bestehend, wurde nach der Vertreibung der SJ von einem anonymen, mit Sicherheit einheimischen Musiker und ehem. Jesuitenschüler um ein Credo, wohl ebenfalls aus der Feder Zipolis, ergänzt und in einem Ms. als Missa Brevis oder Misa en fa (Missa F–Dur) zusammengefaßt, wie sie heute im Archiv von Sucre aufscheint (Sc–ANB, 1208), die Urfassung befindet sich im jetzt angelegten Archiv der Jesuitenreduktion von Chiquitos in Concepción (Archivo Musical de Chiquitos) (Cc–AMCh, 001); vgl. das Vorwort zur o.g. Ausgabe, sowie Bernardo ILLARI, Música distinta para un mundo nuevo, in: Beiheft zu: Zipoli à Chiquitos (= K617036), Paris 1993, 74–78. Von Zipoli ist noch eine zweite Messe überliefert, welche weniger in Hinblick auf das unvollständige Ordinarium – es sind nur Kyrie, Gloria, Credo und Sanctus erhalten, doch dies kann an der Überlieferungsgeschichte, oder an örtlichen und zeitlichen Gepflogenheiten liegen – sondern vielmehr aufgrund des Titels Missa S.Ignatii interessant erscheint. Wie die gleichnamige Plenarvesper und die Messen zu Ehren der Hll. Franz Xaver und Francesco Borja (s. Anm. 120) sind sie Zeugen einer eigenständigen Heiligenverehrung innerhalb des Jesuitenordens. Für die Frage nach einer

noch ist die weite Verbreitung der Werke vor allem Zipolis, welche in ihrer Rezeptionsgeschichte[119] nicht auf die Missionen beschränkt blieben[120], sondern in zahlreichen Abschriften der Kathedralarchive Lateinamerikas, vor allem in Sucre (La Plata)[121], anzutreffen sind – mit dem einzigen Unterschied, daß es den Patres in den Missionen/Reduktionen darüber hinaus gelang, den instrumentalen Apparat den Voraussetzungen und Fähigkeiten ihrer Gläubigen, also der indigenen Indianer anzupassen[122], was in den Kathedralen sicher nicht, oder nur in sehr beschränktem Umfang der Fall gewesen sein dürfte.

Das Wesen dieser Musik aber, die Antiphonalität, welche deutlich an die katechetische Tätigkeit des Vortrags und der Wiederholung von Glaubenssätzen und –wahrheiten erinnert und ganz sicher von dorther ihren Ursprung hat kann ohne Zweifel als Missionsmusik im eigentlichen Sinne gelten, eine Musik, deren Ausstrahlung Jahrzehnte später noch de Jerúsalem in ihren Bann schlagen und dessen Kompositionsstil zumal beeinflussen sollte. Im Überle-

---

Missionskultur ist dies jedoch kein signifikantes Spezifikum, da ein besonderer, auch musikalischer Kult gegenüber den Heiligen der eigenen Gemeinschaft auch anderen Ordensfamilien bekannt ist, man denke – bei einer Fülle von Beispielen – nur an die einschlägigen Werke F.J. Haydns (Missa brevis B–Dur *Sancti Joannis de Deo*, Hob. XXII:7, für die Barmherzigen Brüder; oder die Missa solemnis B–Dur *Sancti Bernardi de Offida*, Hob.XXII:10, für die Kapuziner). – Zur Messe Zipolis s. den Kommentar, ein Kondensat aus den Arbeiten Illaris und Stevensons, von: Alain PACQUIER, Du Haut–Pérou à la forêt amazonienne, in: Beiheft zu: De l'Altiplano à l'Amazonie. Lima, La Plata, Missions jésuites (= K617025). Paris 1992, s.pag. [4–12], bes. 10–12.

[119] Ein schönes Beispiel für die Typologisierung dieses „Missionsstils" ist die anonym überlieferte *Misa Encarnación*, heute in: Cc–AMCh, O 32, ed.v. Piotr Nawrot, Anonimus, Misa Encarnación (Coll. Monumenta Musica in Chiquitorum Reductionibus Boliviæ: Cantus Ordniarii Missæ). La Paz 1996.

[120] Über die Grenzen der Guarani–Mission von Chiquitos hinaus weist die in mehreren Abschriften, darunter auch in der Reduktion von Moxos unter dem vermeintl. Komponisten Francis Cuvarayu überlieferte *Misa Primera Clase*, die also nur den liturgischen Rang des Festes bezeichnet, an welchem diese zur Aufführung gelangen sollte (Cc–AMCh, O 38; bzw. Cc–AMCh, O 43), ed. Piotr Nawrot, Francis Cuvarayu [Franciscu Varayu? Anónymus?] Misa Primera Clase [Misa San Xavier, Misa San Borja?] (Coll. Monumenta Musica in Chiquitorum Reductionibus Boliviæ: Cantus Ordinarii Missæ). La Paz 1996. Zur Verehrung der Jesuitenheiligen s.u. Anm. 118; zur Musik in der weniger bekannten Reduktion von Moxos s. Samuel CLARO, La Música en las Misiones Jesuitas de Moxos. Santiago de Chile 1969.

[121] zur Archivlage der Missionshandschriften s. die Ausführungen in: NAWROT, Misa Encarnación, ix–xiii; CLARO, Antología, xviii–xxi („Descripción de los archivos"); Leonardo WAISMAN, El Archivo Musical de Chiquitos, in: Beiheft zu: Zipoli à Chiquitos, loc.cit., 82–86.

[122] Diese Vermischung europäischer und indigener Klangwelten bezeichnet Pacquier als „cet extraordinaire syncrétisme sonore" im Hinblick auf die Ignatius–Vespern Zipolis (PACQUIER, Chemins, 156, Anm. 19), wobei man in diesem auch theologischen Kontext das Wort «Synkretismus» mit Vorsicht gebrauchen sollte, denn darum handelte es sich in der lateinamerikanischen Kultur des Ancien Régimes nun eben gerade nicht! Zum Instrumentalbestand der Missionen, bzw. deren Erhalt lange nach dem Abzug der Patres SJ s. die Auflistung für das Missionsdorf Puebla de la Exaltación de la Santa Cruz auf dem Gebiet der ehem. Reduktion von Moxos vom 12. Dezember 1796, in: Sc–ANB, Expediente VII, f° 5r und 6, publ. in: Nawrot (ed.), Misa Encarnación, xxi f., bzw. für das Puebla de S. Ana vom 6. Februar 1797 (Sc–ANB, Expediente VIII, f° 5r und 6, publ. in: ebd., xxii f.

ben der Abschriften und damit in der Musizierpraxis sicherte diese Musik ein
Überleben auch der missionarischen Kultur lange über die Vertreibung der
Patres SJ, ja sogar über die „Unabhängigkeits"–Bewegungen hinaus[123], weit ins
19. Jahrhundert hinein. Wissenschaftsrezeptorisch noch weitgehend unbeachtet[124], in Wesen und Ausdruck der Bevölkerung aber tief verankert, steht die
„Missionsmusik" damit gleichberechtigt neben der sogenannten „kolonialen
Architektur" und neben dem Bau– und Kunstschaffen der indigenen Reduktionen, deren Wert die Restaurierungen der letzten Jahre erst wieder unter-
strichen[125].

## III. Missionarische Identität in der Musik

Gelang es so also, missionstypische Kompositions– und Musikpraxis ausfindig
zu machen und zu definieren, so stellt sich abschließend die Frage nach even-
tuellen missionarischen Inhalten in der Musik. Auch hier gilt es, zwei Kriterien voneinander zu scheiden.

*Mystik und Musik*
Auf den besonderen Wert der Mystik in der Landschaft lateinamerikanischer
Theologie wurde bereits hingewiesen und sicher ist dieser Fakt nicht ohne
Wert bei der Analyse eines besonderen Phänomens des dortigen Musikschaf-
fens, gemeint ist die ungewöhnlich hohe Anzahl an geistlichen, aber – im
strengen Sinne – außerliturgischen Kompositionen[126] der Zeit, vornehmlich in

---

[123] Viele der Mss. aus ehem. Missionsbesitz wurden nachweislich bis weit ins 19. Jhd. hinein
benutzt, vgl. ILLARI, Música distinta, 78.

[124] Es kann schon nahezu als ein Skandal gelten, daß keines der großen einschlägigen Lexika,
Hand– und Überblickswerke diese Meister und ihre Musik auch nur erwähnen. Das DBM hat
lediglich einen Eintrag «Zipoli», nicht aber für P. Schmid oder de Jerúsalem; die 3. Aufl. des
LThK kennt keinen von ihnen. Horst RZEPKOWSKIs, Lexikon der Mission. Graz u.a. 1992,
widmet der Musik gerade zwei (!) Seiten (ebd., 312f.), das 17. und 18. Jhd. scheinen dabei nicht
zu existieren... Die Krone setzt dem ganzen aber auf: Gerald H. ANDERSON, Biographical
Dictionary of Christian Missions. New York 1998, wo, entgegen dem bewußt biographischen
Anspruch, weder Zipoli, noch Schmid, geschweige denn unbekanntere Meister berücksichtigt
wurden!

[125] Eines der sichtbarsten Echos dieser Neuentdeckungen und mit ihnen einhergehend
Neubewertungen kultureller Prozesse bildet das «Festival de Música baroca de Chiquitos»,
welches seit 1996 große Erfolge und großes weltweites Ansehen verbuchen konnte

[126] Diese ungeklärte liturgische Stellung verleitete Claro in seinem Pionierwerk (CLARO,
Antología 1974, viii) eine Auswahl dieser allgemein als „villancicos" bezeichneten Werke unter
der Rubrik „Música secular" aufzulisten, was eindeutig falsch ist; zu den „villancicos" s. Anm.
104. Natürlich gibt es auch weltliche Villancicos und der zweite Teil der von Claro aufgeführten
Kompositionen zeigen schon in ihrer Überschrift einen Zusammenhang mit weltlichen und
sozialen Anliegen und Konstellationen („de negros", ebd., Nos. 16–18; „de gitanos", ebd., N°
21, etc.), doch ebenso klar sind Überschriften, wie „de Navidad" (ebd., Nos. 1–5), „a la Virgen"
(ebd., Nos. 6/7), „de Corpus Christi" (ebd., N° 8), „al Santísimo Sacramento" (ebd., Nos. 9–11)
usw.

Form von instrumentalbegleiteten Solokantaten[127], welche unter diversen Namen, wie *tonada, cantada* oder *solo* geführt werden können[128]. Meist sind sie heilsgeschichtlichen Geheimnissen (Weihnacht[129], Passion, Auferstehung, Wiederkunft, Jüngstes Gericht), Grundwahrheiten des Glaubens (Meßopfer, eucharistische Gegenwart[130]), aber auch einigen herausragenden Heiligen (SS. Joseph, Petrus) und natürlich der Gottesmutter gewidmet. Ihre Aufführung war wohl zu Zwecken der persönlichen Devotion, sei es in einem Konvent, oder aber auch in einem privaten oder halbprivaten Oratorium gedacht, wohl meist, falls Umstände und kirchliches Recht es erlaubten, unter ausgesetztem Allerheiligsten. Da der instrumentale Aufwand zwar hinsichtlich der Zahl der beteiligten Instrumente sehr bescheiden[131], hinsichtlich der künstlerischen und interpretatorischen Anforderungen an die Ausführenden aber meist erheblich ist, muß von einem hohen musikalischem Niveau der letzteren ausgegangen werden. Dies wiederum mag erklären, warum nahezu alle musikalischen Größen der Zeit und des Raums, europäischer, wie amerikanischer Provenienz dazu ihren Beitrag leisteten. Während vor allem die Diskographie der letzten Jahre eine gewisse systematische Erschließung dieses Bestands in Angriff nehmen konnte, sind andere wichtige Punkte, wie etwa die theologisch–

[127] Dieses Genre erlebte auch im Europa der Zeit einen enormen Aufschwung, ausgehend von der italienischen *Cantata da chiesa* in ihrer klassischen Form (so etwa bei Vivaldi, Händel, Hasse und noch Mozart) Rezitativ–Arie–Rezitativ–abschließende Arie (meist ein „Alleluia"). Allein schon ein Blick auf diesen formalen Aufbau zeigt, wie sehr wesensverschieden die Produkte Lateinamerikas sind, wo diese Form quasi niemals so aufscheint – ein weiterer Beleg für die kulturelle Eigenständigkeit, mehr noch als z.B. in der protestantischen Rezeption dieser Gattung, exemplarisch in J.S. Bachs Kantate „Jauchzet Gott in allen Landen" (BWV 51, Leipzig 1730), wo der ital. Formalaufbau (einschl. Schlußalleluia) streng beibehalten wird.

[128] Neben der Auswahl an Stücken bei Claro (s. Anm. 126, auch für die Problematik) ist heute die beste Anthologie dieses wenig beachteten Genres wiederum eine Tonträgerveröffentlichung mit ausgezeichneten Begleitaufsätzen: Aurelio TELLO u.a., Aires del Virreinato (Publ. Urtext) (= UMA 2009). México 1997.

[129] So die sehr interessante *Tonada de Navidad* eines „Anónimo" von 1717: *«Para qué los alados orfeos»*, heute in: Mx–INBA, Coll. Sánchez Garza; sie stammt aus dem untergegangenen Schwesternkonvent der Allerheiligsten Dreifaltigkeit in Puebla; vgl. TELLO, Aires, 47–51.

[130] Vgl. CLARO, Antalogía, Nos. 9–11; daneben das *Solo al Santísimo Sacramento: «Tortolilla que cantas»* des berühmten spanischen Hofmusikers Juan Hidalgo (1613–1685), dessen Werke wohl gerade aufgrund ihrer besonderen mystischen Ausrichtung vor allem in Lateinamerika überlebten, sie finden sich in den Archiven von Mexiko, Guatemala, Bogotá und Sucre; zu Hidalgo s. DBM, II, 1784; zum Werk: TELLO, Aires, 43–46. Von Hidalgo findet sich im Bestand des Dreifaltigkeitsklosters von Puebla (vgl. Anm. 129) auch eine der ganz seltenen weltlichen Solokantaten, die *Tonada sola de 8° tono «Disfrazado de pastor baja el amor»*, deren eigenartige Stellung auch durch die kirchentonale Kennzeichnung („im 8. Ton", statt G–Dur) betont wird, s. TELLO, Aires, 17–20, ed. Felipe Ramírez, Tesoro de la Música Polifónica en México, Bd. 2. México 1981.

[131] Es handelt sich fast durchgehend um die Besetzung: Singstimme, 2 Violinen und Generalbaß, welcher aus Cello (*violonchelo*), Gambe (*viola da gamba*), Kontrabaß (*bajon*), einem Zupf- und Schlaginstrument (*teorba o guitara*) und einem Tasteninstrument (*órgano o clavecín*) bestehen kann, wobei auch „Generalbaßarien" bekannt sind, wo die Singstimme nur von einem dann solistisch konzertierenden tiefen Instrument oder der Laute begleitet wird.

geistesgeschichtliche Auswertung der vertonten Texte noch völlig unbearbeitet und offen. Doch nur ein kurzer Blick auf einige dieser meist anonymen, selten klassischen Texte zeigt ihre Qualität, wie etwa jene Aria zur Himmelfahrt Mariens:

> Suavidad del aire inspire
> Quieto y blando venerando
> La que el cielo amando está.
> Ni si mueva ni respire
> Hasta que en el cielo admire
> A su Reina, en llegando
> Aun el sol se parará[132].

Oder jene *cantada a solo*, welche den Frühling in Bezug zur marianischen Frömmigkeit setzt:

> Oiga el orbe Virgen pura,
> pues que sois Madre de Dios,
> las dulzuras de mi canto
> armonías de mi voz
> Pésale  de mis clamores
> fugitivo del dragón fiero
> murmurando de mi anhelo
> la dulzura lo veloz[133].

Doch wären unsere oben gemachten Beobachtungen bezüglich einer „eigenen" Missionskultur nicht stimmig, würde sich die Tradition dieser Solokantaten lediglich auf einige Konvente und fromme Zirkel der großen Städte beschränken. Texte, Musik und Genre zirkulierten auch hier und machten letztlich auch vor Sprachgrenzen nicht halt. Eines der schönsten Beispiele missionarischen Musikschaffens ist die ebenfalls marianische Solokantate für Sopran und konzertierende (europäische und indigene) Instrumente *Zoipaqui*[134] in der Chiquitano–Sprache der Reduktion von San Rafael, deren Komposition Domenico Zipoli zugeschrieben wird. Hier schließt sich der Kreis unserer

---

[132] Aus der gleichnamigen *Cantada sola con violines a la Asunción de Nuestra Señora* des spanischen Hofkapellmeisters José Antonio de Nebra y Mezquita (1672–1747), deren mystische Ausrichtung sich dadurch erklären dürfte, daß der Komponist auch Organist am Madrider Convent der Unbeschuhten Carmelitinnen war (TELLO, Aires, 13–16).

[133] Es handelt sich um das Bravourstück der *Cantada a solo «Cuando la primavera»* aus der Feder Ignacio de Jerúsalems, deren beachtliche Schwierigkeiten der Ausführung (Koloraturen!) auf ein mehr denn überdurchschnittliches Niveau der Interpretin – und auch darauf, wovon der Komponist ausgehen konnte, es an „Stimmaterial" vorzufinden – schließen läßt. Es findet sich heute in Gj–AMC; zum Komponisten s. Anm. 103, zum Werk: Tello, Aires, 25–28.

[134] Bei *Zoipaqui* („Unsere Mutter") handelt es sich um die Chiquito–Version einer lateinischen Marienmotette (*Ad Mariam*), welche in mehreren Mss. Zipoli zugeschrieben wird. Die bekannten Versionen stellen allerdings ohne Ausnahme Kopien aus späteren Jahren, allesamt *nach* der Vertreibung der SJ entstanden, dar; vgl. ILLARI, Música distinta, 77f. – auch dies ein Beleg für das Überleben missionarischer Kultur.

Ausführungen, die Missionskultur hat hier die letzte Barriere überwunden, ohne ihre Verwurzelung im barocken Universum zu verleugnen.

### Die geistliche Oper der Heiligen

Doch noch ein typisches Genre scheinbar abendländischer Musiktradition des Barockzeitalters erfuhr im Rahmen der missionarischen Kultur Lateinamerikas seine ganz spezifisch–eigenständige Ausprägung: die erst kürzlich aufgefundenen geistlichen Opern. Bislang kamen davon zwei ans Licht, welche herausragende Gestalten wiederum der Mission gewidmet sind: zum einen dem uns schon von der bereits besprochenen Ikonographie her bekannten Hl. Franz Xaver, zum anderen dem Gründer der Gesellschaft Jesu, dem Hl. Ignatius von Loyola[135]. Natürlich waren geistlich–dramatische Kompositionen mit hagiographischem Inhalt auch mit jesuitischen Stoffen[136] der europäischen Oratoriumstradition im Gefolge Carissimis und seiner Schüler zum Beispiel in Frankreich[137] durchaus bekannt doch ist dessen Behandlung hier, in den Missionen eben wieder ganz eigen, folgen Textgestalt, Komposition und Instrumentarium jenen Kriterien, welche wir oben für die missionarische Kultur als genuin erkannt hatten. Dennoch bleiben auch hier die universalen Kennzeichen der Zeit wiederum nicht auf der Strecke, steht der für die ignatianische Spiritualität zentrale Kampf zwischen Gut und Böse im Zentrum der Darstellung, treten die Kräfte von Himmel und Hölle in Rollen auf[138] und betreten letztlich die beiden Hauptgestalten, François Xavier und Ignatius die geistliche Bühne, um, anhand des Aufbruchs des ersteren in die Fremde die letzte Motivation der Missionen, den Aufbruch in eine Neue Welt um der Liebe Jesu

---

[135] Bernardo ILLARI, San Ignacio de Loyola. Una opera de la alteridad en las reducciones jesuiticas, in: Beiheft zu: San Ignacio. L'opéra perdu des missions jésuites de l'Amazonie (= Musique Baroque à la Royale Audience de Charcas 2) (= K617065). Paris 1996, 35–41; PACQUIER, Chemins, 203–221. Die Entdeckung und Restitution der Jesuitenoper stellt die bislang größte Forschungsleistung Illaris dar, der heute einen Lehrstuhl für Musikgeschichte an der University of Chicago bekleidet.

[136] Allerdings geht das vorliegende Phänomen der Ignatius–Oper weit über das hinaus, was hinlänglich als „Jesuitentheater" wissenschaftlich akzeptierter Bestandteil der frühbarocken Kultur ist und seine prächtigste Ausprägung wohl in München erfuhr; vgl. Günter HESS, Der sakrale Raum als Schauspiel. Zur poetischen Inszenierung der Münchner Michaelskirche in der historischen Festschrift von 1597, in: DERS. / Sabine M. SCHNEIDER / Claudia WIENER (Hgg.), Trophæa Bavarica – Bayerische Siegeszeichen. Faksimilierter Nachdruck der Erstausgabe München 1597, mit Übersetzung und Kommentar (= Jesuitica 1). Regensburg 1997. 269–282; Barbara BAUER / Jürgen LEONHARDT (Hgg.), Trivmphvs Divi Michaelis Archangeli Bavarici – Triumph des Heiligen Michael, Patron Bayerns (München 1597) (= Jesuitica 2). Regensburg 2000.

[137] Man denke etwa an Marc Antoine Charpentiers (1643–1704) *In honorem S. Xaverii Canticum*, H.355, welches wohl zur Aufführung an der Pariser Jesuitenkirche Saint Louis bestimmt war, wo Charpentier seit 1688 als *maître de chapelle* fungierte; vgl. Cathérine CESSAC, Marc Antoine Charpentier. Paris 1994.

[138] Der Teufel tritt in Gestalt eines Dämons sogar singend auf (San Ignacio, 4. und 5. Szene); das gesamte Libretto in der von Illari rekonstruierten Fassung in: Beiheft San Ignacio, 19–26.

Christi willen in einem echt barocken Duett zwischen menschlicher Zunei-
gung und himmlischer Liebe singend zu verdeutlichen (Rollen: *Hl. Ignatius,
Hl. Franz Xaver*).

> Ignacio, amado padre,
> Francisco, hijo querido,
> irme lejos de ti
> sin ti, quedarme aquí –
> ¡ay! Qué tormento,
> mas Jesús amoroso,
> del alma dulce esposo,
> con su paterno amor,
> convertirá el dolor
> en gran contento[139].

Hier wurde nicht nur der Ausdrucksreichtum und die Formensprache der
„weltlichen Oper" auf die geistliche Sphäre übertragen – was zuvor schon in
Europa gelungen war –, durch die besondere Akzentuierung der Missions-
problematik wurde diese Musik in Form, Stil, Inhalt und Text[140] zum Inbegriff
unserer Fragestellung, der Missionskultur, die hier mit einem echt–
eigenständigen Werk den universalen Barock bereichert und sich zugleich so
ihren gleichberechtigten Platz darin sichert.


C. Die letzte Phase: Flux und Reflux.
Von der Vertreibung der Societas Jesu bis zu Beginn des 19. Jahrhunderts.


*Ende einer Epoche?*
Wenngleich der erzwungene Abzug der Väter des Hl. Ignatius natürlich weder
das Ende der missionarischen, noch gar der südamerikanischen Kultur in ihrer
Gesamtheit bedeutete, kommt man doch kaum umhin, in diesen Jahren eine
Zeitenwende auszumachen. Dies insbesonders, da nunmehr vor allem jene
Werte, für die die Gesellschaft Jesu exemplarisch gestanden war, im Rückzug
begriffen waren – dazu gehörte nicht zuletzt eine eigenständige kulturelle
Entwicklung der lateinamerikanischen Länder. Nun, im Zeitalter einer dominierenden vermeintlichen „Aufklärung" wurde zumal in Bezug auf die Rah-
menvorgaben der großen Politik die Abhängigkeit von Europa verstärkt
herausgestellt, sollten von hier nun wiederum die dominierenden Ideen ausgehen, welche doch weitgehend dem neuen Denken von der ausschließlichen
Nützlichkeit unterworfen waren.


---

[139] San Ignacio, Szene 10 (ebd., 25f.).

[140] Auch hier in der Ignatius-Oper waren einige Textstellen in Chiquitano verfaßt, darunter
die Rolle des „Torribio" genannten Erzählers, welcher am Ende die „Moral der Geschichte"
vortrug, vgl. PACQUIER, Chemins, 211f.

Es ist sicher kein Zufall, daß gerade in dieser Epoche *Brasilien* stärker in das Blickfeld der kulturhistorischen Betrachtung tritt[141], hatte sich in Portugal dieser Umschwung zuerst abgezeichnet, war gleichsam mit der Thronbesteigung D.José I.[142] 1750 das eigentliche Zeitalter des Barock, die große und in ihrer immensen Bedeutung bis heute unterschätzte Zeit und Kultur der Regierung seines Vaters, D.João V (1720–1750)[143] zu Ende gegangen[144].

Als am Allerheiligentag des Jahres 1755 die Hauptstadt Lissabon wie in einem Fanal durch einige kurze Bebenstöße dem Erdboden gleichgemacht worden war[145], diente dies aber vielmehr als deutlicher Ausdruck des Heranbrechens der neuen Zeit, der Regierung Pombals[146], des Endes der Jesuiten, das dann ja 1773 endgültig in der skandalösen Auflösung der SJ durch Clemens XIV. erfolgte. Für die jesuitischen Missionen bedeutete dies den Todesstoß, missionarische Kultur konnte und sollte von nun an nurmehr in den zumeist franziskanischen Stationen, vorrangig im heutigen New Mexico über– und weiterleben.

Im Gesamtkontext der abendländischen Geistes–, Kultur– und Ideengeschichte aber war die Zerschlagung der Societas und damit verbunden der *reducciones* nur eine erste Etappe auf jenem gewaltigen Weg zur Entchristlichung eben nicht nur abendländischen, sondern der christlichen Gesellschaft allgemein[147], welche sich in der Periode des Barock zum letzten Male erkannt und gerade in ihren spezifischen Unterschieden doch durch eine universale höhere Einheit definiert hatte. Was folgen sollte, waren Klosteraufhebungen (Österreich und Portugal), ein erster Kulturkampf, schließlich Säkularisation und Mediatisierung der geistlichen Stätten und Landschaften.

---

[141] Dies mag zum einen an der völlig anderen Gewichtung der überseeischen Besitzungen im Falle Portugals liegen, sowohl in administrativer, als auch schwerpunktmäßiger Hinsicht, lag das portugiesische Interesse doch bis zur Entdeckung der Edelmetallvorkommen in Brasilien eindeutig im pazifischen, ostasiatischen Raum; vgl. David BIRMINGHAM, História de Portugal. Uma perspectiva mundial. Lissabon 1998; Joaquim VERISSIMO SERRÃO, História de Portugal, 12 Bde. Lissabon 1989.

[142] Jean–François LABOURDETTE, Histoire de Portugal. Paris 2000, 399–430; Joaquim VERÍSSIMO SERRÃO, O Despotismo Illuminado (1750–1807). Lissabon 1982.

[143] LABOURDETTE, Histoire, 365–399; Joaquim VERISSIMO SERRÃO, A Restauração e a Monarquia absoluta: 1640–1750. Lissabon 1980, 234ff.; Aries de CARVALHO, D.João V e a Arte do seu tempo, 2 Bde. Lissabon 1962.

[144] Doch hatte man bereits unter der Regierung D.João V am 9. Juni 1711 ein Edikt erlassen, wonach alle weiteren Klosterbauten in Brasilien einzustellen und fürderhin verboten wären; nach Bazin ist der Grund dafür nicht in einer kirchenfeindlichen Haltung der Regierung, sondern in der Furcht, „die neu entdeckten Goldminen könnten ... wie überall in der Welt so auch unter den Mönchen für Unruhe sorgen" (BAZIN, Paläste, I, 130).

[145] Isabel M. BARREIRA DE CAMPOS, O Grande Terramoto (1755). Lissabon 1998.

[146] Zur Zeit s. die Lit. in Anm. 142; zur Person: Maria H. Carvalho dos SANTOS, Pombal revisitado (Coll. internac.), 2 Bde. Lissabon 1984.

[147] Besonders deutlich wird dies am zunehmenden Einfluß explizit antikirchlicher Strömungen und Kreise, v.a. der Freimaurerei; s. Graça DIAS / João da SILVA, Os primórdios da maçonaria em Portugal, 4 Bde. Lissabon 1986.

*Die bürgerliche Alternative*

In diesem beginnenden Zeitalter des bürgerlichen Utilitarismus aber konnte gerade Brasilien eine ganz eigenständige kulturelle Blüte ausprägen, wenngleich auf Grundlage ganz anderer Voraussetzungen, wie dies bei unserer oben gesehenen „missionarischen Kultur" der Fall gewesen war[148].

Wirklich bedeutend wurden die portugiesischen Besitzungen erst zu Ende des 17. Jahrhunderts[149], als hier in großen Mengen zunächst Edelstein, dann aber auch und vor allem Goldvorräte entdeckt wurden. Die bloßen Namen *Ouro preto* und *Minas gerais* weckten für Generationen von portugiesischen Auswanderern, Unternehmern, Fiskal– und Kronbeamten Assoziationen von unbegrenzten Möglichkeiten[150], für die Krone selbst aber bedeutete er eine weitgehende Unabhängigkeit von den Ständen und daher die Grundlage zum Ausbau des echten frühneuzeitlichen Fürstenstaates.

Vor Ort aber begannen nun, viel später und in ganz anderer Weise und Ausrichtung, als in den spanischen Territorien, europäische, indigene und eben auch afrikanische Elemente sich zu vermischen – letztere stellten ganz im Sinne des erwähnten wirtschaftlichen Utilitarismus die billigste verfügbare und belastbarere Arbeitskraft in den auszubeutenden Bergwerken dar.

Doch gerade diese Mixtur verstand es, in der so seltsam faszinierenden Zwitterzeit des Rokoko, zwischen barockem Erbe und aufklärerischen Anspruch, eine ebenfalls ganz eigene Kultur auszuprägen, deren schönstes architektonisches Beispiel heute das städtebauliche Ensemble von Ouro Preto[151] darstellt, die wohl weltweit perfekteste und auch besterhaltene architektonische Einheit des Rokoko.

Der Geist dieser Kultur aber wurde zunehmend bürgerlich und unternehmerisch[152], christliche Elemente wurden als Teil der moderat aufgeklärten Gesellschaft geduldet und integriert[153].

---

[148] Zum Gesamtkomplex der portugiesischen Besitzungen in Amerika und für die frühere Zeit s. Frédéric MAURO, La colonisation portugaise en Amérique, in: Histoire du Portugal – Histoire européenne (Actes du colloque, Paris 1986). Paris 1987, 97–110; DERS., Le Portugal, le Brésil et l'Atlantique au XVIIe siècle (1570–1670). Paris 1983.

[149] Joel SERRÃO / António H. MARQUES DE OLIVEIRA (Hrsg.), Nova história da expansão Portuguesa, Bd. 7: O Império Luso–Brasileiro: 1620–1750. Lissabon 1991; VERÍSSIMO SERRÃO, Restauração, 275–322 („Portugal ultramarino").

[150] André João ANTONIL, Cultura e opulência do Brasil por suas drogas e minas. Paris 1965; Charles R. BOXER, The Golden Age of Brazil: 1695–1750. Cambridge 1962; zur barocken Kunst Brasiliens s.a. die Lit. in den Anm. 8–10. Erstaunlicherweise ist Brasilien aus GUTIÉRREZ, Art chrétien, völlig ausgeklammert, was wohl für unseren missionskulturellen Ansatz noch angehen könnte, bei einem so allgemeinen Titel wie „L'art chrétien du Nouveau Monde – Le baroque en Amérique latine" doch seltsam befremdlich wirkt und nur aus alten Animositäten erklärt werden kann...

[151] S. BOTTINEAU / STIERLIN, Iberischer Barock, 13, 36–40.

[152] Jorge BORGES DE MACEDO, Problemas de história da indústria portuguesa no século XVIII. ²Lissabon 1982; DERS., A situação económica no tempo do Pompal. ²Lissabon 1982; spez. für Brasilien: Francisco J. CALAZANS FALCON, A época Pombalina. Politica económica e Monarquia illustrada. São Paulo 1982.

Doch schon dies genügte, dem architektonischen Gesamterbe einige der schönsten und in ihrer Exaltation erstaunlichsten Kirchenbauten zu schenken[154], deren Höhepunkte sicherlich in den großartigen Wallfahrtskirchen gesehen werden dürfen, darunter an hervorgehobener Stelle jene zum *Bom Jesus*, jener so typisch portugiesisch–brasilianischen Frömmigkeitsform[155].

In der Musik[156] entsprachen diesem Aufbruch[157] geistig verwandte Werke, welche bei allem Lokalkolorit, „a special mixture of elements from Italian and Portuguese Baroque music, spiced with the unique flavor of local musical traditions"[158], doch stark im europäischen „galanten Stil", dem *bon goût* von Rokoko und *Sturm und Drang* eingebunden blieben.

Beispielhaft sind hier die Werke Luís Alvares Pintos (1719–1789)[159] und vor allem das riesige Œuvre José Joaquim Emérico Lobo de Mesquitas (1746–

---

[153] Serrão / Marques de Oliveira, História, Bd. 8: O Império Luso–Brasileiro: 1750–1822. Lissabon 1986.

[154] Neben Ouro Preto, das seinerzeit bezeichnenderweise *Villa rica* hieß, ist das herausragendste Werk des brasilianischen Barock der Klosterkonvent von São Bento in Rio de Janeiro, vgl. Bottineau / Stierlin, Iberischer Barock, 30–35. Die Benediktiner hatten sich dort schon 1581 niedergelassen, doch erst 1669 war das Dach der Klosterkirche eingewölbt, da man stark von den politischen Verhältnissen des Mutterlandes abhing. Der Bau zog sich dann bis 1800 hin (Abschluß der Sakristei); die Baugeschichte in Übersicht: ebd., 13.

[155] Diese Ausführungen sollten nun nicht zu der Ansicht verführen, die brasilianische Kultur hätte erst in der Aufklärung begonnen. Vielmehr hatte gerade die Klosterarchitektur des Barock hier Bedeutendes geleistet, wobei das unmittelbare europäische Vorbild stets dominierend blieb, fast bis hin zur sklavischen Abhängigkeit. Das beste Beispiel ist die Jesuitenkirche Espirito Santo in São Salvador de Bahia, „kein brasilianisches Bauwerk, sondern ein rein portugiesisches. Die Jesuiten hatten den Aufwand nicht gescheut, die ganze Kirche Stein für Stein auf dem Seeweg aus dem Mutterland kommen zu lassen" (Bazin, Paläste, 130). Dies hatte in Portugal Tradition: um seine besondere Verbindung zum Hl. Stuhle zu betonen, hatte D.João V die von ihm gestiftete Kapelle des Hl. Rochus in Rom in Auftrag geben, vom Papst weihen, dann in Stücke zerlegen und so nach Lissabon transportieren lassen, wo sie Stein für Stein wieder aufgebaut wurde; s. dazu Veríssimo Serrão, Restauração, 438f. Zur großen Epoche des brasilianischen Klosterbarocks s. Bazin, Paläste, I, 130–140. Einer näheren Betrachtung in unserem Kontext aber steht die wie gesagt starke, d.h. die Ausprägung einer eigenständigen Missionskultur verhindernde Abhängigkeit zum Mutterland, sowie die administrativen Beschränkungen (vgl. Anm. 144) entgegen.

[156] Generell als Einführung zur brasilianischen Musik s. Antonio A. Bisbo, Collectanea musicæ sacræ Brasilensis. Roma 1981.

[157] Wie in der Kunst (s. Anm. 155) kann natürlich auch für Brasiliens Musik nicht von einer *tabula rasa* vor 1690 gesprochen werden, wenngleich es eben auch hier dieses Schaffen in Ausrichtung und Eigenständigkeit nicht mit der „benachbarten" Produktion der spanischen Kronländer vergleichen läßt. Für die Frühzeit s. Antonio A. Bisbo, Grundlagen christlicher Musikkultur in der außereuropäischen Welt der Neuzeit: der Raum des früheren portugiesischen Patronatsrechtes. Roma 1988.

[158] Sérgio Dias, Sacred Music from 18th Century Brazil, in: Beiheft zur gleichnamigen Einspielung (= Sacred Music from 18th Century Brazil 1) (= Claves 50–9521). Thun 1995, 4–7, hier: 7. Im Hause „Claves" läuft nun eine der staatlichen Unternehmung K617 verwandte Editionsreihe zur brasilianischen Musik des 18. Jhds. An, bislang sind drei Titel erschienen.

[159] S. Dias, Sacred Music, 5. – Die brasilianische Musik ist leider nicht mehr Teil der Darstellung bei Pacquier, Chemins, andere biographische Notizen sind naturgemäß spärlich.

1805)[160] zu nennen, letzterer wohl einer der profiliertesten Komponisten der gesamten Periode, der den Vergleich auch mit den vermeintlich großen Meistern der Zeit nicht zu scheuen braucht[161]. Zusammen mit anderen formten sie die *escola de compositores da Capitania das Minas de Ouro*. Trotz des Unterschiedes in der Ausgangslage gegenüber den im Vergleich wesentlich besser ausgestatteten Kathedralkirchen Spanisch–Amerikas[162], beziehungsweise dem einzigartigen Experimentierfeld der jesuitischen Reduktionen, gelang es hier, innerhalb von nur kurzer Zeit ein Musikleben auf die Beine zu stellen, das auch auf dem Gebiet der Kirchenmusik[163] seinen Rang dann beweisen konnte,

---

[160] Maria I. J. GUIMARÃES, L'œuvre de Lobo de Mesquita : compositeur brésilien (1746–1805). Contexte historique, analyse, discographie, catalogue thématique, restitution (zgl. Diss. Paris IV–Sorbonne 1996). Villeneuve d'Ascq 2000.

[161] Vgl. DIES., José Joaquim Emérico Lobo de Mesquita – Contexte historique, in: Beiheft zu: Lobo de Mesquita, Dominica in Palmis (= La nuit transfigurée, LNT 340104). Paris 1999, s.p. [7–13], zur Bedeutung des Komponisten.

[162] Bezeichnend ist hier auch der Bestand der Kirchenmusikarchive etwa von Ouro Preto, wo sich weniger einheimische, geschweige denn „missionarische" Werke finden, wohl aber Anschriften von Kompositionen Palestrinas, Lassus', Byrds, Lullys, A. Scarlattis, Purcells, Händels, Pergolesis, J. Haydns und Mozarts (s. GUIMARÃES, Mesquita–Contexte, 12). Dies spricht wohl für einen gut ausgebauten Musikalienhandel und internationalen Zuschnitt, wenig aber für die Ausprägung einer spezifischen Musikkultur. Interessant aber ist die ansonsten in Lateinamerika nicht bekannte Rezeption von Werken des französischen (Lully) und britischen (Byrd, Purcell) Stils, wohl ein Spiegel der diversen politischen und dynastischen Verbindungen des portugiesischen Königshauses Bragança (D.Catarina de Bragança (1638–1705) etwa war die Gemahlin König Charles II von England; Portugal selbst stets der treueste Verbündete der englischen Krone). – Einen besonderen Rang innerhalb der brasilianischen Musikgeschichte des 18. Jhds. nimmt das ebenfalls in den Minas Gerais gelegene Vila do Ribeirão do Carmo ein, welches Anfang des Jhs. zu Ehren der portugiesischen Königin und Gemahlin D. Joãos V., Maria Anna von Österreich, in „Cidade de Mariana" umbenannt und 1745 zum Bischofssitz erhoben wurde. 1752 erhielt die Stadt als persönliches Geschenk des neuen Königs, D. José I., ihre berühmte Orgel (16 Register, 2 Manuale), ein Werk des deutschen Orgelbauers Arp Schnitger (1648–1719) und somit ein Unikat auf lateinamerikanischem Boden. 1753 wurde das Instrument, dessen vorausgehendes Itinerar im Dunkeln bleiben muß, in der neu errichteten Kathedrale installiert. Die 1984 anläßlich der Restaurierung erschienene Festschrift und Schallplatteneinspielung (mit zwei Werken Lobo de Mesquitas) ist bislang die einzige Referenz zu diesem weiteren Beleg der Heterogenität musikalischer Kultur im lusitanischen Brasilien: Claver FILHO, O órgão da Catedral de Mariana, in: Concerto de Mariana/Restauração do órgão. Mariana 1984, s.pag.; DERS., J.E. Lobo de Mesquita: *Missa em Fá Maior* e *Lidainha de Nossa Senhora* [Litaniæ B.M.V.], in: DERS., Concerto de Mariana/Restauração do órgão. Mariana 1984; Lit. zu Lobo de Mesquita s. in Anm. 160 u. 161.

[163] Eine der wenigen Parallelen zur missionarischen Kultur der spanischen Länder scheint der ausgeprägte Hang beider Traditionen zu Plenarkompositionen zu sein. Wie de Jerúsalem die gesamte Matutin des Marienfestes U.L.F. von Guadalupe vertonte (vgl. Anm. 103), so setzte Lobo de Mesquita die gesamte Liturgie des Palmsonntags in Musik, d.h. angefangen mit den Antiphonen der Palmweihe («*Hosanna filio David*» etc.), den Einzelteilen der alten Palmliturgie mit «*Sanctus*» und «*Benedictus*», alle Antiphonen und Hymnen der Prozession, bis hin zum Introitus und dem gesamten Proprium der Messe, dem Ordinarium und den Passionschören (*turbæ*), vgl. Anm. 160f. Beispiele für eine derart erschöpfende Auskomponierung aller Teile eines Festes aus der Feder desselben Komponisten sind in Europa vergleichsweise selten, bzw. kaum bis gar nicht anzutreffen. Im Falle Lobo de Mesquitas kann ein Grund dafür natürlich in

als Brasilien schlagartig ins Licht der Weltgeschichte treten sollte. 1808 mußte
der Königshof aus dem Mutterland fliehen und in Übersee Zuflucht suchen –
in der bis dato nur wenig bekannten Verwaltungshauptstadt *São Sebastião do Rio
de Janeiro[164]*. Das sich hier nun ausprägende musikalische Leben der neuen,
bald kaiserlichen Hauptstadt bildete so den Abschluß einer eigenen Entwicklung und kann in der letztlich doch – gegen massive Kritik des Hofes – von
D. João (VI) allein durchgesetzten Bestallung des Mulatten José Maurício
Nunes Garcia (1767–1830) zum *Mestre da Capela Real* greifbar gemacht
werden[165]. Doch sowohl die deutlich bürgerlichen Ressentiments, als auch die
Tatsache, daß die Hofkapelle – und damit auch die Kirchenmusik – weitgehend aus europäischen Mitgliedern, Portugiesen und Franzosen, bestand, bezeichnet das endgültige Ende auch der kurzen, einigermaßen eigenständigen
Epoche der Musik und Kultur von Ouro Preto, die ihrerseits so doch noch
Anspruch auf einen, wenn auch beschränkten Platz in der christlichen Kulturgeschichte Lateinamerikas[166] erheben kann. Die Zukunft gehörte hier nun, wie
bald fast überall auf dem Kontinent, einer vermeintlich hohen, ausschließlich
an Europa orientierten Kunstmusik, deren Ende wiederum die Erfolge einer
Maria Callas in Buenos Aires und Mexico City bilden sollte, doch das ist nicht
unser Thema. Die missionarische Kultur war zumal in ihrer Breitenwirkung
zugrunde gegangen – mit dem Zeitalter der Unabhängigkeit begann wie in so
vielen Bereichen auch für die Musik die Zeit der eigentlichen Abhängigkeit:

> „Comme l'a justement montré le Chilien Pedro Morandé, la lecture du
> baroque a gagné aujourd'hui en clarté, profondeur et compréhension
> grâce à la littérature ou à la sociologie. Parallèlement, la prétendue «mo-
> dernité» des Lumières européennes apparait comme une «deuxième
> conquête», qui a détruit des bases culturelles et sociales primordiales au
> nom d'un despotisme éclairé et d'un soi–disant libre–échange et dont les

der „Archivlage" seines Musikalienbestandes (vgl. die Ausführungen in Anm. 162) gewesen
sein, d.h. daß ihm das vorhandene Material eben nicht angemessen oder ausreichend erschien.
Jedenfalls belegt dies die hohe musikalische Qualität und auch den Anspruch der Schule von
Ouro Preto.

[164] LABOURDETTE, Histoire, 495–502; SERRÃO / OLIVEIRA, História, Bd. 8, loc.cit.

[165] DIAS, Sacred Music, 7; zu Nunes Garcia s. Cleofe PERSON DE MATTOS, José Maurício
Nunes Garcia. Biografia. Rio 1997; DERS., Catálogo temático das obras do Padre José Maurício
Nunes Garcia, Rio 1970.

[166] Ein Hinweis in diese Richtung mag z.B. die durchaus originelle Textgestaltung des
*«Tercio»* genannten Stückes von Lobo de Mesquita gelten, welches mit dem Offertorium der
Jungfrauenmesse «Diffusa est gratia» beginnt, dann das portugiesische Vater Unser («Padre
nosso qu'estais nos ceos»), das Ave Maria («Ave Maria cheia de graça» und endlich das (nun
wieder lateinische) «Gloria Patri» anschließt, was deutlich katechetischen Charakter trägt, aber
wohl zur Andachtsübung, bzw. Christenlehre der portugiesischen, vielleicht auch mulattischen
Bevölkerung gedacht war. Dabei kommt es aber zu peinlichen Textauslassungen, wie sie dann
im Biedermeier auch in Europa üblich werden sollten (z.B. „Gloria Patri et Spiritui
Sancto.[sic!]"), was den Patres SJ sicher nicht passiert wäre.

conséquences affectent encore aujourd'hui les pays d'Amérique Latine, en
dépit des mouvements d'«indépendance».[167]

## Von Rückwirkung und Überleben einer Kultur

Und doch hat diese Kultur der Missionen nicht nur überlebt, sondern in nicht
unwesentlichem Maße auch die Gegebenheiten ihrer Kern– und Mutterländer
beeinflußt, hinaus über die bereits ausführlich betonte Rolle im Gesamtmosaik
des Barock. Es hängt dies wohl unmittelbar zusammen mit der kulturellen
Situation der genannten Kronen im 17./18. Jahrhundert[168], wo, wenngleich
zeitlich etwas versetzt, der rein italienische Kultureinfluß immer stärker zu-
nehmen sollte, zum Teil durchaus gewollt und von den Landesfürsten bewußt
als Element ihrer Regierungsauffassung geplant[169]. Exemplarisch kann dies
etwa für die Musik an der Person Domenico Scarlattis[170] festgemacht werden,
der nach einer ersten musikalischen Ausbildung beim berühmten Vater und
anderen italienischen Meistern und nach einigen Erfolgen und bedeutenden
Stellungen im Heimatland zunächst die Charge eines portugiesischen, schließlich aber im Gefolge der Verheiratung seiner Schülerin Maria Barbara de
Bragança die eines spanischen Hofmusikers antrat, ohne dabei seinen persönlichen Kompositionsstil ändern zu müssen. Viel mehr bestimmte er und andere italienische Musiker der Zeit sowohl das portugiesische, als auch das
spanische Musikleben[171].

  Gerade hier, also auf dem Gebiet der Musik und vor allem der Kirchenmusik, liegt eine besondere Bedeutung unserer Betrachtung. Denn die quasi

[167] GUTIERREZ, Le Baroque est toujours vivant en Amérique Latine, in: DERS., Art chrétien,
459f.

[168] Vgl. Yves BOTTINEAU, L'art de cour dans l'Espagne de Philippe V: 1700–1746. Bordeaux
1962, 2. Aufl. in: Mémoires du musée de l'Ile–de–France, Bd. 1, Château de Sceaux 1993; L'art
européen à la cour d'Espagne au XVIIIe siècle (AK Madrid/Paris 1979/1980). Paris 1979.
Besonders akzentuierte sich der portugiesische Einfluß unter Carlos III (1759–1788), der zuvor
als Vizekönig in Neapel die italienische Kultur des *Settecento* quasi verinnerlicht hatte; vgl. Pedro
VOLTES BOU, Carlos III y su tiempo. Madrid 1988; Sir Charles PETRIE, King Charles III of
Spain. London 1971. – Zu Portugal s. LABOURDETTE, Histoire, 431–460; SERRÃO,
Despotismo.

[169] So z.B. die bewußte Kopie römischer Bräuche und Vorrechte unter D.João V, als
Zeichen der gewollten Anlehnung an den päpstl. Hof – und damit automatisch an eine
italienisch dominierte Kultur, vgl. Anm. 155.

[170] Ralph KIRKPATRICK, Domenico Scarlatti. Princeton 1953; Malcolm BOYD, Domenico
Scarlatti. Master of Music. London 1986; Josef J. SCHMID, Art. «Scarlatti, Domenico (1685–
1757)», in: BBKL VIII (1994), coll. 1498–1500.

[171] An erster Stelle ist hier natürlich der gefeierte Kastrat Carlo Broschi, gen. Farinello, zu
nennen, der unter Felipe V nicht nur das musikalische, sondern als quasi nicht ernannter
Premierminister auch das politische Leben des Landes prägte; s. Patrick BARBIER, Farinelli. Le
castrat des lumières. Paris 1994.

Uniformität der iberischen Kultur – wie gesagt für die (Kirchen–)Musik[172] in noch stärkerem Maße als etwa für Malerei und Architektur – führten zu dem Paradox, das die nunmehr weitgehend eigenständige Kultur Lateinamerikas, eben unsere spezifische Kultur der Missionen, als nahezu einziger origineller Vertreter besonders der spanischen, in deutlich gemindertem Maße auch der portugiesischen Kultur der Barockzeit gelten können. Diese Tatsache, wenngleich vielleicht einige Einzelbeispiele dagegen ins Feld geführt werden mögen, ist in ihrer Bedeutung bislang nahezu überhaupt nicht in der kulturhistorischen Rezeption präsent.

Wie aber überlebte diese Kultur im Lande, also vor Ort selbst? Natürlich setzte der Abzug der SJ, wie gesagt, eine gewaltige Zäsur, die nunmehr den Schwerpunkt kulturellen und künstlerischen missionarischen Schaffens wiederum nach Norden verlegte. Doch war das ebenfalls ausführlich besprochene System des kulturellen Austausches gerade auf dem Gebiet der Kirchenmusik noch derart intakt[173], daß große Teile dieses Erbes bis weit ins 19., ja zum Teil bis ins 20. Jahrhundert hinein im Aufführungsrepertoire blieben. Daneben aber hatte die fruchtbare Schule der Missionare, hier vor allem der Jesuiten, einheimische Kräfte herangebildet, die Stil und Charakteristik der Musik etwa eines Zipolis oder P. Schmids noch lange fortsetzten und deren Werke nun langsam erst, nach den „großen Namen", ins Blickfeld der Betrachtung und der Forschung rücken.

---

[172] Ein schönes Beispiel für den z.B. in Portugal vorherrschenden Zeitstil zur Mitte des 17. Jhds. ist die Kompilation: Masters of the Royal Chapel, Lisbon (= Hyperion CDA 66725), London 1994, mit der Überblickseinführung: Bernadette NELSON, The Portuguese Royal Chapel, in: ebd., 4–8. Führende Komponisten der Zeit waren etwa Felipe de Magelhães (1571–1652, DBM II, 2548), Estêvão de Brito (1575–1641), Duarte Lôbo (1565–1646) oder Frei Manuel Cardoso (1566–1650), deren Musik sich in nichts von der der spanischen Zeitgenossen und Besatzungsmacht abhob, welche selbst wiederum auf italienischen Vorbildern ruhten; vgl., nicht nur zum engen Feld der individuellen Biographie: Armindo BORGES, Duarte Lobo: Studien zum Leben und Schaffen des portugiesischen Komponisten (= Kölner Beiträge zur Musikforschung 132), Regensburg 1986. – Die spanische Kirchenmusik des 17. Jhds. stand ganz in der Tradition Victorias († 1611; vgl. Anm. 61), vielleicht mit Ausnahme Joan Cererols (1618–1676; vgl. DBM, I, 716), dessen z.T. monumentale Werke (*Missa de Batalla a 12*, zu 3 Chören, ed. Monastero de Montserrat (Hg.), Música Instrumental [sic], Bd. 2, Montserrat 1931) die entsprechende römische Tradition etwa eines Orazio Benevolo [Benevoli] (1605–1672) übernehmen, ohne in dieser Rezeption die Originalität eines Heinrich Ignaz von Biber(n) (1643–1704) in dessen bis zu 54–stimmigen Salzburger Messen zu erreichen. Vielmehr blieb ihr konservative Stil der „großen" Vergangenheit verbunden, wie sie auch die päpstlichen Ensembles praktizierten. In seinen kleinformatigeren Werken, etwa den Villancicos (ed. Montserrat, Música Instrumental, Bd. 3, 1932) greift Cererols Techniken der n[u]ova prattica auf, wie sie z.B. bei Claudio Monteverdi vertreten sind. – Der Einzug des neuen hochbarock–virtuosen Geschmacks bereitete sich erst unter D.João V vor, dann in der Folge Scarlattis, wobei hier Portugal deutlich die Vorreiterrolle übernahm, etwa durch Francesco António de Almeida (1702–1755) oder António Teixeira (1707–1759), beide auf Kosten des Königs in Italien ausgebildet. Von Originalität aber, im Sinne unserer Missionskultur, kann auch hier nirgendwo die Rede sein.

[173] Vgl. die Anm. 118–120.

Ein schönes Beispiel für dieses Weiterleben der jesuitischen Schule ist die
*Aria para nuestra Reyna y Señora Maria Luisa de Borbón,*

> „compuesta en 1790 durante las manifestaciones que el nuevo Goberna-
> dor de Moxos Lázaro de Ribera, *ardente defensor de los Indios,* organizó para
> valorizar la tarea realizada en las missiones, herencia de los Jesuitas expul-
> sados en 1767 [Herv.d.d.Verf.]"[174]

Zeitgleich aber existierten natürlich die Missionen der anderen Orden, wenngleich unter Schwierigkeiten weiter, ebenso die großen Kathedralschulen, wo
die Werke etwa eines de Jerúsalems noch für lange Zeit stil- und repertoirebil-
dend blieben.

Als Inbegriff dieser letzten Zeit kann der prachtvolle Bau der franziskanischen Missionsstation von Santa Barbara[175] im heutigen Californien gelten.
Wie als spätes Echo der utopischen Ideen der ersten Epoche mag der bewußte Rückgriff auf Vitruvs *Libri sex de Architectura* bei der Fassadengestaltung
gelten, Ausdruck eines Willens zum Ideal, der in jedem umbauten Meter dieser
imposanten Anlage, in Farb- und Formgestaltung, in der meisterhaften Synthese von europäischen und indigenen Ausdrucksmitteln und Frömmig-
keitsformen den Geist der Missionskultur *par excellence* widerspiegelt – nun
allerdings im Gewande des Klassizismus. Damit vollbringt S.Barbara das
kleine Wunder, die kulturelle Identität einer ganzen Epoche und eines ganzen
Kontinents in eine Zeit ganz anderer Parameter und Bedingungen hinüber-
zuretten und wachzuhalten, eine Kultur, die

> „représente le moment historique de leur modernité (…) Les anciennes
> valeurs de cultures indigènes, leur relation à la nature et à l'espace, leur
> sens sacré de la vie, leur utilisation des espaces ouvertes convergent alors
> avec l'expression d'une sensibilité issue de la Contre-Réforme qui met en
> valeurs les rituels et les sentiments, la persuasion et la participation active
> du peuple. Même les couches les plus défavorisées de la société coloniale
> si hiérarchisée ont pris part à ce processus qui les intégrait d'une façon ac-
> tive et dynamique."[176]

Bis heute ging diese barocke Kultur niemals ganz verloren und harrt nun,
nicht zuletzt im *Festival de Música baroca de Chiquitos* ihrer Neuentdeckung und
Würdigung – des *sense of Mission.*

---

[174] Gabriel GARRIDO, La Aria...., in: Beiheft San Ignacio, 44; Zit.: dto.
[175] DRAIN, Sense of Mission, 116–119; Norman NEUERBURG, The Decoration of the
California Missions. ²Santa Barbara 1989.
[176] GUTIERREZ, Baroque vivant, 459.

Uwe Glüsenkamp, Mainz

# REISEBERICHTERSTATTUNG IM 18. JAHRHUNDERT AM BEISPIEL DER REISE JOHANN WOLFGANG BAYERS SJ (1722–1794) NACH PERU

## 1. ALLGEMEINE ENTWICKLUNG DER REISELITERATUR IM 18. JAHRHUNDERT

Das 18. Jahrhundert war von einem großen Durst nach gesichertem Wissen und neuen Erkenntnissen geprägt. Diesem Bedarf entsprach eine geradezu lawinenartig anwachsende Reiseliteratur[1] in ganz Europa, sodass dieses Jahrhundert wohl ohne Zweifel als goldenes Zeitalter des Reiseberichts bezeichnet werden kann.[2]

Die Wahrnehmung des Fremden war dabei wesentlich auf Vermittlungsinstanzen, auf „Medien", angewiesen, da das Fernreisen mit großen Anstrengungen, Gefahren und Kosten verbunden war.[3] Als Normalfall ist der „Lehnstuhlreisende" anzusehen, der sowohl die Stätten des klassischen Altertums als auch der fernen und – aus europäischem Blickwinkel – exotischen Länder nicht aus eigener Anschauung kannte.[4] Die Reiseberichte stellten im Europa der frühen Neuzeit eine der wichtigsten Quellen der „Welterkenntnis" dar. Sie lieferten den Stoff für die Diskurse der Aufklärung und fehlten in nahezu keiner größeren Gelehrtenbibliothek.[5]

Den Reiseberichten des 18. Jahrhunderts lagen zunächst die beiden dominierenden Formen neuzeitlicher Reisepraxis zugrunde: die Kavalierstour und die gelehrte Reise. Während die von Angehörigen der Oberschichten angetretenen Kavaliersreisen in ihrer Funktion als Bildungsreisen vornehmlich auf das höfische Milieu und das Kennenlernen politischer Strukturen sowie bedeutender Kunstwerke, Bibliotheken und Sammlungen ausgerichtet waren,

---

[1] William E. STEWART, Die Reisebeschreibung und ihre Theorie im Deutschland des 18. Jahrhunderts (Literatur und Wirklichkeit 20). Bonn 1978, 22.

[2] Ebd., 9.

[3] Jürgen OSTERHAMMEL, Distanzerfahrung. Darstellungsweisen des Fremden im 18. Jahrhundert, in: Hans–Joachim KÖNIG / Wolfgang REINHARD / Reinhard WENDT (Hrsg.), Der europäische Beobachter außereuropäischer Kulturen. Zur Problematik der Wirklichkeitswahrnehmung (Zeitschrift für Historische Forschung, Beiheft 7). Berlin 1989, 9–42, hier 12f.

[4] Ebd., 11.

[5] Ebd., 13.

wurde die gelehrte Reise von Akademikern mit meist fest umrissenen Forschungszielen durchgeführt. Die Übergänge zwischen beiden Formen des Reisens waren allerdings fließend.[6]

Etwa seit der Mitte des 18. Jahrhunderts war eine zunehmende Reisetätigkeit der bürgerlichen Schichten zu beobachten. Parallel dazu entwickelte sich seit den 30er Jahren des 18. Jahrhunderts die lexikographisch–topographischen Reisebeschreibung als neuer Typus der Reiseliteratur, die durch veränderte Motive und Interessensgebiete gekennzeichnet ist. Gleichwohl war auch sie noch der traditionellen Vorgehensweise der Sammlung und Anhäufung empirischer Daten zum Zwecke einer möglichst genauen Gegenwartsanalyse verpflichtet. Erst in der zweiten Hälfte des 18. Jahrhunderts verloren die Reisen ihren höfisch–feudalen bzw. gelehrt–antiquarischen Charakter.[7] Es änderten sich nicht nur die Reiseziele, sondern auch der Reiseweg selbst als mögliches Feld zum Erwerb von Welt– und Menschenkenntnis weckte zunehmend das Interesse.[8] Neben das Bedürfnis einer historischen Einordnung und Bewertung der gesammelten Daten[9] wurde auch dem Reisenden selbst zunehmend Beachtung geschenkt, da seine Standortgebundenheit, seine spezifischen Interessen und seine Persönlichkeitsstruktur das literarische Produkt entscheidend prägen.[10]

Auf diesem Hintergrund ist seit den siebziger Jahren des 18. Jahrhunderts ein Innovationsschub hin zur subjektiven Darstellung zu beobachten, die wesentlich durch das 1768 erschienene Werk *A sentimental Journey through France and Italy* von Laurence Sterne initiiert wurde.[11]

Im letzten Drittel des Jahrhunderts kann man im Hinblick auf die Reisebeschreibung ein Paradigmenwechsel von der gelehrten, enzyklopädisch–wissenschaftlichen hin zur subjektiv–literarischen Beschreibungsform beobachten.[12]

Abschließend sei zu diesen allgemeinen Bemerkungen ergänzt, daß der Anteil der Reisebeschreibungen an der Gesamtbuchproduktion im 18. Jahrhundert stetig anstieg. Lag er 1740 noch bei 1,9%, so betrug er 1780 bereits 2,6% und 1800 sogar 4,5%.[13]

---

6 Hans Erich BÖDEKER, Reisebeschreibungen im historischen Diskurs der Aufklärung, in: DERS. (Hg.), Aufklärung und Geschichte. Studien zur deutschen Geschichtswissenschaft im 18. Jahrhundert, Göttingen 1986, 276–298, hier 279f.

7 Ebd., 281–283.

8 Ebd., 285.

9 Ebd., 297.

10 Ebd., 293.

11 Uwe HENTSCHEL, Die Reiseliteratur am Ausgang des 18. Jahrhunderts. Vom gelehrten Bericht zur literarischen Beschreibung, in: Internationales Archiv für Sozialgeschichte der deutschen Literatur 16 (1991), Heft 2, 51–83, hier 63.

12 Ebd., 52.

13 Horst W. BLANKE, Politische Herrschaft und soziale Ungleichheit im Spiegel des Anderen. Waltrop 1997, 131.

Bayer kam mit der Abfassung seines Reiseberichtes somit auch einem nicht unerheblichen gesellschaftlichen Interesse entgegen.

## 2. DER REISEBERICHT VON JOHANN WOLFGANG BAYER

### 2.1. Zur Person

Johann Wolfgang Bayer wurde am 14. Februar 1722 im fränkischen Scheßlitz in der Diözese Bamberg als Sohn eines Hospitalverwalters geboren. 1742 trat er in den Jesuitenorden ein und reiste 1749 als Missionar nach Peru, wo er ab 1752 als Missionar in Juli am Titicacasee wirkte.[14] 1766–1768 war er als Beichtvater des Bischofs von La Paz tätig, den er auf Pastoralreisen begleitete.[15] Infolge der Vertreibung der Jesuiten aus den Gebieten des spanischen Patronats gelangte Bayer 1769 an das Kolleg in Bamberg.[16] Nach der Aufhebung des Jesuitenordens durch Papst Clemens XIV. im Jahre 1773[17] kehrte er zu seinen Verwandten nach Scheßlitz zurück,[18] wo er am 10. Juni 1794 verstarb.[19]

Die literarische Hinterlassenschaft von Johann Wolfgang Bayer umfasst neben seinem Reisebericht noch eine Predigt zur Leidensgeschichte Jesu in aymarischer Sprache, die ebenso wie der Reisebericht im „Journal zur Kunstgeschichte" von Murr publiziert wurde und einen Brief aus Lima vom 7. Januar 1752, der im „Welt–Bott" von Joseph Stöcklein 1761 im Druck erschien.[20]

---

[14] Friedrich Wilhelm BAUTZ, Bayer, Wolfgang, in: BBKL 1 (1990), 432.

[15] Johann Wolfgang BAYER, Herrn P. Wolfgang Bayers, ehemaligen americanischen Glaubenspredigers der Gesellschaft Jesu, Reise nach Peru. Von ihm selbst beschrieben, in: Christoph Gottlieb von MURR (Hg.), Journal zur Kunstgeschichte und zur allgemeinen Literatur Theil III, Nürnberg 1776, 114–326, hier 311f.

[16] Ebd., 326. Das dort für die Rückkehr angegebene Datum 1770 wird in den Zusätzen zum Reisebericht auf 1769 korrigiert. Johann Wolfgang BAYER, Zusätze zu Hn. Wolfg. Bayers Reisebeschreibung nach Peru, in: Christoph Gottlieb von MURR (Hg.), Nachrichten von verschiedenen Ländern des spanischen Amerika 1, Halle 1809, 380–388, hier 387.

[17] Anton ARENS, Die Entwicklung der Gesellschaft Jesu bis zu ihrer Aufhebung im Jahre 1773 und nach ihrer Wiederherstellung im Jahre 1814, in: Bischöfliches Dom– und Diözesanmuseum Trier/Bibliothek des Bischöflichen Priesterseminars Trier (Hrsg.), Für Gott und die Menschen. Die Gesellschaft Jesu und ihr Wirken im Erzbistum Trier. Katalog–Handbuch zur Ausstellung im Bischöflichen Dom– und Diözesanmuseum Trier. 11. September 1991–21. Oktober 1991 (Quellen und Abhandlungen zur Mittelrheinischen Kirchengeschichte 66). Mainz 1991, 27–41, hier 36.

[18] Joachim Heinrich JÄCK, Pantheon der Literaten und Künstler Bambergs. Bamberg 1812–1815, 64.

[19] Wilhelm KRATZ, Bayer, Wolfgang, in: NDB 1 (1953), 679.

[20] Hans Jürgen HÖLLER, Bayer, P. (Johann) Wolfgang, 3. Bibliographie, in: BBHS 1 (1992), 190f.

## 2.2. Zum Reisebericht

Die Überlieferung des Reiseberichtes von Johann Wolfgang Bayer ist wesentlich den Bemühungen eines protestantischen Gelehrten der Reichsstadt Nürnberg, Christoph Gottlieb von Murr (1733–1811), zu verdanken.[21] Er war einer der wenigen Autoren, die wider den Tenor der protestantisch aufgeklärten Publizistik Argumente zur Verteidigung des Jesuitenordens sammelten und veröffentlichten.[22] Seine positive Einstellung resultierte wohl in erster Linie aus den Erfahrungen, die er während seiner mehrjährigen Reisetätigkeit, die ihn quer durch Europa führte, sammeln konnte. Nachdem er sich wieder in Nürnberg niedergelassen hatte, entfaltete er eine umfangreiche schriftstellerische und gelehrte Tätigkeit. Aus der Vielfalt der von ihm verfaßten Werke zeichnet sich ein besonderes Interesse an der vergleichenden Sprachwissenschaft, an Nachrichten aus weit entfernten Ländern außerhalb Europas, insbesondere Chinas, sowie an der Geschichte seiner engeren Heimat und ihrer Kunst ab. Sein „Journal zur Kunstgeschichte und zur allgemeinen Litteratur", das er 1775 bis 1788 (und fortgesetzt 1798/99) herausgab, umfaßte einen literarischen und einen kunstgeschichtlichen Teil und stellte u.a. eine Plattform für die Veröffentlichung verschiedenartiger Reiseliteratur, so auch des Berichtes von Bayer, dar.[23]

Das Werk umfasst insgesamt 211 Druckseiten, wozu noch einige wenige Seiten der später publizierten Ergänzungen hinzukommen. Bayer berichtet darin über die Erlebnisse auf der Reise von Würzburg in die Mission von Juli am Titicasee, sein Wirken in der Mission sowie die Ereignisse auf der Rückreise von La Paz nach Bamberg infolge der Vertreibung der Missionare aus den spanischen Patronatsgebieten. Der Text kann chronologisch und inhaltlich in folgende Abschnitte unterteilt werden:

| Nr. | Inhalt | Zeitabschnitt | Seitenzahl |
|-----|--------|---------------|------------|
| 1. | Reise von Würzburg nach Puerto de Santa Maria | 14.02.1749–06.07.1749 | 115–131 |
| 2. | Aufenthalt in Spanien | 06.07.1749–12.10.1750 | 132–151 |
| 3. | Reise von Puerto de Santa Maria nach Cartagena | 12.10.1750–16.12.1750 | 151–165 |

[21] Peter WOLF, Protestantischer „Jesuitismus" im Zeitalter der Aufklärung. Christoph Gottlieb von Murr (1733–1811) und die Jesuiten, in: ZBLG 62, Heft 1 (1999), 99–137, hier 99.

[22] Ebd., 114. An erster Stelle ist hier folgendes Werk zu nennen: Murr, Christoph Gottlieb von: Eines Protestanten, Acht und zwanzig Briefe über die Aufhebung des Jesuitenordens. O.O. 1774.

[23] WOLF, Jesuitismus, 104f. Im Jahre 1782 erschien in Amsterdam eine Übersetzung ins Holländische von Willem HOLTROP mit dem Titel „W. Bayer S.J. – Reize naar Peru, van 1749 tot 1770".

| | | | |
|---|---|---|---|
| 4. | Aufenthalt in Cartagena | 16.12.1750–19.01.1751 | 165–174 |
| 5. | Weiterreise über Portobello nach Panama | 19.01.1751–16.03.1751 | 174–188 |
| 6. | Reise von Panama nach Lima | 16.03.1751–05.07.1751 | 188–216 |
| 7. | Aufenthalt in Lima | 05.07.1751–April 1752 | 216–251 |
| 8. | Reise von Lima nach Juli | April 1752–22.08.1752 | 251–280 |
| 9. | In der Mission von Juli | 22.08.1752–1766 | 280–305 |
| 10. | Reise nach La Paz; dort Begleiter des Bischofs | 1766–31.08.1767 | 305–315 |
| 11. | Vertreibung, Deportation nach Puerto de Santa Maria | 31.08.1767–Sept. 1768 | 315–324 |
| 12. | Haft in Puerto de Santa Maria | Sept. 1768–19.03.1769 | 324 |
| 13. | Reise von Puerto de Santa Maria nach Bamberg | 19.03.1769–Mai 1769 | 324–326 |

Im Hinblick auf den Umfang der einzelnen Abschnitte ist zunächst eine ungleiche Gewichtung festzustellen. Bayer widmet einen Großteil seines Berichtes, genau 165 von insgesamt 211 Seiten, den Erlebnissen auf seiner Reise in die Mission (Abschnitte 1–8; S. 115–280), während die Schilderung seines missionarischen Wirkens in Juli und La Paz nur 35 Seiten umfasst (Abschnitte 9–10; S. 280–315). Die Vertreibung und Rückkehr nach Bamberg wird sogar auf nur 11 Seiten dargestellt (Abschnitte 11–13; S. 315–326).

Dies erstaunt umso mehr, als Bayer vierzehn Jahre in Juli und etwa zwei Jahre in La Paz wirkte, während die Reise in die Mission nur einen Zeitraum von etwa dreieinhalb Jahren umfasste.

Eine Erklärung für diese im Verhältnis zur Zeit unproportionale Gewichtung des Textumfangs könnte sein, dass Bayer auf dem Weg in die Mission die vielen neuen und fremdartigen Eindrücke noch mit großer Begeisterung und Faszination aufnahm, so dass er das Bedürfnis hatte, sie schriftlich festzuhalten. Hinzu kommt, dass er von den drei Jahren, die er für die Reise in die Mission benötigte, ca. fünfzehn Monate in Spanien (S. 132–151) und weitere neun Monate in Lima (S. 216–251) zu Studienzwecken verbrachte und in dieser Zeit möglicherweise ausreichend Gelegenheit hatte, um Notizen anzufertigen. Außerdem nimmt er in dem Bericht über seinen Aufenthalt in Lima bereits viele Angaben über die Lebensgewohnheiten der Indianer vorweg, die er in seiner Darstellung der Mission von Juli somit voraussetzen kann. Daß die Schilderung der Vertreibung nur einen relativ geringen Raum einnimmt ergibt sich nicht nur aus der Tatsache, dass hier ein vergleichsweise kurzer

Zeitraum von eindreiviertel Jahren behandelt wird, sondern ist wohl auch auf die schwierigen Umstände der Deportation und Haft zurückzuführen. Andererseits zeigt sich in der Gewichtung der Texte auch das im 18. Jahrhundert anwachsende Interesse am Verlauf der Reise selbst.

Der sprachwissenschaftliche Ertrag des Werkes ist nur gering und beschränkt sich auf eine Sprachprobe (S. 285–287), die Gebete wie das Vaterunser und das Ave Maria in Aymara mit einer lateinischen Wort–für–Wort–Übersetzung umfaßt. Der Hauptakzent des Reiseberichtes liegt eindeutig auf den sich durch das ganze Werk ziehenden geographischen, botanischen, zoologischen, sozio–kulturellen oder ethnologischen Einschüben.[24] Bayer berichtet über politische und kirchliche Verhältnisse,[25] beschreibt detailliert die Städte, in denen er sich aufhält sowie die Lebensgewohnheiten, Sitten und Bräuche ihrer Einwohner,[26] studiert Anbau– und Verarbeitungsmethoden,[27] fertigt Notizen über Tiere und Pflanzen an[28] und verfolgt mit Interesse außergewöhnliche Naturphänomene[29].

Die Darstellung lässt hinsichtlich ihres Inhalts und ihrer literarischen Form charakteristische Merkmale der Reiseberichterstattung im 18. Jahrhundert erkennen und spiegelt Entwicklungen innerhalb dieser Literaturgattung wider.

## 3. CHARAKTERISTIKA DER REISEBERICHTERSTATTUNG DES 18. JAHRHUNDERTS IM WERK VON JOHANN WOLFGANG BAYER

### 3.1. Entstehungsbedingungen

Hinsichtlich der Entstehungsbedingungen lassen sich an dem Werk von Bayer nicht nur für das 18. Jahrhundert sondern für die große Zeit der enzyklopädischen Reisebeschreibungen – etwa zwischen 1670 und 1820 – drei wesentliche Merkmale der Reiseberichte erkennen:

---

[24] Vgl. Edeltraud DOBNIG–JÜLCH, Bayer, P. (Johann) Wolfgang, Werkbeschreibung, in BBHS 1 (1992), 189f., hier 189.

[25] Vgl. BAYER, Reise nach Peru, 221f. (Lima)

[26] Z.B. vgl. ebd., 131–136 (Cadiz und Puerto de Santa Maria; Feste des Hl. Jakobus und der Hl. Anna). Vgl. ebd., 140–150 (Granada; Osterfest, Fronleichnamsfest). Vgl. ebd., 163–174 (Cartagena; Bevölkerungsgruppen, Kleidung, Gottesdienste). Vgl. ebd., 216–251 (Lima; Kirchen u. Klöster, Bevölkerungsgruppen, Sitten u. Bräuche, Kleidung, Schmuck, Indianer, Aberglaube, Ernährung, Pflanzen u. Tiere, Klima). Vgl. ebd., 280–305 (Juli; s.u. Gliederungspunkt 3.3.). Vgl. ebd., 265–277 (Cuzco; Überreste der Inka–Kultur; Kirchen u. Klöster, Indianer). Vgl. ebd., 305–315 (La Paz; Stadtbild, Indianer, Goldwäscherei).

[27] Z.B. vgl. ebd., 212–215 (Anbau und Verarbeitung von Zuckerrohr).

[28] Z.B. vgl. ebd., 177 (Pfeilschwanzkrebse). Vgl. ebd., 238f. (Lama, Alpaca). Vgl. ebd., 243f. (Coca–Strauch, Mate–Tee). Vgl. ebd., 166f. (Papayas). Vgl. ebd., 175f. (Kokosnuß)

[29] Z.B. vgl. ebd., 160f.300f. (Wasserhose). Vgl. ebd., 293f. (Heiße Quellen, Magnetberge).

1. Sie sind das Ergebnis direkter Landeskenntnis
2. Sie wurden von gebildeten Männern verfasst
3. Sie sind europäischen Gattungskonventionen verpflichtet[30]

Der Aspekt der unmittelbaren Kenntnis des Landes ist insbesondere bei den Missionaren hoch zu veranschlagen, da sie sich meist nicht nur für die Dauer einer Reise, sondern für mehrere Jahre in dem betreffenden Land aufhielten. Johann Wolfgang Bayer verbrachte beispielsweise sechzehn Jahre in der Ordensprovinz Peru und hatte somit ausgiebig Gelegenheit, das Land und die Bevölkerung kennenzulernen. Allein durch die Größe des ihm anvertrauten Missionsgebietes war er immer wieder zu ausgedehnten Reisen gezwungen. Seine Erlebnisse fanden u.a. in den begeisterten Naturbeschreibungen seines Berichtes ihren Niederschlag.[31] So schreibt er über den Fluß Quenque:

> „Was aber seine schöne und angenehme Flußenge betrifft, so dienet solche den Reisenden zu einer Freude der Augen, weil auf einer Seite theils die besten und angenehmsten Brunnenquellen aus den Felsen heraus quellen, theils sich von den Bergen die angenehm rauschende Bächlein herabstürzen, auf der andern Seite aber sich von der Natur selbst gebildete ungeheure Säulen, und Pyramiden befinden, welche die Kunst nachzumachen nicht imstande ist."[32]

Der lange Aufenthalt ermöglichte ihm auch einen tiefen Einblick in die sozialen und gesellschaftlichen Strukturen, die ihn zu den oben erwähnten kritischen Stellungnahmen veranlaßten.

Die Reisebeschreibungen wurden durchweg von gelehrten und gebildeten Männern verfaßt. Wie im Falle von Bayer verfügten die Autoren i.d.R. über eine klassisch–philologische Ausbildung und hatten die Sprachen der bereisten Länder erlernt. Ihre Kenntnisse in der Naturkunde ermöglichte es ihnen, das Klima, die Landschaft oder die Fauna und Flora differenziert charakterisieren zu können.[33] Dieser Bildungs– und Wertehorizont der europäischen Zivilisation ist bei der Auswertung der Texte zu berücksichtigen. Die Standortgebundenheit aller Wahrnehmung und Erkenntnis beeinträchtigt die Erfassung des Fremden in seinem eigentlichen Sein.[34] Darüber hinaus wird das Fremde und Unbekannte durch Vergleiche mit dem Bekannten kommensurabel gemacht. Somit ergibt sich die Eigenart des Fremden aus der Übereinstimmung oder der Ähnlichkeit mit dem Vertrauten oder aus der Differenz dazu. Durch den Vergleich wird jedoch das Erfahrene verfremdet und nicht in seinem eigentli-

---

30 OSTERHAMMEL, Distanzerfahrung, 23–26.
31 Z.B. vgl. BAYER, Reise nach Peru, 291–294. Die Umgebung der Mission von Juli.
32 Vgl. ebd., 292.
33 Vgl. OSTERHAMMEL, Distanzerfahrung, 24f.
34 Vgl. ebd., 30.

chen Wesen dargestellt.[35] So zieht Bayer in seinem Reisebericht z.B. zoologische und geographische Vergleiche heran, um dem Leser einen Sachverhalt zu
veranschaulichen. So schreibt er wiederum über den Fluß Quenque in der
Mission von Juli:

> „Dieser führet viele Fische mit sich, die sie Suches nennen, und die unse-
> ren Kaulruppen sehr ähnlich, auch so gut, als diese, zu essen sind. Der
> Fluß ist so tief und so breit, als unser Mayn ...“[36]

An anderer Stelle beschreibt er Landgüter in der Ordensprovinz Peru als
Meyerhöfe und evoziert hierdurch ebenfalls europäische Bilder und Vorstel-
lungsmuster.[37]

Schließlich ist der Reisebericht von Bayer allgemeinen europäischen Gattungskonventionen verpflichtet. Er steht in der Tradition der Historie als einer
„allgemeinen Erfahrungskunde“, einer enzyklopädischen Erfahrungswissen-
schaft, die sowohl die Natur als auch die Menschenwelt umfasst. So geben die
meisten Beschreibungen überseeischer Länder Auskunft über Klima, Boden-
beschaffenheit und Bodenschätze, Landwirtschaft, Regierung, Religion, Natio-
nalcharakter, die ethnische Zusammensetzung der Bevölkerung, anthropologi-
sche Eigenschaften, Kleidung und Wohnung, Sitten und Gebräuche, Künste,
Wissenschaften und Sprachen.[38] Die Darstellung des Erlebten geschah durch
in Europa akzeptierte literarische Formen.[39]

Neben diesen allgemeinen Charakteristika, die auf die Entstehungsbedingungen der Berichte rekurrieren, lassen sich weitere Merkmale im Hinblick
auf das Glaubwürdigkeitsproblem erkennen.

### 3.2. Beglaubigungsstrategien

Mit der steigenden Anzahl von Reiseberichten und der zunehmenden Fülle
von Informationen stieg auch das Bedürfnis nach Objektivität und Wahrheit.
Das Misstrauen gegenüber der Reiseschriftstellerei hatte eine bis in die Antike
zurückreichende Tradition.[40] Bereits Lukian von Samosata (um 120–180 n.
Chr.) parodierte in seinen *Wahren Geschichten* die vielen unglaubwürdigen
Reiseerzählungen seiner Zeit.[41] Da sein Werk intensiv rezipiert wurde, entwik-
kelte sich über die Jahrhunderte hinweg geradezu ein Topos des „Reisenden

---

35 Vgl. ebd., 33.
36 Vgl. BAYER, Reise nach Peru, 291f.
37 Vgl. ebd., 291.
38 Vgl. OSTERHAMMEL, Distanzerfahrung, 23–26.
39 Vgl. ebd., 29.
40 Vgl. STEWART, Reisebeschreibung, 22.
41 Vgl. LUKIAN, Der wahren Geschichte Erstes Buch, in: Jürgen WERNER / Herbert
GREINER-MAI, Lukian. Werke in drei Bänden 2, Berlin, New York 21981, 301–325, hier 301f..

als Lügner".⁴² Umso wichtiger wurde es nun für die Verfasser der Reiseberichte, die Authentizität ihrer Schilderungen nachzuweisen. Geschah dies noch im Mittelalter hauptsächlich durch Berufung auf anerkannte Autoritäten, so war diese Methode zu Beginn des 18. Jahrhunderts weitgehend ungangbar geworden. Dies resultierte nicht zuletzt aus der Tatsache, dass durch die großen Entdeckungsreisen der Renaissance über Länder berichtet werden musste, in die weder Griechen noch Römer vorgedrungen waren und somit keine antike Autorität zur Beglaubigung herangezogen werden konnte. Infolgedessen wurde das Prinzip der Berufung auf fremde Autorität wurde zunehmend ersetzt durch das Prinzip der Berufung auf die Eigenbeobachtung (Autopsie).

In den Reiseberichten tauchen zunehmend Beteuerungen auf, daß diese nichts enthalten, was der Autor nicht wirklich selbst gesehen oder erlebt hätte.⁴³ Das Prinzip der Autopsie ist als wesentliches Element der Gattung Reisebericht anzusehen. Es taucht zwar bereits in der Antike auf, gewann aber in der frühen Neuzeit eine größere Bedeutung.⁴⁴ So schreibt auch Bayer:

> „Ich werde ... allein dasjenige zu erzählen mich bemühen, was ich auf meinen vielfältigen Reisen, und auf den peruanischen Anhöhen, wo ich mich 18 Jahr lang aufgehalten, Merkwürdiges gesehen und erfahren habe."⁴⁵

Darüber hinaus konnten durch bestimmte Erzähltechniken die Glaubwürdigkeit des Verfassers und die Wahrhaftigkeit seines Berichtes untermauert werden. Das Werk von Bayer lässt drei solcher für den Reisebericht des 18. Jahrhunderts charakteristischen Erzähltechniken erkennen: die *Ich–Erzählung*, der *Mikrologismus* (die Erwähnung von Nebensächlichkeiten) und der *schlichte Erzählstil*.

Durch eine Ausweitung der Ich–Erzählung wird der Autor das gesamte Werk hindurch präsent. Auf diese Weise wird dem Leser immer wieder ins Bewusstsein gerufen, dass der Verfasser das Geschilderte unmittelbar erlebt hat. Der Bericht gewinnt an Lebendigkeit und Überzeugungskraft. Eine detailiertere und auch auf unbedeutende Nebensächlichkeiten ausgeweitete Darstellung von Erlebnissen, Gedanken und Beobachtungen des Erzählers sorgen für zusätzliche Glaubwürdigkeit und machen die Möglichkeit, sie könnten auf Erfindung beruhen, eher unwahrscheinlich.⁴⁶ So berichtet Bayer z.B. ausführlich darüber, wie sich die Besatzung des Schiffes auf dem Weg in die Mission bei Windstillen die Zeit zu vertreiben wußte. In einem Fall stellte die Mannschaft eine Gerichtsszene vor dem Meerkönig Neptun dar, der sich über das

---

⁴² Vgl. STEWART, Reisebeschreibung, 22.

⁴³ Vgl. ebd., 31.

⁴⁴ Vgl. Michael HARBSMEIER, Wilde Völkerkunde. Andere Welten in deutschen Reiseberichten der Frühen Neuzeit (Historische Studien 12). Frankfurt/Main / New York 1994, 36.

⁴⁵ BAYER, Reise nach Peru, 251.

⁴⁶ Vgl. STEWART, Reisebeschreibung, 33f.

unerlaubte Eindringen in sein Reich beklagte.[47] In einem anderen Fall schildert Bayer, wie die Mannschaft zum Zeitvertreib einen Hai fing, der sich in der Nähe des Schiffes aufhielt,[48] um nur zwei von vielen anderen möglichen Beispielen zu nennen.

Waren schließlich über viele Jahrhunderte hinweg der Stil und die literarische Kunstfertigkeit von Bedeutung, um die Autorität des Verfassers zu untermauern, so wurde im 18. Jahrhundert zunehmend die Schlichtheit der Darstellung zu einem Kriterium der Vertrauenswürdigkeit. Einfachheit sollte den Eindruck vermitteln, daß der Autor außerstande ist, falsche Erfindungen durch geschickte Kunstgriffe als Wahrheit auszugeben.[49]

So hatten sich eine Reihe von Erzähltechniken etabliert, die im 18. Jahrhundert von den Autoren bewusst oder unbewusst eingesetzt wurden und zum festen stilistischen Repertoire der Reiseberichterstattung gehörten.

Darüber hinaus lassen sich weitere Charakteristika im Hinblick auf die Funktionen der Reiseberichte feststellen.

### 3.3. Funktionen des Reiseberichtes

Die literarische Wirkungstheorie war im 18. Jahrhundert noch wesentlich geprägt von der Formel des römischen Dichters Horaz (65–8 v.Chr., *De arte poetica*): „prodesse et delectare" (nützlich sein/nützen und erfreuen bzw. frei übersetzt belehren und unterhalten). Dabei rangierte die Belehrung an erster Stelle, wohingegen die Unterhaltung als eher zufälliges Nebenprodukt angesehen wurde.[50] Der sachlich–nüchterne Reisebericht wurde im 17. und bis weit ins 18. Jahrhundert hinein deutlich vom Reiseroman wie von den verschiedenen Romantypen überhaupt, abgegrenzt, die sämtlich als frivol und verderblich galten.[51]

Seit den dreißiger Jahren des 18. Jahrhunderts wurde jedoch auch ein oppositionelles Konzept entwickelt, das den Unterhaltungscharakter hervorstrich.[52] Bis zur Mitte der fünfziger Jahre hatten beide Theorien etwa gleiche Geltung erlangt. Die folgenden dreißig Jahre waren von starken Spannungen und heftiger konservativer Kritik am „Missbrauch" des Reiseberichtes gekennzeichnet, bis sich ab Mitte der achtziger Jahre unter den Theoretikern die Auffassung vom Primat des „delectare" immer stärker verbreitete.[53]

---

[47] Vgl. BAYER, Reise nach Peru, 158f.
[48] Vgl. ebd., 189f.
[49] Vgl. STEWART, Reisebeschreibung, 35–37.
[50] Vgl. ebd., 193f.
[51] Vgl. ebd., 196.
[52] Vgl. ebd., 200f.
[53] Vgl. ebd., 215.

Der 1776 im Druck erschienene Reisebericht von Bayer lässt noch beides erkennen. Er vermittelt nicht nur Erkenntnisinhalte, sondern unterhält den Leser auch durch eingestreute Anekdoten oder lustige Begebenheiten. So berichtet er über ein Erlebnis in einem Gasthaus in Savoyen:

> „Ich besah alles Merkwürdige dieser großen Stadt [Mailand], kam sodann nach Pavia, und durch etliche Dorffschaften des Gebietes von Savoyen, wo ich un meine Gefährten in einem Gasthause gefragt wurden, ob die Deutschen auch in der Fasten Frösche äßen? Wir antworteten, ja; da sie aber auf den Tisch gebracht wurden, waren es nicht nur die hintern Fröschschenkel, sondern die ganze geschundene Frösche mit ihrem Ingeweide, in einer wohlriechenden Brühe eingemacht. Wir sahen einander mit lachendem Munde an, und es verging uns aller Lust in Italien Frösche zu essen. Die Frau Wirthin verwunderte sich sehr, daß wir von einer so guten Speise nicht essen wollten; allein wir sagten ihr, daß die Deutschen nur allein die hintern Schenkel der Frösche zu essen pflegen; worauf sie ganz zornig sagte: So müssen die Deutschen sehr vernaschte Mäuler haben, und nicht wissen, wie die Frösche zu essen sind."[54]

Insofern spiegelt das Werk den in der Reiseliteratur des 18. Jahrhunderts allgemein zu beobachtenden Übergang von rein sachlichen, enzyklopädisch–wissenschaftlichen hin zu eher unterhaltenden Darstellungsformen wider.

### 3.4. Kommentierung und Wertung durch den Autor

Berichte über fremde Umgebungen und Lebensverhältnisse enthalten stets auch ein Werturteil. Dieses hängt entscheidend von dem Selbstverständnis und der sozialen Herkunft des Beobachters ab. Dabei kann das Werturteil bewußt oder unbewußt gefällt werden, d.h. es kann in der Absicht des Autors liegen oder nicht und es kann explizit oder implizit im Bericht enthalten, also offen ausgesprochen oder verschlüsselt angedeutet sein.[55]

Während Gesellschaftskritik bis ins 18. Jahrhundert meist indirekt geübt wurde, z.B. durch das übertriebene Lob eines idealisierten (utopischen) Gegenbildes, ist ab etwa 1775 eine Überwindung dieser Zurückhaltung zugunsten einer wachsenden Direktheit und Konkretheit festzustellen.[56]

Bayer ergreift z.B. deutlich Partei für die Indios und übt z.T. heftige Kritik an den kirchlichen und gesellschaftlichen Verhältnissen. Er beklagt sich über die Anmaßungen und Missbräuche durch die Richter des Inquisitionsgerichtes von Lima, ohne sie jedoch näher zu erläutern. Er kritisiert nicht nur die weltlichen Gerichte der Spanier, sondern auch indigene Autoritäten wegen ihrer Geldgier:

---

54 BAYER, Reise nach Peru, 116f.
55 Vgl. STEWART, Reisebeschreibung, 249.
56 Vgl. ebd., 250–252.

„Diese [weltlichen Gerichte] saugen gemeiniglich durch ihre Tyranney und unersättlichen Geldgeiz den armen Indianern das Blut aus den A-dern. Zu diesen kommen noch die indianischen Obern, die man Caziquen oder Maycos nennet, welche nach dem bösen Beyspiele der Spanier, sich nicht für glückselig halten, wenn sie nicht auch die wenigen übrigge-bliebenen Pfennige aus dem Beutel der armen Indianer herauspressen." [57]

Seine Kritik erstreckt sich auch auf Vertreter des geistlichen Standes:

„Ebenso unerträglich ist auch die Bosheit und der Geiz vieler Pfarrher-ren, die unter Hirtengestalt als reißende Wölfe mit den spanischen und indianischen Richtern um die Wette streiten, den armen Indianern gar den Balg abzuziehen, da sie, ohne sich an die von den Bischöffen vorge-schriebene Gesetze und sogenannte Stolengebüren zu halten, die armen Indianer unbarmherzig scheeren und schinden …" [58]

Bayer wirft den Priestern vor, sie würden übermäßig essen und trinken, sich beständig Würfel– und Kartenspielen hingeben und Bastarde zeugen, die sich in der Öffentlichkeit auch noch rühmten, von solch ungeistlichen Vätern abzustammen. Gleichwohl gesteht er aber ein, dass es auch viele gute, fromme und fürsorgliche Geistliche gebe, die mit großem apostolischen Eifer ihr Amt sorgfältig versehen.[59]

Bayer beschränkt sich in seinem Bericht also nicht nur auf sachliche Be-schreibungen, sondern bewertet auch das Erlebte durch eine kritische Stel-lungnahme. Insofern zeigt sein Werk auch Züge einer im 18. Jahrhundert all-gemein zunehmenden subjektiven Färbung der Reiseberichte.

Schließlich muß sich das Opus auch der seit dem 17. Jahrhundert laut wer-denden Kritik an den allgemeinen Missständen des Buchwesens stellen.

### 3.5. Die Kritik von G.W. Leibniz

Der Reisebericht von Johann Wolfgang Bayer weist keine wissenschaftliche Systematik auf. Die im Verhältnis zur Chronologie ungleichmäßig gewichteten Textabschnitte lassen nicht auf eine geplante systematische Darstellung, sondern auf eine je nach Reiseumständen bedingte Aufzeichnung schließen. Insbesondere die Darstellung der Missionstätigkeit fällt sehr kurz aus. Die Beschreibung der Reiseabschnitte ist an zahlreichen Stellen unterbrochen von mehr oder weniger umfassenden geographischen, botanischen, zoologischen u.a. Ausführungen. Auch in dieser Hinsicht ist das Werk exemplarisch für die Reiseliteratur des 18. Jahrhunderts.

[57] BAYER, Reise nach Peru, 223.
[58] Ebd.
[59] Vgl. ebd., 224.

Bereits im 17. Jahrhundert hatte die Wissenschaftsorthodoxie erhebliche Kritik an der Darstellungsweise der Reiseberichte geübt.[60] Prägnant zusammengefaßt findet sie sich – in allgemeiner Form – in der Kritik an den Mißständen des Buchwesens von Gottfried Wilhelm Leibniz.[61]

Überträgt man seine Kritikpunkte auf die Reisedarstellungen, so erregen viele von ihnen Anstoß durch:

das *Schädliche* (perniciosum), womit objektiv falsche, also fehler- oder lügenhafte Inhalte gleichzusetzen sind,

das *Überflüssige* (supervacuum), worunter die Mikrologien und Wiederholungen zu fassen sind

und das *Planlose* (confusum), also die mangelnde Systematik in der Darstellung.[62]

Auch im Reisebericht von Bayer sind solche fehlerhaften Inhalte zu finden. So irrt er sich beispielsweise hinsichtlich des Jahres seiner Rückkehr aus der Haft in Spanien wenn er in seinem Bericht das Jahr 1770 statt des korrekten Jahres 1769 – wie aus anderen Berichten zu rekonstruieren ist – nennt.[63] An anderer Stelle berichtet er über seinen Besuch auf der Sonneninsel im Titicacasee und verwechselt an einer Stelle ihren Namen mit dem der Halbinsel Copacabana,[64] um hier nur diese beiden Beispiele zu nennen.

Auf die zahlreichen nebensächlichen Einschübe und Anekdoten wurde bereits oben hingewiesen. Eine mangelnde Systematik in der Darstellung zeigt sich in der Mischung verschiedener Formen wie Darstellung, Beschreibung, Bericht oder Dialog. Bayer berichtet so, wie es ihm einfällt bzw. wie er es erlebt hat. Auch auf das Ungleichgewicht der einzelnen Kapitel wurde oben bereits eingegangen. Schließlich sind die in den Bericht eingefügten Gebete in Aymarischer Sprache nur von geringem sprachwissenschaftlichem Ertrag, da er keinerlei Erläuterungen beifügt.

Um diese von der Wissenschaftsorthodoxie empfundenen Mißstände abzuschaffen und an die wissenschaftlich verwertbaren Informationen zu gelangen empfiehlt Leibniz, verschiedene Berichte zu sammeln, das wesentliche zu exzerpieren und die unterschiedlichen Darstellungen miteinander zu vergleichen, um deren Wahrheitsgehalt zu überprüfen. Auf seine Anregungen hin gewannen im 18. Jahrhundert zwei Publikationsformen immer größere Bedeutung, deren Aufgabe in der Durchsetzung wissenschaftlicher Ansprüche bestand: die Rezension (in Zeitschriften) und die Edition (in Sammlungen).[65]

---

[60] Vgl. STEWART, Reisebeschreibung, 42–48.

[61] „Mala Rei liberariae multa magnaque sunt et Reipublicae admodum damnosa. Consistunt autem in eo, quod optima quaeque non imprimuntur, imprimuntur multa perniciosa, plura supervacua, omnia confusa." Gottfried Wilhelm LEIBNIZ, De vera ratione reformandi rem literarium meditationes, in: Adolf VON HARNACK (Hg.), Geschichte der Königlich Preussischen Akademie der Wissenschaften zu Berlin 2. Berlin 1900, 8.

[62] Vgl. STEWART, Reisebeschreibung, 48f.

[63] Vgl. BAYER, Reise nach Peru, 324–326. Vgl. Bayer, Zusätze, 387.

[64] Vgl. BAYER, Reise nach Peru, 297f.

[65] Vgl. STEWART, Reisebeschreibung, 50f.

Diese beiden Formen waren jedoch in ihrer Wirksamkeit beschränkt, da sie fast ausschließlich auf privaten Initiativen beruhten und die stetig wachsende Buchproduktion kaum bewältigen konnten.[66] Zumindest im Hinblick auf die Reiseberichte der Missionare sind einige solcher Sammlungen überliefert. Neben dem bereits erwähnten „Newen Welt–Bott" von Joseph Stöcklein ist hier u.a. das „Journal zur Kunstgeschichte und zur allgemeinen Litteratur" von Christoph Gottlieb von Murr zu nennen, in dem auch der Bericht von Bayer im Druck erschien.

## 4. SCHLUSSBEMERKUNGEN

Der Reisebericht von Johann Wolfgang Bayer zeigt in vieler Hinsicht charakteristische Merkmale der Reiseberichterstattung im 18. Jahrhundert. Er spiegelt gleichzeitig ein in der Neuzeit anwachsendes Interesse am Reisen selbst wieder. Im Mittelpunkt steht nicht mehr so sehr der sachlich–nüchterne Erkenntnisgewinn bzw. die Sammlung von Daten und Fakten, sondern eher das Schicksal des Reisenden, die Art und Weise, wie er den Herausforderungen begegnet und sie bewältigt, die mannigfaltigen Erfahrungen, die er auf seinem Weg sammelt sowie die amüsanten und mitunter merkwürdigen Begegnungen, die sich unterwegs ereignen. Die Reiseberichte weisen keine thematische Gliederung nach Wissensgebieten auf, sondern beschreiben die Dinge dem chronologischen Verlauf der Reise folgend. Daher finden sich ethnologische, botanische, zoologische oder andere Beschreibungen quer über das ganze Werk verstreut.

Aufgrund des starken Akzents auf dem Verlauf der Reise selbst, der großen Bandbreite von Themen und der fehlenden Systematik in der Darstellung kann der Bericht von Bayer als typischer Vertreter der Gattung Reisebericht im 18. Jahrhundert angesehen werden.[67]

Im Hinblick auf die genannten Charakteristika ist zu berücksichtigen, dass diese sicher nicht alle auf eine ausgefeilte Konzeption und literarische Absicht zurückzuführen sind, sondern z.T. auch unbewusst eingesetzt wurden, da die Autoren i.d.R. mit anderen Werken der Reiseliteratur vertraut waren und bestimmte Formen der Darstellung in ihr Werk übernahmen.

Der Umstand, dass insbesondere die Berichte der Missionare auch dazu dienten, durch interessante und faszinierende Schilderungen in der Heimat um Nachwuchs für die Mission zu werben, ist im Falle von Bayer außer acht zu lassen, da der Bericht erst drei Jahre nach der Ordensaufhebung im Druck erschien. Die Abfassung ist also eher auf ein allgemeines zeitgenössisches Interesse am Reisen und an den Berichten über ferne Länder und Kontinente zurückzuführen.

---

[66] Vgl. ebd., 57f.
[67] Vgl. Heinritz, Weltreisebeschreibungen, 74f. Vgl. Stewart, Reisebeschreibung, 273.

Die Reiseberichte der Missionare stellen im Hinblick auf die gesamte Reise-literatur zwar nur einen kleinen aber keineswegs unbedeutenden Teil dar, gerade weil sie nicht nur über das missionarische Wirken Rechenschaft geben, sondern meist auch in großer Ausführlichkeit den Verlauf der Reise beschrei-ben und dennoch z.T. sehr detaillierte landeskundliche Informationen enthal-ten.[68]

---

[68] Vgl. BLANKE, Politische Herrschaft, 154.

Christine Vogel, Mainz

# DAS THEMA
# DER SÜDAMERIKANISCHEN JESUITENMISSION
# IN DER EUROPÄISCHEN PUBLIZISTIK
# IM VORFELD DER ORDENSAUFHEBUNG (1758-1773)

## Einleitung: Das Problem des Antijesuitismus

„Wo ist ein Orden, der so viele Unruhen erregt, so viel Zwietracht aus-
gestreuet, so viel Klagen und so viel Streitigkeiten aufgeblasen, so wohl
mit andern Ordensleuten, als mit der Geistlichkeit überhaupt, mit den Bischöffen, mit den weltlichen Fürsten, auch Christlichen und Catholi-
schen? Andere Regularpriester haben zwar auch Streitigkeiten gehabt:
Kein Orden aber hat jemals so viel gehabt, als die Jesuiten mit der ganzen
Welt haben.“[1]

Mit diesen Worten beklagte sich bereits Mitte des 17. Jahrhunderts der Bischof von Puebla de los Angeles und Gouverneur von Mexiko, Juan de Palafox y Mendoza, über die Jesuiten in einem Brief an Papst Innozenz X. Anlaß
seines Schreibens war ein jahrelanger Streit mit den Missionaren der Gesellschaft Jesu und mit anderen Ordensleuten um Privilegien und Exemtionen
von seiner bischöflichen Gerichtsbarkeit.[2] Es ist jedoch bezeichnend, daß in
diesem Zitat der eigentliche Vorwurf des Bischofs und Gouverneurs gegen die
Jesuiten sich nicht auf den Gegenstand des Streits bezieht, sondern auf die
Tatsache des Streits selbst: Rund einhundert Jahre nach ihrer Gründung war
die Gesellschaft Jesu so umstritten, daß die um sie geführten Kontroversen
selbst als Argument von ihren Gegnern ins Feld geführt werden konnten.
Laut Palafox sei der Orden „durch sein ausserordentliches Singularisiren sich
eher selbst beschwerlich, als daß er dardurch ein Ansehen bekommen sollte.“[3]
Wer so viel Aufsehen errege und Streit provoziere, so der Grundtenor des
Arguments, könne der Kirche insgesamt nur schaden.

---

[1] Brief des Bischofs Palafox vom 8. Januar 1649 an Papst Innozenz X, zitiert in einer
Übersetzung des 18. Jahrhunderts aus: Sammlung Vermischter Schriften, S. 6.

[2] Claudia von COLLANI, Palafox y Mendoza, Juan de, in: Biographisch–Bibliographisches
Kirchenlexikon 6 (1993), Sp. 1443–1447.

[3] Sammlung Vermischter Schriften, S. 5.

Die Gesellschaft Jesu war in der Tat von Beginn an Zielscheibe heftiger Angriffe gewesen, und zwar nicht nur aus den Reihen der Protestanten, sondern auch von seiten der Katholiken. Auf der anderen Seite wurden die Jesuiten aber auch als „neue Apostel" überhöht, wobei die beispiellose Erfolgsgeschichte des Ordens ein übriges tat – zählte man doch nach den ersten einhundert Jahren bereits rund 16.000 Mitglieder und weltweit mehr als 500 Kollegien als wichtigste Wirkungszentren der Jesuiten. Wohl kein anderer religiöser Orden hat über so lange Zeit, nämlich bis weit hinein ins 20. Jahrhundert und zum Teil bis heute, eine derart polarisierende Wirkung gehabt. Globale Erklärungsversuche hierfür sind schnell bei der Hand, etwa die Neuartigkeit des Instituts, der rasche Aufstieg des Ordens, seine direkte Unterordnung unter den Papst, seine enge Assoziierung mit den politischen Kräften der Restauration im 19. Jahrhundert etc. Für die Erklärung der historischen „Konjunkturschwankungen" des Antijesuitismus aber bleiben diese Argumente in ihrer Allgemeinheit unbefriedigend. Die konkreten Gründe für die verschiedenen Wellen des Antijesuitismus in einzelnen Ländern oder auch länderübergreifend im einzelnen zu benennen ist bislang aber kaum möglich, denn die Forschungslage zum Thema Antijesuitismus ist schmal. Eine wesentliche Ursache hierfür liegt in der Sache selbst: Der Blick auf das Thema des Antijesuitismus war so lange verstellt, wie die Forschung selbst noch im Zeichen der Polemik um den Orden stand. Wer sich mit den Jesuiten befaßte, wurde schnell in eines der beiden konkurrierenden Lager – Gegner oder Apologeten – geschoben. Dies änderte sich erst allmählich im Verlauf des 20. Jahrhunderts, vor allem mit der Öffnung der Ordensarchive auch für „weltliche" Forscher, die nun begannen, zum Teil gemeinsam mit Ordens– und Kirchenhistorikern die Rolle der Jesuiten in allem möglichen Bereichen der (früh–) neuzeitlichen Kultur zu erforschen – von der Politik und der Wirtschaft über Bildung und Wissenschaft bis hin zu Literatur, Theater, Musik und bildender Kunst.[4] Seit einigen Jahren ist dabei nun auch das Phänomen des Antijesuitismus stärker in das Blickfeld der historischen und literaturwissenschaftlichen Forschung gerückt. So sind vor allem die politischen Instrumentalisierungen des Antijesuitismus im 19. Jahrhundert sowie einzelne besonders wichtige antijesuitische Publikationen und Autoren untersucht worden.[5]

Einer der einflußreichsten antijesuitischen Autoren war zweifellos Juan de Palafox, obgleich er selbst dazu kaum etwas getan hat. Seine Beschwerdebriefe

---

[4] Luce GIARD (Hrsg.), Les jésuites à la Renaissance; Luce GIARD / Louis de VAUCELLES (Hrsg.), Les Jésuites à l'âge baroque; John W. O'MALLEY / Gauvin Alexander BAILEY / Steven J. HARRIS / T. Frank KENNEDY (Hrsg.), The Jesuits. Cultures, Sciences, and the Arts 1540–1773. Einen Überblick über die neueste Literatur zur frühneuzeitlichen Gesellschaft Jesu findet sich in der Sondernummer der Revue de Synthese 120 (1999) über „Les Jésuites dans le monde moderne, nouvelles approches", hrsg. von Pierre–Antoine FABRE und Antonella ROMANO.

[5] Claude SUTTO, Introduction, in: Etienne PASQUIER, Le Catechisme des Jésuites, 11–121; Michel LEROY, Le mythe jésuite; Geoffrey CUBITT, The Jesuit Myth; José Eduardo FRANCO / Bruno Cardoso REIS, Vieira na Literatura anti–jesuítica; Sabina PAVONE, Le astuzie dei Gesuiti; José Eduardo FRANCO / Christine VOGEL, Monita secreta. Instruções Secretas dos Jesuítas.

über die Jesuiten wurden erst nach seinem Tod publiziert, und erst damit konnten sie zu einem wahrhaften Zitatenschatz für jesuitenfeindliche Publizisten der folgenden Jahrhunderte werden. So stammt beispielsweise die eingangs zitierte deutsche Übersetzung seiner Briefe aus einer anonymen Kompilation von 1762. Es handelte sich dabei um eine jener antijesuitischen Publikationen, die in dieser Zeit zu Tausenden in ganz Europa verbreitet waren. Seit Ende der 1750er Jahre konnte das europäische Publikum in Zeitungen und Zeitschriften, in Pamphleten und Abhandlungen, auf Bildern und in Flugschriften die verschiedenen Etappen des Untergangs des einst so mächtigen Jesuitenordens verfolgen und kommentieren: Den Auftakt bildete die Vertreibung der Jesuiten aus Portugal und den portugiesischen Kolonien im Jahre 1759. Es folgten das Verbot des Ordens in Frankreich 1761–1764, die Vertreibungen aus Spanien und den italienischen Bourbonenreichen 1767–68 und schließlich die päpstliche Aufhebung durch das Breve *Dominus ac Redemptor* im Jahre 1773.

Die kontroversen Debatten, die in diesem Zeitraum in ganz Europa um die Jesuiten geführt wurden, stellen zweifellos einen Höhepunkt in der Geschichte des Antijesuitismus, aber auch der projesuitischen Apologetik dar. Obgleich sie sich im Prinzip auf die aktuellen Ereignisse bezogen, konnten sowohl die Anhänger als auch die Verteidiger der Jesuiten jeweils auf ein ganzes Arsenal von Argumenten und klassischen Themen zurückgreifen. Neben dem Probabilismus, dem Ritenstreit sowie der Moral– und Gnadenlehre der Jesuiten spielte dabei auch das Thema der südamerikanischen Missionen eine entscheidende Rolle.

## I. DAS THEMA DER SÜDAMERIKANISCHEN JESUITENMISSION IM PORTUGIESISCHEN REGIERUNGSDISKURS

Sowohl der Untergang der Gesellschaft Jesu als auch die publizistischen Debatten darum nahmen ihren Ausgang von jenem Königreich, das die französischen Aufklärer unter sich gern als „le pays le plus fanatique et le plus ignorant de l'Europe" verspotteten.[6] In Portugal hatte der Orden lange Zeit in besonders hohem Ansehen gestanden. König D. João III. hatte als erster Herrscher noch vor der offiziellen päpstlichen Bestätigung des Ordens im Jahre 1540 Jesuiten in sein Reich eingeladen, um in der inneren und vor allem auch der äußeren Mission, in den portugiesischen Kolonien, tätig zu werden. Schon 1541 brach Francisco de Xavier, einer der ersten Gefährten des Ordensgründers, im Auftrag der portugiesischen Krone in Richtung Indien auf, zur ersten Etappe seiner weitläufigen Asienmission. Wenige Jahre später folgte die noch von Ignatius selbst beförderte Einrichtung der brasilianischen Ordensprovinz, und im Mutterland gründeten die Jesuiten 1559 in der Stadt

---

6 Brief von d'Alembert an Voltaire, 31.10.1761, in: Theodore BESTERMAN (Hrsg.), The complete works of Voltaire, Bd. 108. Oxford 1972, 77.

Évora eine eigene Universität, die zweite des Landes. Bei Hofe traten Jesuiten
als Beichtväter und als Berater des Königs auf. Diese äußerst günstige Lage
der Gesellschaft Jesu in Portugal änderte sich erst rund zweihundert Jahre
später, nach dem Tod D. Joãos V. und der Thronbesteigung seines Nachfol-
gers D. Josés I. im Jahre 1750. Man kann sagen, daß das Ansehen und der
Einfluß der Jesuiten im Königreich Portugal in genau dem Maße zurück-
gingen, wie die Macht des Ministers Sebastião José de Carvalho e Melo, des
späteren Marquês de Pombal, zunahm.

Einer der Gründe für den Beginn der Konflikte zwischen dem Hof und
den Jesuiten lag in den südamerikanischen Kolonien. Ein spanisch–portugiesischer Vertrag vom 13. Januar 1750 sollte den seit langem umstrittenen Grenz-
verlauf zwischen den südamerikanischen Herrschaftsgebieten der beiden
Mächte neu regeln. Spanien sollte dafür ein größeres Gebiet östlich des
Flusses Uruguay an Portugal abtreten. In der fraglichen Region befanden sich
allerdings sieben Reduktionen, in denen mehrere tausend Guarani–Indianer
unter der geistlichen und weltlichen Führung von Jesuiten lebten. Die Guaranis sollten nach dem Willen der beiden Regierungen nun ihre Heimatdörfer
verlassen und sich westlich des Uruguays neu ansiedeln. Als die vereinigten
spanisch–portugiesischen Truppen zur Durchsetzung des Vertrags in die
Siedlungsgebiete der Indios eindrangen, trafen sie auf bewaffneten Widerstand.[7]

Die Vorstellung, die Indianer hätten ihren Aufstand eigenständig beschlossen, organisiert und durchgeführt, ließ sich offensichtlich mit dem Weltbild
der Kolonialherren nur schwer vereinbaren. Pombal war – unter anderem aufgrund der Berichte seines Bruders Francisco Xavier de Mendonça Furtado,
des Gouverneurs von Grão–Pará und Maranhão[8] – zu der Überzeugung ge-
langt, daß die Jesuiten die Durchsetzung des spanisch–portugiesischen Grenz-
vertrags hintertrieben, indem sie die in den Reduktionen lebenden Indianer
zur Revolte anstachelten. Zu diesem Grundmißtrauen kamen im Laufe der
Zeit weitere Verdachtsmomente gegen die Jesuiten. So glaubte Pombal nach
dem großen Erdbeben von Lissabon im Jahre 1755, der italienische Jesuit
Gabriele Malagrida, der schon wenige Jahre zuvor als Missionar in Brasilien
den Unwillen Mendonça Furtados erregt hatte,[9] untergrabe nun durch seine
Bußpredigten den Wiederaufbauwillen der Untertanen und die Autorität des
Hofes. Im Nachhinein legte man den Jesuiten auch zur Last, das Volk gegen
die von Pombal betriebene Einrichtung der Handelskompanie von Grão–Pará

---

[7] Zu den Reduktionen und ihrem Niedergang infolge des Guarani–Kriegs und der Jesu-
itenvertreibung vgl. Antonio ASTRAIN, Jesuitas, guaraníes y encomenderos; Peter Claus
HARTMANN, Der Jesuitenstaat in Südamerika; William V. BANGERT, A History of the Society of
Jesus, 351–354; Philip CARAMAN, Ein verlorenes Paradies; Magnus MÖRNER (Hrsg.), The
Expulsion of the Jesuits from Latin America; Maria FASSBINDER, Der „Jesuitenstaat" in
Paraguay.

[8] Marcos CARNEIRO DE MENDONÇA (Hrsg.), A Amazônia na era pombalina.

[9] Ebd., Bd. 1, 145. Vgl. auch Samuel J. MILLER, Portugal and Rome, 48–49.

aufgewiegelt und die Einwohner der Stadt Porto im Februar 1757 zu einer Revolte angestachelt zu haben, die blutig niedergeschlagen wurde.[10] Verschiedene kleinere Strafmaßnahmen gegen einzelne Ordensmitglieder gipfelten im Frühjahr 1758 in der bei Papst Benedikt XIV. erwirkten Visitation des portugiesischen Ordenszweigs. Ein Attentat auf D. José I. Anfang September 1758 diente schließlich als Vorwand, um neben den mächtigsten Adelsfamilien des Landes auch die Gesellschaft Jesu in Mißkredit zu bringen und auszuschalten. Die beschuldigten Adligen wurden hingerichtet und mehrere Jesuiten, darunter Malagrida, als Drahtzieher einer Verschwörung gegen den König inhaftiert. Die übrigen Mitglieder des Ordens wurden im September 1759 aus Portugal und den Kolonien verbannt und per Schiff in den Kirchenstaat geschickt. Im September 1761 schließlich verurteilte die portugiesische Inquisition nach einer Anzeige durch den Ersten Minister Pombal den noch immer inhaftierten Jesuiten Gabriele Malagrida als Ketzer und falschen Propheten und ließ ihn zum Abschluß eines großen Autodafés durch den weltlichen Arm verbrennen.[11]

Seine Strafmaßnahmen gegen die Jesuiten flankierte Pombal mit einer für damalige Maßstäbe beeindruckenden publizistischen Kampagne. Sie enthielt anonyme Pamphlete, höchst offizielle königliche Edikte und Gerichtsurteile, aber auch zahlreiche Schriften kirchlichen Ursprungs, wie Papstbreven und Hirtenbriefe. All diese Publikationen wurden ins Italienische, Französische und Deutsche übersetzt und in Sammelbänden und Flugschriften in ganz Europa verbreitet. Dabei profitierte Pombal von der Existenz eines jesuitenfeindlichen Netzwerks in Europa, nämlich von den Jansenisten in Frankreich, Italien und den Niederlanden.[12] Diese versierten und traditionell antijesuitisch eingestellten Publizisten sorgten nur allzu gern für die europaweite Verbreitung der portugiesischen Schriften, die sie um zahlreiche eigene Beiträge zur Debatte ergänzten. Viele dieser Texte hatten das Verhalten der Jesuitenmissionare in Südamerika zum Gegenstand. Am bekanntesten ist heute noch die *Relação abbreviada*, der sogenannte „Kurze Bericht". Er war im Auftrag Pombals verfaßt worden und enthielt, wie eine von vielen zeitgenössischen deutschen Übersetzungen im Titel bündig zusammenfasste, eine „Zuverlässige Nachricht von dem Krieg, welchen die Geistlichen dieses Ordens gegen die Könige, von Spanien und Portugall in Amerika ausgehalten, um die Oberherrschaft über die Krongüter in Paraguai zu behaupten, die sie unter dem Vorwand der Religion an sich gezogen hatten".[13] Usurpation von Herrschafts-

---

[10] [Luis da CUNHA / Sebastião José de Carvalho e Melo, Marquês de POMBAL], Lettre instructive Du 10 Février 1758 à François de Almada de Mendoza, Ministre de Sa Majesté Très-Fidèle en Cour de Rome…, in: RTPN, Bd. 2, 55–65. Vgl. auch Samuel J. MILLER, Portugal and Rome, 61.

[11] Wilhelm KRATZ, Der Prozeß Malagrida.

[12] Zum europäischen Jansenismus im 18. Jahrhundert vgl. William DOYLE, Jansenism; Catherine MAIRE, De la cause de Dieu; Peter HERSCHE, Der Spätjansenismus.

[13] Die in Paraguai zerstörte Republik der Jesuiten, Titelblatt.

rechten, Hochverrat und Rebellion waren somit die zentralen Ideen, die man in der Debatte im Vorfeld der Ordensaufhebung mit dem Thema der südamerikanischen Jesuitenmission assoziierte.

Die Auseinandersetzungen um die Jesuitenmission in Südamerika und das Leben der Indianer in den Reduktionen hatten zu diesem Zeitpunkt bereits eine lange Tradition. Immer wieder hatte man den Jesuiten vorgeworfen, sich gegen die örtlichen Bischöfe aufzulehnen, die Indianer zu versklaven und statt den Glauben zu verbreiten vor allem ihren eigenen wirtschaftlichen Vorteil in den Missionen zu suchen. Nicht zuletzt der bereits zitierte Juan de Palafox wurde in diesem Zusammenhang immer wieder als Kronzeuge angeführt, seine Briefe zitiert. Die Autorität des Bischofs von Puebla war noch gestiegen, seit sich die spanische Krone, besonders unter Carlos III., um seine Heiligsprechung bemühte. Den Jesuiten warf man vor, ihren Einfluß auf den Heiligen Stuhl zu benutzen, um diesen Prozeß wegen der bekannten kritischen Haltung des Bischofs zu ihrem Orden zu hintertreiben.[14] Mit Blick auf den „Jesuitenstaat in Paraguay" argumentierte man außerdem, daß die Jesuiten, um ihre wahren Machenschaften in Brasilien zu verschleiern, nun dieselben Verleumdungen und Lügen gegen die örtlichen Bischöfe und Händler ausstießen wie einst gegen Palafox, mit dem stets gleichen Ziel, die Glaubwürdigkeit ihrer Gegner zu untergraben.[15]

Nur wenige Jahre vor Beginn der öffentlichen Debatte um die portugiesische Jesuitenaffäre und den versuchten Königsmord war außerdem das Gerücht um einen „Jesuitenkönig von Paraguay" in der europäischen Presse aufgetaucht.[16] In einem kurzen Strohfeuer entbrannte in Flugschriften und Zeitungen sowie in den literarischen Salons das Interesse an dieser Phantasiegestalt, die unter dem Namen „Nikolaus I. von Paraguay" bekannt wurde. „Die lächerliche Fabel von dem König Nicolaus in Paraguay sollte der Tragödi [sic], welche man mit den Jesuiten vorhatte, gleichsam zu einem lustigen Vorspiele dienen", schrieb 1759 ein anonymer „guter Freund" der Jesuiten über diese Episode. „Zu allem Unglück aber ware sie so abgeschmack[t], und hatte so wenig Wahrscheinlichkeiten, daß sich zwar der Pöbel einige Zeit damit belustiget, Leute von gutem Geschmack aber sie alsobald verworfen haben."[17] Obgleich somit schon nach kurzer Zeit wohl kaum noch jemand ernstlich an die Existenz des „Jesuitenkönigs" glaubte, so blieb doch die vage Vorstellung eines quasi–souveränen Jesuitenstaates mit undurchsichtiger Herrschaftsstruktur in Südamerika in den Köpfen vieler Zeitgenossen bestehen. Pombal konn-

---

[14] Sammlung Vermischter Schriften, 5.

[15] Vgl. z.B. Récit abrégé des derniers faits & procédés des Jésuites de Portugal, & des intrigues par eux pratiquées à la Cour de Lisbonne; écrit & envoyé par un Ministre de cette Cour bien informé à un de ses amis résidant en celle de Madrid, in: RTPN, Bd. 1, 133–143, hier 142.

[16] Vgl. die äußerst materialreiche, jedoch in ihren Ergebnisthesen zum Ursprung des Gerüchts vom Jesuitenkönig wenig überzeugende Studie von Felix BECKER, Die politische Machtstellung der Jesuiten in Südamerika.

[17] Antwort eines guten Freunds, 3.

te von diesen kollektiven Phantasmen über das geheime Reich der Jesuiten profitieren; seine Vorwürfe schlugen in dieselbe Kerbe.

Das eigentlich Neue an den Anschuldigungen der portugiesischen Regierung, wie sie vor allem – aber nicht ausschließlich – in der *Relação abbreviada* verbreitet wurden, war somit weniger die Idee eines usurpierten Jesuitenstaates, sondern vielmehr die Behauptung, daß die Jesuiten in Paraguay mit einem Indianerheer einen offenen Krieg gegen die rechtmäßigen Herrscher führten, um die Entdeckung und Aushebung dieser „Republik", ihres insgeheim auf spanischem Boden gegründeten Staats, durch die spanischen und portugiesischen Armeen zu verhindern, die zur Durchsetzung des Grenztraktats in die fraglichen Gebiete vorgedrungen waren. Freilich nahm die detaillierte und in den dunkelsten Farben ausgemalte Schilderung der Zustände im Jesuitenstaat in der *Relação* dennoch einen breiten Raum neben dem eigentlichen Kriegsbericht ein. So hätten die Jesuiten ihre priesterliche Macht dazu mißbraucht, die unwissenden und naiven Indianer zu versklaven und zu willenlosen und blutrünstigen Kriegern im Dienste des Ordens abzurichten: „Der heilige Vorwand der Bekehrung mußte dazu dienen, die große Unternehmung dieser Patres zu beglücken", hieß es zu Beginn des Textes.[18] Allen Europäern, seien sie geistlichen oder weltlichen Standes, wurde der Zutritt zu den Reduktionen verboten,

> „wodurch alles, was in dem innersten Theil des Landes vorgieng, auf eine unerforschliche Art geheim bleiben sollte. Sie gaben keinem Menschen einige Känntniß von dem Zustande und der Staatsverfassung dieser verborgenen Republik, als einigen Geistlichen ihres Ordens, die sie nöthig fanden, um diese wichtige Unternehmung zu unterstützen."[19]

Im Geheimen und Verborgenen war es den Jesuiten sodann möglich,

> „diesen elenden und unschuldigen Leuten, als einen unverbrüchlichen Grundsatz der christlichen Religion, in welche sie sie aufnahmen, [einzupflanzen], daß sie einen blinden Gehorsam vor alle Befehle ihrer Missionarien haben müßten, sie möchten so hart und unerträglich seyn, als sie wollten…; und weil es [den Indianern] unbekannt war, daß sie einen König über sich hatten, dem sie gehorchen sollten, so glaubten sie, daß man in der Welt auf keine vernünftige und freye Art unterworfen seyn könne, sondern es müsse alles in der Sclaverey leben."[20]

Und schließlich

> „haben sie diesen Indianern als eine Hauptpflicht beygebracht, gegen alle weiße Leute, weltlichen Standes, einen unversöhnlichen Haß zu hegen, sie unermüdet aufzusuchen, und wo sie sie antreffen könnten, ohne alle

---

[18] Die in Paraguay zerstörte Republik der Jesuiten, 8.
[19] Ebd., 9.
[20] Ebd., 9–10.

Gnade zu tödten; wobei sie die Vorsicht brauchen sollten, ihnen die Köpfe abzuschneiden, damit sie nicht wieder lebendig würden, indem ihnen die Jesuiten weiß gemacht hatten, sie stünden sonst durch teuflische Künste wieder auf."[21]

Mit diesem willenlosen und grausam abgerichteten Indianerheer nun zogen die Jesuiten, will man der *Relação* Glauben schenken, gegen die spanisch–portugiesischen Truppen los, um ihre durch den Grenzvertrag bedrohte verborgene Republik zu erhalten. Der folgende und weitaus größte Teil des Textes enthält eine Kriegsrelation, in der detailliert und mit zahlreichen Zitaten aus den Berichten der Heeresführer und anderen offiziellen Quellen die Einzelheiten des Feldzugs gegen die Guaranis geschildert werden – angereichert mit grausigen Details und Zitaten aus den Verhörsprotokollen gefangener Indianer, die dazu angetan waren, die Behauptungen des ersten Abschnitts zu bestätigen.

Daß die *Relação* einen kaum zu überschätzenden Beitrag zum noch heute fortwirkenden ambivalenten Mythos vom Jesuitenstaat in Paraguay geleistet hat, steht außer Frage und ist, ebenso wie die Unhaltbarkeit der von Pombal gegen die Jesuiten erhobenen Vorwürfe, in der Forschung häufig betont worden.[22] Darüber sollte jedoch der unmittelbare Zweck der Schrift im Kontext des portugiesischen Regierungshandelns nicht aus den Augen geraten. Für Pombal hatte die Verbreitung dieser und anderer, in eine ähnliche Richtung zielender Schriften, zunächst einmal zum Ziel, den Papst in Rom von der Notwendigkeit einer Visitation des portugiesischen Ordenszweigs zu überzeugen und Sanktionen gegen die Jesuiten zu erwirken. Tatsächlich bezog sich Benedikt XIV. denn auch in seinem Visitationsbreve explizit auf die Mißstände in den Missionen, die bereits aller Welt durch ein „kleines Bändchen" bekannt gemacht worden seien.[23] Über den Inhalt dieses kleinen Bändchens herrschte bald kein Zweifel mehr: Es enthielt die *Relação* und einige andere Dokumente, die sich auf die südamerikanischen Kolonien bezogen, darunter eine Bulle Benedikts XIV. aus dem Jahre 1741, in der die Versklavung der Indianer verurteilt wurde.

Durch die Publikation dieser Bulle an der Seite der von Pombal initiierten Schriften mußte der Eindruck entstehen, als habe Benedikt XIV. mit seiner Mahnung in erster Linie die Jesuiten im Visier gehabt. Die in der *Relação* enthaltenen Behauptungen über die Versklavung der Indianer in den Reduktionen erhielt dadurch quasi eine päpstliche Bestätigung. Es ist somit kein Zufall, daß das Visitationsbreve Benedikts XIV. nicht zuerst in Rom, sondern in Lissabon publiziert wurde und von dort aus gemeinsam mit den anderen portugiesischen Schriften zurück nach Italien und weiter nach Frankreich und

---

[21] Ebd., 11.

[22] José Eduardo FRANCO, A construção pombalina do mito jesuítico, 275–278; Peter Claus HARTMANN, Der Jesuitenstaat in Südamerika, 22. u. 57.

[23] [Papst Benedikt XIV.], Lettres en forme de Bref, in: RTPN, Bd. 1, 115–125, hier 119–120.

Deutschland gelangte. Pombal konnte es nur Recht sein, wenn alle Welt erfuhr, daß es die *Relação* und die darin enthaltenen Anschuldigungen waren, die den Papst dazu veranlaßt hatten, konkrete Nachforschungen bei den portugiesischen Jesuiten anstellen zu lassen. Durch seine geschickte Publikationsstrategie gelang es dem portugiesischen Minister so, die päpstliche Autorität zur Beglaubigung seiner eigenen Publikationen und Anschuldigungen gegen die Jesuiten zu instrumentalisieren. Wenn der Papst tatsächlich der Adressat des von ihm selbst erwähnten „kleinen Bändchens" sei, dann, so folgerte man nun in weiten Kreisen der Öffentlichkeit, könne am Wahrheitsgehalt der darin enthaltenen Schriften kein Zweifel bestehen:

> „Si c'étoit là la destination de ce *petit Volume*, qui oseroit révoquer en doute l'authenticité des Piéces qu'il contient, & l'exactitude des faits qui y sont rapportés? Ce seroit soupçonner une Tête couronnée, ou au moins ses Ministres, d'avoir voulu en imposer au Souverain Pontife, & surprendre sa religion dans les matieres les plus graves... Or on n'aura pas sans doute falsifié la Bulle du Pape sous ses propres yeux."[24]

Doch das Risiko, den Text einer päpstlichen Bulle zu verfälschen, brauchte Pombal gar nicht einzugehen; es reichte, wie gesehen, voll und ganz, sie zusammen mit seinen eigenen Schriften zu publizieren, um den gewünschten Gesamteffekt zu erzielen.

Nach dem Attentat auf D. José I. hatte sich die Gesamtsituation entscheidend verändert, so daß auch die Anschuldigungen gegen die südamerikanischen Jesuitenmissionare nun einen neuen, weitaus radikaleren Zweck erfüllten: Sie wurden in der offiziellen Urteilsschrift gegen die adligen Verschwörer als Motiv der Jesuiten für ihre Verstrickung in das Attentat angeführt. So gab man dort als Grund für ihre angeblichen Rachepläne an,

> „daß die Jesuiten von dem Amt der Beichtväter Ihro Majestäten und Ihro Königl. Hoheiten abgesetzet, und ihnen der Zutritt bey Hofe... wegen der förmlichen Revolten und öffentlichen Kriege, die sie Sr. Majestät in Uruguai und Maragnon erreget hatten, verbotten wurde [...]."[25]

Daher, so die offizielle Sicht der Dinge, die dann auch als Begründung des Ordensverbots und des Verbannungsbefehls angeführt wurde, hätten die Patres sich mit einigen unzufriedenen Adligen am Hofe zusammengetan, um den König zu beseitigen und mit dem Herzog von Aveiro einen ihnen ergebenen Herrscher auf den Thron zu erheben.

Aus dem Jahr 1761 ist ein Bildflugblatt überliefert, das diese offizielle Version der Ereignisse in Portugal und den Kolonien, die Pombal mit seiner Kampagne in der europäischen Öffentlichkeit durchzusetzen versuchte, bündig zusammenfasst (Abb. 1). Die Darstellung zeigt im Zentrum den Jesuiten Mala-

---

24 Recueil de pièces, Pour servir d'addition & de preuve à la Relation abregée, iv.

25 Criminalfactum und Verurtheilung der Königsmörder, publicirt den 12. Januar. 1759, in: SNS, Bd. 2, 13–44, hier 15.

grida, bewaffnet mit dem Dolch des Königsmörders, der in der zeitgenössischen antijesuitischen Ikonographie eines der klassischen Attribute der Jesuiten war. Malagrida steht unter einem Triumphbogen aus Kolonialwaren, der
vom erfolgreichen Handelsimperium der Jesuiten kündet. Rechts und links
sind die versklavten Ureinwohner der Kolonien angekettet. Mit Jean Chastel
und François Ravaillac, den Mördern Heinrichs III. und Heinrichs IV. von
Frankreich, wird der Anschlag auf D. José I. in eine Traditionskette von Kö-
nigsmorden gestellt, die nun alle der Gesellschaft Jesu angelastet werden. So
notiert beispielsweise der Königsmörder Ravaillac auf der linken Bildseite
„Les Jésuites me lavoit ordoné [sic]" – die Jesuiten hatten es mir befohlen. Zu
Füßen Malagridas schließlich sind all jene gekrönten Häupter aufgereiht, die
als Opfer der Jesuiten dargestellt werden sollen, darunter, als zweiter von
links, der portugiesische König. Die Tatsache, daß José I. genau wie der als
Dritter von rechts dargestellte französische König Ludwig XV. das „jesuitische" Attentat in Wirklichkeit überlebt hatte, spielte dabei offensichtlich keine
Rolle: Auch ein fehlgeschlagener Königsmord blieb selbstverständlich ein
„crime de lèze-majesté" und wurde auch als solches bestraft – so hatten es
sowohl die portugiesischen Adligen als auch der einfache Hausangestellte
François Damiens, der Attentäter Ludwigs XV. im Jahre 1757, erfahren müssen. Insgesamt suggeriert der Stich, daß das materielle Gewinnstreben obers-
tes Ziel der Jesuiten sei, daß die Missionen als reine Handelsniederlassungen
des Ordens fungierten und daß dieser nicht davor zurückschrecke, all jene
Herrscher zu beseitigen, die sich ihm in den Weg stellen.

## II. DIE PUBLIZISTISCHEN REAKTIONEN: ZWISCHEN
## JANSENISTEN UND JESUITEN

Die breitere europäische Öffentlichkeit nahm die von Pombal publizierten
Schriften mit großem Interesse auf. Es erschienen vor allem in Italien, Frankreich, den Niederlanden und Deutschland zahlreiche Antworten, Einwände
und Ergänzungen, die vielfach ihrerseits in andere Sprachen übersetzt wurden.
Obgleich es auch einige Verteidigungsversuche gab, dominierten insgesamt
die Stimmen derjenigen, die der Sichtweise der portugiesischen Regierung
zustimmten. Doch selbst in den jesuitenfeindlichen Milieus erfolgte die Rezeption der Schriften Pombals nicht als bloße Übernahme des offiziellen
Regierungsdiskurses. Vielmehr fanden in der europäischen Öffentlichkeit
produktive Aneignungsprozesse statt, bei denen sowohl die Gegner als auch
die Verteidiger der Jesuiten die aktuellen Ereignisse in Südamerika und in
Portugal in einen größeren historischen Sinnzusammenhang einordneten. So
ergänzten beispielsweise schon die Übersetzer der portugiesischen Regie-
rungsschriften ihre Publikationen fast immer um kommentierende Einlei-
tungen, Anmerkungen, Rezensionen, kurz, um unterschiedliche Arten von
Paratexten, die nach Gérard Genette „den geeigneten Schauplatz für eine

Pragmatik und eine Strategie, ein Einwirken auf die Öffentlichkeit im gut oder schlecht verstandenen oder geleisteten Dienst einer besseren Rezeption des Textes und einer relevanteren Lektüre" darstellen.[26]

Die in Frankreich erscheinende, in den Niederlanden nachgedruckte und bis nach Rom und Wien verbreitete jansenistische Untergrundzeitung *Nouvelles ecclésiastiques* etwa begrüßte in ihrer Rezension die „authentischen" Enthüllungen der *Relação* als lang ersehntes Zeichen der Vorsehung, die nunmehr durch die Stimme des portugiesischen Königs die geheimen Machenschaften der Jesuiten vor aller Augen enthülle. Dennoch betonten die Redakteure die Notwendigkeit, auch den historischen Hintergrund zu beleuchten, um ihren Lesern ein gründliches Verständnis der aktuellen Ereignisse zu ermöglichen. Der hier gemeinte historische Hintergrund war allerdings von den Schauplätzen Portugal und Südamerika denkbar weit entfernt:

> „Depuis plus de 100 ans deux Corps d'hommes, les Jésuites d'un côté, les Défenseurs de la doctrine de Saint Augustin de l'autre, donnent à l'Eglise le spectacle singulier de s'accuser mutuellement... Après plus d'un siècle de calomnies de la part des Jésuites, ... l'Eglise n'en est que plus convaincue de la fausseté de ces calomnies. La Doctrine & la Morale des prétendus Jansénistes sont reconnues de toute part pour saines & orthodoxes."[27]

Der Zusammenhang zwischen dem hier evozierten Jansenismusstreit und den aktuellen Ereignissen lag für die jansenistischen Rezensenten auf der Hand: Die sogenannten Jansenisten seien nur deshalb beständig von den Jesuiten als Ketzer verleumdet und bekämpft worden, weil sie von Beginn an die dunklen Machenschaften des Ordens auf allen Ebenen durchschaut hatten – hätte man ihnen beizeiten Gehör geschenkt, so die implizite Botschaft, dann wäre es niemals zu den aktuellen Verbrechen der Jesuiten gekommen:

> „Tout s'est... réuni depuis cent ans, pour vérifier les accusations intentées en tout genre contre les Jésuites... On les a dénoncés à l'Eglise comme coupables d'une Morale dépravée, même impie [A], d'une doctrine pestiférée, meurtrière, autant contraire au repos du Sujet, qu'à la sûreté des Rois [B]... On les a accusés de renverser la doctrine de l'Evangile, & d'y substituer un Corps de dogmes erronés [C]... On les a déférés comme fauteurs de l'Idolatrie à la Chine & dans le Malabar [D]... Enfin, sans insister sur tant d'autres excès, on les accuse, depuis cent ans, d'abuser du prétexte de la propagation de l'Evangile, pour satisfaire dans les Indes, & singulierement dans le Paragay [sic], leur avarice insatiable, pour s'emparer des richesses de cette excellente portion des Indes occidentales; pour

---

[26] Gérard GENETTE, Paratexte, 10.

[27] Extraits de la Relation abrégée, 3. Es handelt sich bei dieser Flugschrift um eine Zusammenstellung von Artikeln über die portugiesische Jesuitenaffäre, die zwischen März und September 1758 in den Nouvelles ecclésiastiques erschienen waren.

y réduire les Indiens à une odieuse servitude; pour y rendre ces contrées inaccessibles aux Officiers du Roi d'Espagne à qui elles appartiennent, pour y soulever même ces Peuples contre les ordres de leur Souverain; pour les animer, & même les dresser à la guerre contre leur Roi... en un mot pour s'y établir une sorte de République Souveraine, où eux–seuls fussent vraiment reconnus comme Maîtres, & où leurs ordres fussent seuls exécutés. [E]"[28]

In diesen wenigen Absätzen gelang es den Redakteuren der *Nouvelles ecclésiastiques*, so gut wie alle zentralen Themen des Antijesuitismus aufzulisten, die sich unter den Stichworten „Laxismus" [A], „Tyrannenmordlehre" [B], „Molinismus" [C], „Chinesische" bzw. „Malabrische Riten" [D] und eben auch „Jesuitenstaat in Paraguay" [E] zusammenfassen lassen. Zugleich waren dies auch die Parolen, mit denen jansenistische Autoren schon seit den Zeiten Antoine Arnaulds und Blaise Pascals in ihren Schriften die Jesuiten attackiert hatten. So ist es nur logisch, daß die Rezensenten der jansenistischen Untergrundzeitung die *Relação* vor allem betrachteten als „nouvelle preuve autentique de ce que les différens Volumes de la Morale pratique nous en ont appris depuis près d'un siècle".[29] Die *Morale pratique des Jésuites* war ein wichtiges Referenzwerk der Jansenisten, das Ende des 17. Jahrhunderts in mehreren Bänden von verschiedenen Autoren verfaßt worden war. Im 1691 erschienenen fünften Band, auf den sich die *Nouvelles ecclésiastiques* besonders häufig in ihren Besprechungen der portugiesischen Schriften bezogen, hatte Antoine Arnauld Beschwerdeschriften der Kolonialverwaltung und Dokumente aus den 1650er Jahren über die Auseinandersetzungen des Bischofs von Asunción (Paraguay) Bernardino de Cardenas mit den Jesuiten ediert.[30] Wenn man nun auf diese alten Streitigkeiten zurückkam, dann nicht nur, weil damit frühe Zeugnisse für das Fehlverhalten der Jesuitenmissionare in Südamerika verbunden waren. Ein weiterer wichtiger Grund war, daß hier auch die Erinnerung an eine Leitfigur des frühen Jansenismus, Antoine Arnauld, mobilisiert und damit wiederum der Zusammenhang der aktuellen Ereignisse mit dem Jansenismusstreit hergestellt wurde. Die jansenistischen Publizisten benutzten also die portugiesischen Vorwürfe gegen die Jesuiten, um ihrer Sicht der Gegenwart und der Vergangenheit vor einer breiten europäischen Öffentlichkeit zum Durchbruch zu verhelfen.

Die Einordnung der aktuellen Ereignisse in den Kontext des Jansenismusstreits zeigt sich besonders deutlich auch in der Bildpublizistik, beispielsweise auf dem Titelkupfer der *Nouvelles ecclésiastiques* für das Jahr 1761 (Abb. 2). Das Blatt ist in eine ganze Serie von Stichen einzureihen, die im Auftrag des Pariser *parti janséniste* etwa seit der Jahrhundertmitte in großer Anzahl zu Propa-

---

28 Ebd., 4–5.
29 Ebd., 17.
30 [Antoine ARNAULD], Morale pratique des Jésuites.

gandazwecken hergestellt wurden.[31] Zu sehen sind hier acht kleinere Szenen, die um den Titel der Zeitung und ein leicht abgewandeltes und auf die Jesuiten gemünztes Bibelzitat (Jes 26,10) herum gruppiert sind. Vier dieser jeweils durch kurze Inschriften erläuterten Bilder beziehen sich explizit auf die Jesuiten. Eine allegorische Darstellung der Religion, die in der oberen Bildmitte ein geflügeltes Monster zu Boden zwingt, kann anhand der Textbeigabe als Anspielung auf einen theologischen Skandal der späten 1750er Jahre identifiziert werden, auf das die jansenistischen Publizisten immer wieder gern zurückkamen: das päpstliche Verbot der *Geschichte des Gottesvolkes* des Jesuiten Joseph Berruyer.[32] In der linken Bildmitte zeigt ein Medaillon mit der Inschrift „Loups Démasqués" die Wahrheit als nackte Frauengestalt, die einer Gruppe Jesuiten die Masken vom Gesicht reißt, so daß die Wolfsfratzen der Patres zum Vorschein kommen. Eine Anspielung auf den Beginn der französischen Jesuitenverbote findet sich auf der gegenüberliegenden rechten Bildseite: Hier wird die Vorlage der Ordenskonstitutionen der Gesellschaft Jesu vor dem Pariser Obergericht dargestellt. Diese Episode vom April 1761 markierte den Beginn einer Reihe von Prozessen, an deren Ende das Verbot des Ordens in ganz Frankreich stand. Unterhalb des Zeitungstitels schließlich ist der in Ketten gelegte Protagonist der portugiesischen Jesuitenaffäre zu sehen: Der Jesuit und Brasilienmissionar Gabriele Malagrida, der in den portugiesischen Regierungstexten wiederholt als Hauptdrahtzieher des versuchten Königsmords bezeichnet wurde und nach über zweijähriger Haftstrafe im September 1761, also wohl nur kurz nach Erscheinen dieses Stichs, hingerichtet werden würde. Diese vier antijesuitischen Bildthemen treten im Frontispiz der *Nouvelles ecclésiastiques* an die Seite von klassischen jansenistischen Motiven, wie der Darstellung des frommen Todes eines jansenistischen Priesters (oben links), oder der Denunzierung eines Falls von Sakramentsverweigerung für einen sterbenden Jansenisten (oben rechts).

Die *Nouvelles ecclésiastiques* sprechen als jansenistisches Kampfblatt in Text und Bild sicher eine besonders deutliche Sprache, doch ihre Argumentationsweise war in der europäischen Publizistik kein Einzelfall. Auch anderswo stellte man einen Zusammenhang her zwischen den aktuellen Ereignissen und der Geschichte des Konflikts zwischen Jansenisten und Jesuiten. Eine der erfolgreichsten antijesuitischen Schriften, die auf die portugiesische Kampagne direkt reagierten, erschien erstmals 1759 in Italien und wurde bald in alle wichtigen Sprachen übersetzt. Der gesamte Text ist eine chronologisch geordnete Sammlung von Beispielen jesuitischen Ungehorsams gegenüber den Päpsten. Über Clemens XI., den Papst der Bulle Unigenitus, welche die Geburtsstunde des „zweiten" Jansenismus im 18. Jahrhundert markiert, heißt es im 15. Kapitel:

---

[31] Vgl. Pierre WACHENHEIM, Un exemple de revendication identitaire; sowie DERS., Un Héros éphémère.

[32] Silveer de SMET, Berruyer, Isaac–Joseph, in: LThK³ 2 (1994), Sp. 287–288.

„Clemens redete mit einer der Gesellschaft sehr angenehmen Sprache, als
er die berühmte Bulle Unigenitus bekannt machte: Allein sie mißbrauch-
ten diese Bulle, und verringerten dadurch die Ehre eines so grossen
Pabsts. Er hatte die Bulle gemacht, um die Kirche in Ruhe zu setzen, und
um den Schaafen JEsu Christi die gesunden Weiden von den vergifteten
zu zeigen... Allein die Jesuiten bedienten sich der Bulle, um die Leute zu
überreden, daß die Aussprüche des apostolischen Stuhls die gottlosen
Lehren der Gesellschaft bestättiget hätten; und sie wurfen in den h. gül-
denen Kelch, in welchen Clemens das göttliche Getränke gegossen hatte,
boßhafter Weise Gift von ihren Getränken, um die ganze Kirche zu ver-
giften. Die Vertheidiger der würkenden Gnade und der christlichen Moral wurden mit den Appellanten auf die Bulle, die Appellanten mit den
wahren Vertheidiger des Irrthums verwirret, und beyde zusammen wurden offenbar verurtheilet und als Jansenisten und Ketzer verabscheuet.
Kurz mit der Bulle Unigenitus gaben sie dem Spiel ihrer Bosheit... ein
neues Ansehen.“[33]

Diese Sichtweise der Konflikte, die mit der Bulle Unigenitus insbesondere in
Frankreich entfacht wurden, entspricht deutlich dem jansenistischen Verständnis. Demnach haben die Jesuiten Unigenitus mißbraucht, um die Gegner
ihrer „gottlosen Lehren“ und die Verteidiger der wirksamen Gnadenhilfe erneut, wie schon im 17. Jahrhundert, als Häretiker abzustempeln. Diese Interpretation des Jansenismus als von den Jesuiten erfundenes „Schreckgespenst“
und „imaginäre Häresie“ geht bereits auf die ersten Jansenisten, etwa Antoine
Arnauld oder Pierre Nicole, zurück.[34] Ganz in diesem Sinne klagte man auch
jetzt noch,

„daß diese verläumderischen Ordensleute in das Verzeichniß der Jansenisten alle Orden, Doctores, Bischöffe, Cardinäle und Päpste setzen, die
ihre verkehrte Lehren nicht annehmen... Ich vermuthe noch einen Jansenistischen Elenchus zu sehen, und darinn die Cardinäle Saldanha, delle
Lanze, Paßionei, Spinelli, Tamburini, Corsini, Serbelloni und andere mehr
neben Sr. Allergetr. Majest. als dem Haupt der Jansenisten eingezeichnet
zu finden.“[35]

---

33 [Giovanni Gaetano BOTTARI, et al.], Appendice alle Riflessioni del Portoghese sul
memoriale de Padre Generale de' Gesuiti, presentato alla Santità di Papa Clemente XIII
felicemente regnante, o sia Risposta dell' Amico di Roma all' Amico di Lisbona. Genova 1759.
Hier zitiert nach der deutschen Ausgabe: [Anton Ernst KLAUSING (Übersetzer/Hrsg.)], Anhang
zu dem Sendschreiben eines Portugiesen über das von den Jesuiten an den regierenden Pabst
Clemens XIII. übergebene Memoire, oder Antwortschreiben eines Römers an seinen Freund in
Lissabon..., in: SNS, Bd. 1, 208.
34 Vgl. etwa Antoine ARNAULD, Phantosme du Jansénisme; Pierre NICOLE, Lettres sur
l'hérésie imaginaire.
35 [Giovanni Gaetano BOTTARI et al.]: Anhang zu dem Sendschreiben, S. 182 und 229. Bei den
erwähnten Kardinälen handelt es sich um den Pombal ergebenen Visitator des portugiesischen
Ordenszweigs (Saldanha) sowie um Sympathisanten der römischen Reformkatholiken bzw.

Doch nicht nur auf der Seite der Gegner der Gesellschaft Jesu verstand man die aktuellen Ereignisse primär als Folge und Fortsetzung der althergebrachten Auseinandersetzungen zwischen Jesuiten und Jansenisten. So sah etwa der italienische Jesuit und Autor mehrerer anonym publizierter Verteidigungsschriften, Francesco Antonio Zaccaria, in der Kampagne gegen seinen Orden das Werk „der Glaubensgegner, und ihrer Gönner, vornehmlich der Jansenisten."[36] Folgerichtig zählte zu seinen Verteidigungsstrategien auch die Neuausgabe älterer antijansenistischer Schriften.[37] Allgemein war man auf seiten der Anhänger der Gesellschaft Jesu der Meinung, die portugiesischen Anklageschriften seien aus allseits bekannten älteren antijesuitischen Pamphleten kompiliert worden. Der deutsche Jesuit Friedrich von Reiffenberg etwa schimpfte angesichts dieses neuesten „Federkriegs":

> „Hier finden wir auch gleich ganze Kisten und Kasten voll Schmähblätter, aber lauter alte Lumpen: nichts neues: Hat einer Schopp, Pascal, Jarrige, die Geheimnissen, die praktische Sittenlehr, die Jesuiter–Schaubühne, und endlich die aus allem diesem Eisengerülle zusammen gegossene Tuba, oder Trompete gelesen, so weiß er schon alles, was diese Federkrätzer zusammen gerappelt."[38]

Was nun speziell die südamerikanischen Missionen der Jesuiten anging, so ließ ein anonymer französischer Autor angesichts der Ungeheuerlichkeit der Vorwürfe seinem Sarkasmus freien Lauf. Er könne, schreibt er, die schon hundertmal wiedergekäuten Anschuldigungen gegen die südamerikanischen Reduktionen nicht mehr hören, ohne sich zu wünschen, die Höfe Europas möchten sich endlich gemeinsam dazu entschließen, die Jesuiten aus den Missionen zurückzubeordern, um an ihrer Statt die Jansenisten dorthin zu entsenden. Damit, so behauptet er, würden im Grunde alle Probleme des katholischen Europa gelöst: Keine Kirchenspaltungen, keine Anrufungen zukünftiger Konzile, keine heimlichen Versammlungen mehr – das wären die angenehmen Folgen der Entsendung der „Kinder der Gnade" nach Asien und in die Neue Welt. Und schließlich seien die Jansenisten gegen alle Schrecken des Marty-

---

Jansenisten um Giovanni Gaetano Bottari und Pier Francesco Foggini, vgl. Enrico DAMMIG, Il movimento giansenista; Ettore PASSERIN D'ENTRÈVES, La riforma „giansenista" della chiesa; Emile APPOLIS, Entre Jansénistes et Zélanti.

[36] [Franceso Antonio ZACCARIA], Briefe Eines Abts aus Mayland, 67.

[37] [Antonio GARBELLI], Lettere d'un direttore ad un suo penitente Intorno al Libro intitolato Lettere Provinciali. Premessavi una lettera di N.N. Napolitano ad un suo Amico di Livorno, in: RAEI, Bd. 5; [Gabriel DANIEL], Ragionamenti di Cleandro, e di Eudosso sovra le Lettere Al Provinciale Recati novellamente nell' Italia favella dall' Originale Francese, in: RAEI, Bd. 15.

[38] [Friedrich von REIFFENBERG], Critische Jesuiter–Geschichte, 42. Reiffenberg spielt auf folgende antijesuitische „Klassiker" an: 1. Caspar SCIOPPIUS, Caspari Scioppii Anatomia Societatis Jesu. 2. Blaise PASCAL, Lettres provinciales. 3. Pierre JARRIGE, Les Jésuites mis sur l'echafaut. 4. Die erstmals 1614 publizierten und in unzähligen Ausgaben vorliegenden Monita secreta Societatis Jesu oder Geheiminstruktionen der Jesuiten. 5. Die bereits erwähnte Morale pratique des jésuites. 6. Teatro jesuitico, apologetico discurso. 7. [Henri de SAINT IGNACE], Tuba magna.

riums bestens gefeit, erprobten doch die sogenannten „Konvulsionäre" in Paris regelmäßig alle möglichen Folterarten zu Ehren des Jansenistenheiligen François de Pâris:[39]

> „Je vous laisse à penser avec quelle intrépidité ces enfans de la Grace franchiroient les obstacles & braveroient les dangers... Craindront–ils la bastonnade à la Chine? En France ils sont familiarisés avec les coups de bûche. Apprehendroient–ils en Grece d'être empalés? A Paris ils se font mettre impunément à la broche... S'agiroit–il de gagner les Jongleurs du Canada & du Maduré? Les Convulsionnaires ne feroient avec eux qu'un seul corps de métier."[40]

Nur für die berüchtigten *Nouvelles ecclésiastiques* kann sich der Autor auch in Amerika beim besten Willen keine sinnvolle Verwendung ausmalen:

> „Mais à quoi, direz–vous, seroit propre le Gazetier Ecclésiastique: j'en suis embarrasé. Il continueroit, s'il ne pouvoit mieux faire, à composer les légendes ennuyeuses des saints nouveaux, dont il peuple son calendrier."[41]

So gegensätzlich sich die jeweiligen Sichtweisen des Jansenismusstreits bei Gegnern und Verteidigern der Jesuiten auch ausnehmen mochten, in einem waren sich offensichtlich alle einig: die Vorwürfe des portugiesischen Hofes seien nichts als Wiederholungen älterer Anschuldigungen gegen die Jesuiten. Freilich zog man aus diesem Umstand unterschiedliche Schlüsse: Während die Jansenisten darin die langersehnte königliche Bestätigung ihrer Argumente sahen, die ihnen in Frankreich stets verwehrt geblieben war, bedeutete er für die Anhänger der Jesuiten, daß in Portugal der katholische Glaube in ernsthafter Gefahr sei und jansenistische Ketzer nun der Regierung die Feder führten. Festzuhalten bleibt, daß der Jansenismusstreit als gemeinsamer historischer Verstehenshorizont beider Parteien fungierte – ein Horizont, der auch das Thema der Jesuitenmission in Südamerika mit einschloß.

Einen lachenden Dritten allerdings gab es in dieser publizistischen Debatte: den Ironiker Voltaire. Wenn er sich in diesem Federkrieg dann und wann zu Wort meldete, dann nur, um Salven seines beißenden Spotts auf beide Seiten abzufeuern. Zum erneuten Aufbranden des Jansenismusstreits angesichts der aktuellen Ereignisse bemerkte er im Dezember 1759 lakonisch: „Je mourrais content si la paix était faitte, et si je voyais les Jansénistes et les molinistes écrasés les uns par les autres".[42] Für ihn und seine aufklärerischen Mitstreiter wie d'Alembert waren Jesuiten und Jansenisten nur gleichermaßen verachtenswürdige Vertreter desselben religiösen Fanatismus. Dennoch zeigt nicht allein

---

[39] Vgl. hierzu Catherine MAIRE, Les convulsionnaires de Saint–Médard.

[40] Observations intéressantes, 22–23.

[41] Ebd.

[42] Brief an Marie Ursule de Klinglin, comtesse de Lutzelbourg, vom 28.12.1759, in: Theodore BESTERMAN (Hrsg.), The complete works of Voltaire, Bd. 105, 66.

sein Briefwechsel in diesen Jahren, wie sehr er sich für die gesamte Jesuitenaffäre interessierte. Während allerorts über den „Jesuitenstaat in Paraguay"
diskutiert wurde, schrieb der „Philosoph von Ferney" fernab vom Trubel der
Hauptstadt Paris, einem der Epizentren der Debatte, an seinem Philosophischen Roman *Candide ou de l'optimisme*. Ganz offensichtlich ließ er sich dabei
von der *Relação* und den übrigen Nachrichten über die portugiesische Jesuitenaffäre inspirieren. Nicht nur bietet Lissabon ihm die natürliche Kulisse eines absurden Inquisitionsspektakels, an dessen Ende die unglücklichen Hel-
den des Romans bekanntlich nur knapp, dank eines fürchterlichen Erdbebens,
einem der berüchtigten Autodafés entgehen. Auch gelangen sie auf ihrer
Irrfahrt selbstverständlich nach Paraguay, wo sie dem berühmten Jesuitenstaat
einen Kurzbesuch abstatten. Dort tobt, kaum überraschend, gerade ein Krieg
zwischen den Patres und dem Königreich Spanien, so daß Candide und sein
Begleiter an der Grenze von schwer bewaffneten Jesuitenmissionaren empfangen und kontrolliert werden. Den Reichtum des jesuitischen Staates lernen
die unfreiwilligen Abenteurer während eines üppigen Gastmahls kennen, bei
dem selbstverständlich afrikanische und indianische Sklaven Speisen und Getränke servieren. Außerdem erfahren sie, daß Spanier nur in Anwesenheit des
Provinzials sprechen und nicht länger als drei Stunden im Land der Jesuiten
bleiben dürfen. Bei ihrer Flucht aus dem Militärstaat der Jesuiten schließlich
treffen sie auf die menschenfressenden Langohrindianer, die sich mit dem
Kampfruf „mangeons du jésuite" – laßt uns Jesuiten fressen – auf sie stürzen.

Der Erfolg des Romans war so groß, daß Voltaire schon im Frühjahr des
Erscheinungsjahres 1759 behauptete, das Volk von Paris zöge unter lauten
„mangeons du jésuite"–Schreien durch die Straßen.[43] Mag dies auch Werbung
in eigener Sache des geschäftstüchtigen Philosophen gewesen sein, so besticht
Voltaires Beitrag zur Jesuitendebatte im Vergleich zu allen anderen doch
gerade durch seine Ironie und die scheinbare Beiläufigkeit des Erzählten. Einerseits scheint Voltaire die portugiesischen Anschuldigungen gegen die Missionare in all ihrer Ungeheuerlichkeit zu übernehmen und geradezu lakonisch
wie allgemein bekannte Tatsachen zu schildern, andererseits aber schafft seine
Ironie eine gewisse Distanz zu eben diesen Anschuldigungen. So bestand für
Voltaires Leser auch immer noch die Möglichkeit, den Jesuitenstaat in
Paraguay ebenso wie das unmittelbar danach von Candide besuchte Eldorado
ins Reich der Fabeln zu verweisen.

## III. PARAGUAY – SPRUNGBRETT ZUR JESUITISCHEN WELTHERRSCHAFT

Die südamerikanische Jesuitenmission ist nur eines von vielen Themen, die in
der lebhaften publizistischen Debatte im Vorfeld der Ordensaufhebung zur

---

[43] Brief an Jacob Vernes, Februar/März 1759, in: Theodore BESTERMAN (Hrsg.), The complete works of Voltaire, Bd. 103, 431.

Sprache kamen. Es spielte vor allem in den ersten Jahren der Debatte eine
größere Rolle, als die portugiesische Kampagne den Diskussionsverlauf
wesentlich bestimmte. Später, etwa von 1761 an, trat das Thema etwas in den
Hintergrund und wurde zusammen mit anderen in einen umfassenderen antijesuitischen Diskurs integriert, der alle Züge einer Verschwörungstheorie auf-
weist. Großen Anteil daran hatten jansenistische Autoren in Frankreich, wie
etwa Louis-Adrien Le Paige oder sein Mitstreiter Christophe Coudrette, die
mit ihren antijesuitischen Schriften zugleich die Oppositionshaltung der Ober-
gerichte gegen den Hof stärkten.[44] Im Zuge der Diskussionen um die Jesuitenverbote in Frankreich nahm die Idee einer jesuitischen Weltverschwörung
immer deutlichere Züge an. Paraguay wurde in diesem Zusammenhang als
Modellfall jesuitischer Schreckensherrschaft verstanden. So warnten etwa die
*Nouvelles ecclésiastiques* schon frühzeitig:

> „Qu'on y prenne garde: il n'est que trop vrai, comme le dit la Relation [=
> *Relação*], que les Jésuites ont formé depuis longtems *de très-vastes & très-
> pernicieuses projets..., de grands projets de conquête...* Mais ce qu'on dit des Indes
> Occidentales, ne le doit-on pas dire également des Indes Orientales? Et
> ce qu'on dit des deux Indes, n'est-on pas forcé de le dire pareillement de
> l'Europe? Par-tout les Jésuites sont les mêmes,... ils respirent par tout la
> même ardeur de dominer, & veulent par tout être les maîtres & les seuls
> maîtres; & par tout ils multiplient les artifices, ils suscitent des troubles, ils
> prodiguent les calomnies, ils présentent le même esprit de manege & de
> sédition, & ils recourent même, s'il le faut, aux voies violentes & meur-
> trieres, pour parvenir à leurs fins. En un mot, par tout ils sont les ennemis
> déclarés de tout bien, le fléau des Etats, des Princes & des Peuples, & la
> plus terrible plaie dont Dieu, depuis 17 siècles, ait frappé son Eglise."[45]

Die antijesuitische Verschwörungstheorie, die im Verlauf der Debatte im Vorfeld der Ordensaufhebung immer ausgefeilter wurde und immer mehr Details
und antijesuitische Standardthemen integrierte, wies Paraguay die Rolle eines
Sprungbretts zu: Hätte man den Jesuiten dort nicht rechtzeitig Einhalt geboten, so hätten sie von hier aus mit ihrem abgerichteten Indianerheer zunächst
den gesamten südamerikanischen Kontinent, und dann die ganze Welt zu er-
obern versucht, um schließlich alle geistlichen und weltlichen Mächte ihrem
despotischen Regime zu unterwerfen.

Die phänomenale Integrationsleistung des Verschwörungsdenkens wird
nirgends so augenfällig wie in den bildlichen Umsetzungen. Kaum ein Medium ist deshalb so effizient wie die Druckgraphik, wenn es darum geht, mehrere verschiedene, teils vielleicht einander widersprechende Themen der
Debatte auf derart suggestive Weise zu synthetisieren. Viele der antjesuiti-
schen Bilder, die in diesen Jahren kursierten, können daher als Visualisie-

---

44 Vgl. etwa [Christophe COUDRETTE / Louis Adrien LE PAIGE], Histoire générale de la
naissance et des progrès de la Compagnie de Jésus.
45 Extraits de la Relation abregée, S. 22.

rungen der antijesuitischen Verschwörungstheorie begriffen werden. So auch die anonyme Radierung *Monument simbolique et Historique de la Religion, et de la Doctrine Impie, Meurtriere, et Sacrilege, Enseignée, Soutenue, et Constamment Pratiquée, par les Disciples de Dom Inigo de Guipuscoa, Chef de la Société Se disant de Jesus* (Abb. 3). Auf dem Blatt werden zentrale Elemente des ersten hier besprochenen Bildes *Les moines dévoilés* (Abb. 1) aufgegriffen: So der Triumphbogen aus Kolonialwaren, der hier jedoch von stabilerer Bauweise ist und von einem Dach aus Büchern gekrönt wird, die laut Bildlegende die falsche Moraltheologie der Gesellschaft Jesu enthalten. Auch die angeketteten Sklaven sind zu sehen, wobei neben den Indianer hier ein Chinese tritt, so daß auch der asiatische Kontinent integriert wird. Die französischen Königsmörder Ravaillac und Clément tauchen in dieser Darstellung hingegen nicht mehr auf. Ihre Funktion, nämlich den Bezug zur königsmörderischen Tradition des Ordens herzustellen, bleibt dennoch auch in diesem Bild erhalten und wird von zwei Figuren übernommen, die an ihrer Kleidung als Jesuiten zu erkennen sind. Mit der einen Hand strecken beide ein Kruzifix empor, während sie in der anderen die „Fackel des Aufruhrs" bzw. den „Dolch des Königsmörders" halten. Auch hier sind schließlich auf den Stufen vor dem Monument die Köpfe der Opfer der Gesellschaft Jesu aufgereiht, diesmal jedoch als Totenschädel. Nicht nur verschiedener Monarchen wird hier gedacht, sondern auch zahlreicher geistlicher Würdenträger sowie der beiden Heroen des frühen Jansenismus, Antoine Arnauld und Blaise Pascal. Als weitere Anspielung auf den Jansenismusstreit läßt sich das abgebrochene Säulenstück im Vordergrund rechts verstehen, dessen Sockel die Inschrift „Debris de Port Royal" trägt und damit auf die Zerstörung des Klosters Port–Royal, des geistigen Zentrums des frühen Jansenismus, durch Ludwig XIV. im Jahre 1711 anspielt.

In der Mitte des Monuments liegt aufgestützt auf einen Stapel Folianten, welche die Ordenssatzungen enthalten, Ignatius von Loyola, in der Hand ein Zepter als „Simbole de la Monarchie qu'il méditoit" – als Symbol seiner Weltherrschaftspläne also. Daß in diesen Plänen die Missiontätigkeit des Ordens in Südamerika eine entscheidende Rolle spielt, erweist sich in diesem Bild als offensichtlich: Der Handel mit Kolonialwaren und die in den Missionen ausgebeuteten Sklaven sind fester Bestandteil des jesuitischen Bauwerks. Neben dem chinesischen Ritenstreit und der Theorie und Praxis des Königsmords sowie den klassischen jansenistischen Motiven hat somit auch das Thema der südamerikanischen Jesuitenmission seinen festen und zentralen Platz im antijesuitischen Verschwörungsdenken, das den Untergang des Ordens im 18. Jahrhundert begleitet und ohne Zweifel auch beschleunigt hat.

Abb. 1: *Le Jesuite Malagrida. Les Moines Devoilés,* anonyme kolorierte Radierung, nach Sept. 1761, 25 x 19,3 cm [BNF, Est. Qb1 1761].

Abb. 2: *Frontispice des Nouvelles Ecclésiastiques... Année M.DCC.LXI.*, Radierung von „de Montalais" (Pseudonym), ca. Mitte 1761, 21,3 x 16,2 cm [BNF, Est. Qb1 1761].

Abb. 3: *Monument simbolique et Historique de la Religion, et de la Doctrine Impie, Meurtriere, et Sacrilege, Enseignée, Soutenue, et Constamment Pratiquée, par les Disciples de Dom Inigo de Guipuscoa, Chef de la Société Se disant de Jesus. A la Postérité,* anonyme Radierung, ca. 1761, 50 x 38,8 cm [BNF, Est. Qb1 1761].

Adél Monostori, Budapest

# LEBENSBEDINGUNGEN DER JESUITENMISSION AUF MARTINIQUE IM 18. JAHRHUNDERT

Die Frage des Lebensunterhalts derjenigen, die in kirchlichen Institutionen tätig waren, hatte immer eine große Bedeutung, nicht zuletzt wegen ihrer entscheidenden Rolle in der Evangelisationstätigkeit. Die Tätigkeit der kirchlichen Institutionen ist jedoch keineswegs frei von Gegensetzen.

Daher möchte ich im folgenden die Lebensbedingungen der Ordenshäuser skizzieren, die außerhalb Europas eine Missionstätigkeit ausübten und dabei vor allem näher auf die Situation des Missionsordenshauses der Gesellschaft Jesu auf Martinique eingehen.

Als Gegenstand der Untersuchung habe ich den Jesuitenorden gewählt, denn gerade er geriet im Laufe der Jahrhunderte wegen seiner Praktiken, den Lebensunterhalt zu sichern, in Verruf. Ja, die angeblichen Machenschaften des dem Orden in Martinique vorstehenden Paters Antoine La Valette (1753–1762), die zu einem Bankrott seines französischen Schuldners führten, dienten sogar als Vorwand, den Orden 1764 in Frankreich aufzulösen.

Um die Frage nach den Lebensbedingungen der Mission der Gesellschaft Jesu auf Martinique im 18. Jahrhundert zu beantworten, möchte ich mich auf vier Punkte konzentrieren:

1. Die Konstitution der Gesellschaft Jesu
2. Das System des sogenannten französischen Patronats
3. Die Insel Martinique im 18. Jahrhundert
4. Die Beziehung zwischen der Kirche und der Wirtschaft

## I. DIE KONSTITUTION DES ORDENS

Im Falle der Gesellschaft Jesu müssen wir einen Blick auf die Ordenskonstitution[1] werfen, um die Frage des Lebenserhaltes im allgemeinen und die Pro-

---

[1] Die Zielsetzungen des Ordens wurden in den Formula Instituti festgelegt, die vom Papst Paul III 1540 in der Bulle „Regimini Militantis Ecclesiae" gebilligt wurden. Die Rechtskraft und das größte Ansehen unter den die Tätigkeit des Ordens regulierenden Dokumenten haben außer diesem Schreiben die vom Julius III 1550 mit seiner Bulle „Exposicit debitum" bekräftigten und durch die Erfahrungen der ersten Jahre vervollständigten zweiten Formula Instituti. Die vom Heiligen Ignatius formulierte Ordenskonstitution (1556) ist eigentlich eine Erklärung dieser zwei Instituti. Vgl. Jézus Tàrsasàgànak Rendalkotmànya és Kiegészito Szabàlyok [Gründungstexte der Gesellschaft Jesu]. Budapest 1997, 14.

bleme des Lebenserhaltes der außereuropäischen Missionen im besonderen zu verstehen.

Laut der Konstitution war die Hauptzielsetzung des Ordens die Evangelisation: „um besonders auf den Fortschritt der Seelen in Leben und christlicher Lehre und auf die Verbreitung des Glaubens abzuzielen durch öffentliche Predigten und den Dienst des Wortes Gottes."[2]

Die Freiwilligkeit der Missiontätigkeit, manifestiert sich im päpstlichen Eid[3]: „Alle Gefährten sollen wissen [...] dass diese gesamte Gesellschaft und die einzelnen unter dem treuen Gehorsam gegenüber unserem heiligsten Herrn Papst und den anderen Römischen Päpsten, die seine Nachfolger sind, für Gott Kriegsdienst leisten, [...] zur größeren Verdemütigung unserer Gesellschaft und zur vollkommenen Abtötung eines jeden und zur Verleugnung unseres Willens werde es in sehr hohem Maß dienlich sein, wenn wir ein jeder über jenes gemeinsame Band hinaus uns durch ein besonderes Gelübde verpflichten, so dass wir gehalten sind, was immer der heutige und die anderen zur jeweiligen Zeit regierenden Römischen Päpste befehlen, das zum Fortschritt der Seelen und zur Verbreitung des Glaubens gehört, und nach welchen Provinzen sie uns auch senden wollen, ohne jede Ausflucht oder Entschuldigung alsbald, soweit es an uns liegt, auszuführen.[4]"

Daneben verpflichteten sich die Mitglieder der Gesellschaft – im Sinne der üblichen Gelübde (Gehorsam, Armut und Keuschheit) – zur besonderen Armut: „sie [die Gesellschaft] soll auf unseren Herrn vertrauen, dem sie selber mittels seiner göttlichen Gnade dient, er werde, auch ohne dass man feste Einkünfte hat in allem, was immer zu seinem größeren Lobpreis und seiner größeren Verherrlichung sein könnte, Vorsorge geschehen lassen.[5]"

Ferner heißt es dort:

„sollen die einzelnen und alle insgesamt immerwährende Armut geloben, indem sie erklären, dass sie nicht nur gemeinsam keinerlei bürgerliches Recht auf irgendwelche unbeweglichen Güter oder irgendwelche Erträge oder Einkünfte für den Unterhalt oder Gebrauch der Gesellschaft erlangen können;

---

[2] Formula Instituti Societatis Iesu (1540), 1 Kapitel, in: Gründungstexte der Gesellschaft Jesu, Würzburg 1998, 304.

[3] Dieser Eid war in vielerlei Hinsicht ungewöhnlich. Einerseits forderte er im Gegensatz zu den früher gegründeten Orden eine strengere Pflicht gegenüber dem Papst, standen also die Jesuiten im Bereich der apostolischen Tätigkeit dem Papst vollständig zur Verfügung, andererseits war dieser Gehorsam und die Deklaration der apostolischen Tätigkeit als Hauptanliegen auch nach kanonischem Recht eine Neuerscheinung. Vor den Jahrhunderten der Ordensgründung befahlen die Päpste die Missionsarbeit durch ihre Macht, da dies nicht ausdrücklich in den Konstitutionen anderer Orden stand. Wenn der Papst die Aushilfe der Orden in der Missionsarbeit in Anspruch nehmen wollte, musste er Freiwillige suchen. Mit der Gründung der Gesellschaft Jesu wurde der Missionsorden auch rechtlich geboren. Vgl. A. Brou, Les missions étrangères aux origines de la Compagnie de Jésus, in : RHMiss 5 (1928), 364–365.

[4] Formula Instituti (1540), 3 Kapitel, in : Gründungstexte der Gesellschaft Jesu, Würzburg 1998, 307–309.

[5] Constitutions, Teil 6., 1. Kapitel, Paragraph 555., in: Gründungstexte der Gesellschaft Jesu, Würzburg 1998, 743.

sondern sie sollen zufrieden sein, nur den Gebrauch der ihren geschenkten Dinge, um sich das Notwendige zu verschaffen, zu empfangen.[6]"

So lebten die Brüder tatsächlich von Almosen und die Gesellschaft wurde nach kanonischem Recht als Bettelorden bezeichnet.[7] Am Anfang schien dies zu funktionieren, im Hinblick auf die Hauptzielsetzung ihrer apostolischen Funktion, erwies sich jedoch alsbald, dass der Lebensunterhalt unzureichend blieb. Dagegen zeigten die zwischen der päpstlichen Billigung (1540) und der endgültigen Formulierung der Ordenskonstitution (1556) vergangenen Jahre, dass die Gesellschaft sich in der Finanzierung ihrer Evangelisationstätigkeit nicht auf Almosen verlassen konnte. Da jedoch eine erfolgreiche Missionsarbeit einen sicheren finanziellen Hintergrund benötigte, unterschied die Ordenskonstitution aus dem Jahre 1550[8] zwischen Professhäusern und anderen Ordensinstitutionen wie z. B. Kollegien oder Residenzen.

Erstere durften, da sie an der außereuropäischen Missionstätigkeit nicht teilnahmen, im Einklang mit der Konstitution tatsächlich in vollkommener Armut leben. Wie die Zweite Formula Instituti (1550) formuliert: „sollen die einzelnen und alle insgesamt in der Weise immerwährende Armut geloben dass sie nicht nur privat, sondern auch die Professen oder irgendeiner ihrer Häuser oder Kirchen gemeinsam keinerlei bürgerliches Recht auf irgendwelche Erträge, Einkünfte und Besitzungen, aber auch nicht darauf, irgendwelche unbeweglichen Güter zu behalten außer dem, was zum eigenen Gebrauch und Wohnen angemessen ist, erwerben können; sie sollen mit den ihnen aus Liebe für den lebensnotwendigen Gebrauch geschenkten Dingen empfangen zufrieden sein.[9]"

Den letzteren, also den Kollegien und Residenzen, aber ermöglichte die Konstitution, ein sicheres Einkommen zu erhalten, um ihnen so ihre Tätigkeit zu ermöglichen. So erhielten sie regelmäßige Spenden von einzelnen Personen, Städten, Gemeinden oder aber vom König selbst. Beziehungsweise besaßen die Kollegien, die Lehrtätigkeit ausübten, Dank den Gründern, außer Almosen auch Grundstücke und deren Einkommen, die aber nur ausschließlich für das Kollegium selbst und die Lehrtätigkeit verwendet werden durften,

---

[6] Formula Instituti (1540), 7. Kapitel, in : Gründungstexte der Gesellschaft Jesu, Würzburg 1998, 313.

[7] E. PIAGET, Essai sur l'organisation de la Compagnie de Jésus. Leiden 1893, 110. Über den Prozess der Errichtung und der Tätigkeit der Gesellschaft s.: Henri BERNARD–MAÎTRE, Les corrections de «la Prima Societatis Jesu Instituti Summa», in: RAM 1963, 226–232. Dom Robert LEMOINE, Le monde des religieux, in: Gabriel LE BRAS/Jean GAUDEMET (Hrsg.), Histoire du Droit et des Institutions de l'Église en Occident .L'époque moderne (1563–1789), XV/2, Paris 1995. Gervais DUMEIGE S.J., L'idée de mission et la Compagnie de Jésus, in: André RETIF S.J., Les héritiers de Saint Francois Xavier, Paris 1956, 23–33.

[8] Papst Julius III bekräftigte die Tätigkeit des Ordens und billigte das Institutum mit der Bulle „Exposici debitum" im Jahre 1550.Vgl. Jézus Tàrsasàgànak Rendalkotmànya [Gründungstexte der Gesellschaft Jesu], Budapest 1997, 35.

[9] Formula Instituti (1550), 7. Kapitel, in : Gründungstexte der Gesellschaft Jesu, Würzburg 1998, 313.

gemäß dem Wunsch des Ordensgründers: „weil es andererseits sehr angemessen zu sein scheint, aus Jugendlichen, die zur Frömmigkeit geneigt und dazu geeignet sind, sich mit wissenschaftlichen Studien zu befassen, Arbeiter für diesen Weinberg des Herrn vorzubereiten, die für unsere Gesellschaft, auch die Profeßgesellschaft, gewissermaßen den Nachwuchs bilden, soll die Profeßgesellschaft zur Erleichterung der Studien Kollegien für die Studenten haben können, wo immer sich jemand von seiner frommen Neigung zu deren Aufbau und Dotierung bewegen lässt [...] Diese Kollegien sollen Einkünfte, Zinsen oder Besitzungen haben können, die dem Gebrauch und den Notwendigkeiten der Studenten zuzuwenden sind.[10]"

Der Heilige Ignatius kümmerte sich dabei um den Erfolg der Missionstätigkeit seines Ordens, wenigstens in Bezug auf die Kollegien und die in Europa wirkenden Residenzen. Bei der Untersuchung der Frage des Lebensunterhalts muss man feststellen, dass der Heilige Ignatius sich im allgemeinen um den Erfolg der Evangelisationstätigkeit kümmerte, wenigstens in Bezug auf die Kollegien und die europäischen Residenzen. Demgegenüber gab er keine konkrete Anhaltspunkte in Hinblick auf die Lebensbedingungen der außereuropäischen Ordenshäuser. Dabei unterschied er nicht zwischen diesen und jenen, die in Europa tätig waren. Hier galten dieselbe Regeln. Dennoch ist evident, dass die Bedingungen außerhalb Europas ganz unterschiedlich gewesen waren. So ist zu betonen, dass die Verwendung der gleichen Regeln im Laufe der Jahre mit immer größeren Schwierigkeiten verbunden war.

In der Konstitution der Gesellschaft findet man kein Wort über die materiellen Voraussetzungen der Gründung und der Tätigkeit der Ordenshäuser und Kollegien im allgemeinen und der außereuropäischen Missionsordenshäuser im besonderen. Die Konstitution ermöglichte den Besitz verschiedener Güter, legte aber die konkreten Bedingungen der Verwaltung nicht fest. Der Heilige Ignatius formulierte nur die „spirituellen" Voraussetzungen der Missionarisierung, und auch die späteren Generalkongregationen beseitigten diesen Fehler nicht.

Womöglich finden sich Gründe hierfür darin, dass die Gesellschaft von den ursprünglichen ignazianischen Vorstellungen nicht abweichen und tatsächlich für den größeren Ruhm Gottes wirken sollte. Gleichwohl bleibt diese Erklärung unzureichend. Es liefert keinen Aufschluß, warum die späteren Generalkongregationen die praktischen und materiellen Voraussetzungen der Gründung und der Tätigkeit der Missionshäuser nicht schriftlich festlegten.

## II. DAS SYSTEM DES FRANZÖSISCHEN PATRONATS

Der Widerstand der einheimischen Herrscher und Völker gegenüber dem Christentum und die Frage des Lebensunterhalts bedeuteten große Herausfor-

---

[10] Formula Instituti (1550), 8. Kapitel, in : Gründungstexte der Gesellschaft Jesu, Würzburg 1998, 314–315.

derungen für die Evangelisation. Zur Sicherung der Lebensunterhalts der Missionare diente das von den europäischen Mächten in den Kolonien ausgebildete System des Patronats. Im folgenden sollen in diesem Zusammenhang die Lebensbedingungen der Mission auf Martinique, des wichtigsten französischen Patronats, vorgestellt werden.

Die Insel Martinique wurde 1635 durch die für die Kolonisation der Antillen gegründete Privatkompanie Compagnie des Iles d' Amerique[11] erobert.[12] Diese Gesellschaft verpflichtete sich dabei gleichzeitig, die kolonisierten Territorien mit einer ausreichenden Zahl von Geistlichen zu versorgen und den Bau von Kirchen und ihre Aufrechterhaltung zu finanzieren.[13] Diese Praxis bestimmte den Beginn des Patronats.

Zunächst begnügte sich die Kompanie damit, den Ordensleuten jährlich 100 bis 150 Livre auszuzahlen und eine kostenlose Überfahrt zu sichern. Daneben schenkte sie ihnen ein Grundstück auf der Kolonie.[14] Diese finanzielle Unterstützung war aber nicht ausreichend, sodass sich der Orden häufig zur Hilfe für seine Missionare gezwungen sah. Wegen des Ausbleibens der erwarteten Einkommen ging auch die Kolonisationskompanie Bankrott, und die Kolonien wurden vom König übernommen.[15] Auch der Hof war bereit, für die Missionare ein jährliches Einkommen in Gestalt von 12.000 Livre Zucker[16] (also 533 Livre Geld, was eine durchaus bessere Einnahme darstellte), eine kostenlose Überfahrtsmöglichkeit und vor der Abfahrt eine einmalige Unterstützung von 50 Ecu sicherzustellen. Außerdem stiftete der Hof den Bau der Kirchen. Mit dem Anstieg der Zahl der Gemeinden sank die Höhe der Unterstützung und machte Mitte des 18. Jahrhunderts noch 9000 Livre Zucker[17] (also 400 Livre Geld) aus.[18]

Diese Summe bedeutete eine Milderung des finanziellen Notstandes der Überseemissionare, schuf aber insgesamt keine beruhigende Lösung. Sie

---

11 Die Compagnie des Iles d'Amérique wurde im Jahre 1635 gegründet. Vgl. Joseph RENNARD, Etat religieux des colonies françaises aux Antilles, in : RHMiss 8 (1931), 433.

12 Joseph RENNARD, Histoire religieuse des Antilles des origines à 1914. Paris 1954, 39.

13 Joseph RENNARD, Etat religieux des colonies, 433.

14 Ebd., 433.

15 Die Kolonien übernahmen zuerst die Malteser, dann eine von Colbert auch für die Kolonisation der Antillen gegründete Organisation, letztlich Ende der 1660-er Jahre der König. Die königliche Regelung für die Versorgung der Beamten und der Geistlichen trat 1671 in Kraft. Vgl. Joseph RENNARD, Etat religieux des colonies, 435.

16 Die erste im großen Maß angebaute Nutzpflanze war der Tabak, später, ab dem 18. Jahrhundert das Zuckerrohr. Wegen seinem allzu großen Investitionsbedarf baute man seit der Mitte des 18. Jahrhunderts eher Kaffee an. Vgl. Tibor WITTMAN, A monokulturàk törtenetéhez a Karib Térségben és Venezuélàban a 16–18. szàzadban [Über die Geschichte der Plantagen in der Karibik und in Venezuela vom 16. bis zum 18. Jahrhundert], in: AH (Szeged) 22 (1966), 7.

17 Der Aufkauf des Zuckers wurde von dem Intendanten der Insel Martinique in 4 Livre für jeden 100 Kilogramm festgesetzt, obwohl er wenigstens 6 Livre wert war, manchmal konnte sogar für 15–20 Livre verkauft werden. Vgl. Joseph RENNARD, Etat religieux des colonies, 437.

18 Ebd., 435.

musste im Hinblick auf die Bedingungen vor Ort und die Ordensregelungen von den Geistlichen selbst gefunden werden.

## III. DIE INSEL MARTINIQUE IM 18. JAHRHUNDERT

Für die Untersuchung des Lebensunterhalts der kirchlichen Organisationen ist die Mission der Gesellschaft Jesu auf Martinique vor allem deshalb ein geeignetes Beispiel, weil die Anklage gegenüber dem Vorgesetzten und die daraus entstandene Situation das komplizierte Wechselspiel der Akteure besonders anschaulich dokumentiert.

Die Jesuiten kamen 1640[19] auf Einladung der Compagnie des Iles d' Amerique nach Martinique. Das Überleben wurde ihnen durch Unterstützung vom König und ein Grundstück gesichert, das ihnen auf der Insel zur Verfügung gestellt wurde, und von dem sie die staatliche Unterstützung ergänzen sollten. Alle auf Martinique wirkende Orden (Karmeliter, Kapuziner, Dominikaner)[20] so auch die Jesuiten mussten diese Bedingungen akzeptieren. Diese Konditionen sind ursächlich dafür verantwortlich, dass die Frage des Lebensunterhalts auf Martinique von Anfang an problematisch war. Dabei war unentschieden, was in erster Linie die Lebensbedingungen der Geistlichen sichern konnte: Die staatliche Unterstützung oder das Grundstück. Die Unterstützung diente zur Aushilfe der zu Gunsten der Krone wirkenden Geistlichen, so wurde in manchen Fällen das ursprünglich erstrangiges Ziel, die Evangelisation den Interessen der Krone unterstellt.

Die finanzielle Unterstützung der Geistlichen, die sich in der Missionsarbeit und in der Evangelisation der außereuropäischen Gebieten beteiligten, wurde vor allem in Frankreich in Frage gestellt. Einerseits fanden die auf den Kolonien arbeitenden Missionare die Unterstützung für zu gering, die im Hinterland wirkenden Geistlichen aber für zu üppig[21]. Andererseits sollte diese Unterstützung ursprünglich und ausschließlich für die – vor allem außereuropäische – Evangelisationstätigkeit verwendet werden. Diese Summe musste man eher symbolisch und als eine Art Aushilfe betrachten.

Die Laien sahen im Besitz von Grundstücken und in deren Bewirtschaftung – obwohl dies laut den Ordenskonstitutionen erlaubt war – eher eine un-

---

[19] Joseph RENNARD, Histoire religieuse des Antilles, 41.

[20] Joseph RENNARD, Etat religieux des colonies, 439–445.

[21] 1672 betrug die königliche Subvention für die auf der Martinique tätigen Missionare 405 Livre bzw. 9.000 Livre für Zucker. In den Quellen finden sich auch folgende Angaben: 540 Livre Bargeld bzw. 12.000 Livre für Zucker. Der Grund für die unterschiedliche Subventionshöhe lag am unterschiedlichen Gründungsdatum der Pfarreien. Diejenigen Pfarreien, die nach 1706 gegründet worden waren, wie Riviere Salee, Saint–Anne, wurden mit 12.000 Livre besteuert. Zum Vergleich war jedoch die Subvention der Patres in Kanada nicht höher als 300 Livre (Bargeld) und diejenige der 4.000 Weltpriester im Mutterland kaum höher als 200 Livre. Vgl. Joseph RENNARD, Etat religieux des colonies, 436–437.

gewöhnliche und von der ursprünglichen Tätigkeit der Kirche abweichende Erscheinung.

Ein weiteres Problem für die Geistlichen und für die Jesuiten war, dass die Bewirtschaftung des Grundstücks freilich von den auf Martinique existierenden wirtschaftlichen Bedingungen, beziehungsweise der Tatsache bestimmt wurde, dass die Kleinen Antillen als die wichtigste Kolonie Frankreichs im 18. Jahrhundert galten. Außerdem sollten sie nach Auffassung der merkantilen Wirtschaftspolitik das Hinterland mit allen Produkten versorgen, die auf eigenem Boden nicht hergestellt werden konnten. 1698 trat zudem ein Handelsgesetz, das L'Exclusif, in Kraft, demzufolge für die Siedler eine Handelstätigkeit streng verboten war.[22] Diese war allein französischen Händlern vorbehalten, also wurden nur sie berechtigt, die Güter aufzukaufen, abzuliefern, zu verarbeiten und weiterzuverkaufen. Und den Siedler der Inseln wurde der Handel mit ausländischen Kaufmännern streng verboten. Die französische Regierung förderte außerdem den Anbau von Luxusnaturalien, wie z.B. Zuckerrohr, Kaffee, Tabak oder Indigo.[23] Dies führte zu einer Zurückdrängung der Grundnahrungsmittel, sodass die Kolonien vor allem mit Getreide, Wein und Fleisch aus dem Hinterland verpflegt wurden. Die Siedler beschafften diese Waren durch den Verkauf der von ihnen hergestellten Produkte.[24]

Diese Umständen schränkten auch die Möglichkeit der Jesuiten völlig ein. Die Gesellschaft genoss auch die vom König erhaltene materielle Unterstützung, die aber auch in ihrem Fall nicht ausreichte. Nach einem Beleg aus dem Jahre 1741 machte allein das jährliche Budget des Zentralordenshauses 24.000 Livre aus, der Orden erhielt hingegen lediglich 4185 Livre vom König.[25] Deswegen mussten sie auf ihrem eigenen Grundstück Zuckerrohr anbauen, um mittels seines Verkaufs die Kosten für ihren Lebensunterhalt zu sichern.[26] Obwohl diese Tätigkeit mit der Praxis der Siedler übereinstimmte, auch dem Kanonischen Recht nicht widersprach, und die zweite Generalkongregation

---

[22] Ch. de la RONCIÈRE, L'Amérique, in :Gabriel HANOTAUX/Alfred MARTINEAU (Hrsg.), Histoire des colonies françaises et de l'expansion de la France dans le Monde. Paris 1929, 438.

[23] Ch. de la RONCIÈRE, L'Amérique, 439.

[24] Jean–Charles ASSALAIN, Histoire économique de la France du 18e siècle à nos jours. De l'Ancien Régime à la Ière Guerre Mondiale. Paris 1975, 64.

[25] Joseph RENNARD, Etat religieux des colonies, 445–448.

[26] Die Jesuiten besaßen auf der Insel laut einem 1741 an den König verfassten Nachweis die folgenden Güter: 1. die finanzielle Unterstützung vom König – 4185 Livre. 2. Eine Plantage, die jährlich max. 50.000 Livre Einkommen sicherte. 3. Kleinere, für die aus Zucker hergestellte Waren verkaufende Geschäfte, die jährlich max. 12.500 Livre Einkommen produzierten. 4. Eine kleinere, für 7000 Livre mietete Plantage, auf der ausschließlich für die Ernährung der Arbeiter verwendete Maniok angebaut wurde.
Sie hatten jährlich die folgenden Ausgaben: 1. die Verwaltung des Ordenshauses – 24.000 Livre. 2. Die finanzielle Unterstützung der Pfarreien – 8.000. Livre. 3. Die Ernährung der Arbeitskraft – 7.000 Livre (für die Miete der Plantage), 15.750 Livre salziges Fleisch, 3.500 Livre: Die finanzielle Unterstützung der Arbeitskräfte. 4. Die Verwaltung der für die Zuckerproduktion gebrauchten Häuser – 12.000 Livre. Vgl. Joseph RENNARD, Etat religieux des colonies, 445–448.

(21. Juni – 3. September 1565) den Tausch und Verkauf die vom Grundstück erhaltenen Güter erlaubte (Dekret 61),[27] beschlich viele ein merkwürdiges Gefühl, nämlich, dass die Jesuiten eine, von der Tätigkeit der Kirche abweichende „Methode" verfolgen würden.

## IV. DIE KIRCHE UND DIE WIRTSCHAFT

Diese Form der „Ersatztätigkeit" scheint auf den ersten Blick sehr ungewöhnlich zu sein. Es gilt jedoch, näher zu untersuchen, wie ungewöhnlich diese Tätigkeit im Bereich der Kirche tatsächlich war.

Im vorigen Kapitel wurde bereits erwähnt, dass eine der wichtigsten Fragen in Bezug auf die Lebensbedingungen der Geistlichen ist, welche Einnahmen ihnen zur Verfügung gestellt wurden. Wie beurteilte die Zivilbevölkerung diese Einnahmequellen im Hinblick auf die moralischen Prinzipien der Kirche?

Die Lebensbedingungen der Geistlichen in Europa (in den Diözesen und in den Klöstern) wurden – so die allgemeine Annahme – durch die Kirchensteuer (den Zehntel) und durch die im Besitz der Pfarreien oder Klöster befindlichen und von diesen bewirtschafteten Grundstücken gesichert. Ob diese rechtmäßig Grundstücke besaßen, oder ob dies mit den verkündeten moralischen Prinzipien im Einklang stand, spielte dabei in der Regel keine Rolle – ebenso wenig die Frage, welche Einnahmequelle als erstrangig zu betrachten sei. Generell wird angenommen, dass beides zusammen zum Lebensunterhalt der Geistlichen diente. Dieser Praxis gilt dabei keineswegs als merkwürdig

Im Zusammenhang mit den außereuropäischen Territorien ist dies anders. Wovon lebten die Geistlichen? Wovon sollten sie leben? Wenn wir von der europäischen Praxis ausgehen, können wir für annehmen, dass die Geistlichen sowohl von einer gewissen finanziellen Unterstützung als auch von den Einnahmen des Grundstücks lebten. Das System des Patronats unterstützte diese Praxis. Allerdings darf dies nicht die Unterschiede zu Europa verwischen: Wie konnten dieselben Regeln und Erwartungen unter unterschiedlichen Umständen verwendet werden? In diesen Territorien konnten die Jesuiten die in Europa gewöhnlichen und für den Lebensunterhalt nötigen Nutzpflanzen (z. B. Weizen) nicht anbauen, sondern sie mussten sich einerseits den klimatischen und wirtschaftlichen Gegebenheiten vor Ort anpassen, andererseits mußten sie häufig Naturalien verkaufen, weil dies den Gegenstand des Tauschhandels bildete, um die für die Nahrungsmitteln und die für die Verwaltung der Gemeinden benötigten Güter besorgen zu können.

Die Frage ist im Falle aller Jesuiten gleich: Wovon leben die in der Evangelisation beteiligten Geistlichen? Wie sind die verwendeten Einnahmequellen zu bewerten? Kann man diese „Ersatztätigkeit" der Bewirtschaftung tatsäch-

---

[27] E. PIAGET, Essai sur l'organisation, 115.

lich als merkwürdig bezeichnen? Im Vergleich mit den anderen europäischen oder außereuropäischen Geistlichen – zwischen den für die Sicherung des Lebensunterhalt ausgeübten Tätigkeiten gab es keinen Unterschied. Die Jesuiten folgten derselben Praxis – staatliche Unterstützung und Besitz eines Grundstücks –, und sie fanden außerhalb Europas dieselben Probleme wegen der nicht geregelten Praxis und wegen der ungeänderten Übernahme der europäischen Methoden.

Über die Jesuiten können wir im allgemeinen feststellen, dass ihre Ordenskonstitution den Besitz eines Grundstücks und das daraus entwickeltes Einkommen für die in der Evangelisationsarbeit beteiligten Ordenshäuser und Kollegien ermöglichte. Obwohl – wie gesagt – der Heilige Ignatius im geographischen Aspekt zwischen den Residenzen keinen Unterschied machte.

Im Zusammenhang mit dem Lebensunterhalt der Geistlichen ist ein häufig auftauchendes Problem das Gerücht ihrer Handelstätigkeit. Das Auftauchen dieses Problems wurde bereits im Zusammenhang mit der Anklage gegenüber dem Vorgesetzten auf Martinique angedeutet. Das Problem beschränkt sich aber eben nicht nur auf die Jesuiten, obwohl die Forschung die Gesellschaft und den Pater La Valette hier zentral thematisieren[28], um den Beweis für die Betroffenheit[29] der Jesuiten und der anderen Geistlichen zu liefern.

Die Handelsproblematik wurde in zahlreichen päpstlichen Bullen behandelt, und es wurde natürlich den Geistlichen verboten, wobei zwischen Handeln und Warentausch bzw. einfachem Kauf und Verkauf unterschieden wurde. Laut der kirchlichen Gesetze galt als Handelstätigkeit: „der Kauf jeglicher Waren – und hier muss das Wort ‚Kauf‘ betont werden – mit der Absicht des Weiterverkaufs mit Gewinn (also höherem Preis), ohne dass die Ware substantiell verändert worden wäre.[30]“ Das letztere war durchaus auch Geistlichen erlaubt. Trotzdem erweckte diese vereinfachte und ohne Gewinn ausge-

---

[28] E. PIAGET, Essai sur l'organisation. Jean Louis JOLIVET, Secret du gouvernement jesuitique ou Abrégé des Constitutions de la Société de Jésus. Lettre à M. le Duc de **. Sans lieu 1761. etwa belastet die Jesuiten gravierend. Die folgenden Autoren tadeln La Valette namentlich und nennen ihn, um den illegitimen Handel der Ordensangehörigen zu brandmarken: Alexis de SAINT-PRIEST, Histoire de la Chute des jésuites au XVIIIᵉ siècle (1750–1782). Paris 1844. Paul DUDON S.J., De la suppression de la Compagnie de Jésus (1758–1773), in: RQH (132) 1938. 85–86. Bernard DAVID sac, Dictionnaire biographique de la Martinique (1635–1848). Le clergé. Fort de Farnce 1984. Aristide DOUARCHE, Etude historique sur la banqueroute du Père Lavalette et la destruction des jésuites au XVIIIᵉ siècle. Bourges 1880. Die Schuldlosigkeit der Jesuiten betont indes Xavier de RAVIGNAN, De l'existence et de l'institut des jésuites. Paris 1862.Über die Betroffenheit der Jesuiten im Bereich des Handels und die Analyse der damit beschäftigenden päpstlichen Bullen s. Xavier de RAVIGNAN, De l'existence et de l'institut des jésuites, 189–201.

[29] Über die Betroffenheit der Jesuiten im Bereich des Handels und die Analyse der damit beschäftigenden päpstlichen Bullen s. Xavier de RAVIGNAN, De l'existence et de l'institut des jésuites, 189–201.

[30] Camille de ROCHEMONTEIX S.J., Le père Antoine La Valette à la Martinique d'après des documents inédits, Paris 1907, 79. wer zitiert das Werk von Cardinal LUGO, De justitia et jure (Disput, XXVI, sect. III., n.21).

übte Tätigkeit das Gerücht in der Zivilbevölkerung, hier würde Handel stattfinden.

Hier lässt sich der andere Kardinalpunkt des Lebensunterhaltsproblematik von Geistlichen erkennen. Der Zivilbevölkerung war das kanonische Recht unbekannt, noch weniger die Regelungen über den Lebensunterhalt. Sie konnten die moralischen Prinzipien der Kirche nicht mit deren Praxis in Einklang bringen.

Warum hat die Zivilbevölkerung die Frage des Lebensunterhalts der Geistlichen so entscheidend missverstanden? Um dies zu verstehen, ist es notwendig, die Wirtschaftspraxis der Kirche zu erläutern.

Die Wirtschaftspraxis der Kirche wurde durch die selbst formulierten moralischen Prinzipien bestimmt. Auf dieser moralischen Ebene erhob sie gegen jegliche wirtschaftliche Entwicklung ihre Stimme, und obwohl sie die Existenz gerechter Zinsen annahm, bestand sie auf das Verbot des Wuchers. Deswegen war ihre Wirtschaftspraxis eine, in einem geschlossenen Kreis funktionierende, autochthone Tätigkeit, beziehungsweise eine damit eng verbundene Aufwandswirtschaft, laut dem der gelegentlich entstandene Überfluss sofort verbraucht wurde, also er wurde gegen andere, nötige Waren ausgetauscht, oder er wurde für den Bau, für die Renovierung der Kirchengebäuden und für die Pflege des religiösen Kults verwendet.[31] Die Geistlichen verausgabten sich, um gleichsam das Prinzip der Armut zu verwirklichen.

Das Prinzip der Armut, in dessen Sinne die Kirche ihre Wirtschaft zu steuern versuchte, bedeutete keine wirkliche Armut für die kirchlichen Organisationen, sondern ganz im Gegenteil: Dank diesem Prinzip nahm das Reichtum der Kirche ständig zu – nicht in Form von Bargeld – da das Wert des Bargeldes ja nicht anerkannt war – sondern in Form von Grundstücken und deren Einnahmen.[32] Zusammen mit der Spendenpraxis vermehrte sich das Kapital der Kirche, weil das erhaltene Bargeld in allen Fällen in Grundstücke investiert wurde.[33] Mittels dieses Prinzips wurde die Kirche im Laufe der Zeit der größte Grundbesitzer in Europa.

Das Erstaunen der Zivilbevölkerung ist so gesehen durchaus verständlich und kann auf zwei Gründe zurückgeführt werden: Einerseits auf die eben skizzierte Wirtschaftspraxis, andererseits – wie gesagt – auf die Frage der Handelstätigkeit.

Um zu der, am Anfang des Kapitels aufgestellte Frage wiederzukehren, wie ungewöhnlich die Tätigkeit der Jesuiten auf Martinique nun war, lässt sich erneut betonen, dass sie im Vergleich mit der Tätigkeit anderer Geistlichen keine davon abweichenden Erscheinungen aufwiesen. Die Gründe der Vorwürfe – wie wir gesehen haben – lagen darin, dass die Frage des Lebensunter-

---

[31] Michel BORDEAUX, Aspects économiques de la vie de l'Eglise aux XIV<sup>e</sup> et XV<sup>e</sup> siècles. Paris 1969, 9.

[32] Ebd.9.

[33] Ebd.9.

halts weder durch Kirche noch durch die Gesellschaft Jesu genügend geregelt wurde.

Es ist wichtig im Zusammenhang mit dem Gerücht des Handels und mit der Nutzung der vom Grundstück gewonnenen Einnahmen zu bemerken, dass es auch für die Generäle der Gesellschaft bereits sehr früh offenbar wurde, dass die vom Grundstück gewonnenen Einnahmen für die Kosten des Lebensunterhalts nicht ausreichten. So beschloss man bereits in der zweiten Generalkongregation, dass der gelegentlich entstandene Überfluss durch die Ordenshäuser verkauft oder ausgetauscht werden könne,[34] so dass die Jesuiten trotz aller Gerüchte letztlich legitim handelten.

Aber das Fehlen einer generellen Regelung der Frage begünstigte die Anklage des Vorgesetzten auf Martinique. Die Handelstätigkeit mit den Briten, die laut den französischen Gesetzen streng verboten war, wurde zum zentralen Argument der Ankläger, obwohl Pater La Valette seine Unschuld beweisen konnte.

Dieser Umstand warf die Frage nach dem ethischen Verhalten des Missionsoberen auf und wurde zum Ausgangspunkt und Vorwand für einen allgemeinen Angriff auf die Gesellschaft Jesu in den darauf folgenden Jahren in Frankreich.

## SCHLUSS

Die Sicherung des Lebensunterhalts kirchlicher Organisationen war von entscheidender Bedeutung. Im Zusammenhang mit der Anklage gegenüber dem Vorgesetzten kann man feststellen, dass die Lebensbedingungen der Geistlichen nicht konkret geregelt waren, beziehungsweise, dass es seitens der Gesellschaft Jesu einen spürbaren Mangel an Regelungen gab. Darüber hinaus zeigte sich, wie schwierig es war, die moralischen Prinzipien der Kirche mit der tatsächlich ausgeübten Wirtschaftstätigkeit für die Zivilbevölkerung in Einklang zu bringen.

Allerdings war es nicht das Fehlen einer konkreten Regelung allein, welches das Problem verursachte, sondern auch die unflexible Betonung der eigenen Prinzipien seitens der Kirche, woraus beträchtliche Schwierigkeiten entstanden: Die Eigendynamik der besonderen Umständen vor Ort wurde Evangelisationstätigkeit in manchen Fällen ausgesprochen von der möglichst adaptiven Verwendung der Regeln abhängt.

---

[34] E. PIAGET, Esssai sur l'organisation, 115.

Jaroslav Šotola, Olomouc/Olmütz

# AMICA DEFENSIO SOCIETATIS JESU

## DIE DEBATTE ÜBER DEN JESUITENORDEN IN DEUTSCHLAND 1773–1800

Die Aufhebung der Gesellschaft Jesu rief eine heftige und lang andauernde Debatte um die Bedeutung und die Vor– und Nachteile der Ordensauflösung für die Kirche und den Staat hervor.[1] Diese Diskussion lässt sich nicht isoliert betrachten, sondern muss vielmehr als Fortsetzung jener Kontroversen gelten, die im Grunde genommen die gesamte Zeit der Ordensexistenz begleiteten.[2] Im meinen Beitrag möchte ich auf zwei Seiten der zeitgenössischen deutsch-sprachigen Journalistik fokussieren: Einerseits auf die Frage nach dem Umfang und den Teilnehmern dieser Diskussion (also eine formale Analyse), andererseits auf den inhaltlichen Zusammenhang mit den zeitlich vorangegangenen Auseinandersetzungen und mit dem Diskurs der Aufklärung (eine inhaltliche Analyse).[3]

1. Zum Umfang. Die große Mehrheit der Bücher über Jesuiten erschien im gewählten Zeitraum unmittelbar nach der Aufhebung – in vier Jahren (1773–76) konnte sich ein informationssüchtiger Leser sogar 50 verschiedene Titel in deutscher Sprache besorgen, daneben erschienen außerdem zahlreiche Flug-blätter (die werden hier aber nicht einbezogen). Die meisten Bücher waren Oktavbände mit einem Umfang zwischen 30 bis 100 Seiten.

In den 80er Jahren wurden weniger neue Bücher veröffentlicht, die aus-schließlich von Jesuiten handelten. Das bedeutet aber nicht, dass der außer-halb des Interesses der Gesellschaft geriet. Nur wurde diese Problematik in anderem Kontext thematisiert. Der sog. Jesuitismus wurde zur wichtigen Fra-

---

[1] Eine ausgezeichnete Einführung in die Problematik der Kritik des Jesuitenordens im 18. Jahrhundert stellt der Aufsatz von Richard VAN DÜLMEN, Antijesuitismus und katholische Aufklärung in Deutschland, in: Historisches Jahrbuch 89 (1969), 54–80 dar.

[2] Für Deutschland steht eine veraltete Arbeit von Bernard DUHR, Geschichte der Jesuiten in den Ländern deutscher Zunge. München / Regensburg 1928, zur Verfügung, die aber als Aus-gangspunkt für weitere Forschung dienen kann. Der europäische Kontext der Debatte über Jesuiten beleuchtet die Dissertation von Christine VOGEL, Der Untergang der Gesellschaft Jesu als europäisches Medienereignis (1758–1773), 2003.

[3] Das Gebiet der Publizistik ist hier aus praktischen Gründen auf Streitschriften und Aufsätze in bedeutendsten aufklärerischen Zeitschriften eingeschränkt, die Zeitungen und Flug-schriften werden nicht einbezogen.

ge, die jeder beantworten musste, der sich z. B. mit der Freimaurerei auseinandersetzen wollte.[4] Auf neue Art und Weise wurden auch die gelehrten Zeitschriften als Medium der Debatte verwendet, wobei sie die Bücher im Umfang und Bedeutung schnell überholten.[5]

2. Zu den Autoren. Für heutige Forscher entsteht hier ein riesiges Problem, weil fast alle Titel anonym erschienen. Dies hing mit der päpstlichen Anordnung im Aufhebungsbreve zusammen, nach welcher jede schriftliche Äußerung zu diesem Ereignis streng verboten und im widrigen Fall sogar mit dem Kirchenbann gedroht wurde. Um diese Verfügung in die Realität umzusetzen, war die Zustimmung der weltlichen Zensur unumgänglich. Dies erfolgte aber nur in der Habsburgermonarchie, so dass in Österreich bis 1780 keine Schriften über Jesuiten veröffentlicht wurden. Am häufigsten wurden als Erscheinungsorte Frankfurt und Leipzig angegeben, dem Herkunftsort der Autoren nach und mit Blick auf verschiedene Realien lässt sich jedoch als räumliches Zentrum der Debatte das Gebiet des heutigen Bayern (d. h. z. B. mit Regensburg, Würzburg oder Augsburg) bestimmen. Die größte Sammlung  der behandelten Schriften befindet sich in der Münchener Staatsbibliothek.

Trotz der durch die Anonymität der Verfasser hervorgerufenen Hindernisse lässt sich zumindest für eine Minderheit der Schriften die Autorschaft ermitteln. Dabei ist auffällig, dass es sich bei einem Drittel dieser Schriften lediglich um Übersetzungen aus dem Französischen oder Italienischen handelt. Aber auch bei Werken, die von Deutschen verfasst wurden, ist ein großer Einfluss von den in Frankreich oder in Italien erschienenen Drucken festzustellen. Im Unterschied zur längeren Tradition in Deutschland ist der Anteil der protestantischen Autoren bedeutungslos – dies ist jedoch ein Trend, der sich seit den 50er Jahre des 18. Jahrhunderts im Zusammenhang mit der zunehmenden Kritik am Jesuitenorden in den Ländern der Bourbonischen Herrscher beobachten lässt.[6]

Wer waren die Autoren? Im Gegesatz zu den Verfassern der Flugblätter handelte es sich um ausgebildete Gelehrte, für die die genaue Kenntnis der lateinischen und französischen Sprache und Literatur eine Selbstverständlichkeit war und die ihre Argumentation auf das gelehrte Publikum richteten. Dass im 18. Jahrhundert die Aufhebung der Gesellschaft Jesu nicht nur eine Sache der Religion und der Kirche war, sondern ein wichtiges Politikum, kann uns der große Anteil weltlicher Verfasser bezeugen. Diese waren Juristen, Bibliothekaren oder junge, mit der Aufklärung verbundene Publizisten.

---

[4] Ein typisches Beispiel ist das Werk von einem der wichtigsten Illuminaten Adolph KNIGGE (unter Pseudonym als Joseph Alois Majer), Ueber Jesuiten, Freymaurer und deutsche Rosencreutzer. Leipzig 1781.

[5] Zu den wichtigsten gehörte Berlinische Monatsschrift und Schlözzers Briefwechsel meist historischen und politischen Inhalts.

[6] Die zwei wichtigsten protestantischen Verfasser, die sich in den 70er Jahren des 18. Jahrhunderts mit der Jesuitenproblematik beschäftigten, sind Christoph Gottlieb Murr und Johann Jacob Moser.

Die Theologen, die mehr mit kirchengeschichtlichen und kirchenjuristischen Argumenten arbeiteten, gehörtem am ehesten einem Orden an, darunter auch drei ehemalige Jesuiten.[7]

3. Zum Charakter der Schriften. Die vorhandenen Bücher lassen sich in drei Gruppen von unterschiedlicher Größe einteilen. Bei der ersten und zugleich größten Gruppe der Schriften kann kein objektiver Standpunkt ausgemacht werden. Bereits nach dem Lesen der ersten Seiten lässt sich eindeutig bestimmen, ob der Verfasser für das Fortbestehen des Jesuitenordens oder für seine Aufhebung plädiert – und dies, obwohl in der Einleitung fast immer die typisch aufgeklärte Erwähnung der Unparteilichkeit des Autors zu finden ist. Zu diesem stark polemischen, in der damaligen Publizistik aber durchaus üblichen Charakter gehört auch, dass manche Schriften als Gegenantwort auf ein gerade erschienenes Buch herausgeben wurden. Daneben wiesen die Verfasser auf andere Bücher hin, die ihre Thesen unterstützen sollten. Die Publizistik bildet also in diesem Fall ein durchaus verknüpftes Netz, das als das Ganzes betrachtet werden muss.

Einen zweiten Typus stellten diejenigen Bücher dar, deren Ziel nicht die Verteidigung der einen oder anderen Ansicht war, sondern die als Sammlung von Informationen über die Geschichte des Ordens einerseits und über den Hintergrund der politischen Verhandlungen im Zuge seiner Aufhebung andererseits konzipiert wurden. Ein typisches Beispiel ist das umfangreiche Buch *Gespräch im Reiche der Todten, zwischen dem Stifter des Jesuiten-Ordens Ignatius Lojola und dem letztverstorbenen Pabst Clemens XIV.*,[8] dessen Handlung in der Unterwelt spielt, wobei die Redebeiträge der beiden am Gespräch teilnehmenden Personen zugleich zwei unterschiedliche Meinungen der europäischen Öffentlichkeit über die Jesuiten darstellen sollten. Auffallend hierbei ist auch die Tatsache, dass es überhaupt nicht dem Charakter des trockneten wissenschaftlichen Traktats entspricht, vielmehr wirkt es in seiner dialogischen Form als das Lektüre zur Unterhaltung. Diese Bücher zogen also Gewinn aus der „Popularität" der Jesuiten in der europäischen Gesellschaft.

Aus dieser Gruppe ragt ein Buch hervor, das für den heutigen Forscher ein „Portal" in den Diskurs über Jesuitenaufhebung darstellte. Es ist die vierbändige *Sammlung der merkwürdigsten Schriften die Aufhebung des Jesuiter-Ordens betreffend*[9] vom württenbergischen Bibliothekar Johann Friedrich LeBret, das als Fortsetzung herausgegeben wurde. Dieses Werk lässt sich als ein unbefangener Kommentar auf das gesamte Geschehen verstehen. Der vierte Teil enthält Rezensionen der Streitschriften.

---

[7] Zwei Jesuiten – Alois Merz und Benedikt Stattler – stammten aus Bayern, Felix Hofstäter aus Österreich.

[8] Bd. 1–3. [Frankfurt] 1775. Der Verfasser ist unbekannt, wahrscheinlich handelt sich um eine Übersetzung aus dem Französischen.

[9] Ohne Erscheinungsort, 1773–75.

Die letzte Gruppe bildeten die Titel, die nur auf die juristische Seite des Verbots der Jesuiten fokussierten und die sich mit den dabei entstandenen Vermögensfragen auseinandersetzten.

## VERTEIDIGUNG DER GESELLSCHAFT JESU.

Die Verteidiger der Jesuiten befanden sich nach Erlass des Aufhebungsbreves in einer erschwerten Position. Man konnte nicht, wie dies zuvor immer möglich war, die Kritiker der Gesellschaft als Ketzer, Jansenisten oder Freigeister anprangern, da ja nun der Oberste Hirte selbst, dem die Jesuiten Gehorsam geschworen hatten, sein treues Heer aufgelöst hatte.[10] Deshalb musste man mit größerer Vorsicht vorgehen, um nicht als unberechtigter Kritiker des Papstes und folglich der Verfassung der katholischen Kirche beschuldigt zu werden.

Trotzdem wurde bei dieser Gruppe der Verfasser die Aufhebung des mächtigen Ordens nicht nur als Vorsehung Gottes betrachtet.[11] Die Vorkämpfer des Jesuitenordens, die mit dem päpstlichen Breve in keiner Weise einverstanden waren, machten in ihren Schriften auf zwei Dinge aufmerksam: Einerseits bewerteten sie die Entscheidung des Papstes als unfreiwillig und von den Bourbonischen Höfen erzwungen; andererseits waren sie dagegen, diese Entscheidung unter dem Aspekt der päpstlichen Unfehlbarkeit wahrzunehmen.[12] Das Prinzip der Infallibilität zählte zum Gebiet der Dogmatik.

---

[10] Trotzdem wurde in manchen Streitstriften auf die Verfolgungsgeschichte der Jesuiten hingewiesen. Vgl. Wichtiger aus dem Unterdrückungsbreve der Gesellschaft Jesu enstehender Zweifel: Ob dieses wichtigste Geschäft der wahre Friedensgeist angerathen, geleitet, und beschlossen habe? Freystadt 1774, 1–5. In der Einleitung wurde behauptet, dass gerade jetzt das gelungen ist, was schon 200 Jahre die Ketzer, aber auch „liederliche" Katholiken, anstrebten. Weiterhin wird die Geschichte der Gesellschaft Jesu thematisch mit dem Ziel zu zeigen, dass dieser Orden nur von Kirchenfeinden bekämpft wurde.

[11] Das heisst, dass sie auf der einen Seite das ganze Geschehen nicht göttlichen Vorsehungen berauben wollten, und so eigentlich eine ihre  Aussicht auf Auferstehung verloren würden, auf der anderen Seite wollten sie dieses für sie so schreckliche Ereignis eher dem Gebiet der weltlichen Politik zueignen.

[12] Das Hauptkriterium in der Kritiker der päpstlichen Entscheidung war nicht die Unfehlbarkeit, sondern die Gerechtigkeit dieser Entscheidung. Vgl. Zuffällige Gedanken und Sätze über Verfahren gegen die Jesuiten in dem Kirchenstaat, und über das, was ihnen aus Verhängniß des römischen Hofes vielleicht auch anderswo bevorstehen mag. Straßburg 1773, 4. Der Verfasser verglich hier die Handlung des Papstes mit der Handlung jedes Richters, die also auch ungerecht sein kann. Noch radikaler äußerte sich der Augsburger Jesuit Alois MERZ (als Anonym erschienen), Der Jesuit vor dem Richterstuhle des Herrn Johann Jacob Moser, königl. dänischen Statsrath. Frankfurt und Berlin (o. J.). Auf Seite 70 behauptet er, dass der Papst zwar die Exkommunikation verwenden könne, dass wenn diese jedoch gegenrechtlich sei, sie zugleich ihre Wirkung verliere. Er erklärt diese Grundsatz damit, dass der Papst keine despotische Macht inne hat und dass er vor seinem Entschluss die Angeklagten vernehmen soll. Merz komentiert weiterhin auch die Angelegenheiten der päpstlichen Unfehlbarkeit, wobei er darauf aufmerksam macht, dass der Papst sich in Sachen, die nicht direkt mit der Offenbarung

Eine Ordensaufhebung war für sie eine Disziplinarangelegenheit, bei welcher ein Irrtum des Papstes aufgrund mangelnder Informationen oder sogar seiner Untugend als durchaus als möglich angesehen wurde. Aber kein Verteidiger sprach über Ungültigkeit der päpstlichen Urkunde an sich. Schwerpunkt wurde vielmehr darauf gelegt, dass die Jesuiten unschuldig waren und dass sie in diesem Moment Schutz und Erhaltung in einer Existenzform suchten, die der ursprünglichen nahe kam.[13] Es ist eindeutig, an wen mit dieser Argumentation richteten – in Deutschland hing ihr Schicksal vom jeweiligen Herrscher der einzelnen Staaten ab, die dem Beispiel des preußischen Königs folgen konnten.

Als Hauptgegenstand der Untersuchungen standen die im päpstlichen Breve angeführten Gründe für das Verbot des Ordens im Vordergrund. Diesem Dokument zufolge war es „so lange die Gesellschaft unversehrt bestehen bleibt", nicht möglich, einen „wahren und dauernden Frieden in der Kirche wiederherzustellen".[14] Aufgeführt werden dann die verschiedenen Unruhen, derer sich die Jesuiten nicht nur in der vorangegangenen Zeit, sondern im Grunde genommen während der gesamten Bestehenszeit des Ordens schuldig machten: Streit in der Lehre, Zwistigkeiten mit anderen Orden und mit den Bischöfen, Habsucht, Einmischung in weltliche Angelegenheiten und Politik. Die Verteidiger der Gesellschaft wehrten diese Vorwürfe mit dem Argument ab, dass in erster Linie nicht sie es waren, die diese Unruhen hervorgerufen haben, sondern dass diese daraus entstanden, dass die Jesuiten überall als treue Verfechter der päpstlichen Rechte und des Ansehens des Hauptes der Katholischen Kirche auftraten.[15]

Der Hauptvorwurf gegen das päpstliche Vorgehen war, dass im Breve nur allgemeine Beschuldigungen hervorgebracht, aber keine konkreten Belege für solche großen Verbrechen genannt wurden, die die Aufhebung rechtfertigen könnten.[16] Es gab keine rechtliche Untersuchung, und es existierte kein Ge-

---

verknüpfen sind, irren kann und dass die „Kirchengeschichte voll" von ähnlichen Beispielen sind. Seine Ausführungen gipfeln mit diesem Äusserung: „Man ist zwar, theils aus Liebe, theils aus Ehrfurcht, dia man dem hoechsten Priester schuldig ist, verpflichtet, alles, so lang man kann, zu entschuldigen, und bestens auszulegen. Wenn aber keine Entschuldigung mehr Platz finden sollte, so ist nichts übrig, als das man sage: der Papst ist eben auch ein Mensch. Etwas entschuldigen wollen, was keine Entschuldigung mehr leidet, bringt mehr schaden, als Nutzen." (S. 86.)

[13] MERZ, Der Jesuit, 75 verteidigt die These, dass alle Stände im Reich ihre Rechte gegen den Papst schützen können.

[14] Johann F. KNAAKE (Hg.), Das Breve Papst Clemens XIV. betreffend die Aufhebung des Jesuiten-Ordens. Nach dem lateinischen Urdruck und in deutscher Übersetzung. Leipzig 1903, 28.

[15] Der Inhalt des Breve Clementis XIV. wegen Aufhebung des Ordens der Gesellschaft Jesu, dat. Rom, den 21. Julii 1773. nachgedr. in M... in XVI. Puncte gebracht und nach seinen Einsichten beleuchtet von einem B..., (o. O.) [1773], 8.

[16] Zweifel, 147. Dort wies man darauf hin, dass sogar die Protestanten (konkret ist nur der Nürnbergische Gelehrte Murr genannt) über den ausgebliebenen Gerichtsprozess erstaunt

richt, bei welchem sich die beschuldigten Jesuiten hätten verteidigen können. Die Fürsprecher der Jesuiten gingen von einer so ernsten Situation aus, dass für sie nur durch die Einberufung eines allgemeinen Konzils eine Lösung gefunden werden konnte, da jeder Bischof das Recht hatte, die Nutzbarkeit der Gesellschaft für seine Diözese zu bekräftigen oder zu widerlegen.[17] Die ganze Causa sollte als eine Justizsache betrachten werden, bei welcher nicht nur die Ehre und der gute Namen tausender Menschen, sondern auch ein erhebliches Vermögen im Mittelpunkt stand.[18]

Die radikalste Verteidigung stammt aus der Feder eines jesuitischen Professors für dogmatische Theologie in Ingolstadt, Benedikt Stattler.[19] Stattler war ein Anhänger der rationalistischen Philosophie Wolffs und einer der bekanntesten Philosophen unter den deutschen Jesuiten, der aber in der Theologie nicht immer im Einklang mit der Kirchenlehre stand; in den 1790er Jahren wurden sogar einige seiner Werke indiziert. Seine *Freundschaftliche Vertheidigung der Gesellschaft Jesu* [20] wurde in katholischen Gebieten Deutschlands als Ärgernis empfunden, weil hier ganz unverblümt von einem Irrtum des Papstes gesprochen wurde und seine Rechte, den geistlichen Orden aufzuheben, in Frage gestellt wurden. Erstaunlicherweise ist Stattlers Buch in seiner Denkungsart in seiner Argumentation dem aufgeklärten Paradigma näher als die Werke seiner Gegner.

Seinen Ausgangspunkt bildet eine recht eigenwillige Applikation des Naturrechts, mit dessen Hilfe er versucht, den Orden argumentativ aus der päpstlichen Machtbefugnis herauszulösen. Nach Stattler handelt es sich bei einem Orden nämlich um einen durch einen Vertrag zustande gekommenen Zusammenschluss freier Individuen mit eigener Verfassung, „wie es in jeder bürgerli-

---

waren. Der Verfasser kritisiert weiterhin die Tatsache, dass die Beschuldigungen im päpstlichen Breve nur im Allgemeinen, und dazu überhaupt nicht bewiesen oder eingegeben sind (S. 154).

[17] Über den Beitrag zur Geschichte itziger geheimer Proselytenmacherei, in: Berlinische Monatsschrift 5 (1785), 378. In diesem Zusammenhang wurde oft auf das Beispiel der Tempelherren hingewiesen: Benedikt STATTLER, Freundschaftliche Vertheidigung der Gesellschaft Jesu. Berlin und Breslau 1773, 27.

[18] Vgl. Zufällige Gedanken, 10. Dem zufolge steht der gute Name und der bürgerliche Ehrenstand der Jesuiten unter dem Schutz des natürlichen, bürgerlichen und geistlichen Rechtes. Niemand kann also diesen Rechten beraubt werden, ohne dass diese Tat zugleich ein Verstoß gegen das Recht sein würde. Weiter vgl. Zweifel, 162, wo behauptet wird, dass „immer in bürgerlichen Klagsachen, wenn es um das Vermögen geht, nur strenge Beweisen der Schuld annehmen werden können". Und bei den Jesuiten geht es um tausende Männer und um einen ganzen Orden – um so mehr sollte man auf die Gerechtigkeit im gesamten Vorgehen ohne s achten.

[19] Zu Stattler (1728–1797) vgl. F. SCHOLZ, Benedikt Stattler und die Grundzüge seiner Sittlichkeitslehre unter besonderer Berücksichtigung der Lehre von der philosophischen Sünde. Freiburg i. Br. 1957.

[20] Siehe Anm. 17. Zu Stattler und seine Kritik des Aufhebungsbreves vgl. auch Winfried MÜLLER, Die Aufhebung des Jesuitenordens in Bayern. Vorgeschichte, Durchführung, administrative Bewältigung, in: Zeitschrift für bayerische Landesgeschichte 48 (1985), 285–352, hier bes. 318–322.

chen Gesellschaft geschieht".[21] Da die Gelübde zum Naturrecht gehören, kann dieser Vertrag nicht gegen den Willen der Geistlichen dieses Ordens aufgehoben werden. Die Auflösung einer Sozietät ist vielmehr Gegenstand „der besonderen Gerichtsbarkeit der Ordensgemeinde" selbst.[22] Seine weitere Beweisführung ist wenig kohärent, weil dem Papst trotzdem das Recht zukommt, seine Approbation der Gottgefälligkeit eines Ordens zurückzunehmen. Er kann dies aber keineswegs ungerechterweise und unter Verletzung der Rechte der Bischöfe und Fürsten durchführen.

Er argumentiert wie folgt, dass die Fürsten haben das Recht zu untersuchen, ob die Grundsätze des Ordens mit seiner Staatsverfassung in Einklang sind oder nicht. „Nachdem aber einmal mit vorausgeschickter Gutheißung der Kirche ein Orden in die bürgerlichen Rechte eingesetzet worden ist, so genießt er ab dieser Zeit den Schutz des Fürsten und der Gesetze, wie alle andere weltliche Bürger. So lange er nach seinem Institut lebt und für das gemeine Beste arbeitet, kann er von keiner geistlichen Macht aufgehoben werden."[23] Stattlers Argumentation mündet schließlich in einen leidenschaftlichen Appell an die deutschen Bischöfe und Fürsten, in dem er sie zum gemeinsamen Widerstand gegen den Papst auffordert.

## DIE KRITIK DER JESUITEN

Im Vergleich zu den Verteidigern des Ordens befanden sich die Jesuitenkritiker in einer recht vorteilhaften Situation. Sie legten den Schwerpunkt ihrer Argumentation auf den Beweis, dass nicht nur die Feinde der Kirche die Unschuldigkeit der Jesuiten grundlegend in Frage stellten. Die Aufhebung sei eine gerechte Lösung, um der Tatsache ein Ende zu bereiten, dass der Jesuitenorden, wie die Kirchengeschichte der vorangegangenen zwei Jahrhunderte belegen sollte, der gesamten katholischen Kirche schweren Schaden zugefügt habe. In ihrer Beweisführung sind die Verfasser im Grunde genommen wenig innovativ, auch wenn in manchen Vorreden in einigen Floskeln der Einfluss der Aufklärung spürbar ist. Wir können also vielfache Hinweise auf die alte Tradition der Jesuitenkritik unter den Katholiken finden – hauptsächlich auf die berühmte Monita secreta, also die angeblichen geheimen Instruktionen der Gesellschaft Jesu, auf die Briefe des mexikanischen Bischofs Palafox, auf das Werk der französischen Jansenisten Pascal und Arnauld und schließlich auf die verschiedenen Dokumente aus Portugal und Frankreich, die dort im Laufe der politischen Offensive gegen die Gesellschaft Jesu entstanden.[24] Die eigent-

---

[21] STATTLER, Verteidigung, 7.

[22] Ebd. 6.

[23] Ebd. 9. Ähnliche antipäpstliche Ausdrücke enthält MERZ, Der Jesuit, hauptsächlich 12n.

[24] Vorläufige Darstellung , welche die Monita secreta als Beilage enthält und die das ganze Buch als ein Kommentar zu ihnen konzipiert (Mehr zur Frage der Monita secreta bei Bernard DUHR, Jesuitenfabeln; [Andreas ZAUPSER] Meine Gedanken über Palafox Briefe. (o. O.) 1773;

lichen Verbrechen der mitteleuropäischen Jesuiten wurden nur selten thematisiert.

Die angeblich zahlreichen Sünden des Ordens lassen sich in vier Gruppen einordnen. Es sind die „ungesunde" Moral, die Hab- und Herrschsucht und die Hoffart.[25] Die Schädlichkeit der Jesuitenmoral wurde besonders seit der Veröffentlichung Ausgabe der Provinzialbriefe Pascals heftig angegriffen. Diese Kritik gewann nach der Hälfte des 18. Jahrhunderts neue Aktualität, als innerhalb der Reihen der katholischen Staatsmänner eine starke Opposition gegen die Lehre über den Probabillismus heranwuchs, da doch der absolutistische Staat, so ihre Überzeugung, keine zu lockere Ethik für seine Untertanen brauchen konnte.[26] Am Beispiel der sog. Tyrannenlehre lässt sich dokumentieren, warum die Debatte über theologische Fragen nun eine so große politische Rolle spielte – zwischen der jesuitischen „verdorbenen" Theologie und verschiedenen Attentaten wurde nun ein direkter Zusammenhang hergestellt. Die theoretischen Probleme bildeten nur eine Seite der Medaille – die zweite Seite waren die Schandtaten der Jesuiten, die sie kraft ihrer Lehre tun sollten.

Wie bereits oben ausgeführt, lässt sich nicht sagen, dass die (Ex-)Jesuiten in den 80er Jahren des 18. Jahrhunderts die Aufmerksamkeit der deutschen Publizistik verloren. Die Problematik stand in einem anderen Kontext und wurde mehr in den aufgeklärten Zeitschriften als in eigenständigen Büchern diskutiert. Gegenstand der Untersuchungen war nun nicht mehr der aufgelöste Orden, sondern der Begriff „Jesuitismus".[27] Im aufgeklärten Diskurs be-

---

Im Jahr der Ordensaufhebung erschien auch die deutsche Übersetzung der Provinzialbriefe von Pascal. Weiter vgl. Sammlung glaubwürdigster Nachrichten aus Portugal, Frankreich, Spanien etc., zur näheren Erläuterung der in diesen Reichen entstandenen letzten Verfolgung der Gesellschaft Jesu, Petersau 1774.

[25] Diese Untugenden wurden an konkreten Beispielen aus Deutschland nur im Buch des Franziskanerpaters Modest Hahn gezeigt, Des hochwürdigen Herrn Exgenerals Ricci Abschiedsrede, vor seinem Tode in der Engelsburg an seiner ehemaligen Gesellschaft gehalten. [Rom] 1776. Der Titel erschien als ein Werk von General Ricci. Nur bei Zaupser, Gedanken, 10–12 können wir die Kritik finden, die schon eindeutiger vom aufklärerischen Standpunkt zeugt. Dieser in Bayern bekannte Gegner der Intoleranz und Zensur übt Kritik an der Zentralisation der Macht in den Händen einzelner Personen, wie die des Ordensgenerals, was als größter Despotismus auf Erden bezeichnet wird. Der ganze Orden bemühte sich ihm zufolge nur um politische Gewalt und Monopol in der Erziehung.

[26] Ebd. 6. Zaupser macht hier darauf aufmerksam, dass ein Buch des Jesuiten Neumayer aus Augsburg, das Probabilismus verteidigt hatte, noch vor der Ordensaufhebung durch den kurfürstlichen Befehl neben Werken von Busenbaum und Bellarmin (diese wurden schon früher wegen der Tyrannenmordlehre verboten) indiziert wurde.

[27] Vgl. Johann August STARCK, Über Krypto-Kaholicismus, Proselytenmacherey, Jesuitismus, geheime Gesellschaften: und besonders die ihm selbst von den Verfassern der Berliner Monatsschrift gemachten Beschuldigungen mit Acten-Stücken belegt. Frankfurt und Leipzig 1787, bes. die Kapitel Von Jesuiten, ihren wirklichen und angeblichen Machinationen zum Nachtheil der Protestanten, 376–522; [Ernst August Anton von GÖCHHAUSEN], Vollendeter Aufschluß des Jesuitismus und des wahren Geheimnisses der Freimaurer: ans Licht gestellt von dem Herausgeber der Enthüllung der Weltbürger-Republik aus den Papieren seines verstorbe-

zeichnete diese Idee eigentlich nicht nur etwas mit dem ehemaligen Orden direkt Verbundenes, sondern alles Rückständige, was mit der katholischen Kirche in Zusammenhang gebracht wurde und was die Ausbreitung der Aufklärung in Deutschland zum Scheitern bringt. Deshalb konnte man etwa über gefährliche „jesuitischen" Praktiken eines Bischofs schreiben, obwohl dieser früher nichts mit dem Orden gemeinsam hatte.

Man ging sogar so weit, das Jahr der Ordensaufhebung als Anfang der wahren Aufklärung im katholischen Deutschland zu bezeichnen.[28] Trotzdem rieten die radikalen Aufklärer weiter zur Vorsichtigkeit, weil für sie die Gefahr der Rückkehr der „jesuitischen Finsternis" immer aktuell blieb.[29] Die Hauptbegriffe, mit denen die 200–jährige Tätigkeit des Ordens charakterisiert wurde, waren Aberglaube, Fanatismus und Despotismus als Gegenpole zu Leitformeln der Aufklärung, wie Toleranz und Freiheit.[30] Erst jetzt wurde also der Orden mit dem aufgeklärten Begriffsinventarium angegriffen und die alte Tradition der Jesuitenkritik, die aus der Wurzeln der Konfessionskämpfen und des Jansenismusstreites entstammt, langsam verlassen. Aber das gilt hauptsächlich für Deutschland, in Österreich war die Ordenskritik weiter im jansenistischen Diskurs verhaftet.[31] In manchen katholischen Schmähschriften waren Jesuiten jedoch nicht so sehr alleiniger Gegenstand der Verhöhnung, sondern Teil des verhassten Mönchstandes als Ganzes.[32]

Eine ganz ungewöhnliche Brisanz kam der Jesuitenfrage im Jahre 1785 im Zuge der protestantischen Aufklärung zu.[33] In diesem Jahr erschienen in der berühmten Berlinischen Monatsschrift jene Aufsätze, die auf die neu entstandene Gefahr für die protestantische Kirche aufmerksam machten.[34] Sie sollten eine vorgebliche katholisch–jesuitische Verschwörung aufdecken, deren Ziel eine langsame und geheime Rekatholisierung der protestantischen Eliten darstellen sollte. Die Aufhebung des Ordens wurde erstaunlicherweise als eine

---

nen Vetters. Rom [i.e. Züllichau] 1787. Dieser Begriff wurde zuerst von den Protestanten im Zusammenhang mit der Debatte über geheimen Gesellschaften verwendet.

[28] [Johann PEZZL], Faustin, oder das philosophische Jahrhundert. Reprint der Ausgabe aus dem Jahr 1783. Hildesheim 1982, 18.

[29] KNIGGE, Jesuiten, 14: „... aufgehoben ist der Orden, aber erloschen ist er nicht".

[30] Darstellung, 137.

[31] [Johann RAUTENSTRAUCH], Jesuitengift, wie es unter Clemens XIII. entdeckt, unter Clemens IV. unterdrükt, und unter Pius VI. noch fortschleicht, oder der Jesuit in fünferlei Gestalten, allen Christen zur Warnung vorgestellt, als Probabilist, Beichtvater, Ketzermacher, Fürstenhasser und päbstlicher Soldat. Philadelphia [i.e. Wien], 1784.

[32] [Johann RAUTENSTRAUCH], Möglichkeiten und Unmöglichkeiten in Oesterreich. Leipzig 1786, bes. 52–57, 70.

[33] Zur Debatte über geheime Gesellschaften und über angebliche jesuitische Verschwörungen vgl. Christoph HIPPCHEN, Zwischen Verschwörung und Verbot: der Illuminatenorden im Spiegel deutscher Publizistik (1776–1800), Köln / Weimar / Wien 1998, 54–76, 97–103; Manfred AGETHEN, Geheimbund und Utopie. Illuminaten, Freimaurer und deutsche Spätaufklärung, München 1987, 280–285.

[34] Beitrag zur Geschichte itziger geheimer Proselytenmacherei, in: Berlinische Monatschrift 5 (1785), 59–80; Beitrag, 316–391.

schlaue Taktik der Jesuiten bewertet: Demnach sollte es nach Vereinbarung mit dem Papst für die Bekehrung der Ketzer besser sein, wenn der Orden als Ganzes seine Tätigkeit im Geheimen fortsetzen würde. Mit diesem Motiv sollten Hunderte als Kaufmann oder Reisende verkleidete Jesuitendas damalige Deutschland durchreisen. Diese Verschwörungstheorie rief eine heftige Debatte zwischen ihren Anhängern und manchen protestantischen Gelehrten hervor, die das Ganze als Unsinn abwerteten.[35]

Diese Kontroversen wären nur ein internes Problem des deutschen Protestantismus geblieben, wenn nicht ein Teilnehmer dieser Auseinandersetzung einen unbezweifelten unübersehbaren Einfluss auf die katholische Aufklärung gehabt hätte. Friedrich Nicolai´s umfangreiches Werk *Beschreibung einer Reise durch Deutschland und die Schweiz im Jahre 1781* rief eine lebendige Reaktion in betroffenen Ländern hervor.[36] Die katholischen Aufklärer waren nicht mit allem, was dort über ihrer Heimat geschrieben war, einverstanden, die originelle Betrachtung der Jesuitenfrage traf dagegen nicht auf Widerstand. Diese ganze Reisebeschreibung ist durchzogen von Anmerkungen über Jesuiten, dass man fast annehmen muss, dass der Verfasser unter Phobie auf sie litt.[37] Sie arbeiteten angeblich unter allen Gestalten nach ihrer Aufhebung, durch blinde Gehorsam mit ihrem Obersten verbunden, weiter mit dem Ziel , das ganze Menschengeschlecht zu versklaven: „Daher mag man die Augen wenden wohin man will, so erblickt man die Jesuiten."[38] Nicolai verwendet bei der Erfassung der Jesuitenproblematik auch seine Lehre über Physiognomie, so dass selbst der Lehrer die geheimen Jesuiten in seiner Umgebung nach diesem Muster enthüllen kann usw. Dieses mysteriöse Verständnis des Jesuitenordens hinterlässt seine Spuren bin in die heutige Zeit.

Die Jahre nach der Französischen Revolution standen in Deutschland im Zeichen der Offensive der konservativen Publizistik, wobei der Jesuitenorden unter einem neuen Licht betrachtet wurde. Durchaus kam es dabei auch zum anderen Extrem, als wenn die Verschwörungtheorie wieder sein Platz fände, diesmal wurde sie aber gegen die radikalen Aufklärer benutzt und die Jesuiten (d.h. eigentlich alle „andere rechtschaffene" Personen) als ihre Opfer geschildert.[39] Es wurde sogar behauptet, dass erst die Auflösung der Jesuiten die

[35] Mit seinem umfangreichem zweibändigen Werk verteidigte sich der protestantische Pastor Starck in Darmstadt gegen die Beschuldigungen, er sei ein verkappter Jesuit: STARCK, Über Krypto–Kaholicismus. In diese Debatte griff auch Friedrich Nicolai ein: Friedrich NICOLAI, Eine Untersuchung der Beschuldigungen, die Herr Prof. Garve wider diese Reisebeschreibung vorgebracht hat. Als Anhang zum 7. Bd. von seiner Beschreibung einer Reise durch Deutschland und die Schweiz im Jahre 1781, in: Friedrich Nicolai, Gesammelte Werke, Bd. 18, Hildesheim / Zürich / New York 1994.

[36] Friedrich NICOLAI, Reisebeschreibung, in: Friedrich Nicolai, Gesammelte Werke, Bd. 15–20, Hildesheim / Zürich / New York 1994.

[37] Ebd. Bd. 15, 354, 654–652. Bd. 16, 228–232, 642–656, 697–698, 705, 883–889. Bd. 17, 30–34, 162–164, 382–389, 541–545, 727–742.

[38] Ebd., Bd. 16, 644.

[39] HIPPCHEN, Verschwörung, 125–148.

„Verwirrung" in Frankreich ermöglicht habe. Daneben wurde über verschiedene Verhandlungen derjenigen katholischen Fürsten mit dem Papst berichtet, die die Wiederherstellung des Ordens als eine feste Wehr gegen die gefährliche Ansteckung aus Frankreich verlangten.[40]

## SCHLUSS

Was kann dieser kurze Überblick über Jesuitendebatte in Deutschland zeigen? Ich versuchte die Aufmerksamkeit darauf zu richten, dass, obwohl die zwei entgegengesetzten Kampfronten in der Auseinandersetzung leicht erkennbar sind, bei der schnellen Identifizierung der Kritiker der Gesellschaft Jesu mit der Aufklärung Achtsamkeit geboten ist. Bei dieser Gruppe ist erstaunlich, wie wenig sie zu Beginn tatsächlich mit der aufgeklärten Denkweise verbunden waren. Trotz der Durchsetzung der Aufhebung versuchten die Jesuitengegner in den 70er Jahren nicht, ihre Argumentation auf neue Art und Weise zu stellen. Die Fundamente diese Kritik stammen im Großen und Ganzen aus dem 17. Jahrhundert und zu den Hauptquellen dieser Polemik gehörte das Jansenistische Denken; das blieb geltend auch für ausgesprochene Aufklärer zur Zeit Josef II., wie Johann Rautenstrauch in Österreich. Später erschienen dazu in dieser Debatte irrationale Momente – die jesuitische Physiognomie oder Jesuitenverschwörung. Aber auch die Vorstellungen über Jesuiten, die jeden päpstlichen Befehl treu befolgten, sind zu korrigieren. Was zudem verwundert ist die Tatsache, wie souverän sich die jesuitischen Verteidiger im Gebiet der aufgeklärten Argumentation bewegten.

---

[40] Als Gegenreaktion auf die Nachrichten darüber erschien die Broschüre von Johann Gottfried Schindler, Ueber die Wiederherstellung des Jesuiterordens: und dessen Schädlichkeit für die europäischen Staaten, Moral und Religion. (o.O.) 1793, in der sich der Verfasser stark mit der Wiederbelebung des Ordens auseinandersetzt.

Rolf Decot, Mainz

# JESUITISCHE SEELSORGE IM JOSEPHINISCHEN ÖSTERREICH UND IN NORDITALIEN NACH 1773

## Nikolaus Joseph Albert von Diesbach und die Amicizie Cristiane

*Zum Gedenken an Josef Heinzmann (1925–2003)*[*]

Der Beitrag über Nikolaus Joseph Albert von Diesbach gehört im Rahmen dieses Workshops zu dem Teilbereich Europäische Krise der Jesuiten im 18. Jahrhundert. Diesbach war Jesuit und wirkte nach Auflösung des Ordens im Jahre 1773 weiterhin im Geiste jesuitischer pastoraler Spiritualität. Eigene Forschungen über Klemens Maria Hofbauer und seinen Romantikerkreis in Wien führten auch zu Albert von Diesbach.[1] Obwohl es sich noch nicht bis in alle Einzelheiten belegen lässt, so wird doch deutlich, dass Diesbachs pastorale Methoden sowie seine theologisch–spirituelle Haltung prägend auf Hofbauer und seine unterschiedlichen Wiener Kreise gewirkt haben. Dieser Einfluss reicht weit über den von Hofbauer nördlich der Alpen implantierten Orden der Redemptoristen hinaus. Über seine Schüler bzw. Anhänger beeinflussten diese religiösen Vorstellungen in unterschiedlicher Weise das religiöse, teilweise auch das politische Klima in Österreich bis fast zum Ende des 19. Jahr-

---

[*] Neben seiner reichhaltigen spirituellen Literatur hat sich P. Josef HEINZMANN um die Erforschung der Geschichte der Redemptoristen insbesondere in der Schweiz große Verdienste erworben. Ihm verdanke ich Anregung und Vorarbeiten zu den folgenden Überlegungen; vgl. unten Anm. 44.

[1] Ernst Karl WINTER, P. Nikolaus Joseph Albert von Dießbach S. J., in: Zeitschrift für schweizerische Kirchengeschichte 18 (1924), S. 22–41, 282–304; 21 (1927), S. 81–102; Eduard HOSP, Der heilige Klemens Maria Hofbauer. Wien 1951; Rolf DECOT, Klemens Maria Hofbauer. Konservativer Erneuerer der Kirche Österreichs, in: Bernard Bolzano und die Politik. Staat, Nation und Religion als Herausforderung für die Philosophie im Kontext von Spätaufklärung, Frühnationalismus und Restauration, hrsg. von Helmut Rumpler (Studien zur Politik und Verwaltung 61). Wien 2000, S. 105–130; DERS., Hofbauer in „Gespräch" und Auseinandersetzung mit seiner Zeit, in: Hans SCHERMANN (Hrsg.), Klemens Maria Hofbauer. Profil eines Heiligen. Wien 2001, S. 40–65.

hunderts. Diese Folgewirkungen sind in mehreren Arbeiten von Otto Weiß herausgearbeitet worden.[2]


## 1. LEBEN DES NIKOLAUS JOSEPH ALBERT VON DIESBACH

Nikolaus von Diesbach wurde am 15. Februar 1732 in einer alten, seit der Reformation protestantischen Patrizierfamilie in Bern geboren.[3] Wie in seiner Familie vielfach üblich, leistete er schon in frühester Jugend Dienst in der militärischen Laufbahn. Kaum 12jährig war er wohl als Élève in einem der fünf sardischen Schweizerregimenter, das von seinem Onkel Johann Rudolf von Diesbach (1694–1751) befehligt wurde. Als junger Offizier geriet er in eine Glaubenskrise und befaßte sich im italienisch–katholischen Umfeld mit dem Katholizismus. Dies führte im Jahre 1754 zur Konversion. Inwieweit sie mit einer geplanten Hochzeit mit der Tochter des spanischen Konsuls in Turin zusammenhing, muß offen bleiben. Die Heirat fand jedenfalls im folgenden Jahr statt. Das Familienglück sollte jedoch nicht lange dauern, denn nach noch nicht einmal vier Jahren Ehe starb seine Frau und hinterließ ihm eine Tochter. Zur Erziehung wurde sie in ein von Klosterfrauen geleitetes Kinderheim gegeben.[4]

Diesbach gab im Oktober 1759 seine militärische Laufbahn auf und trat im folgenden Monat in das Noviziat der Jesuiten ein. Nach den üblichen Studien erfolgte die Priesterweihe im Jahre 1764.

Vor allem in Oberitalien und in der Schweiz wirkte er fortan als Volksmissionar, und war in der Lage, in deutsch, französisch und italienisch zu predigen.[5]

Zwei schicksalhafte Ereignisse wirkten auf Diesbach in der ersten Hälfte der 70er Jahre ein. Nachdem die Tochter Diesbachs 1775 als Schwester Maria Delfina in Turin in ein Kloster eingetreten war, erkrankte sie bald und starb, nachdem der Vater ihr die letzte Ölung gespendet hatte, am 9. November 1777. Für den Gang seines weiteren Lebens entscheidender als diese familiäre Katastrophe war die Auflösung des Jesuitenordens im Jahre 1773 durch Papst Clemens XIV.[6]

---

[2] Otto Weiß, Zur Religiosität und Mentalität der österreichischen Katholiken im 19. Jahrhundert. Der Beitrag Hofbauers und der Redemptoristen, in: Spicilegium historicum 43 (1995), S. 337–396; Ders. Bolzanisten und Güntherianer in Wien 1848–1851, in: Bernard Bolzano und die Politik. Staat, Nation und Religion als Herausforderung für die Philosophie im Kontext der Spätaufklärung, Frühnationalismus und Restauration, hrsg. von Helmut Rumpler (Studien zur Politik und Verwaltung 61). Wien 2000, S. 247–280.

[3] Die ausführlichste Darstellung seines Lebens bei Winter, N. J. A. Dießbach, vgl. auch Candido Bona, Le „amicizie". Società segrete e rinascita religiosa (1770–1830). (Biblioteca di storia italiana recente, Nuova Serie 6). Turin 1962.

[4] Winter, N. J. A. Dießbach, S. 28f.

[5] Winter, N. J. A. Dießbach, S. 30f.

[6] Breve „Dominus ac Redemptor noster" am 21. Juli 1773.

Diesbach muß eine überragende Persönlichkeit gewesen sein und hatte sich inzwischen als Prediger und Theologe einen großen Ruf erworben. Im Sinne der Jesuiten wirkte er weiterhin in seiner Schweizer Heimat und hauptsächlich in Turin und später auch in Wien.

Der bedeutende Ruf, den Diesbach sich erworben hatte, führte dazu, dass auch verschiedene Höfe auf ihn aufmerksam wurden. In Turin war er zeitweilig Beichtvater des Königs Vittorio Amadeo III. und erteilte dort der Prinzessin Charlotte von Savoyen Religionsunterricht. In Florenz war er vorübergehend Lehrer der Söhne des späteren österreichischen Kaisers Leopolds II., des Bruders von Joseph II. Die Gemahlin von Leopolds ältestem Sohn Franz II. (= Franz I. von Österreich), Elisabeth von Württemberg, bereitete er auf die Konversion zur katholischen Kirche vor. Als sie erst 23jährig nach der Geburt ihres ersten Kindes im Sterben lag (18. Februar 1790), stand Diesbach ihr bei. So mit der Familie des neuen Kaisers Leopold II. vertraut, überreichte er diesem bei dessen Regierungsantritt ein religiös–politisches Programm.[7]

Einen größeren Bekanntheitsgrad erreichte Diesbach durch seine verschiedenen religiösen Werke, die er in französischer Sprache abfaßte.[8] In der Schweiz soll er einmal, vielleicht auch zweimal, Kandidat des Bistums Lausanne und Genf gewesen sein.

Erstmals 1782, als Papst Pius VI. Kaiser Joseph II. aufsuchte, und dann mit großer Regelmäßigkeit seit 1788 hielt sich Nikolaus Diesbach in Wien auf.[9] Wie bereits zuvor in Piemont, so sammelte er auch hier einen Kreis von Gleichgesinnten um sich. Deren Tätigkeit ist im nächsten Abschnitt zu besprechen. In Wien fand er Unterstützung vor allem bei dem Jesuitenschüler Baron Joseph von Penkler. Als Diesbach am 22. Dezember 1798 in Wien starb, ließ ihn Baron Penkler auf dem wenige Jahre zuvor auf eigenem Besitz angelegten Friedhof in Maria–Enzersdorf beerdigen.[10] Viele Freunde und Anhänger Diesbachs wollten später in dessen Nähe beigesetzt werden. Einer seiner hervorragendsten Verehrer war Klemens Maria Hofbauer. Um diese beiden Gestalten gruppierte sich die Gruppe der sogenannten Romantikergräber, in denen insgesamt über 30 Personen beigesetzt sind.

## 2. DAS LEBENSWERK DIESBACHS: DIE AMICIZIE CRISTIANE

Nach seiner Hinwendung zum Katholizismus setzte sich Diesbach mit dem häufig zu beobachtenden Eifer eines Konvertiten für die Ideen und Rechte des Christentums und insbesondere der katholischen Kirche ein. Dank seiner

---

[7] WINTER, N. J. A. Dießbach, S. 34–38.

[8] BIBLIOTHEQUE de la Compagnie de Jésus. Ed. Carlos Sommervogel. Bd. III Brüssel 1892, S. 56f.

[9] BONA, Le „amicizie", S. 117–137.

[10] MONUMENTA HOFBAUERIANA, 16 Bde. Thorn / Krakau / Rom / Innsbruck, 1915–1998, VIII, S. 77; BONA, Le „amicizie", S. 220.

Begabung und seiner Ausbildung war er in der Lage, die weltanschaulichen
und religiösen Strömungen seiner Zeit zu erkennen und zu analysieren. Dies
waren auf religiös–weltanschaulichem Gebiet damals vor allem die Aufklärung, der Jansenismus und die Freimaurerei. Um deren Einfluss vor allem bei
den führenden Persönlichkeiten in Staat und Gesellschaft entgegenwirken zu
können, suchte er geeignete Mittel, der katholischen Religion Aufmerksamkeit
zu verschaffen. So entstand die Idee, in den Zentren Europas kleine Apostolatsgruppen zu bilden, die miteinander vernetzt sein sollten. Dies entsprach
durchaus einem Zuge der Zeit, wie er auch bei den Freimaurern oder Illuminaten zu beobachten war.[11] Auch in der Arbeitsweise der Jesuiten konnte er
für solche Einrichtungen Anregungen empfangen haben. Das Hauptarbeits-
feld dieser Apostolatsgruppen sollte die Presse und die Verbreitung christlicher Literatur sein. Hier liegt der Hintergrund für die Gründung der für ihn
charakteristischen Amicizie Cristiane (= A.C.).

## AMICIZIA CRISTIANA[12]

Ansatzpunkt für die Verwirklichung seiner Ideen fand Diesbach in der schon
bestehenden „Pia assoziatione per la stampa".[13] Unter dem Einfluß von
Diesbach erhielt diese Gruppe eine neue Ausrichtung, wobei er vor allem in
Luigi Virginio[14] und Pio Brunone Lanteri[15] unterstützt wurde. Letzteren lernte
Diesbach noch als Seminarist in Turin kennen. Er wurde 1782 Priester und
enger Mitarbeiter Diesbachs. 1816 gründete er die Kongregation der Oblati di
Maria Vergine.[16] Die Mitglieder der Pia assoziatione spürten christliche Bücher
auf und ließen die ihrer Meinung nach besten erneut drucken und in andere
Sprachen übersetzen. Bis 1780 war diese Vereinigung in rund 80 italienischen
Städten vertreten. Bald jedoch verliert sich ihre Spur. Man kann davon
ausgehen, dass die Pia assoziatione von einer geheimen Vereinigung abgelöst
wurde, die Diesbach wahrscheinlich um 1779/80 mit gleicher Zielrichtung
unter dem Namen Amizicia Cristiana (christliche Freundschaft) gründete.

---

[11] Richard van DÜLMEN, Der Geheimbund der Illuminaten. Darstellung, Analyse,
Dokumentation. Stuttgart 1975; DERS., Gesellschaft der frühen Neuzeit. Kulturelles Handeln
und sozialer Prozess. Beiträge zu einer Kulturforschung. Wien 1993; DERS., Religion, Magie,
Aufklärung. 16.–18. Jahrhundert. Frankfurt ²1999.

[12] BONA, Le „amicizie", S. 57f.

[13] BONA, Le „amicizie", S. 38–51.

[14] BONA, Le „amicizie", S. 233–264.

[15] Pio Brunone Lanteri (12.5.1759, Cuneo bis 5.8.1830, Pinerolo); LThK³ 6 (1997), Sp. 645
(Heinz-Meinolf Stamm).

[16] BONA, Le „amicizie", S. 233–258; Paolo CALLIARI, I tempi et le opere del Padre Pio
Bruno Lanteri 1759–1830). Turin 1968; DERS. Pio Bruno Lanteri 1779–1830 e la
Controrivoluzione. Turin 1976; Roberto de MATTEI, Pio Brunone Lanteri, Direttorio et altri
scritti. Siena 1975; Saverina CULOMA, La persona e la spiritualità del venerabile padre Pio Bruno
Lanteri. Rom 1997.

Diesbach selbst verfasste die Statuten der Amicizia Cristiana[17]. Die Amicizie Cristiane verbreiteten sich seit 1780 vor allem in Italien, Österreich und Frankreich und waren hier über mehrere Jahrzehnte tätig. Die Mitglieder bezeichneten sich gegenseitig als Freunde. Diese Benennung taucht zum ersten Mal in einem Dokument vom 16. Juli 1780 auf. Es handelte sich hierbei um einen elitären Geheimbund, der durch ein Band der Freundschaft verbunden sein wollte, und dessen gegenseitige Beziehungen mit den Schlüsselworten „gutes Einvernehmen", „Harmonie", „Klima der Freundschaft" charakterisiert wurden.[18] Die Zahl der Freunde eines solchen Zirkels sollte nicht zu groß sein und war normalerweise auf sechs Personen begrenzt.[19] Jedes Mitglied hatte eine besondere Aufgabe, z.B. Bibliothekar, Sekretär usw. Die Amicizie Cristiane verstanden sich als eine Art Katholischer Aktion. Mitglieder konnten sowohl Priester als auch Laien sein. Im Gegensatz zu anderen vergleichbaren kirchlichen Gruppen waren Frauen nicht ausgeschlossen, vielmehr wurde im Gegenteil ihre Teilnahme ausdrücklich begrüßt.[20] Die Heranziehung von Laien und Frauen, die in großer Freiheit eigene Verantwortung tragen sollten, stellte sich für die damalige Zeit als eine Neuerung innerhalb der Kirche dar und hatte schon fast etwas revolutionäres an sich.

Bei den Mitgliedern handelte es sich um eine Art Elite, die zur Ausübung des Apostolats aufgefordert wurde. Dies sollte vor allem mittels der Presse geschehen. Diesbach stellt hierzu fest, dass seine Zeitgenossen leidenschaftlich gern lesen. Die Feinde der Kirche hätten dies erkannt und sich zunutze gemacht. Deshalb verbreiteten sie überall schlechte Bücher. Dies empfand er selbst als Herausforderung, und er wollte die Gegner der Kirche mit ihren eigenen Waffen bekämpfen. Die katholische Gegenoffensive sollte darin bestehen, einer Flut von schlechten Büchern möglichst viele gute Bücher gegenüberzustellen und so das Volk im positiven Sinne zu beeinflussen[21]. Dass es sich bei den Amicizie Cristiane um einen straff organisierten Geheimbund[22] handelte, zeigt sich an verschiedenen Bestimmungen.

Der Name „Amicizia Cristiana" wird meist abgekürzt, indem nur die Initialen A.C. geschrieben werden. Die Mitglieder ersetzen ihren Namen durch ein

---

[17] Les LOIX de l'amitié chrétienne. (Original im Archivio della Postulazione degli Oblati di Maria Vergine. Rom, S I, V, 191). Druck: BONA, Le „amicizie", S. 476–488.

[18] LOIX IV, 2; IX; BONA, Le „amicizie", S. 485,488.

[19] LOIX II, 8–9; BONA, Le „amicizie", S. 483.

[20] LOIX I,7; BONA, Le „amicizie" S. 477.

[21] BONA, Le „amicizie", S. 34; vgl. DIESBACH, Le chrétien catholique invariablement attaché à sa religion. 3 vol. Turin 1771, III, S. 362f.

[22] LOIX IX; BONA, Le „amicizie", S. 488 : „On ne communique cet écrit qu'aux personnes, pour lesquelles on a ce sentiment, persuadé qu'elles garderont toujours le secret, comme on les en prie." Zudem mußte sich die Amicizia Cristiana vor den polizeilichen Schikanen schützen, selbst der Briefverkehr wurde damals weitgehend überwacht.

Codewort.[23] Dieser Deckname blieb geheim und war nur den Freunden der Amicizia Cristiana bekannt.

Bevor ein Kandidat oder eine Kandidatin aufgenommen wurden, hatte die betreffende Person ein Probejahr zu absolvieren. Dies kann man ohne weiteres als Noviziat ansehen. Während dieser Zeit sollte eine Generalbeichte abgelegt und mindestens zweimal im Monat kommuniziert werden. Täglich war eine Stunde Betrachtung und eine Stunde für die geistliche Lesung vorgesehen.[24] Bei der Aufnahme verpflichtete sich das neue Mitglied durch ein dreifaches Gelübde, nämlich keine verbotenen Bücher zu lesen, wenigstens einmal in der Woche der geistlichen Lesung zu obliegen und den zuständigen Oberen in allem zu gehorchen, was die Ordnung der Gruppe und die Verbreitung der guten Literatur angeht.[25]

In weiteren Bestimmungen wurde der Ablauf der Zusammenkünfte der einzelnen Gruppen geregelt. Die Mitglieder sollten sich zweimal wöchentlich treffen, jedoch war die Dauer der Versammlung auf höchstens zwei Stunden festgelegt. Am Beginn steht jeweils eine geistliche Lesung, dann wird vom ersten Bibliothekar die Traktantenliste vorgelegt. Insbesondere geht es um ehrliche Manöverkritik und Rechenschaft über die geleistete Arbeit.[26]

## AMICIZIA SACERDOTALE

Eine Untergruppe der Amicizia Cristiana war die Amicizia Sacerdotale (= A.S.). Hierbei handelte es sich wahrscheinlich nicht um eine direkte Gründung Diesbachs.[27] Spätestens aber ab 1783 stand diese Gruppe auch unter dem Einfluss und der geistigen Inspiration Diesbachs, dies um so mehr, als seine besten Priesterfreunde, wie Pio Brunone Lanteri, Guiseppe Sineo della Torre und Luigi Virginio, Mitglieder dieser Vereinigung waren. Die knappen aber gehaltvollen Statuen stammen wie die Regeln der Amicizia Cristiana von Diesbach.[28] Die Amicizia Sacerdotale, bei der es sich, wie der Name schon sagt, um eine Vereinigung von Priestern handelt, berücksichtigt insbesondere deren Standespflichten. Die Mitglieder sollten nicht nach höheren Würden streben.[29]

---

[23] So schreibt Virginio am 1. April 1783 an Diesbach: „Qui acchiusa le invio une cifra per Lanteri. La chiave potrà essere la parola "Amen". Soue senipre più persuaso della necessita di questa", Amato Pietro FRUTAZ, (Hrsg.), Pinerolien. Beatificationis et Canonizationis Servi Dei Pii Brunonis Lanteri Fundatoris Congregations Oblatorum M.V. († 1830). Positio super introductione causae et super virtutibus ex officio compilata. Rom 1946. [= POSITIO], S. 85.

[24] LOIX I,7, 1–6; BONA, Le „amicizie", S. 477f.

[25] LOIX, I,8; BONA, Le „amicizie", S. 478f.

[26] LOIX III: Des Assemblées ; BONA, Le „amicizie", S. 484f.

[27] Jean GUERBER, Le ralliement du Clergé français a la morale liguorienne. L'abbé Gousset et ses précursezrs (1785–1832). (Analecta Gregoriana 193). Rom 1973, S. 178.

[28] NORME per l'Amicizia Sacerdotale. (Original im Archivio della Postulazione degli Oblati di Maria Vergine. Rom, S I, VI, 230). Druck: BONA, Le „amicizie", S. 504–507.

[29] NORME, 1, BONA, Le „amicizie", S.

Um für jeden erdenklichen Einsatz gerüstet zu sein, sollte jedes Mitglied einen gesamten Exerzitienkurs und alle Predigten einer Volksmission ausgearbeitet haben. Während der Zusammenkünfte wurden die Predigten und die Methoden der apostolischen Einsätze besprochen und überprüft. Die Mitglieder wurden angehalten, für ihre Predigtarbeit keinen Lohn anzunehmen.[30] Zur Vorbereitung auf die Arbeit und deren ständige Verbesserung hatte jede örtliche Gruppe eine eigene Bibliothek zu unterhalten, in der die besten theologischen, vor allem auch moraltheologischen, Fachbücher vorhanden sein sollten.[31] Auf die moraltheologische Literatur wurde vor allem deshalb Wert gelegt, weil neben der Predigttätigkeit die Beichtseelsorge eine Hauptaufgabe der damaligen Priester war. Die Mitglieder der Amicizia Sacerdotale sollten so gut ausgebildet sein, dass sie auch in schwierigen Fällen in der Lage waren, selbst nach den Grundsätzen des Evangeliums entscheiden zu können.[32] Innerhalb der Auseinandersetzung um die moralischen Systeme der damaligen Zeit entschieden sich die Anhänger der Amicizia Sacerdotale gegen den jansenistischen Rigorismus. Die Gläubigen sollten nicht mit allzu großer Strenge davon abgehalten werden, die Sakramente zu empfangen.[33] Klare Anweisungen für die Beichtväter gibt Diesbach in einer eigenen kurzen Schrift.[34] Innerhalb der damaligen moraltheologischen Auseinandersetzung zwischen rigoristischer Strenge und zu großer Laxheit, die den Jesuiten vorgeworfen war, orientierte sich Diesbach an der mittleren Linie innerhalb der Bußpraxis, die sich auf Alfons von Liguori zurückführte. Im Bußsakrament sollten die Mitglieder der Amicizia Sacerdotale die Güte und Barmherzigkeit Gottes in den Vordergrund stellen und sich hüten, das Gewissen der Menschen zu versklaven. Diesbach sah in Alfons von Liguori den für die damalige Zeit zu empfehlenden Lehrer einer Moral, die dem Evangelium folgt. So ist es nicht verwunderlich, dass Diesbach zu einem der wichtigsten Verbreiter der Werke des Alfons von Liguori wurde, und hierüber später der Kontakt von Klemens Maria Hofbauer zum Orden der Redemptoristen hergestellt wurde. Bereits der erste Bücherkatalog der Bibliothek der Amicizia Sacerdotale umfasst 21 Werke des Alfons von Liguori, wovon wenigstens fünf dessen Probabilismus vertraten.[35]

Mit dem Apostolatszirkel der Amicizie Christiane und mit den Priestergruppen der Amicizie Sacerdotale verfolgte Diesbach ein doppeltes Ziel. Jedes Mitglied war aufgefordert, sein persönliches religiöses Leben intensiv zu pflegen und sich ständig im Glauben weiterzubilden. Die einzelnen Mitglieder sollten sich gegenseitig stützen und zum Guten anspornen. Auf diese Weise hoffte Diesbach, wachse eine befähigte Elite heran, die in der Lage sei, den

---

30 NORME, 8–11, BONA, Le „amicizie", S.
31 NORME, 12–15, BONA, Le „amicizie", S.
32 NORME, 16, BONA, Le „amicizie", S.
33 GUERBER, Le ralliement, S. 178.
34 Utili del direttore d'A.S., BONA, Le „amicizie", S. 507f.
35 BONA, Le „amicizie", S. 110; vgl. Utili del direttore d' A.S., BONA, Le „amicizie", S. 507.

antireligiösen und antikirchlichen Zeitströmungen seiner Gegenwart nicht nur zu widerstehen, sondern sie im positiven Sinne zu überwinden. Durch den unermüdlichen Einsatz Diesbachs und seiner Mitstreiter entstanden bald in Italien, Frankreich und Österreich eine Vielzahl solcher Apostolatsgruppen.

## 3. DER EINFLUß DIESBACHS AUF DIE RESTAURATION IN ÖSTERREICH (REDEMPTORISTEN – ULTRAMONTANISMUS)

Auf dem Gebiet der Moraltheologie war es seit Ende des 17. Jahrhunderts zu einem Ringen zwischen dem rigoristischen Jansenismus und der des Laxismus bezichtigten Auffassung der Jesuiten gekommen. Innerhalb dieses Spannungs-feldes entwickelte Alfons Maria von Liguori sein eigenes System des Probabi-lismus', der sich schließlich durchsetzte und im 19. Jahrhundert zur offiziellen Lehre der Kirche wurde. Nach Aufhebung des Jesuitenordens fielen auch deren moraltheologische Handbücher weitgehend aus. Nikolaus von Diesbach orientierte sich in dieser Situation vornehmlich an den Schriften des Alfons von Liguori. In ihm sah er einen Lehrer der Moral, der dem Evangelium am meisten entsprach.

In Norditalien, Frankreich und später auch in Österreich sorgten die Gruppen der Amicizia Cristiana für eine Verbreitung des moraltheologischen Systems Liguoris. Besonders dessen Schüler Pio Brunone Lanteri tat sich hier hervor. Man bezeichnete ihn als „il Più forte agitatore delle idee alfonsiane in italia".[36]

Das theologische Werk, das Diesbach und seine Schüler verbreiteten, wur-de im josephinischen Wien zum Verbindungsstück zwischen Klemens Maria Hofbauer und den Redemptoristen. Über diesen Orden wurden die Anre-gungen Diesbachs aufgenommen und weitergetragen. An vielen Stellen zeigt es sich deutlich, dass die Umformung des Ordens, die von Hofbauer in Wien vorgenommen wurde, sich an dem Vorbild Diesbachs orientierte. Hofbauer selbst war sich dieser Abhängigkeit durchaus bewusst. In einem Brief, den er am 19. August 1800 an den Ordensgeneral Pietro Paulo Blasucci richtete, nannte er die Amicizie Cristiane „ein wahrhaft riesiges Werk, das zugunsten der heiligen katholischen Religion und zum Wachstum der Kirche Gottes gegründet wurde".[37] Weiter heißt es in diesem Brief über Diesbach:

> „Der Gründer dieses Werkes verstarb letztes Jahr im Ruf der Heiligkeit
> und ich habe ihn persönlich gekannt; ich war mit ihm durch ein einzigar-
> tiges Freundschaftsband verbunden, obschon er mich zwar an Alter weit

---

[36] Bona, Le „amicizie", S. 224.
[37] Monumenta Hofbaueriana VIII, S. 77.

überragte; denn er war nahezu 90jährig, als sein Leben ein Ende nahm.[38]
… Er war ursprünglich in der Irrlehre Calvins geboren, erzogen und in
ihr herangewachsen. … Er trat durch wunderbare Berufung zur katholischen Kirche über; als sodann seine heiligmäßige Gemahlin, eine Gräfin
gestorben war, brachte er seine Tochter im Kloster der Heimsuchung unter; er selbst aber verließ den Kriegsdienst und meldete sich freiwillig bei
der Gesellschaft Jesu. In ihr wurde er zum Priester und oblag ganz und
gar den Missionen. Damals gewann er in der Schweiz für die Kirche Gottes unzählige Waldenser, Calvinisten und Zwinglianer. So wurde er denn
auch in der Schweiz mancherorts Apostel der Alpen genannt. … Er
stammte aus einer sehr berühmten Schweizer Familie, aus dem Hause der
von Diesbach. Er war ein äußerst gelehrter (Vir doctus eximie) und hervorragend heiliger Mann. Er hatte bestens unseren ehrwürdigen Vater
gekannt und er war ein ganz großer Verehrer von ihm. Mehr als einmal
versicherte er mir, sowohl allein, als auch in Anwesenheit von anderen, er
sei nach Aufhebung der Gesellschaft (Jesu) nur noch ein Anhänger Liguoris gewesen, den Gott erweckt habe, damit er sich für die Reinheit der
Lehre und für den Heiligen Stuhl gleichsam als eine Mauer den Feinden
der Kirche entgegenstellte."

Die Bedeutung Diesbachs für die Verbreitung der Schriften des Alfons von
Liguori und seinen bestimmenden Einfluss auf den Begründer des österreichischen Zweiges der Redemptoristen Klemens Maria Hofbauer hatte bereits der
erste Biograph des Alfons von Liguori Antonio Maria Tanoia festgestellt.[39]

Diesbachs Beziehungen zu Wien und der Aufbau einer dortigen Gruppe
der Amicizia Cristiana begann im Jahre 1782. Der Anlass für Diesbach, nach
Wien zu reisen, war der angekündigte Besuch Papst Pius VI. beim Kaiser
Joseph II.[40] In Begleitung Diesbachs befand sich damals sein enger Mitarbeiter
Lanteri. Sie kamen Ende Februar 1782 in Wien an. Während Lanteri nach
dem Empfang Pius VI. am 22. März in der Reichshauptstadt bald wieder nach
Turin zurückkehrte, um dort am 25. Mai die Priesterweihe zu empfangen,
blieb Diesbach noch einige Zeit dort, weil er glaubte, hier ein lohnendes Wir-
kungsfeld gefunden zu haben.[41] Über die Einzelheiten seiner Begegnungen
und Wirkungen in Wien sind wir nicht informiert. Ebenso ist nicht bekannt,
ob er damals zum ersten Mal in der Donaumetropole war. Nach 1782 jedenfalls ist er bis zu seinem Tode noch sehr oft da gewesen, was unter anderem
damit zusammenhängt, dass er als Erzieher des späteren Kaisers Franz, zu
dessen Vater Erzherzog Leopold von der Toskana in Beziehung stand. Diese

---

[38] Die zeitlichen Angaben sind nicht ganz korrekt. Diesbach ist am 22. Dezember 1798 im
Alter von 66 Jahren in Wien verstorben, vgl. WINTER, N. J. A. Dießbach, S. 286–288.

[39] Antonio Maria TANOIA, Della Vita et instituto del Ven. servo di Dio Alfonso Maria
Liguori, 3 vol. Neapel 1798–1802; Neudruck Materdomini 1992, III, S. 235.

[40] BONA, Le „amicizie", S. 117–119.

[41] BONA, Le „amicizie", S. 121.

Kontakte sollten noch größere Bedeutung bekommen, als Leopold 1790 seinem verstorbenen Bruder Joseph II. im Kaiseramt nachfolgte.

Während seines ersten Aufenthaltes in Wien trat Diesbach in Kontakt mit dem Administrator der italienischen Kirche in Wien, der Minoritenkirche, Baron Joseph von Penkler. Unter dessen Leitung waren später zwei Vertraute Diesbachs, nämlich Sineo und Virginio, Rektoren dieser Kirche. In dieser Konstellation kann man den Kern der Wiener Amicizia Cristiana sehen.[42]

Nach dem Amtsantritt Leopolds II. nahm Diesbach, abgesehen von einigen Reisen, seinen dauernden Aufenthalt in Wien. Hier beeinflußte er wesentlich den Kreis, mit dem später Klemens Maria Hofbauer zusammenarbeitete. Hofbauer selbst wirkte damals bereits in Warschau und kann Diesbach bis zu dessen Tod nur bei gelegentlichen Begegnungen auf der Durchreise in Wien getroffen haben. Dennoch ist es nach dem Stand heutiger Kenntnis sehr wahrscheinlich, dass entweder Diesbach selbst, oder doch die Wiener Gruppe der Amicizia Cristiana wesentlichen Einfluss auf Klemens Maria Hofbauer, dessen Entscheidung für die Redemptoristen und sein apostolisches Werk hatte.[43] Diese Überlegungen lassen sich in folgenden Punkten zusammenfassen.[44]

1. Bei seinem ersten Aufenthalt 1782 in Wien legte Diesbach die Grundlage für eine Wiener Amicizia.
Er hatte Kontakt zu zwei einflussreichen Persönlichkeiten, dem Baron Penkler, einem Jesuitenschüler, und dem Exjesuiten Maximilian Hell, einem Lehrer Penklers und späteren Leiter der Wiener Sternwarte.[45] Mit ihnen dürfte er seinen Plan besprochen haben, die Amicizia Cristiana auch nach Wien zu verpflanzen. Bona vertritt die Ansicht, Diesbach habe bereits in diesem Jahr 1782 eine zweite Gruppe der Amicizia Cristiana in Wien gegründet.[46]

2. Während ihrer Studienzeit an der Wiener Universität haben Klemens Maria Hofbauer und Thaddäus Hübl, sein späterer Mitbruder, Diesbach 1783/84 kennengelernt.
Es gilt als sicher, dass der junge Student Hofbauer während seiner Studienzeit in Wien (1783–1784) Schreibarbeiten für den Baron Penkler geleistet hat. Da er aus diesem Grunde oft im Hause Penkler verkehrte, und sich damals zwischen den fast Gleichaltrigen eine lebenslange Freundschaft anbahnte,

---

[42] BONA, Le „amicizie", S. 119, vgl. WINTER, N. J. A. Dießbach, S. 35.

[43] BONA, Le „amicizie", S. 122–138: Gli inizi dell'A.C. di Vienna. Il Penkler e lo Hofbauer.

[44] Für das Folgende benutze ich ein Manuskript, das mir dankenswerter Weise P. Josef HEINZMANN, Leuk/VS überlassen hat. Josef HEINZMANN, Klemens M. Hofbauer und Nikolaus J.A. von Diesbach. Zwei „christliche Freunde" und Apostel (ca. 1990); in veränderter Form abgedruckt in: Josef HEINZMANN, 200 Jahre Redemptoristen in der Schweiz, 1797/98 bis 1997/98 (als Manuskript gedruckt), o.O. 1998, S. 203–258: Fünfter Teil: Ein Schweizer Exjesuit hat Weichen gestellt: Nikolaus Josef Albert von Diessbach 1731–1798.

[45] BBKL XVII (2000), Sp. 632–636 (Stefan Lindinger).

[46] BONA, Le „amicizie", S. 125. Einen ersten Beleg für die Existenz der Amicizia Cristiana in Wien gibt es allerdings erst ab dem Jahre 1788, als Diesbach Sineo della Torre und Pedro Regoletti nach Wien rief, vgl. WINTER, N. J. A. Dießbach, S. 38.

könnte sehr wohl über Penkler eine Verbindung zwischen Diesbach und Hofbauer hergestellt worden sein.[47] Eine weitere Möglichkeit, Diesbach persönlich kennenzulernen, bestand von Ende 1785 bis Oktober 1786, als Hofbauer nach einem längeren Romaufenthalt nach Wien zurückkehrte, bis er wegen seiner durch die josephinischen Bestimmungen beschränkten Wirkungsmöglichkeiten nach Warschau abreiste.[48] Für eine solche länger dauernde Begegnung spricht, dass Hofbauer zeitlebens von Diesbach als seinem väterlichen Freund sprach. Er berichtet später, dass er ihn sehr gut gekannt habe und ihn nach seinem Tode des öfteren auf dem Friedhof in Maria Enzersdorf besuchte.[49]

3. Hofbauer und Hübl sind in Wien Mitglieder der Amicizia Cristiana geworden.
Dass Klemens Maria Hofbauer und Thaddäus Hübl Mitglieder der Amicizia Cristiana in Wien waren, scheint nicht zu bestreiten zu sein.[50] Nicht mit letzter Sicherheit zu klären ist, zu welchem Zeitpunkt dies geschah.

4. Durch Diesbach wurde Hofbauer mit den Schriften des Alfons von Liguori bekannt.
Seinem Ordensgeneral Blasucci schreibt Hofbauer später „er, Diesbach, war ein äußerst gelehrter und hervorragend heiliger Mann. Er hat unserem verehrrungswürdigen Vater (Alfons von Liguori) bestens gekannt und war ein ganz großer Verehrer von ihm".[51] Den Gesichtspunkt, dass Hofbauer in Wien erstmals durch Diesbach oder doch sein Umfeld mit den Schriften Hofbauers bekannt wurde, hob insbesondere Eduard Hosp in seinen Forschungen hervor.[52]

5. Diesbach machte Hofbauer auf die Redemptoristen aufmerksam.
Wenn diese Bekanntschaft, die nach der oben erwähnten Vermutung von Hosp bereits 1782/83 stattfand, dann ist die Wahrscheinlichkeit sehr groß, dass Hofbauers Bekanntschaft mit den Redemptoristen in Rom im Jahre 1783/84 nicht zufällig erfolgte, sondern von ihm bewusst herbeigeführt wurde, um den Verfasser der von Diesbach empfohlenen Schriften und seinen Orden kennenzulernen.[53] Im Sommer 1784 pilgerte der Theologiestudent Hofbauer mit seinem Kommilitonen Hübl nach Rom, wo sie Kontakt zu den Redemptoristen suchten und die ersten nichtitalienischen Mitglieder dieser Kongregation wurden.[54]

---

[47] HOSP, Der heilige Klemens, S. 27; Rudolf TILL, Hofbauer und sein Kreis. Wien 1951, S. 31–33.

[48] Johannes HOFER, Der heilige Klemens Maria Hofbauer. Ein Lebensbild. Freiburg, 3. Auflage, 1923, S. 27f, entscheidet sich für diese Möglichkeit.

[49] MONUMENTA HOFBAUERIANA, VII, S. 77; ebd. XI, S. 188.

[50] HOFER, Der heilige K. M. Hofbauer, S. 95f; Josef HEINZMANN, Das Evangelium neu verkünden. Klemens Maria Hofbauer, Freiburg/Schweiz, 2. Auflage 1987, S. 42f.

[51] MONUMENTA HOFBAUERIANA VIII, S. 77.

[52] Eduard HOSP, in: Spicilegium historicum 2 (1954), S. 434.

[53] Diese Vermutung schon bei B. SCHNEIDER, Dießbach, in: LThK², Bd. 3 (1959), S. 381.

[54] HEINZMANN, Das Evangelium neu verkünden, S. 47–52.

6. Der spätere Wiener Hofbauerkreis hat seine Wurzeln in der Wiener Amicizia Cristiana Diesbachs.

Während seines Aufenthaltes in Warschau von 1786 bis 1808 hatte Hofbauer regelmäßigen brieflichen Kontakt mit Mitgliedern der Wiener Amicizia Cristiana. Während dieser Zeit ist er auch 2–3 mal in Wien gewesen und hat dort die Freunde persönlich gesprochen. Als Hofbauer nach seiner Ausweisung aus Warschau 1808 nach Wien kam, war er dort kein Unbekannter und traf auf einen Kreis von Freunden und Gleichgesinnten.

Bis zu seinem Tod war Diesbach der Kopf der Amicizia Cristiana in Wien. Ihm zur Seite standen Lanteri und Virginio. Für die Kontinuität steht Baron Joseph von Penkler.

## FÜHRENDE MITGLIEDER DER WIENER AMICIZIA CRISTIANA:

### Pio Bruno Lanteri (1759–1830)[55]

Lanteri, am 12. Mai 1759 in Cuneo geboren, lernte als Theologiestudent in Turin Nikolaus Diesbach kennen. 1779 wurde er Mitglied der „Pia Assoziazione per la stampa", dann eines der ersten Mitglieder der Amicizia Cristiana und diente Jahrzehnte lang diesen. Er betrachtete sich stets als Schüler von Diesbach, „der ihm den Sinn für das Presseapostolat und für die Theologie des hl. Alfonso" eingeprägt habe.[56] Wahrscheinlich hat Lanteri die ersten Anhänger der Moraltheologie Alfons von Liguoris in Frankreich, z.B. Thomas M. Gousset, Erzbischof von Reims, beeinflusst.[57] Er gab Schriften heraus, die in Frankreich großes Aufsehen erregten und der alfonsianischen Morallehre weitgehend zum Durchbruch verholfen haben.[58] Die beiden Diesbach–Schüler, Virginio und Sineo, unterstützten ihn in seinem Kampf gegen den Rigorismus.[59] Nach dem Tod von Virginio sahen die Zeitgenossen in Lanteri den authentischen Erben Diesbachs, „auf dem jetzt der Geist des Vaters ruht", wie Baron Penkler sich ausdrückte.[60]

Zu Hofbauer und seinem Kreis in Wien hatte Lanteri wohl keine intensiveren Beziehungen. Nach dem Tode Diesbachs leitete er die Amicizia Sacerdo-

---

[55] BONA, Le „amicizie", 45–47; Heinz–Meinolf STAMM, Lanteri Pio Bruni, in: LThK³ 6 (1997), Sp. 645.

[56] GUERBER, Le ralliement, S. 174.

[57] HOSP, SH 4 (1956), S. 370, 376; vgl. GUERBER, Le ralliement, S. 207–211.

[58] Pie-Bruno LANTERI, Reflexions sur la sainteté et la doctrine du bienheureux Liguori. Lyon, Paris 1823 ; DERS., Reponse à la question, si la doctrine du B. Liguori est toute sûre et approuvée par le Saint Siège. Lyon 1824.

[59] GUERBER, Le ralliement, S. 171, 180.

[60] GUERBER, Le ralliement, S. 174.

tale. Die Ideen der Amicizia Cristiana führte er seit 1817 fort in der Amicizia Cattolica, und noch intensiver in der seit 1816 entstehenden neuen kirchlichen Gemeinschaft der „Oblaten der heiligsten Jungfrau Maria" (Oblati di Maria Vergine). In ihr führte er gewissermaßen parallel zu der in Wien nördlich der Alpen entstehenden Kongregation der Redemptoristen die Aufgaben sowohl von Diesbachs Amicizia Cristiana fort, wie auch die Verbreitung alfonsianischer Theologie.[61]

## Luigi Virginio (1756–1805)[62]

Virginio ist wie Lanteri in Cuneo geboren, und zwar am 5. Juli 1756. Bereits als 15jähriger trat er ins Noviziat der Jesuiten ein. Nach der Auflösung der Gesellschaft Jesu schloss er sich Diesbach an und wurde Mitglied der Amicizia Cristiana, 1780 wurde er zum Priester geweiht. Längere Zeit wirkte er als Moralprofessor in Paris.[63] Nach und nach wurde er Diesbachs engster Vertrauter und sein treuer Mitarbeiter. Hofbauer berichtet später, Virginio sei der treue Gefährte Diesbachs gewesen; dieser habe ihn dann auch zu seinem Nachfolger in der Amicizia Cristiana bestimmt: „Ihm allein vertraue er auch die Sorge an, nach seinem Tode das außerordentliche vom selig verstorbenen (Diesbach) gegründete Werk zum Wachstum des katholischen Glaubens zu leiten, das nahezu im größeren Teil Europas unsichtbar verbreitet ist (das Werk der l'amitié Chrétienne)."[64]

Da Virginio von 1799 bis 1805 neben seiner Funktion als Leiter der Amicizia Cristiana gleichzeitig Rektor der Wiener Minoritenkirche war, konnte er für das Werk hier eine Anlaufstelle einrichten. Dies bot sich um so mehr an, als auch Joseph von Penkler, der Administrator der Minoritenkirche, Mitglied der Amicizia Christiana war. Beide hatten von Wien aus brieflichen Kontakt mit Klemens Hofbauer. Als erster deutscher Redemptorist stellte er die Verbindungslinie zu dem Gründer der Redemptoristen Alfons von Liguori dar, dessen Schriften von der Amicizia Cristiana gefördert wurden. Hofbauer schrieb am 19. August 1800 an seinen Ordensgeneral Pietro Paulo Blasucci:

> „Ich kenne ihn (Virginio) nicht von Angesicht. Aber ich stehe in einem
> sehr häufigen Briefwechsel mit ihm, und es besteht schon seit einigen
> Jahren eine sehr enge Verbindung zwischen uns im Bemühen um das
> Wohl der Kirche. Groß ist sein Eifer, seine Klugheit bewundernswert,

---

[61] BONA, Le „amicizie", S. 265–468; Paolo CALLIARI, I tempi e le opere del Padre Pio Bruno Lanteri (1759–1830). Turin 1968; DERS., Pio Bruno Lanteri (1759–1830) e la Controrivoluzione. Turin 1976; DERS., Servire la Chiesa. Il venerabile Pio Bruno Lanteri (1750–1830). Caltanissetta 1989.

[62] GUERBER, Le ralliement, S. 180–182, 183–187; Bona, Le „amicizie", S. 138–141, 155–158, 233–264.

[63] GUERBER, Le ralliement, S. 183; Bona, Le „amicizie", S. 155–158.

[64] MONUMENTA HOFBAUERIANA VIII, S. 77f.

sein Wissen einzigartig und seine Demut, die ja meistens bei den Gebildeten auszuwandern pflegt, ist aller Nachahmung überaus würdig. In philosophischen und besonders in theologischen Fragen ist er so bedeutend,
dass er derzeit kaum einem in Europa nachsteht. Er ist Haupt und Vorsteher eines wahrhaft riesigen Werkes (= Amicizia Cristiana)."[65]

Hofbauer weiß weiter zu berichten, Virginio sei „der aufrichtigste Freund und
Wohltäter unserer Kongregation, sowie ein vorzüglicher Verehrer Unseres
ehrwürdigen Vaters (Alfons)",[66] Wohl auch, weil Virginio die Redemptoristen
und ihren Gründer schätzte, hat er Klemens gebeten, bei der Generalleitung
einen italienischen Pater als Prediger für die Minoritenkirche anzufordern.[67]
Hofbauer und Virginio pflegten untereinander einen regen Briefverkehr.[68]
Klemens bezeichnet sich in einem Schreiben an den Rektor der Wiener Minoritenkirche als „Amicus".[69] Die beiden Mitglieder der Amicizia Cristiana haben
sich immer noch nicht persönlich gekannt; erst gegen Ende 1802 haben sich
die zwei „Freunde" zum ersten Mal gesehen.[70]

Von Oktober 1801 bis Ende 1816 war Antonio Gabriele Severoli[71] Nuntius
in Wien. Er war ein großer Verehrer des Alfons von Liguori[72] und zeigte von
allem Anfang an viel Sympathie für Don Virginio und die von ihm geleitete
Amicizia Cristiana.[73] Am letzten Tag des Jahres 1805 erlebten der Nuntius und
die Wiener Apostolatsgruppe der Amicizia Cristiana einen schweren Schlag.
Beim Pflegen von typhuskranken französischen Soldaten wurde Virginio an-
gesteckt. Er starb am 31. Dezember,[74] und wurde dann auf dem Friedhof von
Maria–Enzersdorf neben seinem großen Vorbild und Meister Diesbach beerdigt.[75] Baron Penkler teilte dem Thaddäus Hübl in Warschau die Trauer-
nachricht mit.[76]

Als Hofbauer 1808 nach Wien kam, war Virginio schon tot. Rektor der
Minoritenkirche war Don Caselli. Nun war es Penkler, der Hofbauer an der
Nationalkirche der Italiener die Stelle eines Aushilfepriesters vermittelte, wo er

---

[65] Monumenta Hofbaueriana VIII, 77; vgl. Auch Andreas SAMPERS, in: Spicilegium
Historicum 6 (1959), 15–67; bes. 22–23.

[66] MONUMENTA HOFBAUERIANA VIII, 78.

[67] MONUMENTA HOFBAUERIANA VIII, 76–81.

[68] BONA, Le „amicizie", 246.

[69] MONUMENTA Hofbaueriana V, 3 (Der Name Virginio kommt in verschiedenen Briefen
immer wieder vor. Auch fordert Virginio immer wieder Bücher von und über Alfons von
Liguori an). MONUMENTA HOFBAUERIANA V, 5, 7 22; VI, 25; VIII, 77, 79, 81, 98, 118, 129,
130, 228; XII, 334; XIV, 92, 93.

[70] BONA, Le „amicizie", 264.

[71] LThK² 9 (1964), Sp. 701 (J. Wodka).

[72] MONUMENTA HOBAUERIANA V, S. 101f.

[73] BONA, Le „amicizie", 233f.

[74] BONA, Le „amicizie", 259.

[75] BONA, Le „amicizie", 259.

[76] MONUMENTA HOFBAUERIANA VIII, 226. Hofbauer selber meldet Hübl den Tod von
Virginio, MONUMENTA HOFBAUERIANA VI, 25.

von 1809 bis 1813 wirkte.[77] Ebenfalls durch seine Vermittlung erhielt Klemens im „Welschen Haus", einem nicht mehr bestehenden Anbau der Minoritenkirche, zwei Zimmer.[78]

### Joseph Freiherr von Penkler (1 751–1 830)[79]

Mit Penkler hatte die Amicizia Cristiana ein äußerst einflussreiches und aktives Mitglied gewonnen.[80] Der Baron war einst Jesuitenschüler und hat Diesbach wahrscheinlich schon von den Studien her gekannt.

Penkler war Besitzer der Herrschaften Burg Mödling und des Schlosses von Liechtenstein bei Wien, zu dem auch die Pfarrei von Maria–Enzersdorf gehörte.[81] Die Burg Liechtenstein ist der Stammsitz des in der österreichischen Geschichte bedeutenden Hauses Liechtenstein. 1799 verkaufte Freiherr Penkler seine Herrschaftsgüter.[82] In Wien war er Administrator der Minoritenkirche. Als solcher hatte er die zwei Freunde Sineo della Torre und dann Virginio (beide Mitglieder der Amicizia Cristiana) zu Rektoren dieser Kirche eingesetzt.[83]

Vermutlich unter dem Einfluss Diesbachs und seiner Amicizia Cristiana ließ Penkler 1793 in seiner Herrschaftspfarrei Maria–Enzersdorf eine Volksmission durchführen. Dies blieb nicht die einzige, die in Wien und Umgebung gepredigt wurde. In der Biographie des damaligen Wiener Erzbischofs Kardinal Migazzi[84] heißt es: „Le 25 missioni ch'erano strate date al tempo del giubileo e dove s'eran fatte 200 Mille (sie) Comunioni, erano opera dell' Amicizia Cristiana."[85]

Baron Penkler war ein eifriger Verbreiter der alfonsianischen Schriften. Zudem war er der älteste Freund und Wohltäter Hofbauers in Wien. Er hielt ihm die Treue seit der ersten Bekanntschaft 1782 bis über den Tod hinaus. Vermutlich war er es, der die triumphale Beerdigung Hofbauers vorbereitet hatte.[86]

---

[77] MONUMENTA HOFBAUERIANA XI, 237; XIII, 39, 52. Vgl. BONA, Le „amicizie", 542–544.

[78] MONUMENTA HOFBAUERIANA XI, 201, 237.

[79] BONA, Le „amicizie", 270–272.

[80] GUERBER, Le ralliement, 174; BONA, Le „amicizie", 123.

[81] BONA, Le „amicizie", 122.

[82] Leopold Johann WETZL, Clemens Maria Hofbauer, der "Vater der Romantik". 1994 (Manuskript: Provinzarchiv der Redemptoristen in Wien), S. 100.

[83] Bona, Le „amicizie", 119.

[84] Die Bischöfe der deutschsprachigen Länder 1783/1803 bis 1945, hrsg. von Erwin GATZ. Berlin 1983, S. 505–508; Franz LOIDL / Martin KREXNER, Wiens Bischöfe und Erzbischöfe. Wien 1983.

[85] BONA, Le „amicizie", 126.

[86] HEINZMANN, Das Evangelium neu verkünden, 211–215.

## Franz Schmid (1764–1842)[87]

Auch Franz Schmid gehörte zum Diesbach–Kreis.[88] Der Bäckermeister Weyrig, bei dem Hofbauer einst als „Werkstudent" gearbeitet hatte, war ein Verwandter der Familie Schmid. Am 24. Juli 1764 wurde Franz Schmid in der
Pfarrkirche von Liechtenthal getauft, am 9. November 1788 weihte ihn der
Kardinal Migazzi zum Priester.

Franz wurde nicht nur ein Freund von Hofbauer, er unterstützte ihn auch
finanziell, sodass dieser seinem General schreiben konnte: „Schmid ist unser
großer Wohltäter". Klemens schätzte ihn so sehr, dass er behaupten konnte:
„Wenn Wien drei Schmid hätte, würde das ausreichen, um die ganze Stadt zu
bekehren."[89]

Als Hofbauer 1808 nach Wien in die Verbannung kam, wählte er Schmid
zu seinem Beichtvater.[90] Er durfte am 14./15. März 1820 am Sterbebett von P.
Hofbauer stehen und ihm die Krankensalbung spenden.[91]

## Giuseppe Sineo della Torre (1761–1842)

Auch Sineo war ein Mitglied der Amicizia Cristiana.[92] 1788 hatte ihn Diesbach
nach Wien gerufen.[93] Er wirkte am Zentrum der Amicizia Cristiana in Wien,
der Minoritenkirche. Seine Beziehung zu Hofbauer ist nicht ganz klar. Nach
Diesbachs Tod verließ er Wien und lebte meist in Italien und dann in der
Schweiz, von wo aus er Mitbegründer der im 19. Jahrhundert wieder erstehenden Schweizer und deutschen Jesuitenprovinzen wurde.[94]

## 4. DIESBACHS PRÄGENDE WIRKUNG AUF HOFBAUER IN WIEN (ÄHNLICH AUF LANTERI IN PIEMONT)

Hofbauer fand in seiner Wiener Zeit nicht nur Rückhalt an einer von der
Amicizia Cristiana geprägten Gruppe, er war in seinem Wirken bis in Einzelheiten hinein von Diesbachs Werk inspiriert und geprägt. Das kann hier nur
an einigen Beispielen aufgezeigt werden:

[87] WETZL, Clemans Maria Hofbauer, 107–108; Johannes HOFER, Dr. Franz Schmid, in:
Klemensblätter 3 (1931), S. 14f, 36f.

[88] BONA, Le „amicizie", 269.

[89] MONUMENTA HOFBAUERIANA XI, 213.

[90] MONUMENTA HOFBAUERIANA I, 32; XI, 27, 98, 175 212–213, 222.

[91] MONUMENTA HOFBAUERIANA XI, 168, 222, 98; XII, 116.

[92] Monumenta Hofbaueriana VIII, in diesem Brief von Hofbauer an General Blasucci wird
er erwähnt.

[93] BONA, Le „amicizie", 84; zu seiner Wiener Zeit ebd., S. 211–214; zu ihm auch GUERBER,
Le ralliement, S. 182f, 187–191.

[94] WINTER, N. J. A. Dießbach, S. 290; vgl. HOFER, Der heilige K. M. Hofbauer, S. 95.

### a) Die Oblaten der Congregatio Sanctissimi Redemptoris
### (CSSR = Redemptoristen)

Hofbauer und sein Mitbruder Hübl riefen 1788 in Warschau eine Laiengemeinschaft ins Leben, deren Mitglieder sich „Oblaten" (= die Gottgeweihten) nannten.[95] Überall, wo die Redemptoristen hinkamen, breitete sich diese Laiengemeinschaft aus: in Polen, Deutschland, Österreich und in der Schweiz.[96]

Vielleicht hat Hofbauer gewisse Anregungen zu einer solchen Apostolatsgruppe von Italien mitgebracht („Kapellenwerk" = Capelle serotine: Liguori). Viel mehr noch sind die entscheidenden Impulse für diese Oblatengemeinschaft bei Diesbach und seiner Amicizia Cristiana zu suchen. Um sich davon zu überzeugen, genügt es, die „Statuten der Oblaten"[97] (= St. Obl.) und „Les Loix de l'Amitie Chretienne"[98] (= Amicizia Cristiana Loix = A.C. Loix) miteinander zu vergleichen:

*Der Hintergrund:*
Oblaten Hofbauers und die Amicizia Cristiana hatten denselben Hintergrund, nämlich den zunehmenden Unglauben und Sittenzerfall sowie den Kampf gegen die katholische Kirche auf der einen Seite, und andererseits den Willen, „mit vereinten Kräften den Übeln der Zeit entgegenzuwirken."[99]

*Zielsetzung für die Mitglieder:*
Um in dieser Situation bestehen zu können, sollten sich die Mitglieder entsprechend rüsten durch intensive Pflege des religiösen Lebens, durch gegenseitige Hilfe zu einem christlichen Leben, durch häufigen Sakramentenempfang[100] sowie durch Gebet und tägliche Betrachtung.[101]

*Zielsetzung für die Gemeinschaft:*
Die Aufgaben nach außen werden umschrieben mit dem Begriff Apostolat (hauptsächlich geht es um das Presseapostolat und die Verbreitung guter Bücher). Sie werden angehalten, auch selbst gute Bücher zu lesen, um sie dann besser verbreiten zu können. In der Professformel heißt es: „Die Lesung

---

[95] MONUMENTA HOFBAUERIANA II, 53.

[96] Namenslisten in: MONUMENTA HOFBAUERIANA XV, 127–131; II, 53.

[97] STATUTA OBLATORUM Sanctissimi Redemptoris, MONUMENTA HOFBAUERIANA II, S. 54–62 (die Statuten sind deutsch abgefaßt).

[98] Vgl. oben Anm. 17.

[99] WINTER, N. J. A. Dießbach, 80–87; St. Obl. Einleitung, MONUMENTA HOFBAUERIANA II, S. 54 = A.C. Loix, I, Bona, Le „amicizie", S. 477f.

[100] St.Obl. 5, 9, MONUMENTA HOFBAUERIANA II, S. 56, 58 = A.C. Loix I, 7, 9, BONA, Le „amicizie", S. 479f.

[101] St.Obl. 6, 9, MONUMENTA HOFBAUERIANA II, S. 57f = A.C. Loix I, 7, BONA, Le „amicizie", S. 479f.

tugendhafter und nach dem Geiste Jesu Christi verfassten Bücher allgemeiner
zu machen."[102]

*Mitglieder:*
Angestrebt wird eine Versammlung von Mitgliedern aus möglichst allen Stän-
den: Priester und hauptsächlich Laien beiderlei Geschlechts dürfen in die
Gemeinschaft aufgenommen werden. Die gleichberechtigte Aufnahme von
Frauen war damals nicht selbstverständlich.[103]

*Aufnahmebedingungen:*
Die aufzunehmenden Personen sollen sorgfältig ausgewählt werden; es sollen
Menschen mit gutem Charakter und vorbildlichem Lebenswandel sein, eine
religiöse Elite.[104]

*Probezeit:*
Neue Mitglieder mussten sich einer einjährigen Probezeit unterziehen, danach
erfolgte die Aufnahme durch eine förmliche Promissio.[105]

*Zusammenkünfte:*
Die Mitglieder sollten sich regelmäßig treffen. Hierzu gab es ein Versamm-
lungshaus. Hauptinhalt der Versammlungen war es, die Arbeitsmethode gemeinsam zu überprüfen sowie Mittel und Wege zu finden, wie man das
Apostolat am besten ausüben könne. Es geht also um eine Art Manöverkritik
oder modern gesprochen Supervision.[106]

*Geheimbund:*
„Diese Verbindung soll vor allen, die dazu nicht gehören, vollkommen geheim
bleiben".[107]

Die Gemeinschaft der Oblaten breitete sich später in verschiedenen Provinzen der Redemptoristen aus, mancherorts existieren heute noch Nach-
folgeorganisationen.[108]

---

[102] St. Obl. 5, Monumenta Hofbaueriana II, S. 56 = A.C. Loix I, 4–5, Bona, Le
„amicizie", S.479.

[103] St. Obl. Einleitung, Monumenta Hofbaueriana II, S. 54 = A.C. Loix I, 7, Bona, Le
„amicizie", S. 479.

[104] St. Obl. Nr 13, 14, Monumenta Hofbaueriana II, S. 59f = A.C. Loix IV, 2, 3, Bona,
Le „amicizie", S. 485.

[105] St. Obl. 13, Monumenta Hofbaueriana II, S. 59f = A.C. Loix I 7–8, IV, 2–3, Bona,
Le „amicizie", S. 479, 485.

[106] St. Obl. 5, 13, Monumenta Hofbaueriana II, S. 59f = A.C. Loix I, 6–8, Bona, Le
„amicizie", S. 479.

[107] St. Obl. 15, Monumenta Hofbaueriana II, S. 60 = A.C. Loix IX, Bona, Le
„amicizie", S.488.

[108] Es gibt unterschiedliche Statuten der Oblaten/Oblatinnen CSSR aus verschiedenen
Provinzen. Erstaunlich und bedauerlich ist die Tatsache, dass diese Satzungen fast
ausschliesslich auf das Streben nach persönlicher Vollkommenheit eingeengt wurden und die
Dimension Apostolat fast vollständig fehlt. Z.B. „Das Vollkommenheitsstreben der Oblatinnen
des Allerheiligsten Erlösers", Redemptoristenkloster Riedisheim /Oberelsass, 1934.

### b) Hofbauers Presseapostolat

Klemens Hofbauer betätigte sich nicht als Schriftsteller oder Dichter. Ihm selbst lag das Schreiben nicht sonderlich, umso mehr suchte er das Presseapostolat zu fördern, indem er geeignet erscheinende Personen ansprach und bei der Auswahl von Schriften beteiligt war. Einerseits vertraute er auf das Wirken Diesbachs und seine Amicizia Cristiana, andererseits widmete er sich auf dessen Anregung insbesondere den Schriften Alfons von Liguoris. Durch sie wurde ihm die Wichtigkeit des geschriebenen Wortes bewusst. Diesbachs Pläne zur Verbreitung guter Literatur waren vielschichtig: es sollten Leihbibliotheken und Zeitschriften gegründet werden; die schriftstellerischen Talente junger Menschen waren zu entdecken und zu fördern; gute Bücher in fremden Sprachen sollten übersetzt und dann unter das Volk gebracht werden.[109] Diesbach träumte sogar von eigenen Druckereien.[110] Hofbauer verwirklichte wenigstens keimhaft den Traum seines Meisters, indem er in Warschau eine kleine Druckerei einrichten ließ.[111]

Auch in Wien verwirklichte Klemens zusammen mit Baron Penkler eine Lieblingsidee Diesbachs. Die Leihbibliothek „Christliche Freundschaft" ist sogar dem Namen nach die Fortführung seiner Idee.[112] Dieser Leihbibliothek, die sich im „Salesianerinnen Zinshaus" in der Dorotheergasse befand, wurden sehr wahrscheinlich die Bücher der Wiener Amicizia Cristiana einverleibt. Georg Passy war erster Bibliothekar.[113] Zudem soll Hofbauer eine Marienbruderschaft eingeführt haben, deren Mitglieder sich verpflichteten, gute Bücher zu verbreiten.[114]

Als gelehriger Schüler Diesbachs betrachtete Hofbauer die Presse als eine Art Dauerkanzel, von der her die Leute fortwährend beeinflusst werden. Darum förderte er die Gründung von Zeitschriften. Von 1814 bis 1815 waren die „Friedensblätter" und nach 1819 die „Ölzweige"[115] die eigentlichen Presseorgane des Hofbauer–Kreises.[116] Die Hofbauerschüler Georg Passy, Friedrich von Schlegel, Zacharias Werner, Emanuel Veith und andere gehörten zum Redaktionsstab. Durch Josef von Pilat in der offiziellen politischen Zeitung „Der Österreichische Beobachter", durch Adam Müller in seinem „Staatsanzeiger", durch Emanuel Veith in den „Balsaminen" wurde viel vom Geist Hofbauers in die breite Öffentlichkeit hineingetragen. Friedrich Klinkow-

---

[109] GUERBER, Le ralliement, 176.

[110] BONA, Le „amicizie", 177.

[111] MONUMENTA HOFBAUERIANA VIII, 252.

[112] Johannes HOFER, P. Joseph Albert und Diesbach S.J., in: Klemensblätter 4 (1932), S. 75.

[113] WETZL, Clemens Maria Hofbauer, 128.

[114] MONUMENTA HOFBAUERIANA XI, 178.

[115] MONUMENTA HOFBAUERIANA XI, 233.

[116] MONUMENTA HOFBAUERIANA XII, 161, 212.

ström, der Maler und Jugenderzieher, gab für Jugendliche die von ihm selbst illustrierten „Wiener Sonntagsblätter" heraus.[117]

Nicht weniger als sechs Hofbauerschüler haben selber Gebets- oder Erbauungsbücher verfasst oder übersetzt.


### c) Der „Romantiker- oder Hofbauer–Kreis" in Wien

Ein Teil von Hofbauers Beichtkindern, Freunden und Schülern waren hochbegabte Dichter und Schriftsteller. Viele dieser berühmten Männer und Frauen anderer Konfessionen und Religionen haben durch Hofbauer den Weg in die katholische Kirche gefunden. Diese Konversionsbewegung hat auch Menschen von Rang und Namen in Wissenschaft, Kunst und Politik ergriffen.[118] Wir staunen, wie viele unter ihnen eine rege schriftstellerische Tätigkeit entfaltet haben.

Diesbach hatte sich mit dem eitlen Gedanken getragen, eine Akademie zur Heranbildung von katholischen Schriftstellern ins Leben zu rufen.[119] Klemens Hofbauer gelang das Kunststück, so etwas zu verwirklichen. Er selber wurde zum Sammelpunkt von Künstlern, die sich gegenseitig anspornten und förderten.

Hofbauers Einfluss gelang es, aus diesen Freundschaftskreisen Keimzellen einer neuen christlichen Geisteshaltung zu machen. Dieses seltsame Beziehungsnetz von Dichtern und Schriftstellern rund um den Apostel Wiens bezeichnet man oft mit dem Namen „Romantiker–Kreis" oder auch „Hofbauer–Kreis".[120] Unter historischen Gesichtspunkten kann man unterschiedliche Kreise in Wien unterscheiden, in denen Hofbauer verkehrte und durch die er wirkte.[121] Seine „Heimat" aber war der aus der Amicizia Cristiana hervorgegangene Freundeskreis, der den Glauben gemeinsam leben und verbreiten wollte.


[117] HEINZMANN, Das Evangelium neu verkünden, 191.

[118] Monumenta Hofbaueriana XI, 261,213,182–183,110,154; XII, 108–109.

[119] BONA, Le „amicizie", 127.

[120] Zu den Personen im Umkreis Hofbauers (wenn auch nicht immer mit gesicherter Zuordnung) vgl. Kornelius FLEISCHMANN, Klemens Maria Hofbauer. Sein Leben und seine Zeit. Graz u.a. 1988.

[121] Zu den unterschiedlichen Kreisen und ihren Mitgliedern vgl. DECOT, Hofbauer in „Gespräch".

### d) Nebeneinander im Gottesacker von Maria–Enzersdorf[122]

Die Amicizia Cristiana war nicht nur eine Aktionsgruppe, sondern eine Gemeinschaft von wirklichen Gesinnungsgenossen, ja Freunden. Nachdem diese „Christlichen Freunde" ein Stück Lebensweg miteinander gegangen waren, wollten sie über den Tod hinaus verbunden sein und ließen sich einer nach dem anderen auf dem „Romantiker–Friedhof" von Maria–Enzersdorf beisetzen.

Nach den drei großen „Gründerfreunden" Diesbach,[123] Virginio[124] und Hofbauer[125] folgten andere, die vielfach Klemens Hofbauer als Seelsorger gehabt hatten, und die in der Nähe ihres Wohltäters beerdigt werden wollten. Man hat den Friedhof von Maria–Enzersdorf „eine wahre Notablenversammlung von Toten" genannt:[126]

(1792)[127] Maximilian HELL,[128] Exjesuit, Astronom, Lehrer von Penkler, Freund von Diesbach.

(1798) Nikolaus Joseph Anton von DIESBACH,[129] Gründer der Amicizia Cristiana, die Leitfigur.

(1798) Josefa PENKLER–TOUSSAINT, Gattin von Penkler.

(1805) Luigi VIRGINIO, Vorsteher der Wiener Amicizia Cristiana, Rektor der Minoritenkirche.

(1820) Klemens Maria HOFBAUER, „Diesbachschüler", erster deutscher Redemptorist.[130]

(1823) Friedrich Ludwig Zacharias WERNER,[131] Hofbauerschüler, Dichter und wortgewaltiger Prediger.

---

122 HEINZMANN, Das Evangelium neu verkünden, 212f; WETZL, Clemens Maria Hofbauer, 2–8; Elisabeth HUBEL–OLENGO, Ein Gang durch den „Romantiker–Friedhof" in Maria Enzersdorf bei Wien. Sonderdruck aus dem Heimatbuch für den Bezirk. Mödling 1958.

123 HOFER, Der heilige K. M. Hofbauer, S. 148.

124 WINTER, N. J. A. Dießbach, S. 287.

125 HOFER, Der heilige K. M. Hofbauer, S. 432–435, im November 1862 wurden Hofbauers Gebeine im Hinblick auf den Seligsprechungsprozeß in die Wiener Kirche Maria am Gestade transferiert; HOFER, Der heilige K. M. Hofbauer, S. 444, seine Grabstelle auf dem Friedhof Maria–Enzersdorf wurde jedoch erhalten.

126 Namen und Daten nach HUBEL–OLENGO und eigener Anschauung der Grabsteine. Die Grabstellen Hell, Diesbach, Virginio, Penkler sind nicht erhalten, können aber erschlossen werden. Für Hell existiert an der Friedhofskapelle eine von Penkler gestiftete Gedenkplatte (Penkler amico posuit), vgl. WINTER, N. J. A. Dießbach, S. 39.

127 Die Personen sind nach ihrem Sterbejahr geordnet, das jeweils in Klammern vor den Namen gesetzt ist.

128 Er war der erste, den Penkler in Maria–Enzersdorf beisetzen ließ. Penkler wählte seine Grabstelle neben diesem Freund, WINTER, N. J. A. Dießbach, S. 39.

129 LThK³, Bd. 3 (1995), Sp. 220 (Johannes Wrba).

130 Die beste Biographie immer noch HOFER, Der heilige K. M. Hofbauer, lesenswert auch HOSP, Der heilige Klemens, und HEINZMANN, Das Evangelium neu verkünden.

131 BBKL XIII (1998), Sp. 850–864 (Otto Weiß).

(1829) Adam Heinrich MÜLLER,[132] Ritter von Niddersdorf, christlicher Sozial-ethiker, Haupt der politischen Romantik.

(1829) Luise KLINKOWSTRÖM–MENGERSHAUSEN, Gattin von Friedrich A. von Klinkowström.

(1829) Elise von PILAT–MENGERSHAUSEN, Gattin von Josef Pilat, Schwester von Luise.

(1830) Joseph von PENKLER, Förderer Diesbachs und Hofbauers, Herr von Mödling, Administrator der Minoritenkirche.

(1835) Friedrich August von KLINKOWSTRÖM,[133] Maler, Pädagoge.

(1835) Franziska von (Fanny) DORÉ, Schauspielerin, Verbindungen zu Hof-bauer und seinem Kreis, Frau von Stanislaus Doré.

(1838) Franz Bernhard BUCHOLTZ, Historiker.[134] Freund und Beichtkind Hof-bauers.

(1844) Maria HÜBNER, geb. von Pilat, Ehefrau von Josef Alexander.

(1849) Sophie MÜLLER, Gattin von Adam Müller.

(1852) Dr. Karl Ernst JARCKE,[135] Politiker im Dienste Metternichs, „Späthof-bauerianer"

(1861) Stanislaus DORÉ, Ehemann von Fanny.

(1865) Josef von PILAT,[136] Staatsbeamter und Publizist; Redakteur des „Beo-bachters".

(1870) Clemens von PILAT, Sohn von Josef und Elise. Patenkind Hofbauers, verheiratet mit einer Tochter Adam Müllers.

(1881) Elisabeth HÜBNER, verheiratete Rosner.

(1892) Josef Alexander HÜBNER, Bruder von Elisabeth, Ehemann von Maria.[137]

(1893) Sebastian BRUNNER,[138] Gründer und von 1848 bis 1865 Leiter der Wiener Kirchenzeitung, zweiter Biograph Hofbauers.[139]


## SCHLUSSBEMERKUNG

Nach Aufhebung des Jesuitenordens hat Nikolaus Joseph Albert von Dies-bach die im Orden erworbene Spiritualität und religiöse Ausrichtung in seiner

---

[132] Hauptwerk: Adam MÜLLER, Die Elemente der Staatskunst, 3 Bde. Wien 1809; – LThK³, Bd. 7 (1998), Sp. 516 (Albrecht Langer); Jakob BAXA, Adam Müller. Ein Lebensbild aus den Befreiungskriegen und aus der deutschen Restauration. Jena 1930; Adam MÜLLER 1779–1829, hrsg. Albrecht LANGNER (Beiträge zur Katholizismusforschung A; 3). Paderborn 1988.

[133] ÖBL (Österreichisches Bibliographisches Lexikon) 3 (1965), S. 413.

[134] Franz Bernhard BUCHOLTZ, Geschichte der Regierung Ferdinand I., 9 Bde. Wien 1830–1839; LThK³ 2 (1994), Sp. 753 (Elisabeth Kovács).

[135] LThK³, Bd. 5 (1996), Sp. 757 (Manfred Eder); ÖBL 3 (1965), S. 80.

[136] ÖBL 8 (1983), S. 74.

[137] ÖBL 3 (1965), S. 2.

[138] ÖBL 1 (1957), S. 121f.

[139] Sebastian BRUNNER, Clemens Maria Hoffbauer und seine Zeit. Wien 1858.

weiteren pastoralen Arbeit eigenständig weiterentwickelt und prägend auf die Zukunft gewirkt. Kennzeichnend für ihn sind:

1. Die enge *kirchliche* Bindung mit einer Ausrichtung auf das Papsttum in Rom.

2. Bekämpfung religiöser *Irrlehren* und kirchenfeindlicher Haltungen.

3. Verbreitung der *kirchlichen Lehre* durch Predigten, Exerzitien und Volks–Missionen.

4. Schwerpunkt: *Presse– und Buchapostolat* (Amicizie Cristiane), Leihbibliotheken etc. (keine polemischen Schriften, sondern „gute" katholische und kirchliche Literatur als Gegenwirkung gegen antikirchliche und freidenkerische Schriften).

5. Zielsetzung: Hinführung der Menschen zu einem verantwortungsbewussten, christlichen Leben. Hierzu soll vor allem die persönliche Umkehr in der *Beichte* beitragen.

6. Für die Beichtseelsorge sind hinreichend gut ausgebildete *Seelsorger* notwendig.

7. Für die geistliche Unterrichtung und die Beichtseelsorge wird auf die damals modernste theologische Literatur, nämlich auf die Schriften des Alfons Maria von *Liguori* zurückgegriffen.

Die grundsätzliche seelsorgerliche Ausrichtung *Diesbachs* beeinflußt über Klemens Maria *Hofbauer* die Redemptoristen im 19. Jahrhundert, und über Pio Bruno *Lanteri* die Oblaten der Jungfrau Maria, vor allem in Oberitalien. Schließlich gilt Diesbach als Bindeglied zwischen dem alten und dem neuen *Jesuitenorden*.[140] Seine Pastoralmethoden und theologisch–pastoralen Grundsätze bestimmen insgesamt große Teile des religiös–kirchlichen Lebens des 19. Jahrhunderts.

---

140 Otto PFÜLF, Die Anfänge der deutschen Provinz der neuentstandenen Gesellschaft Jesu und ihr Wirken in der Schweiz 1803–1847. Freiburg i. Br. 1922; vgl. WINTER, N. J. A. Dießbach, S. 289.

*Miszelle*

Ludger Müller, Lörzweiler

# DREI DEUTSCHE JESUITENMISSIONARE BEGEGNEN IM 17. UND 18. JAHRHUNDERT IN SÜDAMERIKA LAND UND LEUTEN[1]

## I. DER HISTORISCHE HINTERGRUND

Die geschichtliche Entwicklung des Jesuitenordens in Schlesien ist nur vor dem Hintergrund der Geschichte dieses Landes verständlich. Schlesien war unter den polnischen Piasten ein selbständiges Fürstentum geworden. Im Mittelalter wurde Schlesien in verschiedene Fürstentümer unterteilt. Zudem besiedelten Bewohner aus Mittel– und Westdeutschland auf den Ruf der Fürsten das schlesische Land. Polen verzichte im 14. Jahrhundert auf Schlesien. Die schlesischen Piasten schlossen sich den damals deutschen Böhmen an (1327–1329).

Das Jahr 1526 brachte mit der Thronbesteigung des Habsburgers Ferdinand I. für Schlesien als Nebenland der böhmischen Krone, die größte politische Wende.

Ganz Schlesien blieb 200 Jahre lang mit Böhmen und Mähren im Herrschaftsbereich Österreichs vereint. Durch die schlesischen Kriege in den Jahren 1740–1763 gelangte Schlesien seit 1815 unter den politischen Einfluss Preußens, so daß Schlesien eine eigene preußische Provinz wurde, die durch die Grafschaft Glatz und einen Teil der Oberlausitz vergrößert wurde.

## II. DIE JESUITEN IN SCHLESIEN UND DIE WELTMISSION

Polen wurde von Schlesien aus missioniert, jedoch lebensfähig wurde die Kirche durch die Besiedlung aus dem Westen. Im Laufe der Reformation wurden 1500 Kirchen und Klöster protestantisch, bis dann zu Beginn des 17. Jahrhunderts Schlesien fast ganz zum Protestantismus überwechselte. Erst unter den Habsburger gewann der Katholizismus wieder an Raum und Freiheit. Durch den Jesuitenorden wurde Schlesien ein Zugang zur Weltmission eröffnet. Zunächst noch verbunden mit Böhmen wurde 1.1.1775 wurde eine

---

[1] Vgl. MÜLLER, Ludger, Lebensbilder schlesischer Jesuitenmissionare im 17. und 18. Jahrhundert, In: Archiv für schlesische Kirchengeschichte, Bd. 43, S. 165–220. Hildesheim 1985.

eigenständige Jesuiten Provinz gegründet auf Drängen von Friedrich II. Am 21.2.1776 wurde der Orden auch in Schlesien aufgehoben, zuvor vom Papst 1773 angeordnet.

Die große Entdeckung von Südamerika im 15. Jahrhunderts durch Kolumbus führten zu einer Ausdehnung des kirchlichen Wirkens in der Welt. Neben den geographischen Entdeckungen und politischen Eroberungen Spaniens und Portugals entwickelten die Orden – auch die Jesuiten – eine große Bereitschaft, nach Übersee in die Mission zu gehen.

Schon früh beteiligten sich spanische und portugiesische Jesuiten an der Weltmission, erst später am Ende des 17. Jahrhunderts wurde auch deutschen Jesuiten der Weg nach Südamerika eröffnet. Durch die Reformation war Deutschland genötigt zunächst das Personal im eigenen Land zu behalten und zum anderen gaben Spanien und Portugal nur einheimischen die Erlaubnis nach Übersee zu gehen.

Am 24.11.1664 wurde es erlaubt, dass ein Viertel des Missionspersonals aus Deutschland sein könne. Diese Regelung war mehr eine Empfehlung und wurde erst viel später ganz durchgesetzt.

Im Jahre 1678 reiste der erste Schlesier Johannes Tilpe nach Mexiko aus, und da weiter später zu den Marinaen. Bis zum Jahre 1755 schifften sich insgesamt 36 weitere schlesische Missionare nach Übersee ein. Der letzte war Anton Jentschke, der im Jahre 1753 nach Quito (Ecuador) ausreiste.


## III. DREI JESUITEN IN SÜDAMERIKA


### 1. P. Florian Paucke SJ

P. Florian Paucke (1719–1779) ist wohl mit der bekannteste Missionar, der von Schlesien nach Südamerika aufgebrochen war. Da er selbst über seine Tätigkeiten  in Südamerika reflektiert hat und dies im  sogenannten Zwettler Codex handschriftlich niedergelegt hat und dies zu einer weiteren Beschäftigung anderer Autoren geführt hat, gibt es einiges an Literatur über ihn. So ging zum Beispiel René Gickelhorn auf die Verdienste Pauckes um die Medizin in Paraguay ein.

Florian Paucke wurde im damals österreichischen Schlesien geboren. 1736 wurde er bei den Jesuiten in Brünn (Mähren) aufgenommen, darauf folgte vom Jahr 1737 bis 1738 das Noviziat, von 1739 bis 1741 studierte er Philosophie in Prag und dann unterrichtete er im Jahre 1742 im Breslauer Kolleg, später in Neisse am Gymnasium. 1746 begann er das Theologiestudium in Breslau, das er von 1747 bis 1748 fortsetzte. Im Jahre 1747 bat er in die Mission gehen zu können, dies wurde ihm 1748 ermöglicht. Er wurde in Breslau 1748 zum Priester geweiht und reiste noch im selben Jahr nach Südamerika, wo er in Buenos Aires in Argentinien am Neujahrstag 1749 ankam. Er später band er sich jedoch an seinen Orden in Paraguay für immer. Vom Jahre 1749 bis zum Jahre 1751 blieb er in Córdoba, wo er seine theologische Ausbildung vervollständigte und wo er im Jesuitenkolleg die Negersklaven in Musik unterrichte.

Sein größter Wunsch jedoch war es, bei den Indianern als Seelsorger eingesetzt zu werden. Dies erfüllt sich im Jahre 1751, als er in die Gran–Chaco Mission kam. Die Gran–Chaco Mission zwischen Corrientes und Missiones war sein neues Einsatzgebiet. Er arbeitete bei den Mokobies. Mit P. Franz Burger war er für die Indianer als Seelsorger, als Koch, Jäger, Gärtner und als Zimmermann etc. zuständig.

Auf seine Initiative fertigte er ein Wörterbuch an in der Indianersprache, im zweiten Jahr konnte er die Indianer unterrichten. Guten Kontakt hatte er zu den Kaziken, den Chefs der Indianer, die er des öfteren nach Santa Fe begleitete.

Seine gute Kommunikation mit den Menschen rief den Unmut seiner Mitbrüder und der Spanier hervor. Seine Musik jedoch schaffte jedoch den Ausgleich: „Seine Musikalität begeisterte sowohl Spanier und auch Indianer." Die Musik war völkerverbindend. Später baute er eine Orgel und die Kinder spielten während der Hl. Messe auf ihren Instrumenten und sangen dazu.

Die Liturgie gestalte er ideenreich für die Indianer aus, so dass er sie langsam für die neue Religion gewann. Zentrale Punkte der Frömmigkeit waren die Marienverehrung und die Feier der Hl. Woche.

Im Gesundheitswesen war P. Florian Paucke ebenfalls aktiv. Im Jahre 1760, als eine Pockenepidemie ausbrach, versorgte P. Florian und seine Mitbrüder die Kranken. Pauke benutzte die Heilkraft der Kräuter, mischte und mixte Salben und half so mit die Krankheiten der Indianer zu lindern. Trotzdem starben jedoch noch 221 Indianer in der Reduktion.

Vom Jahre 1763 bis 1765 setzte sich P. Paucke für die Gründung der neuen Reduktion San Pedro ein. Er ging jedoch nach gelungener Gründung zurück nach San Xavier. Dort blieb er bis zur aufgezwungenen Ausweisung und Vertreibung der Jesuiten im Jahre 1767.

Am 1. April 1768 verließen die Jesuiten wie Verbrecher Buenos Aires. 171 Mitbrüder verließen mit P. Florian das Land Richtung Europa.

Im Jahre 1769 erreichte P. Florian über Spanien Schlesien. Noch fast zehn Jahre war es P. Florian vergönnt in Schlesien zu arbeiten. Unter anderem schrieb Paucke ein über 1000 Seiten umfassendes Werk über seine Missionserfahrungen, die der Nachwelt erhalten sind.

## 2. Bruder Heinrich Peschke SJ (1674–1729)

Ein zweites Lebensbild bezieht sich auf Bruder Heinrich Peschke. Es gibt wenige Quellen über sein Leben. Der Weltbott ist ein authentisches Zeugnis von ihm selbst, andere wie Gickelhorn und Plattner schreiben über ihn.

Heinrich Peschke wurde am 5.10.1674 in Glatz geboren. Im Jahre 1694 wurde er bei den Jesuiten aufgenommen. Von 1695–1696 machte er sein Noviziat, später arbeitete er am Kolleg in Prag als Apotheker. Im Jahre 1700 band er sich in Südamerika an die Ordensgemeinschaft für immer. Da in Paraguay Ärzte und Apotheker gesucht wurden, schickte man Bruder Peschke nach Südamerika. Es ist wahrscheinlich, dass er 1697 nach Buenos Aires kam, später treffen wir ihn in Córdoba an.

Seine Bestimmung lautet: „Die Apotheke kunstmäßig einzurichten." Bruder Peschke hat sich weit vielfältiger beschäftigt, als wir heute unter der Berufsbezeichnung – Apotheker – verstehen. So wirkte er oft in der Rolle eines Arztes in Córdoba, weil kein Mediziner vorhanden war. Gickelhorn schreibt, „dass Peschke als Begründer der rioplatensischen Medizin in Argentinien angesehen wurde:" Er schaffte eine gewisse Synthese zwischen europäischer und einheimischer Medizin. So sammelte er die Kräuter, die gegen Schlangenbisse, Wunden und Ungeziefer halfen und die er für seine Apotheke gebrauchte in der Umgebung der Stadt. Während der Pockenepidemie im Jahre 1700 besuchte er mit seinen Mitbrüdern die Kranken.

Einen wichtigen Grund für die Ursachen der vielen Krankheiten sah Peschke im Fehlen von gutem Trinkwasser für die Menschen.

Sein größter Wunsch bei den Indianern zu arbeiten, blieb zeitlebens unerfüllt. In Córdoba war er unentbehrlich geworden für die Menschen. Um seine Apotheke gut einzurichten, besorgte Peschke sich schon damals Geld aus seiner Heimat. Bruder Heinrich Peschke verstarb im Jahre 1729 in Córdoba.

## 3. P. Franz Wolff SJ (1707–1767)

Ähnlich wie bei Heinrich Peschke gibt es bei P. Franz Wolff wenig Quellen und Literatur um ein vollständiges Lebensbild über ihn zu erstellen. Er wurde im Jahre 1707 in Landeck in Glatz in Niederschlesien geboren. Im Jahre 1723 wurde er in die Gesellschaft Jesu aufgenommen und machte in den Jahre 1724 bis 1725 das Noviziat in Brünn. Dann von 1726 bis 1728 studierte er Philosophie und danach Mathematik, später unterrichte er an verschiedenen Orten, vom Jahre 1733 bis 1736 studierte er Theologie.

Im Jahre 1738 reiste er von Lissabon nach Brasilien. Vor der Abreise war es P. Franz möglich gewesen, sich mit anderen Missionaren bei der portugiesischen Königin für ihre Großzügigkeit persönlich zu bedanken. Wolff beschreibt die Königin als eine recht redegewandte Frau.

Schon auf der Überfahrt unterrichtete P. Wolff zwei Nichtchristen und bereitete sie auf der 54tägigen Überfahrt auf die Taufe vor und sie dann zu taufen.

P. Franz Wolff arbeitete über 20 Jahre am Amazonas, dem Maranon. Dort arbeitete er im Jesuitenkolleg, das von Mitbrüdern und Zöglingen bewohnt wurde. Das Klima beschreibt er als heiß, jedoch seien die Lebensmittel ausreichend vorhanden. Er spricht von Weinanbau, Viehzucht und verweist darauf, dass die Missionare sehr alt würden. Im Umkreis des Kollegs gab es noch einige Außenstationen. In den ersten Jahren in Brasilien unterrichtete P. Wolff den Ordensnachwuchs und erlernte zudem die Sprache der Pinare–Indianer, wo er gerne arbeiten wollte.

Wir wissen nicht ob er jemals bei den Indianern eingesetzt wurde. Es wird jedoch berichtet, daß P. Wolff mehrmals in Leitungsaufgaben in der Provinz in Brasilien beauftragt gewesen war.

Seine missionarische Tätigkeit wurde durch die Deportation nach Lissabon im Jahre 1759 abrupt beendet. Tragisch ist, dass P. Wolff nach fast achtjähriger Haft in den Kerkern von San Julian in Portugal am 24. Januar 1767 starb. Mit ihm starben in San Julian noch weitere 37 Jesuiten, die wir als Martyrer des Glaubens bezeichnen können.


## IV. BEURTEILUNG

Bei allen drei vorgestellten Missionaren ist eine hohe Motivation zu entdecken, in Übersee zu arbeiten. Die Anstrengungen von Überfahrt, anderem Klima und dem Sprachelernen werden von den Missionaren gut gemeistert.

Zwei der Missionare müssen unfreiwillig ihre Arbeit aus politischen Gründen beenden und werden kehren nach Europa zurück, wo bei P. Wolff das Schicksal der Kerkerhaft und des Todes nach langer Haftzeit ereilt.

Bruder Heinrich Peschke kann in seinem Land der Mission sterben. Trotz aller Unterschiedlichkeit des Lebensentwurfes gibt es eine Linie von Einsatz und Bereitschaft, sich auf Menschen und neue Unstände einzulassen. Sicherlich hätten die nicht vorhandenen Akten die Lebensbilder noch intensiviert und bereichert.

# ABKÜRZUNGEN

| | |
|---|---|
| AGI, Chile | Archivo General de Indias, Sevilla. |
| AHN | Archivo Histórico Nacional, Madrid. |
| AHSI | Archivum Historicum Societatis Iesu, Rom. |
| AMSJ | Archivum Monacense Societatis Jesu (Archiv der Oberdt. Prov. SJ, München) |
| ANHC | Archivo Nacional Histórico de Chile, Santiago de Chile. |
| ARSI | Archivum Romanum Societatis Iesu (Römisches Zentralarchiv SJ) |
| Austr. | Austria (Österreichische Provinz) |
| BayHStA | Bayerisches Hauptstaatsarchiv München. |
| BNC | Biblioteca Nacional de Chile, Sala Medina, Colección de Documentos inéditos para la Historia de Chile, Santiago de Chile. |
| Boh. | Bohemia (Böhmische Provinz) |
| Cat. Brev. | Catalogus Brevis (jährlicher Provinzkatalog) |
| Cat. Prim. | Catalogus Primus (Triennalkatalog). |
| DA | Diözesanarchiv. |
| Germ. Sup. | Germania Superior (Oberdeutsche Provinz). |
| HHS | Handbuch der historischen Stätten Deutschlands. Stuttgart 1970ff. |
| HVj | Historische Vierteljahresschrift. |
| NF | Neue Folge. |
| Nl | Nachlass. |
| Rhen. Inf. | Rhenania Inferior (Niederrheinische Provinz) |
| Rhen. Sup. | Rhenania Superior (Oberrheinische Provinz) |
| SJ | Societas Jesu. |
| StA | Staatsarchiv. |
| StadtA | Stadtarchiv. |
| StAeCg | Studien zur Außereuropäischen Christentumsgeschichte (Asien, Afrika, Lateinamerika). Hrsg. v. Klaus Koschorke u. Johannes Meier. Göttingen. |
| StGKIIL | Studien zur Geschichte und Kultur der Iberischen und Iberoamerikanischen Länder, München. |
| Suppl. | Supplementum (hier: Anhang zum Katalog einer Jesuitenprovinz). |
| Vf. | Verfasser. |

# QUELLEN- UND LITERATURVERZEICHNIS

ABOU, Sélim, The Jesuit „Republic" of the Guaranis (1609-1768) and its heritage (orig. La république jésuite des Guaranis). New York 1997.

AGETHEN, Manfred, Geheimbund und Utopie. Illuminaten, Freimaurer und deutsche Spätaufklärung. München 1987.

ALDEN, John (Hrsg.), European Americana: a chronological guide to works printed in Europe relating to the Americas, 1493 – 1776, 6 Bde. New York / New Canaan 1980-1997.

ALLEGRE, Francisco J., História de la provincia de la Compañia de Jesús de Nueva España, 4 Bde. Rom 1956-1960.

ANAGNOSTOU, Sabine, Jesuiten in Spanisch-Amerika als Übermittler von heilkundlichem Wissen. Mit einem Geleitwort von Fritz Krafft (Quellen und Studien zur Geschichte der Pharmazie, 78). Stuttgart 2000.

— / KRAFFT, Fritz, Jesuiten in Spanisch-Amerika als Heilkundige und Pharmazeuten, in: Pharmazeutische Zeitung 131 (2000), 11-18

— / MÜLLER, Michael, Br. Joseph Zeitler als Jesuitenapotheker in Santiago de Chile, in Vorbereitung, in: Geschichte der Pharmazie (Beilage zur Deutschen Apothekerzeitung 2004).

ANDERSEN, Liselotte, Barock und Rokoko. ²Weinheim 1982.

ANDERSON, Gerald H., Biographical Dictionary of Christian Missions. New York 1998.

ANGULO INIGUEZ, Diego / DORTA, Henrique M. / BUSSCHIAZZO, M. J., Historia del arte hispanoamericano, 3 Bde. Barcelona 1950-1956.

ANTONIL, André João, Cultura e opulência do Brasil por suas drogas e minas. Paris 1965.

Antwort eines guten Freunds über einige wider die PP. Jesuiten ausgesprengte Schriften aufrichtig und freymüthig gegeben an eben einer seiner guten Freunde. Augsburg 1759.

APPOLIS, Emile, Entre Jansénistes et Zélanti. Le „Tiers Parti" catholique au XVIIe siècle. Paris 1960.

ARENS, Anton, Die Entwicklung der Gesellschaft Jesu bis zu ihrer Aufhebung im Jahre 1773 und nach ihrer Wiederherstellung im Jahre 1814, in: Bischöfliches Dom- und Diözesanmuseum Trier/Bibliothek des Bischöflichen Priesterseminars Trier (Hrsg.), Für Gott und die Menschen. Die Gesellschaft Jesu und ihr Wirken im Erzbistum Trier. Katalog-Handbuch zur Ausstellung im Bischöflichen Dom- und Diözesanmuseum Trier. 11. September 1991-21. Oktober 1991 (Quellen und Abhandlungen zur Mittelrheinischen Kirchengeschichte 66). Mainz 1991, 27-41.

ARNAULD, Antoine, Phantosme du Jansénisme ou justification des prétendus jansénistes. Köln 1686.

— Morale pratique des Jésuites. Tome cinquième. Histoire de la persécution de deux saints Evêques par les Jésuites: l'un Dom Bernardin de Cardenas, Evêque du Paraguay dans l'Amérique Méridionale. L'autre Dom Philippe Pardo, Archevêque de l'Eglise de Manile Métropolitaine des Isles Philippines dans les Indes Orientales. O.O. 1691.

ASSALAIN, Jean-Charles, Histoire économique de la France du 18ᵉ siècle à nos jours. De l'Ancien Régime à la Iᵉʳᵉ Guerre Mondiale. Paris 1975.

ASTRAIN, Antonio, Jesuitas, guaraníes y encomenderos. Historia de la Compañía de Jesús en el Paraguay. Asunción del Paraguay 1996.

AUDENAERT, Willem (Hrsg.), Prosopographia Iesuitica Belgica antiqua. A biographical dictionary of the Jesuits in the Low Countries 1542-1773. Introduction by Herman Morlion SJ. 4 Bde. Leuven-Heverlee 2000.

AYESTARÁN, Lauro, Domenico Zipoli, el gran compositor y organista romano del 1700 en el Rio de la Plata. ²Montevideo 1962.


BACKER, P. Aloys und Augustin de SJ, Bibliothèque de la Compagnie de Jésus. 9 Bde., Bd. 3. Löwen / Lyon 1876.

BAILEY, Gauvin A., Art in the Jesuit Missions in Asia and Latin America, 1542-1773. Toronto 1999, 144-182.

BAKER, Theodor / SLONIMSKY, Nicolas, Dictionnaire biographique des musiciens (orig. Baker's Biographical Dictionary of Musicians, 9. Aufl. 1992), édition [française] adaptée et augmentée par Alain Pâris, 3 Bde. Paris 1995 [zit.: DBM].

BALDINI, Ugo, Una fonte poco utilizzata per la storia intellettuale: le «censurae librorum» e «opinionum» nell'antica Compagnia di Gesù, in: Jahrbuch des italienisch-deutschen historischen Instituts in Trient Nr. XI. Bologna (1985), 19-50.

BALQUIEDRA, Luis D., The Development of the Ecclesiastical and Liturgical Life in the Spanish Philippines: 1575-1870, 2 Bde. Rom 1982.

BANDEIRA, Manuel, O guia de Ouro Preto (= Publicaçoes do Serviço do Patrimonio historico e artitistico nacional 2), Rio de Janeiro 1938.

BANGERT, William V., A History of the Society of Jesus. St. Louis 1986.

BARÃO DO RIO BRANCO, Frontières entre le Brésil et la Guyane Française. 4 Bde. Paris / Bern 1899.

— „Questões de Limites com a Guiana Francesa", in: DERS. Obras. Bd.4. Rio de Janeiro 1945.

BARBIER, Patrick Farinelli. Le castrat des lumières. Paris 1994.

BARRETO, Luis F., Caminhos do saber no Renascimento portugûes. Lisboa 1985.

BATAILLON, Marcel, Etudes sur le Portugal à l'époque de l'humanisme. Paris 1974.

BAUER, Barbara / LEONHARDT, Jürgen (Hrsg.), Trivmphvs Divi Michaelis Archangeli Bavarici – Triumph des Heiligen Michael, Patron Bayerns (München 1597) (= Jesuitica 2). Regensburg 2000.

BAUMGARTNER, Jakob, Mission und Liturgie in Mexiko, 2 Bde. (= NZM, Suppl. 18/19). Schöneck 1970/1971.

BAUTZ, Friedrich Wilhelm, Bayer, Wolfgang, in: BBKL 1 (1990), 432.

BAXA, Jakob, Adam Müller. Ein Lebensbild aus den Befreiungskriegen und aus der deutschen Restauration. Jena 1930.

BAYER, Johann Wolfgang, Herrn P. Wolfgang Bayers, ehemaligen americanischen Glaubenspredigers der Gesellschaft Jesu, Reise nach Peru. Von ihm selbst beschrieben, in: Christoph Gottlieb von MURR (Hrsg.), Journal zur Kunstgeschichte.

— Zusätze zu Hn. Wolfg. Bayers Reisebeschreibung nach Peru, in: Christoph Gottlieb von MURR (Hrsg.), Nachrichten von verschiedenen Ländern des spanischen Amerika 1. Halle 1809, 380-388.

BAYLE, Constantino, Santa Maria en Indias. La devoción a Nuestra Señora y los descubridores, conquistadores y pobladores de America. Madrid 1928.

BAZIN, Germain, Die Paläste des Glaubens (orig. Les palais de la foi. Le monde des monastères baroques, 1980), 2 Bde. ²Augsburg 1997, 70-145.

— L'architecture religieuse baroque au Brésil, 2 Bde. Paris 1958.

BECKER, Felix, Die politische Machtstellung der Jesuiten in Südamerika im 18. Jahrhundert. Zur Kontroverse um den 'Jesuitenkönig' Nikolaus I. von Paraguay. Köln/ Wien 1980.

Beitrag zur Geschichte itziger geheimer Proselytenmacherei, in: Berlinische Monatsschrift 5 (1785), 59-80.

[BENVENUTI, Carlo], Bedenken der Bourbonischen Höfe über den Jesuitismus mit Anmerkungen beleuchtet. Freystadt 1773.

— Bernardino de Sahagùn, Historia general de la cosas de Nueva España, ed. A.M. Garibay, Madrid 1981.

BERNARD-MAITRE, Henri, Les corrections de « la Prima Societatis Jesu Instituti Summa », in : RAM 1963, 226-232.

BERRUYER, Jacob-Isaac, Historie du peuple de Dieu depuis son origine jusqu'à la venue du Messie, 7 Bde. Paris 1728.

BIANCHI, S. Lino, Palestrina. Paris 1994.

BIBLIOTHÈQUE de la Compagnie de Jésus. Ed. Carlos Sommervogel. Bd. III Brüssel 1892.

BINKOVÁ, Simona, Os Países Checos e a Zona Lusitana (Contactos e testemunhos dos séculos XV – XVIII), in: Ibero-Americana Pragensia XXI (1987), 137-159.

BIRMINGHAM, David, História de Portugal. Uma perspectiva mundial. Lissabon 1998.

BISBO, Antonio A., Grundlagen christlicher Musikkultur in der außereuropäischen Welt der Neuzeit: der Raum des früheren portugiesischen Patronatsrechtes. Roma 1988.

— Collectanea musicæ sacræ Brasiliensis. Roma 1981.

BITTERLI, Urs, Die „Wilden" und die „Zivilisierten": Grundzüge einer Geistes- und Kulturgeschichte der europäisch-überseeischen Begegnung. München ²1991.

BLANKE, Horst W., Politische Herrschaft und soziale Ungleichheit im Spiegel des Anderen. Waltrop 1997.

BÖDEKER, Hans Erich, Reisebeschreibungen im historischen Diskurs der Aufklärung, in: DERS. (Hrsg.), Aufklärung und Geschichte. Studien zur deutschen Geschichtswissenschaft im 18. Jahrhundert. Göttingen 1986, 276-298.

BÖHMER, Johann Friedrich: Abhandlung über die gesetzgemäßige Besitznehmung der Jesuiten-Güter nach Erlöschung ihres Ordens. Frankfurt und Leipzig 1781.

BONA, Candido, Le „amicizie". Società segrete e rinascita religiosa (1770-1830). (Biblioteca di storia italiana recente, Nuova Serie 6). Turin 1962.

BONET CORREA, Antonio, Art Baroque. Barcelona 1985, 266-283.

BORDEAUX, Michel, Aspects économiques de la vie de l'Eglise aux XIVᵉ et XVᵉ siècles. Paris 1969.

BORGES, Armindo, Duarte Lobo: Studien zum Leben und Schaffen des portugiesischen Komponisten (= Kölner Beiträge zur Musikforschung 132). Regensburg 1986.

BORGES (Hrsg.), Pedro, Historia de la Iglesia en Hispanoamérica y Filipinas (siglos XV-XIX) (= BAC Major 32), 2 Bde. Madrid 1992.

BORGES DE MACEDO, Jorge, A situação económica no tempo do Pompal. ²Lissabon 1982.

— Problemas de história da indústria portuguesa no século XVIII. ²Lissabon 1982.

[BOTTARI, Giovanni Gaetano, et al.], Appendice alle Riflessioni del Portoghese sul memoriale de Padre Generale de' Gesuiti, presentato alla Santità di Papa Clemente XIII felicemente regnante, o sia Risposta dell' Amico di Roma all' Amico di Lisbona. Genova 1759.

BOTTINEAU, Yves, L'art de cour dans l'Espagne de Philippe V: 1700-1746. Bordeaux 1962, 2. Aufl. in: Mémoires du musée de l'Ile-de-France, Bd. 1, Château de Sceaux 1993.

— / STIERLIN, Henri, Baroque ibérique. Fribourg 1969 (dt. Iberischer Barock. Westeuropa und Lateinamerika. Köln o.J. [c. 1977]).

BOXER, Charles R., The Golden Age of Brazil: 1695-1750. Cambridge 1962.

BOYD, Malcolm, Domenico Scarlatti. Master of Music. London 1986.

BRAUN, Heinrich, Wie sind die Pläzze der PP. Jesuiten in der Schulen zu ersezzen, wenn ihr Institut aufgehoben ist? Frankfurt und Leipzig 1773.

— Von der Macht des Römischen Stuhles in Aufhebung der Regular-Orden. Eine Abhandlung; der Freundschaftlichen Vertheidigung der Gesellschaft Jesu entgegengesetzt. Frankfurt / Leipzig 1774.

Breviarium Romanum. Editio Princeps. 4 Bde. Roma 1568 (Ndr. Roma 1999).

BROU, A., Les missions étrangères aux origines de la Compagnie de Jésus, in: RHMiss 5 (1928), 355-368.

BRUNNER, Sebastian, Clemens Maria Hoffbauer und seine Zeit. Wien 1858.

BUCHOLTZ, Franz Bernhard, Geschichte der Regierung Ferdinand I., 9 Bde. Wien 1830-1839.

BURKE, Marcus, Pintura y escultura en Nueva España: el Barocco. México 1992.

BUSCH, Franz Otto SJ, Brasilienfahrer aus der Gesellschaft Jesu 1549-1756, in: Portugiesische Forschungen der Görresgesellschaft 11 (1971), 215-295.

CADENA, Pedro, Relação Diária do Cerco da Baía de 1638. Neudruck Lissabon 1941.

Caeremoniale Episcoporum. Editio Princeps. Roma 1600 (Ndr. Roma 2000).

CALAZANS FALCON, Francisco J., A época Pombalina. Politica económica e Monarquia illustrada. São Paulo 1982.

CALLIARI, Paolo, I tempi e le opere del Padre Pio Bruno Lanteri (1759-1830). Turin 1968.

— Pio Bruno Lanteri (1759-1830) e la Controrivoluzione. Turin 1976.

— Servire la Chiesa. Il venerabile Pio Bruno Lanteri (1750-1830). Caltanissetta 1989.

CARAMAN, Philip, Ein verlorenes Paradies. Der Jesuitenstaat in Paraguay. München 1979.

CRACRAFT, Charles, The Petrine Revolution in Russian Architecture. Chicago 1988.

CARNEIRO DE MENDONÇA, Marcos (Hrsg.), A Amazônia na era pombalina. Correspondência inédita do Governador e Capitão-General do Estado do Grão Pará e Maranhão Francisco Xavier de Mendonça Furtado 1751-1759, 3 Bde. São Paulo 1963.

CARREZ, P. Louis SJ, Atlas Geographicus Societatis Jesu, in quo delineantur quinque ejus modernae assistentiae, provinciae tres et viginti singularumque in toto orbe missiones, necnon et veteres ejusdem Societatis provinciae quadraginta tres cum earum domiciliis, quantum fieri licuit. Paris 1900.

CARVALHO, Aries de, D.João V e a Arte do seu tempo, 2 Bde. Lissabon 1962.

CARVALHO, José de, Dois capítulos inéditos de „Typhus Lusitano" de Valentim Estancel acerca da Variação da agulha e da arte de leste-oeste, in: DERS., Galilei e a Cultura Portuguesa sua contemporânea. Biblos (separata) Nr.19. Coimbra 1944, 49-79.

— Galilei e a Cultura Portuguesa sua contemporânea. Biblos (separata) Nr.19. Coimbra 1944, 49-79.

CASANOVAS, Juan SJ / KEENAN, Philipp SJ, The observations of comets by Valentine Stansel, a seventeenth century missionary in Brazil, in: AHSI 62 (1993), 319-330.

CASTEDO, Leopoldo, The Baroque prevalence in Brazilian Art. New York 1964.

CESSAC, Cathérine, Marc Antoine Charpentier. Paris 1994.

CHARPENTIER, Alejo, La musique à Cuba. Paris 1985.

CHASE, Gilbert, Die Musik Amerikas. Von den Anfängen bis zur Gegenwart (orig. America's Music, 1955). Berlin 1958.

CHAUNU, Pierre, L'Amérique et les Amériques de la préhistoire à nos jours, Paris 1964.

— L'Espagne de Charles V, 2 Bde., Paris 1973.

CHAVEZ, Ezequiel, El primero de los grandes educatores de América: fray Pedro de Gante. México 1934.

— Fray Pedro de Gante. El ambiente geográfico, histórico y social de su vida y de su obra hasta el año 1523. México 1943.

CIPOLETTI, María Susana, Stimmen der Vergangenheit, Stimmen der Gegenwart: Die Westtukano Amazoniens 1637-1993 (Ethnologische Studien; 32). Münster 1997.

CLARO, Samuel, Antalogía de la Música colonial en América del Sur. Santiago de Chile 1974.

CLAVIGERO, Francisco Xavier, Des Herrn Abts Clavigeros Abhandlung von der natürlichen Beschaffenheit des Königreichs Mexico und der neuen Welt überhaupt, in: Der Teutsche Merkur, Bd. 3, (Juli 1786), 36.

— Geschichte der Eroberung des Königreichs Mexico, in: Der Teutsche Merkur. Weimar (Januar 1786), 32-69, (Februar 1786), 97-115, (April 1786), 3-42, (Juli 1786), 3-52 und 154-181, (August 1786), 99-194, (Oktober 1786), 44-57 und (Juli 1787).

— Geschichte von Mexico aus spanischen und mexikanischen Geschichtsschreibern, Handschriften und Gemälden der Indianer zusammengetragen, und durch Charten und Kupferstiche erläutert nebst einigen critische Abhandlungen über die Beschaffenheit des Landes, der Thiere und Einwohner von Mexico. Leipzig 1789-1790.

COLLANI, Claudia von, Palafox y Mendoza, Juan de, in: BBKL 6 (1993), Sp. 1443-1447.

Consejo de Administración del Patrimonio nacional (Hrsg.), Iglesia y Monarquía: La Liturgía (= AK IV Centenario del Monasterio de El Escorial). Madrid 1986.

CORREIA-AFONSO, John, Jesuit Letters and Indian History. Oxford 1969.

CORTÉS, Hernán, Die Eroberung Mexikos. Eigenhändige Berichte an Kaiser Karl V.: 1520-1524, neu hrsg. und bearb.v. Hermann Homann. Darmstadt 1975.

[COUDRETTE, Christophe / LE PAIGE, Louis Adrien], Histoire générale de la naissance et des progrès de la Compagnie de Jésus, et analyse de ses constitutions et privilèges. 4 Bde, o.O. 1761.

CRAMER, Eugene C., Studies in the Music of Tomás Luis de Victoria. Aldershot 2001.

— Tomás Luis de Victoria. A Guide to Research (= Garland Reference Library of the Humanities 1931: Composers Resource Manuals 43). New York 1998.

CUBITT, Geoffrey, The Jesuit Myth. Conspiracy Theory and Politics in Nineteenth-Century France. Oxford 1993.

CULOMA, Saverina, La persona e la spiritualitá del venerabile padre Pio Bruno Lanteri. Rom 1997.


DAMMIG, Enrico, Il movimento giansenista a Roma nella seconda metà del secolo XVIII. Città del Vaticano 1945.

DASSAS, Frédéric, L'illusion baroque. L'architecture entre 1600 et 1750. Paris 1999.

DAVID, Bernard (SAC), Dictionnaire biographique de la Martinique (1635-1848). Le clergé. Fort de Farnce 1984.

DECOT, Rolf, Hofbauer in „Gespräch" und Auseinandersetzung mit seiner Zeit, in: Hans Schermann (Hrsg.), Klemens Maria Hofbauer. Profil eines Heiligen. Wien 2001, S. 40-65.

— Klemens Maria Hofbauer. Konservativer Erneuerer der Kirche Österreichs, in: Bernard Bolzano und die Politik. Staat, Nation und Religion als Herausforderung für die Philosophie im Kontext von Spätaufklärung, Frühnationalismus und Restauration, hrsg. von Helmut Rumpler (Studien zur Politik und Verwaltung 61). Wien 2000, S. 105-130;

DELGADO, Mariano, Gott in Lateinamerika: Texte aus 5 Jahrhunderten; ein Lesebuch zur Geschichte. Düsseldorf 1991.

Der Inhalt des Breve Clementis XIV. wegen Aufhebung des Ordens der Gesellschaft Jesu, dat. Rom, den 21. Julii 1773. nachged. in M... in XVI. Puncte gebracht und nach seinen Einsichten beleuchtet von einem B.... (o. O.) [1773], 8.

Der Jesuit in der Apokalypsis: oder die Plage der ausserordentlichen Gattung von Heuschrecken in die Offenbarung Johannis IX. Kapitel. (o. O.) 1773.

DIAS, Graça / SILVA, João da, Os primórdios da maçonaria em Portugal, 4 Bde. Lissabon 1986.

DIAS, Sérgio, Sacred Music from 18th Century Brazil, in: Beiheft zur gleichnamigen Einspielung (= Sacred Music from 18th Century Brazil 1) (= Claves 50-9521). Thun 1995.

Die in Paraguai zerstöhrte Republik der Jesuiten, Oder Zuverlässige Nachricht von dem Krieg, welchen die Geistlichen dieses Ordens gegen die Könige, von Spanien und Portugall in Amerika ausgehalten, um die Oberherrschaft über die Krongüter in Paraguai zu behaupten, die sie unter dem Vorwand der Religion an sich gezogen hatten. Aus dem Französischen. Frankfurth / Leipzig 1758.

DIESBACH, Nikolaus, Joseph Albert, Le chrétien catholique invariablement attaché à sa religion. 3 vol. Turin 1771.

DIPPEL, Horst, Germany and the American Revolution 1770-1800. Wiesbaden 1978.

DOBNIG-JÜLCH, Edeltraud, Bayer, P. (Johann) Wolfgang, Werkbeschreibung, in: BBHS 1 (1992), 189-190.

DOBRIZHOFFER, Martin, Geschichte der Abiponer, einer berittenen und kriegerischen Nation in Paraguay, mit einer Landkarte und Abbildungen. Wien 1783-1784.

DOMINGUEZ, Fray Francisco Atanasio, The Missions of New Mexico, 1776. Translated and annotated by E.B. Adams and Fray A. Chavez. Albuquerque 1956.

DOUARCHE, Aristide, Etude historique sur la banquerote du Père Lavalette et la destruction des jésuites au XVIIIᵉ siècle. Bourges 1880.

DORTA, Henrique M., La architectura barocca en el Peru. Madrid 1957.

DOYLE, William, Jansenism. Catholic Resistance to Authority from the Reformation. New York 1999.

DRAIN, Thomas A., A Sense of Mission. Historic Churches of the Southwest. San Francisco 1994.

DUDON, Paul, S.J., De la suppression de la Compagnie de Jesus (1758-1773), in: RQH (132) 1938. 75-89.

DUHR, Bernard, Geschichte der Jesuiten in den Ländern deutschen Zunge. München/ Regensburg 1928.

— Jesuiten-Fabeln. Ein Beitrag zur Kulturgeschichte. Freiburg 1904.

— Deutsche Auslandssehnsucht im achtzehnten Jahrhundert. Aus der überseeischen Missionsarbeit deutscher Jesuiten (Schriften des Deutschen Auslands-Instituts Stuttgart, Reihe A: Kulturhistorische Reihe, 20). Stuttgart 1928.

DÜLMEN, Richard van, Antijesuitismus und katholische Aufklärung in Deutschland, in: Historisches Jahrbuch 89 (1969), 54-80.

— Der Geheimbund der Illuminaten. Darstellung, Analyse, Dokumentation. Stuttgart 1975.

— Gesellschaft der frühen Neuzeit. Kulturelles Handeln und sozialer Prozess. Beiträge zu einer Kulturforschung. Wien 1993.

— Religion, Magie, Aufklärung. 16.–18. Jahrhundert. Frankfurt ²1999.

DUMEIGE, Gervais, S.J., L'idée de mission et la Compagnie de Jésus, in: RETIF, André, S.J., Les héritiers de Saint François Xavier. Paris 1956, 23-33.

EBNER, Carlos Borromäus, Hans Xaver Treyer, ein deutscher Bildschnitzer in Belém do Pará 1703, in: Südamerika 7 (1956/57), 274.

ECKART, Anselm von, Zusätze zu Pedro Cudenas Beschreibung der Länder von Brasilien, in: Christoph Gottlieb von Murr (Hrsg.), Reisen einiger Missionarien der Gesellschaft Jesu in Amerika. Nürnberg 1785, 451-596.

ENRICH, Francisco, Historia de la Companía de Jesús en Chile. 2 Bde. Barcelona 1891.

ERICHSON-BLOCH, S., The Keyboard Music of Domenico Zipoli (Diss.). Cornell 1975.

ESTAVAN, Fernand Reglas de canto plano è de contrapunto è de canto de organo. Comentario, estudio, transcripción y facsimile por Maria Pilar Escudero Garcia (= Musicalia 3). Madrid 1984.

ESTENSORO, Juan C., Música y sociedad coloniales, 1680-1830. Lima 1993.

Evangelización y Teología en América (siglo XVI) (= X Simposio internacional de Teología de la Universidad de Navarra), 2 Bde. Pamplona 1990.

Extraits de la Relation abregée concernant la elles Ecclésiastiques.... o.O. o.J.

EYBL, Franz M., Konfession und Buchwesen. Augsburgs Druck- und Handelsmonopol für katholische Predigtliteratur, insbesondere im 18. Jahrhundert, in: Helmut GIER (Hrsg.), Augsburger Buchdruck und Verlagswesen von den Anfängen bis zur Gegenwart. Wiesbaden 1997, 633-652.

FABER, Gustav, Tropisches Barock (Coll. Meisterwerke). Hannover 1957.

FABRE, Pierre-Antoine / ROMANO, Antonella, République établie par les Jésuites dans l'Uruguai & la Paraguai... Donnés par l'Auteur des Nouv (Hrsg.), Les Jésuites dans le monde moderne, nouvelles approches, in: Revue de Synthese 120 (1999), Nr. 2-3 (Avril-Septembre).

FASSL, Peter, Wirtschaft, Handel und Sozialstruktur 1648-1806, in: Gunther GOTT-LIEB / Wolfram BAER / Josef BECKER / Josef BELLOT / Karl FILSER / Pankraz FRIQED / Wolfgang REINHARD und Bernhard SCHIMMELPFENNIG (Hrsg.), Geschichte der Stadt Augsburg von der Römerzeit bis zur Gegenwart. Stuttgart 1984, 468-480.

FAßBINDER, Maria, Der „Jesuitenstaat" in Paraguay. Halle 1926.

FEDER, Ernesto: Uma viagem desconhecida pelo Brasil – Lessing, Pedro Cadena e os Jesuítas, in: Cultura Política. Ano V. Nr. 49. Rio de Janeiro 1945, 113-128.

FELLERER, Karl G., Das Konzil von Trient und die Kirchenmusik, in: GKK 1976, II, 7-9.

— Der Palestrinastil und seine Bedeutung in der vokalen Kirchenmusik des 18. Jahrhunderts. Augsburg 1929.

— Kirchenmusik der Missionen, in: DERS. (Hrsg.), Geschichte der Katholischen Kirchenmusik, Bd.2. Kassel 1976 [zit.: GKK 1976], 348-353.

FELLNER, Stefan, Numerus sonorus. Musikalische Proportionen und Zahlenästhetik der Jesuitenmissionen Paraquays am Beispiel der Chiquitos-Kirchen des P. Martin Schmid SJ (1694-1772). Berlin 1993.

FERNANDEZ, Juan Patricio, Relación historial de las missiones de los Indios, que llaman Chiquitos, que están a cargo de los padres de la Compania de Jesus de la provincia del Paraguay. Madrid 1895.

FÉROTIN, Marius, Le *Liber Mozarabicus Sacramentorum* et les manuscrits mozarabes, hrsg. u. Erg. der Bibl. v. Anthony Ward (= Instrumenta liturgica Quarrerensia 4). Roma 1995.

FESPERMAN, John, Organs in Mexico. Raleigh 1980.

FILHO, Claver, O órgão da Catedral de Mariana, in: Concerto de Mariana / Restauração do órgão. Mariana 1984.

— J.E. Lobo de Mesquita: *Missa em Fá Maior* e *Lidainha de Nossa Senhora* [Litaniæ B.M.V.], in: DERS., Concerto de Mariana/Restauração do órgão. Mariana 1984.

FISCHER, P. Karl Adolf Franz SJ (Hrsg.), Catalogus Generalis Provinciae Bohemiae (1623-1773) et Silesiae (1755-1773) Societatis Jesu. Ausgearbeitet aufgrund der Archivalien des Archivum Romanum SJ. Rott im Elsaß 1985.

FISCHER, Karl Anton, Die Astronomie und die Naturwissenschaften in Mähren, in: Bohemia 24/1. Prag 1983, 38.

FISCHER, Rainald (Hrsg.), P. Martin Schmid SJ (1694-1772). Seine Briefe und sein Wirken (= Beiträge zur Zuger Geschichte 8). Zug 1988.

FLEISCHMANN, Kornelius, Klemens Maria Hofbauer. Sein Leben und seine Zeit. Graz u.a. 1988.

Formula Instituti Societatis Iesu (1540), in: Gründungstexte der Gesellschaft Jesu. Würzburg 1998.

Frage, ob man mit gutem Gewissen, ohne Ungerechtigkeit, ohne Aergerniß, und ohne großen Nachtheil der Kirche die Jesuiten vertilgen könne? Freystadt 1773.

FRANCO, José Eduardo, A construção do mito jesuítico e o seu papel no reforço de Estado Absolutista, in: Revista Século XVIII 1 (2000), 255-282.

— / REIS, Bruno Cardoso, Vieira na Literatura anti-jesuítica (séculos XVIII-XX). Lisboa 1997.

— / VOGEL, Christine, Monita secreta. Instruções Secretas dos Jesuítas. História de um Manual Conspiracionista. Lisboa 2002.

FREITAS, Inês Aguiar de, Em nome do Pai: a geografia dos jesuítas no Brasil nos séculos XVI, XVII e XVIII. Dissertação de Mestrado em Geografia. Universidade Federal do Rio de Janeiro. Rio de Janeiro 1992.

FRINGS, Paul (Hrsg.), Paracuaria – die Kunstschätze des Jesuitenstaates in Paraquay. Mainz 1982.

FRÖLICH, Wolfgang, Noten ohne Text oder Anmerkungen über die zufällige Gedanken und Sätze über das Verfahren gegen die Jesuiten in dem Kirchenstaat. Frankfurt / Leipzig 1774.

FRUTAZ, Amato Pietro (Hrsg.), Pinerolien. Beatificationis et Canonizationis Servi Dei Pii Brunonis Lanteri Fundatoris Congregations Oblatorum M.V. († 1830). Positio super introductione causae et super virtutibus ex officio compilata. Rom 1946. [= Positio].

FUENTES SEPÚLVEDA, Graciela, Actividad misional jesuita y forma de expresión religiosa en el archipiélago de Chiloé, siglos XVII y XVIII. Diss. Santiago 2000.

GALÁN GARCÍA, Agustín, El «Oficio de Indias» de Sevilla y la organización económica y misional de la Compañía de Jesús (1566-1767) (Fundación Fondo de Cultura de Sevilla, Colección Focus, 8/1995). Sevilla 1995.

GALMÉS, Lorenzo, Grandes evangelizadores americanos, in: BORGES, Historia 1992, I, 615-630, bes. 621f.

— Hagiografía hispanoamericana, in: BORGES, Historia 1992, I, 383-403.

GANSS, George E., (Hrsg.), The Constitutions of the Society of Jesus. St. Louis 1979.

GARRIDO BOÑANO, Manuel, Reforma litúrgica del concilio de Trento, in: Liturgía 1986, 23-32.

GATZ, Erwin (Hrsg.), Die Bischöfe der deutschsprachigen Länder 1783/1803 bis 1945. Berlin 1983.

— Roma christiana. Regensburg 1997.

Gedanken von den Befugsamen teutscher Reichfürsten bey Abstellung des Jesuiter-Ordens. Frankfurt / Leipzig 1774.

GENETTE, Gérard, Paratexte. Das Buch vom Beiwerk des Buches. Frankfurt/M. 2001.

GERBI, Antonello, La disputa del Nuevo Mundo, Historia de una polémica. México 1982.

GERL, P. Herbert SJ (Hrsg.), Catalogus Generalis Provinciae Germaniae Superioris et Bavariae Societatis Iesu 1556-1773. München 1968.

Gespräch im Reiche der Todten, zwischen Benedikt dem XIV. und dem Clemens XIV. worinne die Geschichte dieser grossen Päbste, und die, unter ihrer Regierung sich zugetragne wichtige Kirchen-Geschäfte, mit vielen besonderen Umständen, aus glaubwürdigen nachrichten, wie auch viele merkwürdige Vorfälle vom Leben und Tod des Jesuiter-Generalen Ricci, erzehlet werden. (o. O.) 1776.

Gespräch im Reiche der Todten, zwischen dem Stifter des Jesuiten-Ordens Ignatius Lojola und dem letztverstorbenen Pabst Clemens XIV. Bd. 1-3. Frankfurt a. M. 1775.

GIARD, Luce (Hrsg.), Les jésuites à la Renaissance. Système édicatif et production du savoir. Paris 1995.

GIARD, Luce / VAUCELLES, Louis de (Hrsg.), Les Jésuites à l'âge baroque (1540-1640). Grenoble 1996.

GICKLHORN, Renée, Missionsapotheker. Deutsche Pharmazeuten im Lateinamerika des 17. und 18. Jahrhunderts (Veröffentlichungen der Internationalen Gesellschaft für Geschichte der Pharmazie, NF, 39). Stuttgart 1973.

— Im Kampf um den Amazonenstrom. Das Forscherschicksal des P. S. Fritz. Prag / Leipzig / Berlin 1943.

GIER, Helmut (Hrsg.), Augsburger Buchdruck und Verlagswesen von den Anfängen bis zur Gegenwart. Wiesbaden 1997.

GILIJ, Filippo Salvatore, Nachricht von den Sprachen der Völker am Orinokoflüsse. Mit einer Landkarte und Kupfern, in: Christoph Gottlieb von MURR (Hrsg.), Reisen einiger Missionarien der Gesellschaft Jesu in Amerika. Nürnberg 1785, 325-450.

[GÖCHHAUSEN, Ernst August Anton von], Vollendeter Aufschluß des Jesuitismus und des wahren Geheimnisses der Freimaurer: ans Licht gestellt von dem Herausgeber der Enthüllung der Weltbürger-Republik aus den Papieren seines verstorbenen Vetters. Rom [i.e. Züllichau] 1787.

GOMEZ, Luis, La organización franciscana en América, in: Montalbán 1 (1972), 1-32.

GÓMEZ CANEDO, Lino, Milenarismo, escatología y utopía en la evangelización de América, in: Evangelización y Teología, II, 1399-1409.

GOTTLIEB, Gunther, (Hrsg.): Geschichte der Stadt Augsburg von der Römerzeit bis zur Gegenwart. Stuttgart 1984.

GRAMATOWSKI, Wilhelm SJ (Hrsg.), Epistolae Kircherianae. Index Alphabeticus. Index Geographicus. Subsidia ad Historiam SJ 11. Institutum Historicum Societatis Iesu. Rom 2001, 103.

GREGOR, Joseph, Das spanische Welttheater. Weltanschauung, Politik und Kunst der großen Epoche Spaniens. ²München 1943.

GRULICH, Rudolf, Der Beitrag der böhmischen Länder zur Weltmission des 17. und 18. Jahrhunderts. Königstein/Taunus 1981. (Veröffentlichungen des Instituts für Kirchengeschichte Böhmen, Mähren, Schlesien e.V., NF, 7).

Gründliche Ausführung der Befugnis des regierenden Herrn Grafen Simon August zur Lippe über das in Besiz genommene, den ehemaligen Jesuiten zugehörig gewesene Kloster Falkenhagen, zu disponieren, nebst gesetzlichem Beweis der Nichtigkeit der Ansprüche des Herrn Fürst Bischofs zu Paderborn an diesem Kloster. (o. O.) 1774.

GUERBER, Jean, Le ralliement du Clergé français a la morale liguorienne. L'abbé Gousset et ses précursezrs (1785-1832). (Analecta Gregoriana 193). Rom 1973.

GUIMARÃES, Maria I. J., L'œuvre de Lobo de Mesquita : compositeur brésilien (1746-1805). Contexte historique, analyse, discographie, catalogue thématique, restitution (zgl. Diss. Paris IV-Sorbonne 1996). Villeneuve d'Ascq 2000.

— José Joaquim Emérico Lobo de Mesquita – Contexte historique, in: Beiheft zu: Lobo de Mesquita, Dominica in Palmis (= La nuit transfigurée, LNT 340104). Paris 1999.

GUTIÉRREZ, Ramón (Hrsg.), L'art chrétien du nouveau monde. Le baroque en Amérique latine. Paris 1997.

— / Graciela M. VIÑUALES, L'architecture au Paraquay: les missions jésuites, in: GUTIÉRREZ, Art chrétien, 375-384.

— Le Baroque est toujours vivant en Amérique Latine, in: DERS., Art chrétien, 459f.

HÄBERLEIN, Mark, Monster und Missionare: Die außereuropäische Welt in Augsburger Drucken der frühen Neuzeit, in: Helmut GIER/ J. JANOTA (Hrsg.), Augsburger Buchdruck und Verlagswesen von den Anfängen bis zur Gegenwart. Wiesbaden 1997, 353-380.

[HAHN, Modest], Des hochwürdigen Herrn Exgenerals Ricci Abschiedsrede, vor seinem Tode in der Engelsburg an seine ehemalige Gesellschaft gehalten. (Rom) 1776.

HANISCH-ESPINDOLA, P. Walter SJ, Itinerario y pensamiento de los jesuitas expulsos de Chile (1767-1815). Santiago de Chile 1972.

HARBSMEIER, Michael, Wilde Völkerkunde. Andere Welten in deutschen Reiseberichten der Frühen Neuzeit (Historische Studien 12). Frankfurt am Main / New York 1994.

HARTMANN, Peter Claus, Der Jesuitenstaat in Südamerika 1609-1768. Eine christliche Alternative zu Kolonialismus und Marxismus. Weissenhorn 1994.

— Die Jesuiten. München 2001.

HASSINGER, Hugo, Österreichs Anteil an der Erforschung der Erde. Ein Beitrag zur Kulturgeschichte Österreichs. Wien 1950.

HAUBERT, Maxime, La vie quotidienne au Paraquay sous les jésuites. Paris 1967.

HAUSBERGER, Bernd, Jesuiten aus Mitteleuropa im kolonialen Mexiko. Eine Bio-Bibliographie (StGKIIL, 2). München / Wien 1995.

— Für Gott und König. Die Mission der Jesuiten im kolonialen Mexiko (StGKIIL, 6). München 2000.

HAVESTADT, P. Bernhard SJ, Chilidúgú sive Res Chilenses vel Descriptio Status tum naturalis, tum civilis, tum moralis Regni populique Chilensis, inserta suis locis perfectae ad Chilensem Linguam Manuductioni, Deo D.M. multis ac miris modis iuvante opera, sumptibus, periculisque, Bernardi Havestadt Agrippinensis quondam Provinciae Rheni Inferioris primum Hostmariae in Westphalia, deinde in Americae Meridionalis Regno Chilensi e Societate Jesu Missionarii. Tomus I: Permissu Superiorum ac Rmi & Eximii D. Ordinarii Colonienses facultate speciali. Monasterii Westphaliae Typis Aschendorfianis 1777. 3 Bde in 8°, Münster 1777. Neuausgabe u.d.T.: Chilidúgú sive Tractatus linguae Chilensis opera Bernardi Havestadt. Editionem novam immutatam curavit Dr. Julius Platzmann. Volumen I-II. Lipsiae, in aedibus B.G. Teubneri 1883. Leipzig 1883.

HEINRITZ, Reinhard, „Andere fremde Welten." Weltreisebeschreibungen im 18. und 19. Jahrhundert (Literatura 6). Würzburg 1998.

HEINZMANN, Josef, 200 Jahre Redemptoristen in der Schweiz, 1797/98 bis 1997/98 (als Manuskript gedruckt), o.O. 1998.

— Das Evangelium neu verkünden. Klemens Maria Hofbauer. Freiburg/Schweiz ²1987.

HENGST, Karl, Jesuiten an Universitäten und Jesuitenuniversitäten Zur Geschichte der Universitäten in der Oberdeutschen und Rheinischen Provinz der Gesellschaft Jesu im Zeitalter der konfessionellen Auseinandersetzung (Quellen und Forschungen aus dem Gebiete der Geschichte, NF, 2). Paderborn (u.a.) 1981.

HENKEL, Thomas, Die grössere Ehre Gottes, das Heil des Nächsten und die Neue Welt. Freiburger und Schweizer Jesuiten als Missionare in Lateinamerika, in: Freiburger Geschichtsblätter 73 (1996), 149-183.

HENTSCHEL, Uwe, Die Reiseliteratur am Ausgang des 18. Jahrhunderts. Vom gelehrten Bericht zur literarischen Beschreibung, in: Internationales Archiv für Sozialgeschichte der deutschen Literatur 16 (1991), Heft 2, 51-83.

HERNÁNDEZ, Luis, El culto divino en El Escorial, in: Liturgía 1986, 39-60.

HERNÁNDEZ FERRERO, Juan, Iglesia y monarquía, in: Consejo de Administración del Patrimonio nacional (Hrsg.), Iglesia y Monarquía: La Liturgía (= AK IV Centenario del Monasterio de El Escorial), 15-22.

HERSCHE, Peter, Der Spätjansenismus in Österreich. Wien 1977.

HESS, Günter, Der sakrale Raum als Schauspiel. Zur poetischen Inszenierung der Münchner Michaelskirche in der historischen Festschrift von 1597, in: DERS. / Sabine M. SCHNEIDER / Claudia WIENER (Hrsg.), Trophæa Bavarica – Bayerische Siegeszeichen. Faksimilierter Nachdruck der Erstausgabe München 1597, mit Übersetzung und Kommentar (= Jesuitica 1). Regensburg 1997, 269-282.

HESS, Ignaz, OSB, Ein Missionsbrief des Jesuiten P. Alois Conrad Pfeil, in: Zeitschrift für schweizerische Kirchengeschichte 18 (1924), 166-172.

— Ein Missionsbrief des Jesuiten P. Alois Conrad Pfeil, in: Mitteilungen aus den deutschen Provinzen 11 (1927-1929), 325-329.

HIPPCHEN, Christoph, Zwischen Verschwörung und Verbot: der Illuminatenorden im Spiegel deutscher Publizistik (1776-1800). Köln / Weimar / Wien 1998.

[HIRSCHFELD, Victoria Therese], Gesprach im Reiche der todten, zwischen dem Pater Angelo, einem Jesuiten und dem Ritter von Moncada, einem ehemaligen Tempelherrn: worin die Geschichte dieser beeden beruhmten Orden, und die Aufhebung derselben, nebst andern merkwurdigen Dingen kurz und unparthenisch erzehlet wird. Nürnberg 1774.

Historia de la Iglesia en la América española desde el descubrimiento hasta comienzos del siglo XIX, Bd. 1 (verf.v. León Lopetegui und Felix Zubillaga), México, América Central, Antillas. Madrid 1965, Bd. 2: (verf.v. António de Egaña) Hemisfero Sur. Madrid 1966.

HOFER, Johannes, Der Heilige Klemens Maria Hofbauer. Ein Lebensbild. Freiburg ³1923.

HOFFMANN, Hermann, Schlesische, mährische und böhmische Jesuiten in den Heidenmissionen (Zur schlesischen Kirchengeschichte, 36). Breslau 1939.

— Friedrich II. von Preußen und die Aufhebung der Gesellschaft Jesu (Bibliotheca Instituti Historici Societatis Jesu, 30). Rom 1969.

— Das Vermögen der schlesischen Jesuiten, in: Zeitschrift des Vereins für die Geschichte und das Altertum Schlesiens 65. Breslau 1931, 430-451.

HOFSTÄTER, Felix F., Wahrmund oder Antwort auf alte Verleumdungen wider Jesuiten. (o. O.) 1782.

HÖLLER, Hans Jürgen, Bayer, P. (Johann) Wolfgang, 3. Bibliographie, in: BBHS 1 (1992), 190f.

HOLTROP, Willem, W. Bayer S.J. – Reize naar Peru, van 1749 tot 1770. Amsterdam 1782.

HOOK, Judith, The Baroque Age in England. London 1976.

HOSP, Eduard, Der heilige Klemens Maria Hofbauer. Wien 1951.

HUBEL-OLENGO, Elisabeth, Ein Gang durch den „Romantiker-Friedhof" in Maria Enzersdorf bei Wien. Sonderdruck aus dem Heimatbuch für den Bezirk. Mödling 1958.

HUONDER, P. Anton SJ, Das Missionsnoviziat der Oberdeutschen Ordensprovinz der Gesellschaft Jesu zu Landsberg im 18. Jahrhundert, in: Die katholischen Missionen 54 (1926), 193-197.

— Deutsche Jesuitenmissionäre des 17. und 18. Jahrhunderts (Ergänzungshefte zu den Stimmen aus Maria Laach 74). Freiburg i.Br. 1899.

— P. Joseph Stöckleins „Neuer Welt-Bott", ein Vorläufer der „Katholischen Missionen" im 18. Jahrhundert, in: Die Katholischen Missionen 33 (1904), 106.

ILLARI, Bernardo, San Ignacio de Loyola. Una opera de la alteridad en las reducciones jesuiticas, in: Beiheft zu: San Ignacio. L'opéra perdu des missions jésuites de l'Amazonie (= Musique Baroque à la Royale Audience de Charcas 2) (= K617065). Paris 1996, 35-41;

— Torrejón de Velasco, in: Musique à la cité des Rois: Torrejón de Velasco (= K617-035). Paris 1993, 52-62.

JÄCK, Joachim Heinrich, Pantheon der Litteraten und Künstler Bambergs. Bamberg 1812-1815, 64.

JANN, Franz Xaver, Beyträge zur pragmatischen Jesuitengeschicht, die nächstens herauskommen soll. Freyburg 1782.

JARRIGE, Pierre, Les Jésuites mis sur l'echafaut, pour plusieurs crimes capitaux par eux commis dans la province de Guinne. Leiden 1676.

Jézus Tàrsasàgànak Rendalkotmànya és Kiegészito Szabàlyok [Gründungstexte der Gesellschaft Jesu]. Budapest 1997.

JOHNSTON, Francis, The Wonder of Guadalupe. The Origin and Cult of the Miraculous Image of the Blessed Virgin of Mexico. Devon 1981.

JOLIVET, Jean Louis, Secret du gouvernement jesuitique ou Abrégé des Constitutions de la Société de Jesus. Lettre à M. le Duc de **. Sans lieu 1761.

KAST, Paul / SENN, Walter, Die Messe, Kap. 2.a-c (Meßkomposition vom 17.-19. Jhd.), in: Musikalische Gattungen in Einzeldarstellungen, Bd. 2: Die Messe. München / Kassel 1985.

KELEMEN, Pál, Baroque and Rococo in Latin America. New York 1951.

KIRKPATRICK, Ralph, Domenico Scarlatti. Princeton 1953.

[KLAUSING, Anton Ernst (Übers. / Hrsg.)], Sammlung der neuesten Schriften, welche die Jesuiten in Portugal betreffen. Aus dem Italiänischen übersetzt, 4 Bde. Franckfurt / Leipzig 1760-1762.

KÖBLER, Gerhard, Historisches Lexikon der Deutschen Länder. Die deutschen Territorien und reichsunmittelbaren Geschlechter vom Mittelalter bis zur Gegenwart. 6., vollständig überarbeitete Auflage. München 1999.

KOCH, P. Ludwig SJ, Jesuiten-Lexikon. Die Gesellschaft Jesu einst und jetzt. 2 Bde. Löwen-Heverlee 1962. [Neudruck Paderborn 1934].

KNAAKE, Johann F. (Hrsg.), Das Breve Papst Clemens XIV. betreffend die Aufhebung des Jesuiten-Ordens. Nach dem lateinischen Urdruck und in deutscher Übersetzung. Leipzig 1903, 28.

KNIGGE, Adolph, (unter Pseudonym als Joseph Alois MAJER), Ueber Jesuiten, Freymauerer und deutsche Rosencreutzer. Leipzig 1781.

KRATZ, Wilhelm, Bayer, Wolfgang, in: NDB 1 (1953), 679.

— Der Prozeß Malagrida nach den Originalakten der Inquisition im Torre do Tombo in Lissabon, in: AHSI 4 (1935), 1-43.

KROPF, P. Franz-Xaver SJ, Historia Provinciae Societatis Iesu Germaniae Superioris. 5 Bde., 4: Ab anno 1611 ad annum 1630. Perm. Sumptibus Joannis Gastl, biblipolae Pedepontani. Monachii, Typis Jo. Jacobi Vötter, Aul. ac. Stat. Provinc. Bav. Typographi. München 1746.

KUBLER, George / SORÍA, Martin, Art and Architecture in Spain and Portugal, and their American Dominions. Harmondsworth 1959.

— The Religious Architecture of New Mexico in the Colonial Period and since the American Occupation (sic). Albuquerque 1990.

Kurze historische Beleuchtung über das päpstliche Breve, in welchem der Orden der Gesellschaft Jesu aufgehoben worden. Freyburg 1773.

Kurze und gründliche Prüfung der Abhandlung, welche der Freundschaftlichen Vertheidigung der Gesellschaft Jesu entgegen gesetzt worden. Freystadt 1774.


LABOURDETTE, Jean-François, Histoire de Portugal. Paris 2000.

[LACHMANN, Johann Joachim], Die eigentümlichen Lehrsätze und Maximen der Jesuiten, nach welchen sie dem Christenthume und den Staaten schädlich geworden sind, aus ihren klassischen Schriftstellern gezogen, nebst einer kurzen Geschichte dieses Ordens: fortgesetzt bis nach seiner Aufhebung ins Jahr 1774. Züllichau 1774.

LADERO, Miguel A., La España de los Reyes Católicos, 2 Bde. Madrid 1969.

LAMALLE, P. Edmond SJ, Les Catalogues des Provinces et des Domiciles de la Compagnie de Jésus: Note de bibliographie et de statistique, in: AHSI 13 (1944), 101.

LANGNER, Albrecht (Hrsg.), Adam Müller 1779-1829 (Beiträge zur Katholizismusforschung A; 3). Paderborn 1988.

LANTERI, Pie-Bruno, Reflexions sur la sainteté et la doctrine du bienheureux Liguori. Lyon / Paris 1823.

— Reponse à la question, si la doctrine du B. Liguori est toute sûre et approuvée par le Saint Siège. Lyon 1824.

L'art européen à la cour d'Espagne au XVIIIe siècle L' art europeen a la cour d'Espagne au 18. siecle / [exposition organisee par la Direction du patrimoine artistique espagnol, la Ville de Bordeau, la Reunion des musees nationaux] (AK Madrid / Paris 1979/1980). Paris 1979.

LAVAL MANRIQUEZ, Enrique, Botica de los Jesuitas de Santiago (Asociación Chilena de Asistencia Social, Biblioteca de historia de la medicina en Chile, 2). Santiago de Chile 1953.

[LE-BRET, Johann Friedrich], Sammlung der merkwürdigsten Schriften die Aufhebung des Jesuiter-Ordens betreffend. Bd. 1-3. (o. O.) 1773-75.

LEIBNIZ, Gottfried Wilhelm, De vera ratione reformandi rem literarium meditationes, in: Adolf von HARNACK (Hrsg.), Geschichte der Königlich Preussischen Akademie der Wissenschaften zu Berlin 2. Berlin 1900.

LEITE, Serafim SJ, A famosa Clavis Prophetarum e seus satélites, in: Verbum Nr. 1. Rio de Janeiro 1945, 257-279.

— História da Companhia de Jesus no Brasil. 10 Bde. Rio de Janeiro 1938-50.

— Artes e Ofícios dos Jesuítas no Brasil. Rio de Janeiro 1953.

LEMOINE, Robert, Dom, Le monde des religieux, in : LE BRAS, Gabriel / GAUDEMET, Jean (Hrsg.), Histoire du Droit et des Institutions de l'Eglise en Occident . L'époque moderne (1563-1789), XV/2. Paris 1995.

LEONHARDT, P. Carlos SJ, Deutsche Kultur in Chile vor 200 Jahren. Santiago de Chile 1917 (Ms. im AMSJ).

LEROY, Michel, Le mythe jésuite de Béranger à Michelet. Paris 1992.

LICHTENSTERN, Anton, Das Landsberger Jesuitenkolleg, in: Heilig-Kreuz-Kirche Landsberg am Lech. Von Dagmar Dietrich (Schnell & Steiner Große Kunstführer, 144). München / Zürich 1986, 3-12.

LÖHER, Franz, Über handschriftliche Annalen und Berichte der Jesuiten, in: Sitzungsberichte der Bayerischen Akademie der Wissenschaften, Bd. 2. München 1874, 155-184.

LOIDL, Franz / KREXNER, Martin, Wiens Bischöfe und Erzbischöfe. Wien 1983.

LOIX. Les Loix de l' amitié chrétienne. (Original im Archivio della Postulazione degli Oblati di Maria Vergine. Rom, S I, V, 191). Druck: Bona, S. 476-488.

Los dominicanos y el Nuevo Mundo. Actas del I Congreso Internacional. Madrid 1988

LOYOLA, Ignatius von, Geistliche Übungen und erläuternde Texte. Graz / Wien / Köln 1983.

LUKIAN, Der wahren Geschichte Erstes Buch, in: Jürgen WERNER / Herbert GREINER-MAI, Lukian. Werke in drei Bänden 2. Berlin / New York 1981, 301-325, hier 301f..

LYNCH, John, Spain under the Habsburgs, I: Empire and Absolutism, 1516-1598, II: Spain and America, 1598-1700. ²Oxford 1981.


MAGNIN, Juan, Descripción de la provincia y misiones de Mainas en el reino de Quito, hrsg. von Julián G. BRAVO / Octavio LATORRE. Quito 1998.

MAIRE, Catherine, De la cause de Dieu à la cause de la Nation. Le jansénisme au XVIIIe siècle. Paris 1998.

— Les convulsionnaires de Saint-Médard. Miracles, convulsions et prophéties à Paris au XVIIIe siècle. Paris 1985.

MARONI, Pablo, Noticias autenticas del famoso río Marañón y misión apostólico de la compañía de Jesús de la provincia de Quito en los dilatados bosques de dicho río, escribialas por los años de 1738 un misionero de la misma compañía, hrsg. von Jean Pierre Chaumeil. Iquitos 1988.

MARTÍN HERNÁNDEZ, Francisco, Proyecto de nueva sociedad y nueva Iglesia en la primera evangelización americana, in: Evangelización y Teología, II, 1455-1470.

Masters of the Royal Chapel, Lisbon (= Hyperion CDA 66725). London 1994.

MATTEI, Roberto de, Pio Brunone Lanteri, Direttorio et altri scritti. Siena 1975.

MAURO, Frédéric, La colonisation portugaise en Amérique, in: Histoire du Portugal – Histoire européenne (Actes du colloque, Paris 1986). Paris 1987.

— Le Portugal, le Brésil et l'Atlantique au XVIIe siècle (1570-1670). Paris 1983.

MAYER, Dominikus, Neu-aufgerichteter Americanischer Mayerhof. Das ist: Schwere Arbeiten und reiffe Seelen-Früchten Neuerdings gesammelt. Augsburg 1747.

MAYR, Johann, Anton Sepp. Ein Südtiroler im Jesuitenstaat. Bozen 1988.

— Südtiroler Jesuiten der Oberdeutschen bzw. Bayerischen Provinz, 1566-1773, in: Korrespondenzblatt Brixen 98 (1987), 64-91.

McCREDIE, Andrew D., Kirchenmusik auf den Philippinen, in: FELLERER, Geschichte, II, 340-343.

MEDINA, Baltasar de, Vida, martirio y beatificación del invicto protomártir de el Japon, San Fr. Felipe de Jesús, patron de México, su patria, imperial corte de Nueva España…, a expensas de la devota, noble, y generosa platería de México… México 1683, ²Madrid 1751.

MEIER, Johannes, Amerika, B. Zentralamerika, C. Karibik, in: ³LThK 1 (1993), coll. 506-523.

— Chiloé - Ein Garten Gottes am Ende der Welt, in: „…usque ad ultimum terrae". Die Jesuiten und die transkontinentale Ausbreitung des Christentums 1540-1773. Hrsg. v. Johannes Meier (StAeCg, 3). Göttingen 2000, 183-201.

— Die Anfänge der Kirche auf den Karibischen Inseln. Immensee 1991.

— Die Geschichte des Christentums in Lateinamerika. München 1988.

— Die Kirche in Amerika zur Zeit der spanischen Kolonialherrschaft, in: DERS., Die Geschichte des Christentums in Lateinamerika, 40-55.

— Johann Bitterich (1675-1720) und die Indios von Oberursel, in: Würzburger Diözesangeschichtsblätter 62/63 (2001), 945-952.

— Los jesuitas expulsados de Chile (1767-1839), sus itinerarios y sus pensamientos, in: Los jesuitas españoles expulsos. Su imagen y su contribución al saber sobre el mundo hispánico en la Europa del siglo XVIII. Actas del coloquio internacional de Berlin (7-10 de abril de 1999). Hrsg. v. Manfred Tietz und Dietrich Briesemeister. Madrid / Frankfurt a.M. 2001, 423-441.

— Patronat in den Missionen, in: LThK³ 7 (1998), 1484-1486.

Meine Gedanken, wie der päpstliche Stuhl nach der Erblehre der Kirche bey dem Handel der so ansehnlich als nützlichen Gesellschaft Jesu ohne Gefahr einer Nullität verfahren müsse, in Antwort auf das Bedenken der bourbonischen Höfe. Petersau 1773.

MENDOZA, Vincente T. und Virginia R. R., Estudio y clasificación de la Música tradicional Hispánica de nuevo México. México 1986.

MERKLE, Sebastian (Hrsg.), Die Matrikel der Universität Würzburg 1582-1830. 2 Teile: Text. 2 Bde. München / Leipzig 1922. 2 Teil: Personen- und Ortsregister.

Bearbeitet von Alfred und Christa Wendehorst (Veröffentlichungen der Gesellschaft für Fränkische Geschichte, 4. Reihe: Matrikeln Fränkischer Schulen, 5). Berlin 1982.

MERZ, Alois (als Anonym erschienen), Der Jesuit vor dem Richterstuhle des Herrn Johann Jacob Moser, königl. dänischen Statsrath. Frankfurt / Berlin (o. J.).

MILLER, Samuel J., Portugal and Rome c. 1748-1830. An Aspect of the Catholic Enlightenment. Rom 1978.

Missale Romanum. Editio Princeps. Roma 1570 (Ndr. Roma 1998).

MOLINA, Juan Ignacio / VIDAURE, Felipe, Des Herrn Abts Vidaure kurzgefasste geographische, natürliche und bürgerliche Geschichte des Königskreichs Chile. Hamburg 1782.

MONTAIGNE, Michel de, Die Essais (1588). Neudruck Stuttgart 1988.

MONUMENTA HOFBAUERIANA, 16 Bde. Thorn / Krakau / Rom / Innsbruck 1915-1998.

MORALES, Francisco (Hrsg.), Franciscan Presence in the Americas 1492-1900. Potomac 1983.

MÖRNER, Magnus (Hrsg.), The Expulsion of the Jesuits from Latin America. New York 1965.

MOSER, Johann Jacob, Abhandlung von den Rechten der Jesuiten in Deutschland. (o. O.) 1773.

— Rechtliches Bedencken von Aufhebung des Jesuiter-Ordens, besonders so viel die Befügnisse eines Evangelischen Reich-Standes dabey betrifft. Frankfurt / Leipzig 1774.

— Zugaben zu seinem rechtlichen Bedencken von Aufhebung des Jesuiter-Ordens. Frankfurt / Leipzig 1774.

MÜLLER, Adam, Die Elemente der Staatskunst, 3 Bde. Wien 1809.

MÜLLER, Ludger, Lebensbilder schlesischer Jesuitenmissionare im 17. und 18. Jahrhundert, in: Archiv für schlesische Kirchengeschichte 43 (1985), 165-220.

MÜLLER, Michael, Das soziale, wirtschaftliche und politische Profil der Jesuitenmissionen. Versuch einer umfassenden Annäherung am Beispiel Chiles und Paraguays, in: Eroberung oder Begegnung. Erinnerung an die Anfänge der katholischen Kirche als Weltkirche in der frühen Neuzeit und die Herausforderungen der Globalisierung (StAeCg, 8). Wiesbaden, voraussichtlich 2004.

— Die Entwicklung des höheren Bildungswesens der französischen Jesuiten im 18. Jahrhundert bis zur Aufhebung 1762-1764. Mit besonderer Berücksichtigung der Kollegien von Paris und Moulins. Diss. Univ. Mainz (Mainzer Studien zur Neueren Geschichte, 4). Frankfurt a.M. 2000.

— Mainzer Jesuitenmissionare in Übersee im 18. Jh. – eine erste Forschungsbilanz, in: Mainzer Zeitschrift. Mittelrheinisches Jahrbuch für Archäologie, Kunst und Geschichte 99. Mainz 2004, 105-120.

— Patronat II: Spanische Besitzungen, in: RGG[4] 6 (2003), 1022.

— P. Bernhard Havestadts (1714-1781) „Chilidúgú" (1777) – Literarische Verarbeitung eines missionarischen Lebenswerkes bei den südchilenischen Indianern, in: Kirchliches Buch- und Bibliothekswesen 5 (Trier, voraussichtlich 2004).

— P. Johann Anton Speckbacher (1652-1685). Ein Passauer Jesuit auf dem Weg nach Übersee, in: Ostbayerische Grenzmarken 46. Passau 2004, 9-22.

MÜLLER, Winfried, Die Aufhebung des Jesuitenordens in Bayern. Vorgeschichte, Durchführung, administrative Bewältigung, in: Zeitschrift für bayerische Landesgeschichte 48 (1985), 285-352, hier bes. 318-322.

MUNDWILER, Johann Baptist, Deutsche Jesuiten in spanischen Gefängnissen, in: ZKTh 26 (1902), 621-672.

MURATORI, Lodovico Antinio: Il cristianesimo felice nelle missioni dei padri della Compagnia di Gesù nel Paraguai. 1743. Dt.: Das glückliche Christentum in Paraguay unter den Missionarien der Gesellschaft Jesu (...) Wien / Prag / Triest 1758. Neuedition u.d.T.: Relation des missions du Paraguay. Paris 1983.

MURR, Christoph Gottlieb von, Eines Protestanten, Acht und zwanzig Briefe über die Aufhebung des Jesuitenordens. O.O. 1774.

— (Hrsg.), Journal zur Kunstgeschichte und zur allgemeinen Literatur, 16. Teile. Nürnberg 1775-1789.

— (Hrsg.), Nachrichten von verschiedenen Ländern des spanischen Amerikas. Aus eigenhändigen Aufsätzen einiger Missionare der Gesellschaft Jesu. 2 Bde. Halle 1808-1811.

— (Hrsg.), Reisen einiger Missionarien der Gesellschaft Jesu in America. Nürnberg 1785.


NAWROT, Piotr (ed.), Domenico Zipoli: Misa Zipoli / Missa Apostolorum (Coll. Monumenta Musica in Chiquitorum Reductionibus Boliviæ: Cantus Ordnarii Missæ). Santa Cruz de la Sierra 1996.

— Música de vísperas en las reducciones de Chiquitos, Bolivia (1691-1767). Obras de Domenico Zipoli y maestros jesuitas e indígenas anónimos. La Paz 1994.

NEBEL, Richard, Santa María Tonantzin, Virgen de Guadalupe (= NZM, Suppl. 40). Immensee 1992.

NELSON, Bernadette, The Portuguese Royal Chapel, in: Masters of the Royal Chapel, Lisbon (= Hyperion CDA 66725). London 1994, 4-8.

NEUERBURG, Norman The Decoration of the California Missions. ²Santa Barbara 1989.

NEWCOMB, Rexford, Spanish Colonial Architecture in the United States. New York 1933, ²ebd. 1990.

NICOLAI, Friedrich, Beschreibung einer Reise durch Deutschland und die Schweiz im Jahre 1781, in: Friedrich NICOLAI, Gesammelte Werke, Bd. 15-20. Hildesheim / Zürich / New York 1994.

NICOLE, Pierre, Lettres sur l'hérésie imaginaire, par le Sr. de Damvilliers. Liège 1667.

NICLUTSCH, Francisco, Americanische Nachrichten von Quito und den wilden Indianern in Maragnon. O.O. 1781.

NORME per l'Amicizia Sacerdotale. (Original im Archivio della Postulazione degli Oblati di Maria Vergine. Rom, S I, VI, 230). Druck: Bona, S. 504-507.

NUIX, Juan, Riflessioni imparziali sopra l'umanità degli spagnuoli nell'Indie. Venedig 1780.

NYE, R. B. / MORPURGO, J. E., The Birth of the U.S.A. (= A History of the United States 1). ²Harmondsworth 1964.

NYS, Carl de, La musique religieuse de Mozart. ²Paris 1991.


OBERMAIER, Franz, Bilder von Kannibalen. Kannibalismus im Bild. Brasilianische Indios in Bildern und Texten des 16. Jahrhunderts, in: Jahrbuch für Geschichte Lateinamerikas. Bd.38. Köln / Weimar / Wien 2001, 49-72.

Observations intéressantes, et relatives au procès des Jésuites en Portugal. O.O. 1760.

O'KEEFE, Cyril B., Contemporary Reactions to the Enlightenment (1728-1762) A Study of three critical journals: the Jesuit Journal de Trévoux, the Jansenist Nouvelles ecclésiastiques and the secular Journal des Savants. Geneve / Paris 1974.

O'MALLEY, John W. / BAILEY, Gauvin Alexander / HARRIS, Steven J. / KENNEDY, T. Frank (Hrsg.), The Jesuits. Cultures, Sciences, and the Arts 1540-1773. Toronto et al. 1999.

OSTERHAMMEL, Jürgen, Distanzerfahrung. Darstellungsweisen des Fremden im 18. Jahrhundert, in: Hans-Joachim KÖNIG / Wolfgang REINHARD / Reinhard WENDT (Hrsg.), Der europäische Beobachter außereuropäischer Kulturen. Zur Problematik der Wirklichkeitswahrnehmung (Zeitschrift für Historische Forschung Beiheft 7). Berlin 1989, 9-42.

OTRUBA, Gustav, Österreichische Jesuitenpatres des 17. und 18. Jahrhunderts in der Weltmission und als Erforscher der Erde, in: Österreich in Geschichte und Literatur 5 (1961), 29-39.


PACHTLER, P. Georg Michael SJ (Hrsg.), Ratio Studiorum et Institutiones Scholasticae Societatis Jesu per Germaniam olim vigentes. 4 Bde., 3. Osnabrück (2) 1968. [Photomech. Reprod. d. Ausgabe Berlin 1887-1894 in der Reihe Monumenta Germaniae paedagogica].

PACQUIER, Alain, Les chemins du Baroque dans le Nouveau Monde. Paris 1996.

P. Anton Sepp und Anton Böhm SJ, Reißbeschreibung wie dieselbe in Paraquariam kommen. Nürnberg 1697.

PARDO, Andrès, L'Amérique latine jusqu'à la fin du XVIIIe siècle, in: Jacques PORTE (Hrsg.), L'encyclopédie des musiques sacrées, 4 Bde.. Paris 1970, II, 510-521.

PASCAL, Blaise, Les Provinciales. Texte établi et annoté par José Lupin, préface de Henri Gouhier de l'Institut. Paris 1966.

PASSERIN D'ENTRÈVES, Ettore, La riforma „giansenista" della chiesa e la lotta anticuriale in Italia nella seconda metà del Settecento, in: Rivista storica italiana 71 (1959), 109-234.

PASTELLS, P. Pablo SJ, Historia de la Compañía de Jesús en la Provincia del Paraguay según los Documentos originales del Archivo General de Indias. 4 Bde. Madrid 1912-1923.

Patriotische Frage: Wie sind die Plätze der PP. Jesuiten in der Schulen zu ersetzen? Ausgeworfen, und beantwortet von J. M. P. J. V. D. und C. in Schw. Untersucht in einer patriotischen Gegenantwort von L. S. Ss. Theol. L. und C. in der Schw. Frankfurt / Leipzig 1774.

Patriotische Paragraphen und Noten über die von J. M. P. J. V. D. und C. in Schw. patriotisch gestellte Frage: Wie sind die Pläzze der P. P. Jesuiten zu ersezzen, wenn ihr Institut aufgehoben ist? Frankfurt / Leipzig 1774.

PAVONE, Sabina, Le astuzie dei Gesuiti. Le false Istruzioni segrete della Compagnia du Gesù e la Polemica antigesuita nei secoli XVII e XVIII. Roma 2000.

PAZ, Octavio, Sor Juana Inés de la Cruz o Las trampas de la fe. Barcelona 1982.

PERAMÁS, José Manuel, Martinus Schmid sacerdos, in: DERS. (Ed.), De vita & moribus tredecim virorum paraquayorum. Faenza 1793, 405-460.

PEREIRA, Fernando A. B., História da arte portuguesa: época moderna (1500-1600). Lisboa 1992.

PERSON DE MATTOS, Cleofe, José Maurício Nunes Garcia. Biografia. Rio 1997.

— Catálogo temático das obras do Padre José Maurício Nunes Garcia, Rio 1970.

PETRIE, Sir Charles, King Charles III of Spain. London 1971.

[PEZZL, Johann], Faustin, oder das philosophische Jahrhundert. Reprint der Ausgabe aus dem Jahr 1783. Hildesheim 1982.

PFANDL, Ludwig, Die zehnte Muse von Mexiko: Juana Inés de la Cruz. Ihr Leben, ihre Dichtung, ihre Psyche. München 1946.

— Philipp II. Gemälde eines Lebens und einer Zeit, 8. Aufl. München 1979.

— Spanische Kultur und Sitte des 16. und 17. Jahrhunderts. Kempten 1924.

PFÜLF, Otto, Die Anfänge der deutschen Provinz der neuentstandenen Gesellschaft Jesu und ihr Wirken in der Schweiz 1803-1847. Freiburg i. Br. 1922.

PIAGET, E., Essai sur l'organisation de la Compagnie de Jésus. Leiden 1893.

PILLORGET, Suzanne, Apogée et declin des sociétés d'ordre: 1610-1787 (= Histoire universelle 9). Paris 1969.

POLGÁR, P. László SJ: Bibliographie sur l'histoire de la Compagnie de Jésus 1901-1980. 3 Bde. (Institutum Historicum S.I.). Rom 1981-1990.

PLATTNER, Felix A., Deutsche Meister des Barock in Südamerika im 17. und 18. Jahrhundert. Basel u.a. 1960.

PREUSS, Georg F. , Österreich, Frankreich und Bayern in der spanischen Erbfolgefrage 1685- 1689, in: HVj 12, NF 4 (1901), 309-333, 481-503.

— Verfassungsgeschichte der Spanischen Niederlande unter Kurfürst Max Emanuel, in: Forschungen zur Geschichte Bayerns 7 (1900), 207-227.


Raccolta d'apologie edite, ed inedite della dottrina, e condotta de' PP.Gesuiti in Risposta agli opuscoli che escono contra La Compagnia di Gesu, 18 Bde. Fossombrone 1760-1761 [zitiert als RAEI].

RAUSCH, Fred G., Die gedruckten Litterae Annuae Societatis Jesu 1581-1654. Ein meist übersehener Quellenschatz zur Jesuitengeschichte, in: Jahrbuch für Volkskunde, NF 20 (1997), 195-210.

[RAUTENSTRAUCH, Johann], Möglichkeiten und Unmöglichkeiten in Oesterreich. Leipzig 1786.

—Jesuitengift, wie es unter Clemens XIII. entdeckt, unter Clemens IV. unterdrükt, und unter Pius VI. noch fortschleicht, oder der Jesuit in fünferlei Gestalten, allen

Christen zur Warnung vorgestellt, als Probabilist, Beichtvater, Ketzermacher, Fürstenhasser und päbstlicher Soldat. Philadelphia [i.e. Wien] 1784.

— Sammlung glaubwürdigster Nachrichten aus Portugal, Frankreich, Spanien etc., zur näheren Erläuterung der in diesen Reichen entstandenen letzten Verfolgung der Gesellschaft Jesu. Petersau 1774.

RAVIGNAN, Xavier de, De l'existence et de l'institut des jésuites. Paris 1862.

Recueil de toutes les pièces et nouvelles qui ont paru sur les affaires des Jésuites principalement dans l'Amérique Méridionale, & dans le Royaume de Portugal, 4 Bde. O.O. 1760-61 [zitiert als RTPN].

[REIFFENBERG, Friedrich von], Critische Jesuiter-Geschichte worinn alles aus ächten quellen kurz hergeleitet: die sogenannte Pragmatische Historie des Herrn Professor Harenbergs stark beleuchtet; Und zugleich alles gründlich beantwortet wird, was diesem preßwürdigen Orden von seinem Ursprung an, bis auf gegenwärtige Zeit ist zur Last gelegt worden. von einem Liebhaber der Wahrheit. Franckfurt / Maynz 1765.

RENNARD, Joseph, Etat religieux des colonies françaises aux Antilles, in : RHMiss 8 (1931), 433-450.

— Histoire religieuse des Antilles des origines à 1914. Paris 1954.

RINGLER, Elisabeth, Das Noviziat der Gesellschaft Jesu in Landsberg am Lech 1574-1773. Zulassungsarbeit an der Kath.-Theol. Fak. der LMU. München 1992.

RIOS, E. E., Felipe de Jesús, el santo criollo. México 1943.

ROCHEMONTEIX, Camille de, S.J., Le père Antoine La Valette à la Martinique d'après des documents inédits. Paris 1907.

RONCIÈRE, Ch. De la, L'Amérique, in: HANOTAUX, Gabriel / MARTINEAU, Alfred (Hrsg.), Histoire des colonies françaises et de l'expansion de la France dans le Monde. Paris 1929.

RUSSELL, Craig H., Jerúsalem's Matins: Stunning Music from Mount Tepeyac, in: Beiheft zu: Jerúsalem, Matins for the Virgin of Guadalupe 1764 (= Tel 0630-19340-2). Hamburg 1998, 4-8.

— Mexican Baroque. Musical Treasures from New Spain, in: Beiheft zur gleichnamigen CD (= Tel 4509-93333-2). Hamburg 1994, 9-11.

RZEPKOWSKI, Horst, Lexikon der Mission. Graz u.a. 1992.


SAHAGUN, Bernardino de, Historia General de las cosas de Nueva España, hrsg. von Ángel María GARIBAY K. México ⁸1992.

[SAINT IGNACE, Henri de], Tuba magna mirum spargens sonum, ad Clementem undecimum [...] de necessitate reformandi Societatem Jesu. Strasbourg 1713.

SAINT-PRIEST, Alexis de, Histoire de la Chute des jésuites au XVIIIᵉ siècle (1750-1782). Paris 1844.

SALDIVAR, Gabriel, Historia de la Música en México. México 1952.

SANTOS, Maria H. Carvalho dos Pombal revisitado (Coll. internac.), 2 Bde. Lissabon 1984.

Sammlung Vermischter Schriften die jetzige Angelegenheiten der Jesuiten betreffend samt vielen merkwürdigen Nachrichten zur Erläuterung der Geschichte dieses

Ordens und historisch-critischen Anmerkungen in zehen Abtheilungen zusammen getragen von I. F. W. S. O.O. 1762.

SANTOS, Paulo F., O barocco e Jesuitico no Arquitetura do Brasil. Rio 1951.

SARTOR, Mario, Arquitectura y urbanismo en Nueva España: siglo XVI. México 1992.

SAVELLE, Max, Die Vereinigten Staaten von Amerika. Von der Kolonie zur Weltmacht (Coll. Magnus Kulturgeschichte; orig. A Short History of American Civilization. New York 1957). Essen 1975.

[SCHINDLER, Johann Gottfried], Ueber die Wiederherstellung des Jesuiterordens: und dessen Schädlichkeit für die europäischen Staaten, Moral und Religion. O.O. 1793.

SCHMID, Josef J., Art. «Scarlatti, Domenico (1685-1757)», in: BBKL VIII (1994), coll. 1498-1500.

SCHMITT, Eberhard (Hrsg.), Dokumente zur Geschichte der europäischen Expansion. Der Aufbau der Kolonialreiche. Bd.3. München 1987, 447.

SCHMITT, P. Ludwig SJ (u.a.) (Bearb.), Synopsis Historiae Societatis Iesu. Löwen, Mechelen (3) 1950.

SCHMITT-FIEBIG, Joachim, Einflüsse und Leistungen deutscher Pharmazeuten, Naturwissenschaftler und Ärzte seit dem 18. Jahrhundert in Chile. Mit einem Geleitwort von Rudolf Schmitz (Quellen und Studien zur Geschichte der Pharmazie 44). Stuttgart 1988.

SCHOBER, Josef Johann, Die letzten Jesuiten in Landsberg, in: Landsberger Geschichtsblätter 9-10 (1905), 49-54.

SCHOLZ, Franz, Benedikt Stattler und die Grundzüge seiner Sittlichkeitslehre unter besonderer Berücksichtigung der Lehre von der philosophischen Sünde. Freiburg i. Br. 1957.

SCHROHE, Heinrich, Zur Geschichte der Oberrheinischen Jesuitenprovinz im 17. und 18. Jahrhundert, in: Freiburger Diözesanarchiv, NF 27 (1926), 227-253.

SCHRYVER, Reginald de, Max II. Emanuel von Bayern und das spanische Erbe. Die europäischen Ambitionen des Hauses Wittelsbach 1665-1715 (VIEG 156). Wiesbaden 1996.

SCIOPPIUS, Caspar, Caspari Scioppii Anatomia Societatis Jesu, seu Probatio Spiritus Jesuitarum. Item arcana imperii Jesuitici, cum instructione secretissima pro Superioribus ejusdem & Deliciarum Jesuiticarum Specimina. Tandem divina oracula de Societatis exitu. Ad excitandam Regum & Principum Catholicorum attentionem utilissima O.O. 1633.

SEBASTIEN, Santiago, Le Baroque ibéro-américain. Paris 1991.

SERRÃO, Joel / MARQUES DE OLIVEIRA, António H. (Hrsg.), Nova história da expansão Portuguesa, Bd. 7: O Império Luso-Brasiliero: 1620-1750. Lissabon 1991.

SHEA, John G., History of the Catholic Missions among the Indian Tribes in the United States: 1529-1854. New York 1855.

SHWIDKOVSKY, Dmitry, The Architecture of the Russian State: between East and West (1600-1760), in: Henry A. MILLON, The Triumph of the Baroque. Architecture in Europe 1600-1750. London 1999, 135-172.

SIERRA, Vicente D., Los Jesuitas Germanos en la conquista espiritual de Hispano-América, siglos XVII y XVIII. Prólogo de Ricardo W. Staudt (Institución Cultural Argentino-Germana, Publicación Nr. 15). Buenos Aires 1944.

SIEVERNICH, Michael u.a. (Hrsg.), Conquista und Evangelisation. 500 Jahre Orden in Lateinamerika. Mainz 1992.

SIGÜENZA, Fray José de, Fundación del Monasterio de El Escorial. Madrid 1963.

SMET, Silveer de, Berruyer, Isaac-Joseph, in: LThK³ 2 (1994), 287-288.

SMITH, Robert C., Baroque Architecture in Brazil. Oxford 1953.

SOMMERVOGEL, P. Carlos SJ (Hrsg.), Bibliothèque de la Compagnie de Jésus. Von Aloys und Augustin de Backer SJ. 12 Bde. Neu hrsg. v. Carlos Sommervogel SJ [ND der Ausgabe Brüssel / Paris 1890-1900 / Toulouse 1909-32 in 9 Bde.]. Héverlé-Convain 1960.

SPINDLER, Max und Andreas KRAUS (Hrsg.), Handbuch der Bayerischen Geschichte. 4 Bde. in 5 Halbbde. Bd. 2: Das alte Bayern. Der Territorialstaat vom Ausgang des 12. Jahrhunderts bis zum Ausgang des 18. Jahrhunderts. 2., überarb. Aufl. München 1988.

STADEN, Hans, Die wahrhaftige Historie der wilden, nackten, grimmigen Menschen-fresser-Leute (1548-1555). Neudruck Stuttgart 1994.

STARCK, Johann August, Über Krypto-Kaholicismus, Proselytenmacherey, Jesuitismus, geheime Gesellschaften: und besonders die ihm selbst von den Verfassern der Berliner Monatsschrift gemachte Beschuldigungen mit Acten-Stücken belegt. Frankfurt / Leipzig 1787.

STATTLER, Benedikt, Freundschaftliche Vertheidigung der Gesellschaft Jesu. Berlin / Breslau 1773, 27.

STATUTA Oblatorum Sanctissimi Redemptoris, Monumenta Hofbaueriana II, S. 54-62. (= St. Obl.).

STEVENSON, Robert, Music in Mexico, a historical survey. New York 1952.

— Renaissance and Baroque Musical Sources in the Americas. Washington 1970.

STEWART, William E., Die Reisebeschreibung und ihre Theorie im Deutschland des 18. Jahrhunderts (Literatur und Wirklichkeit 20). Bonn 1978.

STIERLIN, Henri et Anne, Les ors du Mexique chrétien. Paris 1997.

— Baroque d'Espagne et du Portugal. Paris 1994.

STÖCKLEIN, Joseph / PROBST, Peter / KELLER, Francisco, Der Neue Welt-Bott oder Allerhand so Sehr als Geistreiche Brief / Schrifften und Reisbeschreibungen, welche von denen Missionaris der Gesellschaft Jesu aus Indien und andern weit-entfernen Ländern ... in Europa angelangt seynd. Augsburg / Graz 1726-1736, Wien 1748-1761.

STOLL, Georg, „Väter" und „Kinder". Zur Konzeptualisierung eigener und fremder Identität in Berichten deutschsprachiger Jesuiten-Missionare aus dem 18. Jahrhundert am Beispiel Südamerika, in: Monika PANKOKE-SCHENK / Georg EVERS (Hrsg.), Inkulturation und Kontextualität: Theologien im weltweiten Austausch. Festgabe für Ludwig Bertsch zum 65. Geburtstag. Frankfurt am Main 1994.

STORNI, P. Hugo SJ, Catálogo de los Jesuitas de la Provincia del Paraguay (Cuenca del Plata) 1585-1768. Rom 1980.

STROSETZKI, Christoph, Der Griff nach der Neuen Welt. Der Untergang der indianischen Kulturen im Spiegel zeitgenössischer Texte. Frankfurt/M. 1991.

SUÁREZ FERNÁNDEZ, Luis, Trento y la significación religiosa de El Escorial, in: Manuel GARRIDO BOÑANO, Reforma litúrgica del concilio de Trento, 33-38.

SUTTO, Claude (Hrsg.), Etienne Pasquier: Le Catechisme des Jésuites. Edition critique. Sherbrooke 1982.

SWITEK, Günter, Jesuiten, in: LThK³ 5 (1996), 794-800.

SUAREZ, Maria T., La caja de órgano en Nueva España durante el barocco. México 1991.

SZARÁN, Luis, Música en las reducciones jesuiticas. Asunción 1996.


TALLON, Alain, La France et le concile de Trente (B.E.F.A.R. 295). Rom 1997.

TANOIA, Antonio Maria, Della Vita et instituto del Ven. servo di Dio Alfonso Maria Liguori, 3 vol. Neapel 1798-1802; Neudruck Materdomini 1992.

TAPIÉ, Victor L., Baroque et Classicisme. Paris 1980 (4. Aufl. Paris 1994).

Teatro jesuitico, apologetico discurso, con saludables y seguras doctrinas, necessarias a los principes y señores de la tierra, dirigido a la Santidad di N.B.P. Innocentio X. Escribia el Dotor Francisco de la Piedad. Coimbra 1654.

TELLO, Aurelio u.a., Aires del Virreinato (Publ. Urtext) (= UMA 2009). México 1997.

TENNELLY, J. B., Art. «American Indian Missions, United States», in: New Catholic Encyclopedia I (1967), 402-408.

TILL, Rudolf, Hofbauer und sein Kreis. Wien 1951.

TIVADAR, A., Délamerikai magyar utazók a XVII. és XVIII. században, A Földgömb IX. 2-4. Budapest 1938.

— „Szentmartonyi Ignác, a braziliai magyar csillagász", in: Magyar Kultúra (1939/1), 5-6; Neudruck in: Akik elvándoroltak. Budapest 1940, 184-192.

— Magyarok Latin-Amerikában. Budapest 1944, 20-21.

TODOROV, Tzvetan, Die Eroberung Amerikas: das Problem des Anderen. Frankfurt am Main 1985.

TOMAN, Rolf (Hrsg.), Die Kunst des Barock: Architektur, Skulptur, Malerei. Köln 1997.

TOUSSAINT, Manuel, Imaginería colonial. Escultura colonial in Mexíco. México 1941.

— Arte colonial en México, México 1948 (³México 1974)

TURNER, Bruno, Masterpieces of Mexican Polyphony, in: Beiheft zur gleichnamigen CD (Hyperion CDA66330). London 1990.


Über den Beitrag zur Geschichte itziger geheimer Proselytenmacherei, in: Berlinische Monatsschrift 5 (1785), 378.

URIARTE, Manuel J., Diario de un misionero de Maynas, hrsg. von Constantino BAYLE. Iquitos 1986.

Unumstößliche Gründe gegen die gänzliche Aufhebung des Jesuiter-Ordens. O. O. 1773.


VALERIO, Reyes, Trilogía Baroca. México 1960.

VALVERDE, José Luis, Presencia de la Compañía de Jesús en el desarrollo de la Farmacia. Granada 1978.

VARGAS UGARTE, Rubén, Historia del culto de Maria en Hispanoamérica, 2 Bde. Madrid 1958.

VEIGL, Franz-Xaver, Gründliche Nachrichten über die Verfassung der Landschaft von Maynas in Süd-Amerika bis zum Jahre 1768, in: Christoph Gottlieb von MURR (Hrsg.), Reisen einiger Missionarien der Gesellschaft Jesu in Amerika. Nürnberg 1785, 1-324.

VERÍSSIMO SERRÃO, Joaquim, A Restauração e a Monarquia absoluta: 1640-1750. Lissabon 1980.

— História de Portugal, 12 Bde. Lissabon 1989.

— O Despotismo Illuminado (1750-1807). Lissabon 1982.

VICTORIA MORENO, Dionisio, Los carmelitas descalzos y la conquista espiritual de México: 1585-1612. México 1983.

VINCENT, Mary / STRADLING, Robert, Spanien und Portugal (Coll. Bildatlas der Weltkulturen; orig. Spain and Portugal, London 1994). ²Augsburg 1997, 70f.

VISSIÈRE, Isabelle / VISSIÈRE, Jean-Louis, Peaux-Rouges et Robes noires: Lettres édifiantes et curieuses des jésuites francais en Amérique au xviiie siècle. Paris 1993.

Vorläufige Darstellung des heutigen Jesuitismus, der Rosenkreuzerey, Proselytenmacherey und Religionsvereinigung. Deutschland [Frankfurt a. M.] 1786.

VOLTES BOU, Pedro, Carlos III y su tempo. Madrid 1988.

VYVER, Otto van de SJ, Lunar Maps of the XVII Century, in: Specola Vaticana I. Rom 1971, 69.


WACHENHEIM, Pierre, Un exemple de revendication identitaire au XVIIIᵉ siècle: le Recueil Godonnesche, ou la naissance de l'Histoire métallique du parlement, in: Actes du colloque Identités, appartenances, revendications identitaires, XVIᵉ-XVIIIᵉ siècle, Nanterre 24 et 25 avril 2003 (im Druck).

— Un Héros éphémère sous le règne de Louis XV: l'abbé Chauvelin, ou portrait du sapajou en Grand Homme, in: Thomas W. GAEHTGENS / Christian MICHEL / Daniel RABREAU / Martin SCHIEDER (Hrsg.), L'art et les normes sociales au XVIIIe siècle. Paris 2001, 213-239.

WAISMAN, Leonardo, El Archivo Musical de Chiquitos, in: Beiheft zu: Zipoli à Chiquitos, loc.cit., 82-86.

WEISE, Georg, Die spanischen Hallenkirchen der Spätgotik und der Renaissance. Tübingen 1953.

WEISS, Otto, Bolzanisten und Güntherianer in Wien 1848-1851, in: Bernhard Bolzano und die Politik. Staat, Nation und Religion als Herausforderung für die Philosophie im Kontext der Spätaufklärung, Frühnationalismus und Restauration, hrsg. von Helmut Rumpler (Studien zur Politik und Verwaltung 61). Wien 2000, S. 247-280.

— Zur Religiosität und Mentalität der österreichischen Katholiken im 19. Jahrhundert. Der Beitrag Hofbauers und der Redemptoristen, in: Spicilegium historicum 43 (1995), S. 337-396;

WETZL, Leopold Johann, Clemens Maria Hofbauer, der „Vater der Romantik". 1994 (Manuskript: Provinzarchiv der Redemptoristen in Wien).

Wichtiger aus dem Unterdrückungsbreve der Gesellschaft Jesu enstehender Zweifel: Ob dieses wichtigste Geschäft der wahre Friedensgeist angerathen, geleitet, und beschlossen habe? Freystadt 1774, 1-5.

WICKI, Josef SJ, Die Miscellanea Epistolarum des P. Athanasius Kircher S.J. in missionarischer Sicht, in: Euntes Docete 21 (1968), 220-254.

WILCZEK, Gerhard (Hrsg.), Die Jesuiten in Ingolstadt von 1601-1635. Übersetzung des „Summarium de variis rebus collegii Ingolstadiensis" (Ordinariatsarchiv Eich-stätt). Ingolstadt/Donau 1981.

WILLEKE, Bernward H., Biographical Data on Early Franciscans in Japan (1582 to 1640), in: Archivium Franciscanum Historicum 83 (1990), 174-213.

WIMMER, Otto, bearb.v. Barbara Knoflach-Zingerle, Kennzeichen und Attribute der Heiligen. Innsbruck 2000.

WINTER, Ernst Karl, P. Nikolaus Joseph Albert von Dießbach S. J., in: Zeitschrift für schweizerische Kirchengeschichte 18 (1924), S. 22-41, 282-304; 21 (1927), S. 81-102.

WITTMANN, Reinhard, Die frühen Buchhändlerzeitschriften als Spiegel des literari-schen Lebens. Frankfurt 1973.

— Geschichte des deutschen Buchhandels im Überblick. München 1999.

WITTMANN, Tibor, A monokulturàk történetéhez a Karib Térségben és Venezuelàban a 16-18. szàzadban [Über die Geschichte der Plantagen in der Karibik und in Venezuela vom 16. bis zum 18. Jahrhundert ], in: AH (Szeged) 22 (1966), 3-22.

— En torno a los Misioneros de Hungaria en América española (siglo XVIII), in: Jahrbuch für Geschichte von Staat, Wirtschaft und Gesellschaft Lateinamerikas 6 (1969), 150-157.

WITZENMANN, Wolfgang, Die italienische Kirchenmusik des Barock, Teil 2: Hoch- und Spätbarock, in: Acta musicologica 50 (1978), 154-180.

WRIGHT, Robert Martin, History and religion of the Baniwa peoples of the Upper Rio Negro valley. PhD thesis. Stanford University 1981.

WOLF, Peter, Protestantischer „Jesuitismus" im Zeitalter der Aufklärung. Christoph Gottlieb von MURR (1733-1811) und die Jesuiten, in: ZBLG 62, Heft 1 (1999), 99-137.

WUNDER, Bernd, Die bayerische „Diversion" Ludwigs XIV. in den Jahren 1700-1704. Kurbayern, Schwaben und Franken zwischen Habsburg und Bourbon zu Beginn des spanischen Erbfolgekrieges, in: ZBLG 37 (1974), 416-478.


[ZACCARIA, Franceso Antonio], Briefe Eines Abts aus Mayland An einen Prälaten in Rom, Für die Gesellschaft JESU, Wider zwo Schriften unter dem Titel: Anmer-kungen Ueber die Bittschrift der Jesuiten An Seine glücklich regierende Heiligkeit Pabst Clemens XIII. Erster Theil, Welcher in sich begreift drey Schutz-Briefe wider die Anmerkungen... Oberammergau in Bayern, o.J. [1760].

[ZAUPSER, Andreas], Meine Gedanken über Palafox Briefe. O. O. 1773.

ZANETTI, Roberto, La musica italiana nel Settecento, 3 Bde. Busto Arsizio 1978.

ZIMMERMANN, Günter (Hrsg.), Briefe der indianischen Nobilität aus Neuspanien an Karl V. und Philipp II. (= Beiträge zur Mittelamerikanischen Völkerkunde 10). München 1970.

Zuffällige Gedanken und Sätze über Verfahren gegen die Jesuiten in dem Kirchenstaat, und über das, was ihnen aus Verhängniß des römischen Hofes vielleicht auch anderswo bevorstehen mag. Straßburg 1773, 4.

# INDEX

# WEITERE VERÖFFENTLICHUNGEN DES INSTITUTS FÜR EUROPÄISCHE GESCHICHTE

Abteilung für Abendländische Religionsgeschichte

*Beiheft 54*

MATTHIEU ARNOLD / ROLF DECOT (HRSG.)

## Frömmigkeit und Spiritualität

### Auswirkungen der Reformation im 16. und 17. Jahrhundert

2002. VIII, 184 Seiten; kartoniert
ISBN 3-8053-2939-3                                                     € 29,80

Die Beiträge des vorliegenden Bandes wurden auf einem internationalen Symposion vorgetragen, das im September 2000 in Straßburg stattfand. Die GRENEP, Faculté de Théologie Protestante de l'Université Marc Bloch (Strasbourg) hatte gemeinsam mit dem Institut für Europäische Geschichte in Mainz, Abteilung für Abendländische Religionsgeschichte eingeladen zu dem Thema: L'impact de la Reformation sur la piété et la spiritualité, XVIe–XVIIe siècles. / Auswirkungen der Reformation auf Frömmigkeit und Spiritualität im XVI. und XVII. Jahrhundert.

*Inhalt:* M. ARNOLD, Introduction; M. LIENHARD, La piété comme objet d'étude de l'historiographie; C. BURGER, Maria muß ermutigen! Luthers Kritik an spätmittelalterlicher Frömmigkeit und sein Gegenentwurf in seiner Auslegung des »Magnificat« (Lk 1,46b–55) aus den Jahren 1520–1521; M. ARNOLD, Un modèle pour la piété évangélique? Luther face à la mort des siens dans les Trostbriefe de Melanchthon; M. CARBONNIER-BURKARD, Un modèle de mort? La »relation du départ chrétien de Martin Luther« (1546); M. WRIEDT, Erneuerung der Frömmigkeit durch Ausbildung: zur theologischen Begründung der evangelischen Bildungsreform bei Luther und Melanchthon; R. DECOT, Obrigkeitliche Versuche zur Erneuerung der Frömmigkeit (am Beispiel des Erzstifts Mainz); P. BURSCHEL, Leid und Heil. Gryphius »Catharina von Georgien« in frömmigkeitsgeschichtlicher Perspektive; F. MULLER, L'abolition du culte de la Vierge et des saints dans le protestantisme et ses conséquences iconographiques; P. MARTIN, Réforme catholique et modèles de piété laïque: les devoirs d'état dans la secon-de moitié du XVIIe s.; K. VON GREYERZ, Un moyenneur solitaire: Lazarus von Schwendi et la politique religieuse de l'Empire au XVIe siècle tardif.

VERLAG PHILIPP VON ZABERN · MAINZ AM RHEIN

# WEITERE VERÖFFENTLICHUNGEN DES INSTITUTS FÜR EUROPÄISCHE GESCHICHTE

Abteilung für Abendländische Religionsgeschichte

*Beiheft 55*

ROLF DECOT (Hrsg.)

## Säkularisation der Reichskirche 1803

### Aspekte kirchlichen Umbruchs

2002. IX, 169 Seiten; kartoniert
ISBN 3-8053-2940-7                                                   € 29,80

Vor 200 Jahren besiegelte der Regensburger Reichsdeputationshauptschluß vom 25. Februar 1803 mit seinem Säkularisierungsprinzip das Ende der Reichskirche und entzog den Klöstern den Schutz der Reichsverfassung. Im Hinblick auf dieses Jubiläum veranstaltete die Abt. Abendländische Religionsgeschichte einen Workshop, dessen Beiträge nun vorgelegt werden. Nach einleitenden Hinweisen zur Begriffs- bzw. Ideengeschichte von »Säkularisation« und dem damit verbundenen Phänomen eines Mentalitätsumbruches standen die Voraussetzungen und Folgen des Regensburger Reichsdeputationshauptschlusses vom 25. Februar 1803 im Vordergrund, besonders der gravierende Bruch in der Geschichte der katholischen Kirche als Beginn einer getrennten Entwicklung von Kirche und Staat.
Der Band vereinigt Altmeister der Forschung mit neuesten Forschungsergebnissen jüngst promovierter Historiker, resümiert fächerübergreifend wichtige Teilaspekte des Säkaritionsgeschehens und kann so als Grundlage und Anregung für weitere Forschungen dienen. Den Band runden eine Gesamtbibliographie sowie ein Personen- und Ortsregister ab.

*Inhalt:* U. Ruh, Der Begriff Säkularisation und seine Geschichte; K. O. von Aretin, Die Reichskirche und die Säkularisation; F. Brendle, Säkularisationen in der Frühen Neuzeit; J. Kistenich, Das Kloster als Objekt staatlicher Ordnungspolitik in den niederrheinischen Territorien während des 18. Jahrhunderts; J. Schmiedl, Vor und nach dem Reichsdeputationshauptschluß (1803). Ein Forschungsbericht; K. Rob, Die Ausnahme von der Säkularisation: Geistliches Fürstentum unter Karl Theodor von Dalberg; H. Wolf, Pfründenjäger, Dunkelmänner, Lichtgestalten. Deutsche Bischöfe im Kontext der Säkularisation.

# VERLAG PHILIPP VON ZABERN · MAINZ AM RHEIN